KB063809

한국인 경제관념의 근대적 기원

한국인 경제관념의 근대적 기원

초판 1쇄 발행 2023년 4월 28일
초판 2쇄 발행 2023년 12월 15일

지은이 | 도면회
펴낸이 | 윤관백
펴낸곳 | 선인

등 록 | 제5-77호(1998.11.4)
주 소 | 서울시 양천구 남부순환로 48길 1, 1층
전 화 | 02) 718-6252 / 6257
팩 스 | 02) 718-6253
E-mail | sunin72@chol.com

정가 24,000원

ISBN 979-11-6068-810-8 93910

* 이 저서는 2014년 대한민국 교육부와 한국학중앙연구원(한국학진흥사업단)의 한국학총서사업의 지원을 받아 수행된 연구임(AKS-2014-KSS-1210001)

근현대 한국인의 경제적 상상 1

한국인 경제관념의 근대적 기원

도면회 지음

책을 내면서

‘근현대 한국인의 경제적 질서관념’이란 주제는 아직 한국근현대사 연구자들에게는 매우 낯선 것이라고 할 수 있다. 누구누구의 경제사상, 경제 개혁론을 다룬 수많은 연구들이 나와 있지만, ‘질서관념’이란 어휘가 일반적으로 사용되지는 않았다. 대한제국 정부, 조선총독부, 호조, 탁지부, 김홍집 등 특정한 주어를 중심에 두고 서술했던 기존의 역사 서술 관점에서는 아마도 쉽게 용납할 수 없는 용어일 것이다. ‘질서관념’이란 표현에는 특정한 주어가 생략되어 있기 때문이다.

질서관념은 특정 시대, 특정한 공동체가 공유하는, 그렇기 때문에 공동체 구성원의 행위를 지배하는 생각들이다. 특정인의 생각이 아니라 그 생각들이 서로 연결, 대립, 중첩되면서 특정한 질서관념을 형성하는 것이다. 그리고 이러한 생각은 객관적이고 과학적인 지식들이 결합되고, 오랫동안 공유와 중첩의 과정이 반복되면서 형성되기 때문에 사람들은 이것을 당연하게 여긴다. 질서관념은 또한 지식에 의해 사실 또는 진실로 확증되는 과정을 거치면서 형성되었기 때문에 의심과 비판에서 빗겨나 있는 경우가 많다.

다소 모호하고 생소한 개념을 통해 근현대 시기 한국인이 경제문제를 어떻게 생각해 왔는가를 연구하겠다고 생각한 것은 한국경제가 저성장시대로 접어들면서 경제를 바라보는 기존의 패러다임이 전환되고 있고, 또 전환되어야 한다고 생각했기 때문이다. 현재 경제문제를 바라보는 생각들을 의심하고 비판하지 않으면 안 된다고 생각했다.

일반적으로 '시장의 자유'라고 할 때 우리는 먼저 사유재산의 자유로운 처분, 거래와 투자의 자유를 떠올리면서도 노동력이 유일한 재산인 노동자가 노동력을 자유롭게 판매할 자유, 소비자가 상품을 자유롭게 구매할 자유를 먼저 떠올리지는 않는다. 또 '경제 발전'이라고 할 때 우리는 먼저 국내총생산, 1인당 국민소득, 무역수지 등의 상승을 떠올리고, 그러한 상승이 개인의 경제적 이익을 증대시킬 것이라고 생각한다. 그러나 1인당 국민소득이 1만 달러였던 1995년보다 3만 달러가 넘은 지금이 먹고 살기 더 힘들어졌다고 이야기하는 사람들이 많다. 청년 취업도 지금이 더 어렵다. 그렇다면 과연 1인당 국민소득이 4만 달러로 올라간다면 지금보다 상황이 더 나아질 수 있을까? 지금 우리는 당연하게 여겼던 생각들이 변화하고 있고 또 변화하지 않으면 안 되는 지점에 서 있다고 할 수 있다.

역사학 연구자로서 경제에 대한 현재의 관념들이 어떻게 만들어졌는지를 탐색한다면 적어도 현재 상식화된 우리들의 관념을 역사화하고 객관화할 수 있는 일정한 거리를 확보할 수 있다고 생각했다. 이에 우리 세 사람은 2014년 한국학중앙연구원 한국학진흥사업단의 한국학총서지원 사업의 도움을 받아 1876년 개항에서 최근까지 경제와 연관된 질서관념에 대한 한국인의 생각을 고찰해보기로 했다.

제1권은 개항부터 1910년대까지, 제2권은 1910년대부터 해방까지, 제

3권은 대한민국 수립부터 노무현정부까지를 대상으로 하고, 경제, 시장, 노동 등을 키워드로 지식인의 저작, 신문과 잡지 등을 통해 유통되었던 경제 담론을 분석했다. 공동연구를 지원해준 한국학중앙연구원의 한국학진흥사업단, 이 책의 출판에 기꺼이 응해주신 선인의 윤관백 사장님, 그리고 거친 원고를 편집하느라 수고하신 선인의 편집부 분들께 감사드린다.

도면회 · 김윤희 · 신용옥

차 례

서론

서론

왜 경제관념의 근대적 기원인가?

한국 근대사 연구는 1960년대 이래 '내재적 발전론'을 바탕에 두고 일국적 발전 과정의 분석에 집중했다. 서유럽 근대 초기에 나타났던 사회경제적 양상을 한국 사료에서 검출하고 그에 대해 근대적 의미를 부여하며, 생산력 또는 생산양식 변화가 사회 변화를 추동한다는 방식의 역사 서술이었다. 연구자들은 탐구 도구로 사용된 수많은 관념을 입증할 수 있는 역사적 사실의 발생 발전을 조선 후기 이래의 사료에서 검출하고자 노력했다. 생산력, 생산관계, 생산양식, 사회구성체와 같은 고도의 추상적 관념부터 자본주의, 경제, 시장, 노동, 화폐, 금융, 계급 등의 하위 관념들을 한국사에서 확인하고자 하였고, 엄청난 성과가 축적되었다.

그러나 이러한 역사서술은 조선후기 이래 사회경제의 변화, 일본의 침략과 한국 식민지화 등 한국 사회의 변화를 일관되게 설명하지 못했다. 1990년대 이후 '내재적 발전론'에 대한 회의와 반성이 일어나면서 한국사 연구자들은 물질적 생활의 규정력이 아니라 당대인들이 일상생활 속에서 지니고 있던 '관념'의 규정력에 눈을 돌리기 시작했다.

서유럽의 시민혁명과 산업혁명기에 '역사' 개념을 비롯하여 전통적으로 사용해오던 개념들의 의미와 기능이 근본적으로 바뀌는 혁명적 변화가 일어났다. 이러한 변화야말로 근대 서구 사회를 탄생시킨 또 하나의 원동력이었다. 즉, 이들 개념의 혁명적 변화는 단순히 시민혁명 · 산업혁명 등 당시의 정치 · 사회적 근대화 과정을 반영하는 데 그치지 않고 오히려 근대화를 촉진시키고 특정한 방향으로 몰아갔다. 개념의 변화는 정치 · 사회 전반의 변화를 가속화하였고, 정치 사회의 변화가 빨라짐에 따라 개념의 변화 역시 가속화되었다. 이는 다시금 실제 사회 변화를 더욱 촉진시키면서 근대 세계를 형성하였으니, 이러한 과정을 '언어혁명'이라고도 한다. 즉, 개념의 변화는 근대 유럽인들의 집단 심성과 행위의 변화를 반영하였을 뿐만 아니라, 역으로 그 변화의 원인이며 변화 과정의 실제적 구성 요소였다.[1)]

이들 서유럽 국가의 제국주의적 침략을 받은 중국, 일본, 한국 등 동아시아 국가에서도 근대화 과정에서 위의 서유럽과 같은 현상을 경험하게 되었다. 관념사의 입장에서 보자면, 동아시아 국가의 근대화 운동은 서유럽의 근대를 자국 언어로 번역해서 따라잡으려 한 운동이었다. 동아시아 국가는 왜 서유럽 근대를 자국 언어로 번역해서 따라잡아야 했는가?

근대 세계는 17세기 이후 유럽에서 성립한 주권국가라는 국가체제

1) 나인호, 『개념사란 무엇인가』, 역사비평사, 2010, 142~150쪽. 서유럽 연구자들이 사용하는 '개념'과 후술하는 진관타오 등 중국 연구자들이 사용하는 '관념'은 엄밀하게 말하면 차이가 있지만, 양자 모두 발화자의 관점과 입장을 담고 있다는 점에서는 동일하다. 본서에서는 원문 번역 그대로 '개념'과 '관념'을 사용하였다.

를 단위로 하여 형성된 국제체계가 전 지구로 파급되는 특성을 가진 것이었다. 이는 국민국가의 형성과정으로 나타나고, 이 과정은 지역 세계의 개편으로 귀결되며, 개별 정치사회는 국제법 체계에 편입되어 갔다. 국민국가를 형성하지 못한 민족이나 전통적 국가는 보호국 또는 식민지가 될 수밖에 없었다. 따라서, 서유럽 이외 국가들에게 국민국가 형성은 대외적으로는 서유럽으로부터의 독립과 해방, 대내적으로는 전제 왕조로부터의 자유와 법 앞의 국민의 평등, 정치적 자기 통치의 실현 등을 달성하기 위해 불가결한 전제로 간주되었다.[2)]

서유럽 열강이 강요한 불평등조약 체제에서 벗어나기 위해서는 국민국가 체제와 자본주의 경제체제를 형성해야 했다. 그러나 이러한 목표를 달성하기 위해서는 서유럽이 주도하는 정치경제 질서를 받아들여 이를 자국 내에 정착시키는 작업이 필요했다. 이 작업에서는 서유럽 국가들의 근대적 관념과 이론을 자국 언어로 번역하여 교육기관과 대중 매체를 통해 자국 사회에 확산시키는 것이 가장 중요한 문제였다.

동아시아에서 이 같은 번역과 확산은 세 단계를 거쳤다고 정리할 수 있다. 첫째 단계는, 서유럽 열강과 조우하기 전부터 사용해 왔던 전통적인 정치문화 관념을 이용하여 서유럽의 근대 관념을 선택적으로 흡수하는 단계다. 예컨대, 서유럽에서 들어온 rights 관념은 중국 전통 문화에는 없었던 것으로 그 주체는 대부분 개인이었다. 중국인은 이를 선진(先秦) 시대에 '권력', '이익' 혹은 '권형(權衡)'이라는 의미로 사용되던 '권리'라는 말로 번역했는데, 이로 인하여 번역어 '권리'는 개인은 제외되고 국가의 합법적 권력과 이익을 지칭하는 의미로만 사용되었다.

둘째 단계는 자국의 전통 문화 가운데는 없었던 새로운 근대적 관념들을 개방적으로 받아들이면서 첫 단계보다 서유럽 관념의 원래 의미

2) 山室信一, 『思想課題としてのアジア』, 岩波, 2001, 14~20쪽.

에 더 근접하는 단계이다. 청일전쟁을 거치고 1900년 이후가 되면 중국인들은 'rights'의 번역어 '권리'에 개인의 자주성을 결합시켜 개인이 권리의 주체이고 개인의 자주(自主)가 정당한 것이라고 간주하면서 비로소 서양의 자연권 관념을 받아들였다.

셋째 단계는 이들 외래 관념을 소화하고 종합하여 재구성하면서 자기 사회에 적합한 관념 형태로 만들어가는 단계이다. 이러한 관념은 자국만의 특유한 근대적 의미를 형성하는데, 그 의미는 둘째 단계와 같지 않으며 심지어는 첫째 단계로 되돌아가는 경우도 있다. 1919년 이후 중국에서는 국가 또는 사회의 권리가 개인의 권리를 압도하고 개인의 권리는 부정적 함의를 지니게 되었다. 이에 따라 '권리'라는 질서 관념이 도덕과 관련될 때는 의무를 이행해야 비로소 권리를 누릴 수 있다는 유학적 윤리 구조가 부여되었다. 이 때문에 오늘날 중국인 질서관념 속에서 '권리'는 개인이 의무를 다해야만 향유할 수 있는 권익으로 이해된다는 것이다.[3)]

오늘날 국민국가와 자본주의 경제체제를 형성하고 있는 한국도 역시 이러한 서유럽 관념의 수용과 의미 변용 과정을 거쳤다. 왜냐하면, 서유럽발 자본주의 시장경제 체제란 것은 전통 사회의 운영 원리와는 완전히 다른 것이었기 때문이다. 물론 이는 기존의 서유럽 봉건국가 내부 질서와도 완전히 다른 것이었다. 서유럽에서 봉건제가 끝나는 시점까지 존재했던 모든 경제 체제는 상호성 원리, 재분배 원리, 가정경제 원리 혹은 이 세 가지 원리의 조합을 통해 조직되었다.

모든 고대 국가는 조세와 봉급을 위해 금속 화폐를 사용하였지만 화폐는 외국과의 무역 현장에서 사용되었을 뿐, 일상적인 경제생활은 주

3) 진관타오 · 류칭펑(양일모 외 역), 『관념사란 무엇인가 1.이론과 방법』, 푸른역사, 2020, 45~51쪽.

로 현물로 거두어 들여 곡창과 창고에 저장하여 관리 · 전사 · 유한계급, 즉 인구의 비생산적 부분에 분배했다. 중세의 봉건제 국가에서도 역시 상층 계급이 토지 또는 가축에 대한 권리를 지니고 대부분의 거래는 현물로 이루어졌다는 것이다.[4)]

이 같은 고대 · 중세의 국가는 인격적 종속과 의존 관계를 매개로 한 위계적 질서를 유지하였으나, 근대사회에 들어오면 수평적이고 비인격적 평등성을 바탕으로 별다른 매개 없이 사회 전체와 '직접 접속'하는 개인들의 연합이 만들어졌다. 이들 개인을 매개해 주는 것이 경제적인 구조인데, 경제는 일련의 상호 연계된 생산과 교환, 소비 행위들로서, 고유한 법칙과 역학을 갖는 체계를 이루는 것으로 이해된다.[5)]

이러한 경제 구조에서는 자유방임주의라는 슬로건하에 세 가지 경제적 원칙이 강조되었다. 첫째, 노동의 가격이 시장에서 결정되는 노동시장, 둘째, 화폐의 창출이 자동적 메커니즘에 복속되어야 하는 금본위제, 셋째, 각국의 재화가 나라에서 나라로 아무런 장애나 편파적 차별을 만나지 않고 자유로이 움직여야 한다는 자유무역 등이다. 과거 봉건 체제와 촌락 공동체 같은 곳에서는 기근이 닥치면 귀족의 의무, 씨족의 연대, 곡물 시장에 대한 규제 등으로 굶주린 빈민을 구제하는 길이 있었다. 그러나 위의 원칙을 지향하면서 시장경제 체제가 도입되면, 시장 게임 규칙에 따라 굶는 것 말고 다른 도리가 없는 사회로 변화하게 된다.[6)]

1876년 개항으로 세계 자본주의 체제에 편입된 한국 정부는 청과 일본의 뒤를 이어 근대화 정책을 추진하였다. 1905년 을사조약 체결 전후

---

4) 칼 폴라니(홍기빈 옮김), 『거대한 전환』, 도서출판 길, 2009, 199~207쪽.

5) 찰스 테일러(이상길 역), 『근대의 사회적 상상』, 이음, 2010, 119쪽.

6) 칼 폴라니, 앞의 책, 385쪽, 427쪽.

한국 사회에는 헌법, 자유, 공화정, 권리, 식산흥업, 상공업 진흥, 국민경제 등의 담론이 신문·학회지 등의 중요한 논의 주제로 부상하였다. 30여 년이 지나는 동안 한국 사회에는 서유럽 국민국가와 자본주의 시장경제 체제하에서 형성된 정치경제 관념들이 국권 수호의 주요한 담론을 구성하는 키워드로 전파 확산되기 시작한 것이다.

이 과정에서 도입된 서유럽의 정치·경제·사회 관련 관념들은 중국·일본에서 번역 과정을 거친 한자어들이었다. 이들 한자어의 사용이 새로운 정치사상이나 운동을 불러일으키고, 학문의 체계화나 새로운 관념을 가져오기 시작하였다. 나아가서, 새로운 관념의 사용은 사회를 보는 관점 자체를 변화시키고 정치·경제나 문화 전반의 변질을 촉진하고 가치관 사체까지 전화시켜 버릴 가능성을 숨기고 있었다.[7]

일본에서 도입된 한자어에는 선교사나 중국인들에 의해 중국에서 번역된 것, 중국 고전 용어를 빌어 번역된 것(문명·문학·인도·자유·공화·국체 등)과 일본에서 독자적으로 번역된 것(과학·사회·공산 등)의 3종이 있다. 이외에 일본어에서 나온 한자어(신분·수속·취체·권익·경기 등), 일본의 난학(蘭學) 번역 가운데에서 만들어진 단어(탄소·산소 등) 등도 있었다. 수입하는 한국 측에서는 이들 한자어 간의 차이가 의식되고 있던 것은 아니었다(이하, 모두 '일역 한자어'로 칭함).[8]

이러한 일역 한자어가 중국에 도입될 때는 중국인들의 전통 관념에 알맞게 번역되는 경우가 많았지만, 한국에 도입될 때는 극소수의 용어를 제외하고는 거의 그대로 사용되었다. 이는 다음과 같은 사정 때문이었다. 1880년대 중반 조선에 파견된 후쿠자와 유키치의 제자 이노우

---

[7] 山室信一, 앞의 책, 465쪽.

[8] 위의 책, 486쪽.

에 가쿠고로가 박문국 설립과 『한성순보』 발행을 통해 근대적 관념을 소개하였다. 박영효 · 김옥균 · 유길준 등 문명개화파는 일본 메이지유신의 성과와 서유럽 각국의 사정을 『한성순보』 기사와 상소문, 『서유견문』 등을 통해 전파하였다. 1894년 갑오개혁기에는 조선 정부에 파견된 일본인 고문관들이 정치 · 경제 · 사회 · 군사 등 일역 한자어를 사용하여 한국 법령 제정을 지원하였다. 1904년 러일전쟁 이후 1910년 일본의 영토로 병합되기까지 한국 정부의 법령 제정과 제반 사회 분야에 일역 한자어가 직접적으로 사용되었다.[9]

본 연구는 이렇게 도입된 일역 한자어들이 오늘날까지 사용되면서 한국인들의 경제관념을 지배하고 있는 현실에 대한 개념사적 분석을 하고자 하였다. 한국인의 경제관념을 구성하고 있는 개념들은 무수히 많지만, 본서에서는 경제, 소유(권), 시장, 무역, 화폐, 은행, 노동(자) 등이 당시는 물론 지금까지도 핵심적인 용어라고 판단하였다.

이들 일역 한자어 개념은 한국에서 전통적으로 사용되어 온 용어들과 유사한 점도 있지만, 일본 국내의 사정에 따라 의미가 확대 또는 변용되는 과정을 겪으면서 한국에 도입되었다. 이후 이들 개념은 한국의 정치경제적 변화 상황에 조응하면서 서유럽에서 사용하던 원래의 의미에 근접하는 두 번째 단계, 또는 한국의 전통적 용례와 습합하여 의미가 변용되는 세 번째 단계로 진전되기도 했다.

기존의 역사 연구는 이들 경제관념의 도입 과정을 주로 제국주의 열강의 침략 정책과 이에 대한 한국 정부의 대응 정책, 한국 지식인 및 상공업자들의 저항 운동을 통해 밝혀 왔다. 그러나 이러한 방식은 국가와 민족 또는 계급이라는 거대 담론 주체들의 행위에 초점을 맞춘

9) 김지연, 「대한제국 관보에 수용된 일본어 어휘에 관한 연구」, 고려대 박사학위논문, 2009. 이에 의하면, 오늘날 우리가 사용하는 한자어는 대부분 대한제국 시기 관보에 수록된 조약, 법령, 고시, 광고, 외국 관련 기사 등에 나타나고 있다.

것이었다. 일상 생활의 장에서 한국인의 의식 속에서 어떤 변화가 일어났는지, 어떤 사회경제적 상황에서 이들 용어가 의미 변용을 거치면서 현대 우리가 사용하는 의미로 정착해 갔는지에 대해서는 해명할 수 없었다.

본 연구는 주로 『조선왕조실록』의 기사, 『황성신문』·『대한매일신보』 등 신문, 『서북학회월보』·『서우』·『태극학보』 등 잡지를 이용하여 한국에 도입된 '경제관념'이 한국인의 경제 생활과 어떻게 결합하여 사용되었는지를 밝히고자 하였다. 이를 통해서 한국인들이 1880년 이전에는 상상하지 못했던 '경제관념'에 어떻게 익숙해지고 자신들의 경제 생활과 국가의 운명을 상상해 갔는지 의미의 변화 과정을 추적해 보았다.

그리고 이러한 의식의 변화, 경제적 질서관념의 의미 변용은 1910년 시점에서 멈춘 것이 아니었다. 일본의 식민 통치 시기, 해방 후 오늘날에 이르기까지도 기존의 의미가 탈루하고 새로운 의미가 추가되면서 계속 변화해 왔다. 그에 대한 분석 작업은 이 총서 시리즈의 제2권, 제3권으로 연속되었기에 참조하기 바란다.

제1장

제1장

'경제' 개념의 의미 전환과 '소유' 개념의 도입

우리가 일상적으로 사용하고 있는 '경제'라는 용어는 화폐, 시장, 노동 등과 함께 개항기 이후 점차 주요한 담론으로 형성되어 간 '경제적인 것'들 중의 한 용어이다. 오늘날 '경제'라는 용어는 economy의 번역어로서 "인간의 생활에 필요한 재화나 용역을 생산 · 분배 · 소비하는 모든 활동 또는 그것을 통해 이루어지는 사회적 관계" 또는 "돈이나 시간, 노력을 적게 들이는 것"을 말한다.[1] 그러나 '경제'라는 용어가 이러한 의미로 사용된 것은 19세기 후반 개항기에 들어서부터였고, 그 이전까지 중국 · 일본 · 한국 등 한자 문화권에서는 '경제'를 '경세제민' 또는 '경국제민'의 의미로 사용해 왔다.

'경세제민'에서 '경세'의 의미는 유교 윤리에서 규정하는 도덕 규범을 시행하여 그것과 부합하면서 사회 각 계층을 통합하는 질서를 수립하

1) 국립국어원, 『표준국어대사전』 「경제」.

는 것이다. '제민'은 사회 통합 과정에서 백성의 생계를 해결하는 것을 가리킨다. 전통 중국에서 정부는 '어진 정치'(仁政)을 베풂으로써 수만 가정의 생계 문제를 해결해야 했고, 이는 사회가 정상적인 도덕 질서를 수립하는 데 달려 있었다.[2)]

그렇다면 어떠한 과정을 거쳐서 유교 윤리적인 의미를 담은 전통적 용어 '경제'가 economy의 번역어로 의미 전용되고 통합되었는가 하는 문제가 해명해야 할 과제로 등장하게 된다. 중국에서는 양무운동이 추진된 1860년대부터 1890년대까지는 대다수 사대부가 economy의 구체적 내용을 '부국책(국가를 부유하게 만드는 정책)'으로 언급하지만 그 번역어로 '경제'를 선택하지는 않았다. 이 시기까지 '경제'는 전통적인 용법대로 '경세제민'의 의미로 사용되어 economy의 어의와 큰 차이가 있으면서 서로 어긋났기 때문이다.[3)]

그들은 1890년대 후반부터 1900년대에 이르기까지 economy에 해당하는 중국어로 '경제'라는 말을 안 쓰고 '계학(計學)' '생계학' '평준' '식화' '부국책' '이재학' 등을 사용하였다. 이들 용어는 중국어에서 '경제'보다 도덕적 색채가 훨씬 약했다. 그런데 '계학' 혹은 '생계학' 등의 용어는 상대적으로 도덕적 성격을 적게 지녔기 때문에, 서양의 자유주의, 특히 루소의 『사회계약론』이 유입되면서 천부적 권리를 가진 자유로운 개인이 계약에 근거하여 사회를 조직한다는 청사진이 나타났다. 그 결과 자유주의적 지식인들은 더욱 분명하게 economy를 '생계학'으로 번역했다.[4)]

그러나 중국에서 신문화운동[5)]이 전개되는 중인 1915~1918년 연간에

2) 진관타오 · 류칭펑(양일모 외 옮김), 『관념사란 무엇인가 2. 관념의 변천과 용어』, 푸른역사, 2010, 335쪽.

3) 위의 책, 345쪽.

4) 위의 책, 359~360쪽.

가면 중국 지식인들이 '경제' 용어를 사용하는 빈도가 늘었고, 이때 그들이 반영하는 '경제관'에 전통적 도덕문화의 성격이 상당히 적다는 점을 명백히 볼 수 있다. 즉, 이 시기의 신문화운동을 주도하던 잡지 『신청년』에 '경제'라는 개념이 총 287회 사용되었으나 '경세제민'이라는 전통적 함의를 명확히 의미하는 것은 단지 네 차례뿐이고, 경제적 평등과 마르크스주의 경제관을 표현한 것 역시 많지 않다. 이 시기에 '경제'라는 용어의 절대 다수 용례는 인간과 사회의 생계, 아니면 생산 능력과 절약이라는 의미를 가리켰다. 즉, 중국에서는 1910년대 후반에 가서야 '경제'가 economy의 번역어로서, 정치·문화·사회·종교와 구별되는 새로운 사회적 행위 유형을 의미하는 용어로 정착한 것이다.[6]

일본의 지식인들도 중국과 비슷한 고민을 했지만, 그 고민의 해결 속도는 훨씬 빨랐다. 1860년대 후반에 이미 economy의 번역어로 '경제'를 채택하기도 했지만 그때의 의미는 "인간 의식주의 수용(需用)을 충족하고 재화를 증식하여 부를 이루어 사람으로 하여금 환락(歡樂)을 향유하게 하는 것"이라고 하여 전통 시대의 '경제' 개념에 가까운 것이었다. 이에 대한 불만으로 1870년대 후반부터 1880년대 말까지는 영국의 자유주의 경제학에 대한 일본인의 이해가 심화됨에 따라 '이재(理財: 재물을 다스리는 행위)'가 유력한 번역어로 등장하여 확산되었다.[7]

그러나 1890년대에는 사태가 반전되어 번역어로 '경제'가 '이재'를 압도하게 되었다. 그 변화는 도쿄대학에서 먼저 나타나, 정치학과가 경제

---

5) 신문화운동이란, 중화민국 초기인 1910년대부터 1920년대까지 전통적인 중국 사상을 비판하고 민주주의와 과학 같은 진보적인 서구 근대 사상을 바탕으로 새로운 중국 문화를 촉진시킨 운동이다(「New Culture Movement」 https://en.wikipedia.org/wiki/New_Culture_Movement. 검색일: 2022년 9월 11일).

6) 진관타오·류칭펑(양일모 외 옮김), 앞의 책, 365~367쪽.

7) 이하 일본의 사례에 대해서는 이헌창, 「Political Economy와 Economics의 개념과 번역」, 『개념과 소통』 1-2, 2008, 147~149쪽 참조.

학도 담당하던 1893년에 '이재학' 강좌가 '경제학' 강좌로 개칭되었다. 도쿄대 법과대학 교수 가나이 노부루(金井延)는 1894년의 논문에서 한자 문화권에서는 처음으로 아담 스미스 이후 영국 · 독일의 경제학자들의 학문 정의를 종합적으로 검토한 다음, '이재학'이라는 번역어가 '온당하지 않다'고 보고 '경제학'이란 번역어를 사용한다고 하면서 다음과 같이 주장하였다.

> 이재는 '재화에 관한 법칙'을 의미하므로, 이재학의 내용은 경제학의 한 분과인 재정학에 해당한다. 사회와 국가의 '재화상의 현상을 강구하는' 학문에 적합한 번역어는 '국가를 다스리는 것으로부터 부국강병의 의미로' 확장된 한자어인 '경제학'이다. 경제학을 '재화의 교역에 관한 학문'으로 보는 정의는 지나치게 협소하여 받아들일 수 없다.

그가 이처럼 economics의 번역어로 '이재학'이 아니라 '경제학'을 옹호한 것은 독일의 국가 유기체설과 국가주의 경제학을 받아들였기 때문이고, 독일에서와 마찬가지로 이 학문을 통해 후진적인 일본의 '부국강병'을 도모할 수 있다고 기대하였기 때문이다.

즉, 일본에서는 1870~1880년대에는 사회계약적 국가론과 자유주의 경제학의 이해가 진전되면서 경제 현상을 탐구하는 학문이라는 이해가 진전되었기에 '이재학'이라는 번역어가 대두하였다. 그러나 천황제 국가가 확립하고 자유민권운동이 좌절하는 가운데 유기체적 국가론과 독일의 역사학파 경제학이 주도권을 장악하면서 1890년대부터 '경제학'이란 번역어가 승리를 거두면서 '경제'가 economy의 번역어로 정착되어 갔던 것이다.[8)]

그렇다면 한국의 경우는 어떻게 전개되었을까? 한국 역시 중국 · 일

8) 위의 글, 151~155쪽.

본과 마찬가지의 고민을 거칠 수밖에 없었겠지만, 1894년 갑오개혁 이후에는 일본 지식계의 강력한 영향권 안에 들어갔기 때문에 일본의 사례를 따라간 것으로 정리되어 왔다. 그리하여 한국에서 일본의 번역어 '경제'가 확산된 것은 1903~1906년경이라고 정리했으나, 그 이후에도 전통어 '경제'가 혼합되어 사용되었다고 하였다.[9] 그러나 한국이 일본 지식계의 강력한 영향력에만 의거하여 무조건 '경제'를 economy의 번역어로 받아들였다고 보기는 어렵다.

개화기 이전의 한국에는 economy의 본래 의미에 상응하는 다른 용어들로 어떤 것이 있었을까? 또한 종국적으로 한국에 economy의 번역어로 '경제'가 1903~1906년간 크게 확산된 이유는 무엇이며, 그러한 확산이 갖는 의미는 무엇일까?[10] 이와 더불어, 근대적 경제의 기본 전제인 소유권이란 개념은 언제 어떻게 확산되었을까? 그것을 밝히는 것이 본 장의 과제이다.

1. 성리학적 '경제' 개념으로부터 근대적 '경제' 개념으로

1) 성리학적 '경제' 개념의 지속성

중국과 마찬가지로 한국의 전통사회에서도 경제는 '경세제민'의 의미로 사용되었다. 조선왕조 개창의 설계자인 정도전은 국왕에게 『조선경국전』 『경제문감』 『경제문감별집』 등을 제출하였는데, 이때의 경제

9) 한국에서 번역어 '경제'가 도입되는 사정에 대해서는 이헌창, 『경제 · 경제학』, 소화, 2015, 195~229쪽에 정리되어 있다.

10) 이헌창의 연구는 번역어 '경제'가 사용되는 빈도와 용례를 밝혔지만, 왜 1903~1906년경에 그 용어의 보급이 대폭 증가했는지 명확하게 밝히지는 않았다.

는 오늘날의 '정치'의 의미에 가깝다.[11] 특히 조준이 주관하여 태조6년(1397) 『조선경국전』을 바탕으로 편찬한 『경제육전』은 이·호·예·병·형·공의 육전으로 구성된 조선시대 최초의 성문 통일법전으로서 이후 명실상부한 종합 법전인 『경국대전』으로 계승되었다.[12] 다음 자료에서 보듯이, '경제'란 개념 또는 행위는 당대에 벼슬하는 관리가 각종 업무를 처리하면서 중생을 구제하는 행위라고 할 수 있다.

> 경제는 당세에 뜻을 얻어 벼슬하는 자가 행하는 것이다. 산림과 경제가 이같이 다르지만 공통된 점도 있다. 경(經)이란 서무를 처리하는 것이고, 제(濟)란 널리 중생을 구제하는 것이다.[13](이하, 밑줄은 인용자)

조선후기 북학파 학자 홍대용은 학문을 의리지학, 경제지학, 사장지학 세 가지로 분류하고 의리를 근본으로 삼으면서도 경제와 사장(詞章) 또한 중시하여 이 세 가지가 모두 한 데 어우러져 통합되어 있어야 진정한 학문이라고 주장하였다.

> "학문에는 의리의 학, 경제의 학, 사장의 학, 3등분이 있는데, 당신이 물으신 것은 어느 학입니까?"…(중략)…
>
> "학문을 3등분하는 것은 세속 선비의 고루한 소견입니다. 만일 의리를 버린다면 경제는 공리(功利)에 흐르고, 사장(詞章)은 들뜨고 허황됨에 빠지게 될 것이니, 어찌 학이라 할 수 있겠습니까? 또 경제가 아니면 의리를 펼 데가 없고, 사장이 아니면 의리를 나타낼 수 없을 것입니다. 그러므로 요컨대, 이 3가지에서 하나라도 버린다면 학이라 할 수 없습니다. 그렇다면 의리가 그 근본이 아니겠습니까?"[14]

11) 이헌창, 앞의 책, 272~273쪽.

12) 박병호, 「≪경국대전≫의 편찬과 계승」, 『한국사』 22, 국사편찬위원회, 1995, 198~206쪽.

13) 洪萬選, 『山林經濟』 「山林經濟序」.

정약용 역시 두 아들에게 보내는 편지에서 전통어 '경제'가 학문을 하는 데 기본적으로 중요하다고 하면서 다음과 같이 일러두었다.

> 문장은 반드시 먼저 경학으로써 기초를 확고히 세운 뒤에 역사서를 섭렵해서 정치의 득실과 치란(治亂)의 근원을 알아야 하며, 또 모름지기 실용적인 학문에 마음을 써서 옛사람들의 경제에 관한 서적을 즐겨 읽고서 마음속에 항상 만백성을 윤택하게 하고 모든 사물을 기르려는 마음을 둔 뒤에야 비로소 독서하는 군자가 될 수 있는 것이다.[15]

흥선대원군 집정기인 1866년경에도 전통어 '경제'는 "세상을 다스리고 백성을 구제한다"는 의미로 사용되고 있음을 볼 수 있다.

> 우의정 유후조(柳厚祚)는 아뢰기를, "방금 변란을 겪고 공적 비용이 날로 늘어 나라의 재정이 어렵고 백성들의 곤란하기가 지금 같은 때가 없는 만큼 마땅히 재정을 넉넉하게 하며 힘을 펴는 방책부터 강구해야 하지만 지금 경제를 돌이켜 보매 밤낮 근심스럽고 두렵기만 합니다. 당백전을 주조하자고 한 좌의정의 계문은 실로 옛일을 상고하고 오늘의 형편을 참작한 훌륭한 계책입니다. 다만 유포시켜 통행시키는 것은 비록 담당기관에 조처하는 책임이 있으나, 지출과 수입을 따지고 비용을 절약하게 하는 것은 진실로 제때에 크게 변통하는 데 달려 있습니다. 이것이 『역(易)』에서 이른바 재물을 다스리는 방책으로서 국용도 넉넉해지고 백성들의 재산도 풍족하게 할 수 있는 것입니다."라고 하였습니다.[16]

---

14) 『湛軒書外集』 卷七 「燕記: 吳彭問答」.

15) "必先以經學立著基址 然後涉獵前史 知其得失理亂之源 又須留心實用之學 樂觀古人經濟文字 此心常存澤萬民育萬物底意思 然後方做得讀書君子"(『茶山詩文集』 제21권, 「寄二兒」 壬戌12월 22일).

16) "右議政柳厚祚以爲 制國用 量入爲出 古今天下之常理 憂虞纔經 公費日滋 國計之艱絀 民生之困瘁 莫今時若 宜先講究其裕財紓力之策 而顧乏經濟 夙宵憂懼 左揆之請鑄當百錢 實是證古酌今之訏謨也 第其流布通行 雖責於有司措處 出入節用 亶在乎克軫大易 所謂理財之方 國用可贍 民産可資 臣無容他見 惟願博詢而裁處焉"(『고종실록』 3권, 고종3년 11월 6일).

갑오개혁으로 신분제가 폐지되고 육의전 폐지 등으로 특권적 상업 체제를 없앤 이후에도 '나라를 다스리고 백성을 구제한다'는 의미의 전통어 '경제'는 계속 사용되었다.

> 각국에는 훈장이라는 것이 있어서 만일 내외 국민 중에 무슨 일을 잘 하여 그 일로 인연하여 나라에 도움되는 일이 있다든지 백성에게 편리한 일이 생기든지 국가에 명예가 빛날 일이 있든지 세계 인민에게 도움되고 공덕이 있는 일을 행하였으면 임금이 그 사람을 세상에 드러나게 하는 표적을 주시는 것을 훈장이라 하는지라. 설령 사람이 어떤 일을 잘 하여 세상에 드러나 마땅한 사람이로되 그렇다고 그 사람에게 돈을 준다든지 옷감을 준다든지 벼슬을 높이 시키는 것은 치국하는 경제학에 마땅하지 못한지라.[17]

이에 의하면, 나라에 공을 세우거나 백성에게 편리한 일을 만들거나 국가의 명예를 빛낸 사람에게는 훈장을 주는데, 훈장을 주지 않고 옷감을 주거나 관직을 높여주는 것은 나라 다스리는 경제학에 마땅하지 않다, 즉, 나라를 다스리는 통치술로 적당하지 못하다는 의미이다.

아래 1900년 1월 조선시대의 과거에 대해 비판하는 『황성신문』의 논설에서도 마찬가지였다. 이 글에서는 당나라 송나라 이래 조선시대까지 과거 과목에 논책이 빠져서 정치 경제에 대해서는 한 번도 언급하지 않는다고 하였다. 다만, 이때의 '정치'와 '경제'는 오늘날 politics, economy의 번역어가 아니라 조선시대의 용례로 보아야 한다. 즉, '정치 득실'은 인물을 어떻게 사용했는가, '경제 가부'는 세상을 경륜하여 백성을 구제했는가를 묻는 전통적인 용례로 보아야 한다.

---

17) 『독립신문』 1896년 7월 28일, 논설. 이하, 『독립신문』과 『매일신문』 등 순한글 기사는 현대어로 바꾸었다.

> 하물며 과거 과목에 시(詩)와 부(賦)는 시문을 해석하는 화려한 도구요, 의의(義疑)는 경서를 논하고 해석하는 문장이거니와 논책(論策)은 정치의 득실과 경제의 가부(可否)에 충분히 해결할 만한 방책이로다. 그런데 최근 과거 문제에 정치와 경제는 전혀 언급하지 않으니 론책이 역시 천박하고 화려한 쪽으로 돌아갔도다. 비록 가의(賈誼)와 유분(劉蕡)이 있어도 과거의 실질을 펼칠 수 없을 테니 어쩔 것인가. 당나라 송나라 이래 우리 한국에 이르기까지 과거의 실질이 없음은 세계가 모두 한탄하는 쓸데없는 짓이라. 그대가 소위 과거를 복설하여 빼어난 인재를 다수 취하는 것이 시류에 적합하다 함이 이 무슨 고루한 견해인지 명백히 취할 수 없도다. 내가 말하기를 그런즉 과거 과목을 정치와 경제에 적합한 시사 문제로 물어보면 좋지 않겠는가 하니, 객이 말하기를 또한 그렇지 않다. 우리나라 선비들이 평생 숭상한 것이 천박하고 화려한 문장뿐인데 시부(詩賦)와 의의(義疑)도 꿰뚫은 자가 드물거늘 하물며 정치 경제를 교육도 하지 않고 시험을 갑자기 설한다면 시무책을 능히 대답할 자가 몇 있겠오.[18]

이후, '경세제민'으로서의 전통어 '경제'는 기존 연구에서도 분석되었다시피 점차 사용 빈도가 감소하였으며, 특히 1903년 이후 번역어 '경제'에 비해 현저히 줄어들었다.[19] 이러한 현상이 나타난 배경에 대해서는 3절에서 좀 더 구체적으로 서술하겠거니와, 여기서는 전통어 '경제'의 용례를 하나 더 살펴보자.

1902년 11월 정부가 결세를 1결당 50냥에서 80냥으로 대폭 인상하려 할 때 이를 비판하는 다음 논설에서 전통어 '경제'의 내포를 잘 알 수 있다. 경제 사업의 종목으로 학교 교육, 군사 전투, 농사 개량, 공예 발달, 상업 진흥, 화폐 정리, 광산 개발 등 제반 이용후생 사업을 열거하고 있다. 그리고 전통어 '경제'의 의미는 '이용 후생을 위한 제반 사업'을 말하는 것이다.

18) 『황성신문』 1900년 1월 24일, 논설 「科擧不如教育」.

19) 이헌창, 앞의 책, 217~229쪽 참조.

> 최근 우리 대한이 각국의 사례를 모방하여 기풍이 나날이 바뀌고 문물이 새로워지니 경제 사업도 또한 이전에 비해 증진하여 학교 교육하는 일을 열고 확대할 것이며 군사 전투 비용을 미리 준비해야 하며 기타 농사 개량과 공예 발달과 상무 진흥과 화폐 정리와 광산의 채굴 등 모든 이용 후생 방면에 반드시 손을 대야 하는즉, 그 들어갈 경비도 역시 거대한 액수를 필요로 할 것이다. 종전의 부세 수입으로는 반드시 부족할 것인즉 재정 마련할 길을 역시 강구해야 한다. 그런데 그 규모가 미비하고 법령이 고르지 못하여 가호마다 한 가지 물건에 열 가지 세를 징수하여 상업이 쇠퇴하고 백성 재산이 위축되며 관리와 향리들이 이를 틈타 농간을 부려 탐학하고 협박하면서 (백성을) 침탈하고 껍데기를 벗겨 훔치고 숨겨 개인을 살찌게 한다. …(중략)…지금 정부에서 하루 아침에 갑자기 결세를 증가시킨즉 저 궁핍하고 빈사 지경에 놓인 백성들이 경제 사업이 마땅히 확장해야 하고 국가 재정을 이에 따라 마련해야 함을 결코 알지 못하고 그저 목전의 어려움이 극심한 것만 생각하여 무리지어 원망하며 억울함을 털고자 격동하여 시끄러워져 소요하는 폐가 없다고 보장하기 어려울 것이다.[20]

2) 전통어 '생재'와 '이재'의 번역어 '경제'로의 흡수

그런데 근대 이전 사회에 economy의 본래 의미에 근접한 전통어가 없는 것은 아니었다. 즉, economy의 번역어로 '경제'가 정착하기 전에 '생재(生財)', '이재(理財)' 등의 전통어가 조금씩 사용되었음을 추적해 볼 수 있다. 이들 '생재'와 '이재'가 어떠한 용례로 사용되다가 '경제'에 그 자리를 물려주게 되었는지를 검토해 보기로 하자.

이익은 『성호사설』의 「생재(生財)」라는 항목에서 각도의 특산물과 공물, 부세, 왜인과의 교역, 화폐, 시장 등에 관하여 전반적으로 서술하고 "재물은 하늘이 내리는 것이 아니라 반드시 백성의 피와 땀에서 얻

20) 『황성신문』 1902년 11월 28일, 논설 「先究安民然後加結無弊(續)」.

어지는 것이고, 백성이 부유하면 나라도 따라서 부유해지는 것이다. 그러므로 군자가 백성을 다스림에는, 백성을 인도하여 가난에서 벗어나 부유하게 되도록 할 뿐이다."라고 하였다. 따라서 재산을 늘리는 것은 중요하지 않고 청렴결백한 관원을 등용하고 탐관오리를 제거하기만 하면 충분할 것이라고 주장하였다.[21] 이로써 보면 '생재'란 위에서 제시한 각지의 산물과 국가에 상납하는 공물과 부세, 외국과의 교역, 화폐와 시장 등을 관리하는 것이라고 할 수 있는데, 이익은 이러한 '생재'를 조장하기보다 정치만 잘 해도 충분히 부유하게 살 수 있다고 주장하고 있다.

그런데 이러한 '생재' 개념은 『대학』의 다음과 같은 구절에서 유래해 온 것이었다.

> 생재(生財)에는 큰 도가 있다. 생산하는 자가 많고 먹는 자가 적으며, 만드는 자가 빨리 만들고 쓰는 자가 더디게 쓰면 재물은 항상 풍족한 법이다.[22]

독립협회운동 시기에 발간된 『매일신문』에서는 이러한 전통적 개념으로 근대적 경제 현상을 다음과 같이 설명하고 있어 이채롭다.

> 나라마다 생재하는 데 중요한 것은 지리와 사람의 공력과 자본 세 가지가 아울러 중요하다. 그러나 그 증가하는 힘을 논하면 각각 많고 적고 크고 적은 것이 똑같지 아니하니 이는 때를 인하기도 하며 혹 땅을 인함이라. 지리로써 말하더라도 지금 영국에 여러 곳 물산이 지극히 많은 곳이 이전에는 연못과 빈 땅이거늘 사람의 힘과 지혜에 공교한 것으로써 옮기고 변

21) 『星湖僿說』 第八卷, 「人事門」 生財.

22) "生財有大道 生之者衆 食之者寡 爲之者疾 用之者舒 財恒足矣"(『大學』 傳十 釋治國平天下).

> 통하여 척박한 곳을 변화시켜 살지고 아름답게 만들었으니 전에는 헌신짝 같이 버리다가 지금은 다투어 얻어 양전이 되었으니 이는 지리가 때를 인하여 다른 것이다.
>
> 사람의 공력으로써 말하더라도 곡식 베는 한 가지라도 영국 사람 하나가 하루 종일 타작하는 것이 아라사 사람 셋을 감당하고 철도 놓는 것 한 가지를 보더라도 영국 사람 하나가 하루 하는 것이 법국 사람 둘을 감당하니 그 연고는 진실로 몸과 기운의 강하고 약한 것이 같지 아니한 점으로 말미암음이오 또한 재주에 교묘하고 치졸한 구분이 있으니 이는 사람의 공력이 땅으로 인하여 다름이오.
>
> 자본으로써 말하더라도 이전에 능히 공예를 흥성시키지 못 하던 바를 지금은 지혜의 정밀함과 기계의 교묘한 것으로써 창설하여 못할 일이 없으니 석탄이나 철광 등 일이 전에는 자본을 두고도 사용할 곳이 없었는데 지금인즉 그 이치를 다 하였다. 베를 짠다 융을 직조한다 하는 것도 전에는 힘은 많이 들어도 성공한 것은 적더니 지금인즉 힘은 적게 써도 그 이윤이 백 배나 되니 이는 또 자본도 때를 인하여 다른 것이라. 이를 살펴본즉 지리에 그 마땅한 것을 극진히 하고 사람의 공력의 그 능숙한 것을 극진하게 하고 자본의 그 사용하는 바를 극진하게 하고자 하면 격치학에 정통하고 예술서를 섭렵하지 않고는 안 되는지라. 이로부터 나라의 성쇠와 강약이 달렸나니 농상공부나 학부에서 불가불 시일이 급하게 힘을 써야 할 일이라고 하노라[23]

이 논설에 의하면, 생재에 중요한 것은 지리, 사람의 공력, 자본 등 세 가지라고 한다. 황무지를 개간하는 경우, 영국인 · 러시아인 · 프랑스인의 노동력이 각각 효율이 다른 경우, 자본이 많아져 탄광 · 철광 · 직조 등의 작업이 가능하게 된 경우 등을 열거하고 있다. 그러기 위해서는 물리학(격치학)에 정통하고 기술서(예술서)를 섭렵하는 것이 중요하니 한국의 농상공부와 학부에서도 이를 시급히 마련하여 교육하라고 독촉하고 있다.

23) 『매일신문』 1899년 3월 2일, 논설.

이 논설에 뒤이은 논설에서는 한국의 사례를 분석하고 있다. 한국의 자연 환경, 즉 지리가 불리한 것은 아니지만, 생재(生財)하는 일에 소홀하여 지리의 이치를 강구하지 않아 생재로 이익을 얻는 방법을 모른다고 하였다. 그나마 조금 돈을 모은 농민이나 자본을 지닌 상인들도 탐학한 관리나 외국인에게 다 빼앗기는 형국이 된다고 하였다.

> 지난 호에 경제하는 민생재용을 강구하는 이야기를 대강 하였거니와 백성이 넉넉하여야 그 나라가 부강한 것은 사람마다 아는 바라. 세계 각국을 두루 살펴보건대 우리나라 같이 빈약한 나라는 없을 것이다. …(중략)… 지역이 넓은 것과 산택지리가 없는 것이 아니로되 돌아보건대 생재하는 데 소홀하여 그 이치를 강구치 아니하는 까닭이라. 나라에서 버리는 이익이야 이루 말할 것 없거니와 백성들도 생재득리하는 길을 알지 못하여 다만 농사하는 데 조그마한 돈주머니가 있는 모양인데 그것도 근년에 이르러서는 탐학한 관장과 간활한 아전들의 횡징 남봉하는 곳으로 다 들어가고 웬만큼 장사한다는 사람은 혹 자본을 제법 많이 가지고 외국에 무역하는 자도 역시 빈약한 나라 백성이 되어 권리를 다 타인에게 빼앗기고 내지 판매까지 외국인에게 이익은 다 주니 농상도 이러하거니와 공작이라 하는 것은 지금까지 옛날 질박하고 완둔한 것을 고치지 못 하는 까닭으로 모두 타국 것을 취하여 쓰는지라 어찌 곤고하지 아니하리오.[24)]

1899년 이후에는 '생재(生財)'가 중국과 일본에서 economy의 번역어로 사용되었던 '이재(理財)'와 유사한 의미로 사용되는 용례를 찾아볼 수 있다. 다음 논설에 의하면, 나라를 부유하게 하려면 이재를 잘 해야 하고, 이재를 잘 하려면 백성들이 직업을 잃지 않게 하여야 하며 이를 위해서는 세 가지 방법을 동원해야 한다고 하였다. 첫째는, 백성들의 호구 수에 따라 식량을 2배로 증가시켜 잘 먹이는 것, 둘째는 백성들을

---

24) 『매일신문』 1899년 3월 3일, 논설.

개화시켜 나날이 새롭게 할 것, 셋째, 새로운 기술을 익히게 하여 사농공상 모든 직업에서 효율을 높일 것 등이다.

이 세 가지 방법을 동원해서 백성들이 직을 잃지 않으면 다시금 '생재'하는 세 가지 방법이 있다고 하였다. 즉, 첫째, 기술 계도와 노동력 보조를 통해 재산을 증식하여 부유하게 하는 것, 둘째, 생산하는 자는 많고 이를 먹는 자는 적게끔 하는 것, 셋째, 농림업 · 목축업 · 광업 · 공업에 기술을 개발하여 외국 물품은 토산물로 대용하고 국내품은 외국에 수출하여 1년간 수출액이 수입액보다 많게 하면 된다는 것이다.

> 현재 부국이 되고 싶으면 반드시 이재(理財)요 이재를 요한다면 백성들로 하여금 그 직을 잃게 해서는 안 된다. 백성들이 그 직을 잃지 않게 하는 방법이 세 가지있으니 양민(養民) · 신민(新民) · 교민(敎民)이라. 한 나라의 인정과 호구를 원래 숫자대로 따라 생명을 기르는 식량이 사람 수의 2배로 늘려가는 것이니 이는 백성을 기르는 방법이다. 널리 행해지는 좋은 법도를 밝히고 알리며 시세가 도달한 형편을 엿보고 사물의 속성을 열어 사업을 이루며 백성을 교화하여 풍속을 아름답게 함으로써 백성들이 나날이 앞으로 나아가면 이는 백성을 새롭게 하는 방법이다. 백성 개개인으로 하여금 세상의 좋은 법도에 식록(食祿)을 얻는 방법이 있음을 알게 하여 모든 사농공상(士農工商) 업무에서 작업할 때는 소요되는 비용이 매우 적지만 공사를 하는 이점으로 얻는 바가 매우 많도록 깨우쳐 배움이 이루어진다면 이는 백성을 가르치는 방법이다.
>
> 이 세 가지 방법이 모두 갖추어지면 백성들이 직을 잃지 않을 것이고 백성들이 직을 잃지 않으면 생재(生財)에 반드시 그 방법이 세 가지 있다. 그 방법을 가르치고 그 힘을 보조하며 그 재주를 장려하여 재산을 늘려 스스로 여유로움을 깨닫게 하는 것이 첫번째 방법이다. 만드는 자는 많고 먹는 자가 적게 하는 것이 두 번째 방법이다. 하늘이 낳은 것들을 씨뿌리고 기르는 것과 땅 아래 있는 보물을 채취하는 것과 인공물을 제조하는 것에 각각 교묘한 기술을 사용하여 극히 정밀하고 아름답게 하며 넓고 여유롭게 하여 외국 물품 대신 우리 물건을 사용하며 내륙의 물품은 외국으로 수출

> 하여 1년간 수출물품이 많고 수입물품이 적게 하는 것이 세 번째 방법이다. 세 가지 방법이 갖추어지면 재물은 반드시 풍족할 것이니 공자가 말하길 "백성이 풍족하면 임금이 누구와 더불어 부족하겠는가"라고 하시니 재물이 생기고 백성이 풍족하면 나라가 부유해지려 하지 않아도 어찌 그렇게 되겠는가(하략)[25]

여기서 주목할 것은 전통적으로 주장된 생재의 방법에 두 가지가 추가된 점이다. 앞서 보았듯이 『대학』의 생재 개념에는, 생산하는 자가 많고 먹는 자가 적으며, 만드는 자가 빨리 만들고 쓰는 자가 더디게 쓰면 재물이 항상 풍족한 법이라고 했다. 그런데 이제는 백성들에게 생재하는 방법을 가르치고 보조하고 장려한다는 교육, 국내 물품을 다량으로 생산하되 외국과의 교역 과정에서 수출은 많고 수입을 적게 해야 한다는 무역수지 흑자 유지라는 방법이 추가되었다.

'생재'를 어떻게 할 것인지 방법을 강구하면서 현 상황에서 왜 생재가 안 되는지 네 가지 이유를 진단하고 있는 점도 주목할 만하다. 첫째, 생산하는 자는 10명 중 1명인데 놀면서 먹고 입는 자가 8~9명인 데다가 이들 생산하는 백성을 탐학하고 압제하는 점, 둘째, 고관대작부터 아전에 이르기까지 벼슬아치들이 수탈을 하여 이들이 생산하는 물건이 모두 이들을 살찌우는 데 들어간다는 것, 셋째, 토지를 부민이 다 소유하고 빈농은 임대할 땅이 없어 파락호로 돌아다니거나 광부 또는 날품팔이로 투입되니 기계기술을 배우거나 농림업에 종사할 기회가 없는 것, 넷째, 국고가 공허하여 관리 급여를 제대로 못 주고 있는데 이는 공사(公私) 경비 사용 시에 낭비가 심하고 지출에 비해 수입이 적기 때문이라는 것이다. 이들 네 가지 원인을 줄여서 말하자면 실업, 수탈, 토지겸병, 국고 낭비이다.

25) 『황성신문』 1899년 11월 25일, 논설.

혹자가 묻기를 "우리나라의 재물이 항상 부족한 이유는 무엇인가"라 하였다. 내가 답하여 말하기를 "전(傳)에 말하지 않았는가. '생재에는 큰 도가 있다. 생산하는 자가 많고 먹는 자가 적으며, 만드는 자가 빨리 만들고 쓰는 자가 더디게 쓰면 재물은 항상 풍족한 법이다.'[26]라 했다. 우리나라가 이 도를 사용했으면 어찌 부족함을 걱정하겠는가."라고 하였다.

그가 또 "생산하는 자가 많고 먹는 자가 적으며, 만드는 자가 빨리 만들고 쓰는 자가 더디게 쓴다는 것은 무엇을 말하는 것이오?"라고 물었다. 응답하기를 "나라에 노는 백성이 없으면 생산하는 자가 많은 것이오. 조정에 요행히 자리를 얻은 자가 없으면 먹는 자가 적은 것이다. 농사 때를 빼앗지 않으면 만드는 자가 빨리 만드는 것이요, 들어올 양을 예상하여 지출하면 쓰는 자가 더디게 쓰는 것이니 이를 생재의 큰 도라고 이른다"라 하였다.

그가 또 "우리나라도 역시 이 도를 사용하는가?"라고 물었다. 응답하기를 "우리 동방의 풍속과 기운이 선비를 귀히 여기고 농업과 상업을 천히 여겨 1인이 농사지어 10인이 먹고 여성 1명이 베를 짜서 10명이 옷을 해 입으니 놀면서 옷입고 놀면서 먹는 백성이 십중팔구라. 사지가 해이하고 만사가 늘어터져 작업을 부지런히 하지 않을 뿐 아니라 오히려 이를 만드는 백성을 업신여겨 탐학하고 압제하니 그 만드는 백성들 또한 그 부지런히 움직일 힘을 보전할 수 없어 그 만들어내는 물건이 8~9명의 놀고 먹는 백성을 먹일 수 없으니 이것이 재물 부족의 첫째 원인이요.

내직에서는 위로는 공경 · 대부 · 사(士)와 아래로는 수많은 집사까지 벼슬을 병들게 하고 직무에 태만하며 하는 일 없이 급여만 받는 자가 십중팔구다. 외직에서는 위로는 관찰사 군수와 아래로 서리와 관노들이 백성의 재물을 탐학하여 산 사람을 고깃덩어리로 만든 자 또한 십중팔구라. 모두 비단옷 고기와 논과 가택, 이쁜 첩으로 복리를 누리며 혼자서만 쾌락을 즐겨 척박한 땅의 생산물과 곤궁한 농부의 작물일지라도 모두 이들 자기 몸과 집안을 살찌우는 자들의 밑천으로 들어가니 이것이 재물 부족의 둘째 원인이라.

가난한 백성들이 2월에는 고치실을 팔고 5월에는 새곡식을 팔아 새 곡식이 구 고치실에 이어지지 못하니 식량 종자가 모두 궁핍하여 농사철을

26) 『大學章句大全』 傳文 제10장, 63쪽.

잃게 된다. 부자는 옥토와 기름진 땅을 겸병하고 가난한 자는 밭을 빌리지 못하여 황무지에 힘을 쓰거나 땅에 꽂을 송곳도 없는 지경이라 봄가을 농사지을 희망이 끊어졌오. 이미 항산이 없으니 항심 또한 없는 까닭에 일없이 몰락하여 혹은 광산꾼이 되거나 혹은 공사장에 들어가거나 심지어 산적으로 떨어지는 자까지 생겨 밥먹을 능력이 없을 뿐 아니라 기계로 무언가 만드는 일도 배우지 못하며 산림 · 개울 · 저수지의 이익을 모두 보지 못하니 이것이 재물 부족의 세 번째 원인이다.

세입과 세출이 정해진 예산이 있거늘 국고는 비어있고 경비는 부족하여 관리들 월봉을 지출하지 못하니 이재(理財) 책임을 누가 질 것인가. 당장 급한 바가 기갈(飢渴)보다 더 심하니 이 모두가 위부터 아래까지 공사(公私)의 비용이 남용이 엄청 많아서 수입되는 재물로 지출하는 비용을 감당하지 못하니 이것이 재물 부족의 네 번째 원인이라"라고 하였다.[27]

또한, 1902년 말 국가 재정의 위기가 닥쳐서 정부가 결세를 1결당 50냥에서 80냥으로 대폭 인상할 때도 '생재(生財)'를 번역어 '경제'와 같은 의미로 사용함을 볼 수 있다. 즉, 위기를 맞아 마땅히 재정을 정리하기 위해서는 근원적 원인을 해결할 방법을 찾아야 하는데 지금은 그렇게 하지 않고 여전히 약탈하고 긁어모으는 데만 빠져서 세금 외에 또 남징하고 과외로 횡렴하여 임시변통하려 한다. 또 악화를 끝없이 계속 주조하고 외국의 부채를 계속 빌려와서 재정 부족을 해결하려고 하니 이 같은 생재 방법으로는 목전의 화급한 불만 끄다가 낭비가 계속되어 장차 또 세금을 거두고 악화를 주조하며 차관을 또 빌려서 걱정을 조금도 덜 수 없을 것이라고 비판하고 있다.[28]

27) 『황성신문』 1901년 4월 4일, 논설「生財有大道」.

28) "迨此之際ᄒᆞ야 宜亟究整理財政之道而苟欲整理ᄒᆞᆫ딘 惟在乎防源導根之術이어ᄂᆞᆯ 今不然ᄒᆞ야 惑於浚剝勾斂之說而欲濫徵於稅上ᄒᆞ며 欲橫斂於科外ᄒᆞ야 以爲牽補架漏之計ᄒᆞ고 又益鑄無窮之惡貨ᄒᆞ며 益借外國之債欵ᄒᆞ야 以爲補缺紓絀之方ᄒᆞ니 假令以如此生財之方으로 只救目前燒眉之急이라가 尾閭之洩이 糜費如故則抑將徵之又徵ᄒᆞ고 斂之又斂ᄒᆞ며 鑄之益鑄ᄒᆞ고 借之益借ᄒᆞ야 冀救須臾之患而已乎아(하략)"(『황성신문』 1902년 11월 1일, 논

'생재' '이재'는 시기가 흐를수록 번역어 '경제'보다 사용 빈도수가 감소하기 시작했으나,[29] 유학 교조를 고수하는 지식인들은 1910년에 이르도록 여전히 '이재'를 사용하고 있음을 확인할 수 있다.

> (대동학회) 회장 신기선(申箕善)이 본회의 취지를 설명하기를 오늘 우리 학회의 취지는 이미 공포하였으니 중외의 신사 여러분은 모두 아시리라 믿습니다. 요컨대 공자·맹자의 도는 음식물이나 옷 같은 것이라 이것이 없으면 사람이 사람답지 못하고 나라가 나라답지 못하게 됩니다. 자신을 수양하는 데는 궁리정심(窮理正心)을 충실히 해야 하고 세상을 경륜하는 데는 용인(用人)과 이재(理財)에 실질적으로 힘써야 할 것입니다.…(중략)… 강사 김윤식(金允植)이 강설하기를…(중략)…부모님 섬기는 길은 몸소 사농공상의 일을 하면서 팔다리와 심력을 부지런히 하여 봉양을 극진히 하는 데 있다. 임금을 섬기는 길은 정치·법률·이재·치병(治兵)을 해박하게 숙달하여 나라의 정치를 바로잡는 것입니다.[30]

> 대저 지구상 국가가 백 개 이상을 헤아리는데 그 흥폐 성쇠하는 연고를 보면 항상 재정을 잘 다스렸는지 여부에 말미암았다. 재물이란 무엇인가? 인생을 먹이고 기르는 데 필요하여 하루라도 없어서는 안 되는 것이다. 만일 이재(理財)가 그 도를 얻지 못하면 재물 사용에 법도가 없게 되고 재물 사용에 법도가 없으면 부족함에 이르게 된다. 그리하여 백성들을 강탈할 수밖에 없고 도를 잃게 된다. 이에 횡징과 가렴이 끝이 없다. 마을마다 소란스럽고 백성은 생을 즐겁게 지낼 마음을 잃고 나라는 이에 어지러워진다.[31]

설 「時急之務在整理財政(前号續)」).

29) 이헌창, 앞의 책, 217~229쪽.

30) "會長申箕善 說明本會趣旨曰 今我學會之趣旨 已有公佈 中外紳衿 庶已諒悉 而要之 我孔孟之道 如菽粟裘葛 非此則人不能爲人 國不能爲國 修己則窮理正心爲實工 經世則用人理財爲實務 …(중략)… 講師金允植講說曰 …(중략)…事親之道 在於躬執四民之業 勤其股肱心力以盡奉養之道也 事君之道 在於明習政治法律理財治兵 以平邦國之政也"(『대동학회월보』 8호, 1908년 9월 25일 강의록).

31) "夫國於地球之上考蓋以百數 而其廢興盛衰之故 恒由於財政之理否 何則財者 人生之所需以爲養 而不可一日無者也 苟理財不得其道 則用之無度 用之無度 而至於不足 則不能不誅

그러나 1903년 이후가 되면 '이재' '생재'와 같은 용어보다 번역어 '경제'가 압도적으로 사용 빈도를 높이기 시작하였다. 그 이전에도 번역어 '경제'가 사용되기는 했으나 그것은 대체로 『한성순보』 『한성주보』에서 외국 문물을 소개하거나 낙영학교, 광흥학교 등 신식학교의 교과목을 광고하는 데 사용된 것이 대부분이었다.[32]

번역어 '경제'가 1903년 들어서 사용 빈도가 높아진 이유는 외부적 요인으로 일본의 이민법 개정으로 인해 이주해오는 일본 농민, 이를 뒷받침하기 위한 일본인들의 조선협회 조직, 일본산 상품과 일본화폐의 신용도 제고, 내부적 요인으로는 1903년부터 백동화 남발로 인한 물가 폭등 현상 때문이었다.

우선 일본 이민법 개정으로 인하여 한국에서 일본인들이 발행하던 『조선신보』에서 번역어 '경제'를 계속 사용하였기 때문에 한국의 『황성신문』 역시 이 용어를 사용할 수밖에 없었던 사정을 고려해야 할 것이다.

> 조선신보 기자가 또 말하기를 "일본인의 자유 도한(渡韓)이 한국 잠식을 꿈꾸고 이민을 장려하기 위함이라 함은 황성신문 기자가 굳게 믿는 바의 오해다"라 하고 또 말하기를 "일본이 한국을 잠식하여 이민 장려를 필요로 할진대 뭐하러 보호법을 개정하겠는가. 차라리 은밀한 수단으로 그 이민을 장려하는 것이 이익이거늘 지금 이민 보호법 개정 건으로 의회에 제출한 것은 공명함을 드러내기 보이기 위함이지 결코 잠식하려는 이민 정책의 단서가 아니다"라고 하였다.
>
> 본 기자(황성신문사 기자—인용자)가 따져 말하기를 일찍이 이민으로 곧장 우리 한국을 즉시 잠식한다고 한 적이 없는데도 저들이 곧 잠식하지 않았다고 스스로 소리높여 증명하니 이는 속담에 '도둑이 제 발 저리다'고 한

求於民 而取之無藝 於是橫徵苛斂無所不至 而閭里騷然 民失其樂生之心 而國斯亂矣"(存齋居士, 「理財要論」, 『대동학회월보』 20호, 1909년 9월 25일).

32) 이헌창, 앞의 책, 199~200쪽 및 217~218쪽.

것과 같다. 비록 은밀히 숨기려 해도 흔적이 저절로 드러나기 때문이다. 그런데 잠식하는 수단이 어찌 일정한 규칙이 있겠는가? 대개 국제상의 대외 정책이 혹은 은밀히 붙이거나 혹은 공개적으로 알리는 등 한 가지로 추측할 수 없다. 그러니 의회에 제출했다고 하여 이를 공명한 확증이라고 하면 어찌 기망함이 심하지 않겠는가?

또 말하기를 열등한 인종이 우등한 인종과 접촉하면 경쟁상 열패함을 면하기 어려우나 열등 인종이 우등인종과 더불어 영구히 접촉하지 못하고 미개한 하등국민이 문명한 고등국민을 만나서 그 감화를 받지 않으면 하등국민과 열등인종이 영원히 진보할 길이 없다고 하였으니, 이에 따져 말하겠다. 저 일본은 스스로 문명 고등국 우등인종으로 지위를 점하고 우리 한국은 미개 하등국 열등인종으로 꾸짖고 욕하니 그 오만하고 업신여김이 어찌 그리 심한가. 일본이 고대로부터 문장과 학문, 기술을 우리 한국으로부터 수입하여 그 어리석고 누추함을 개발하였으니 우리 한국이 일본보다 선진임은 그들 역시 스스로 아는 바이거늘 그들이 과장하는 것은 단지 메이지 이래 불과 30여년 간에 정치 개량으로 말미암아 우리 한국과 비교하면 자못 먼저 각성한 구별이 있다고 할 수 있겠거니와 어찌 나라의 등급과 인종의 고하 우열로 망녕되이 비난하고 욕할 수 있는가? 이는 자기 능력을 모르고 위세를 부림이니 대부분의 사람들이 양해할 수 없는 바로다.

또 그가 말하기를 "일본인 이주를 환영하는 것이 한국의 이익이라. 첫째 경제상 이익과 둘째 사회상 이익과 셋째 정치상 이익을 상세히 논하겠다. 어느 나라를 막론하고 야만으로부터 문명으로 나아가며 빈약함으로부터 부강함에 도달하니 이는 모두 개국 정책에 의하지 않음이 없다고 할 수 있으니 가령 일본이 근 30여 년 간에 지금의 진보에 이른 것은 유럽 문명을 왕성하게 수입하여 내정을 개량한 결과에 불과함이라"고 한다.

이를 따져 보면 일본인 환영이 한국의 이익이라고 하니 그렇다면 일본인 자기 이익을 위하지 않고 한국 이익을 위해 온다는 말인가. 만일 한국의 이익을 위해 온다면 환영하는 것이 좋겠으나 이는 오로지 자기 이익을 위해 오는 것이니 한국이 반드시 그 해를 입을 것이니 어찌 환영할 리가 있겠는가. 그 소위 세 가지 이익에 대해서는 따로 상세히 따질 것이니 여기서는 잠시 놓아두겠다. 그는 야만이 문명으로 나아가며 빈약이 부강에 달하는 정책을 일본의 개량으로 입증된다고 말한다. 그러나 그는 그 메이지 유신 초기에 과연 내지를 개방하여 유럽 이민을 환영하고 그들과 함께 뒤섞여 거주함으로써 문명을 수입하고 오늘과 같은 내정 개량의 결과에 도달했음을 모르고 있는 것인가. 어쩌면 그리도 심히 근거없는 말을 할 수 있는가.

또 그가 말하길 일본인 도항이 증가할 때는 곧 일본인 자본이 다수 한국에 주입될 것이라. 비록 한국에 남기고 가는 이익이 많다고 하지만 유실물을 습득하여 빈손으로 그 이익을 취득할 수 있는 것은 아니므로, 이민이든 출가(出稼) 노동이든간에 그 들어가는 국가에서 모두 상당한 이익을 획득하는 것이라 하고 또 첫째는 일본인 자본이 동시에 수입될 것이고 둘째는 노동 목적으로 도한하는 자라도 그 노동자는 한국인에 비해 숙련된 기술을 수입할 것이니 이 두 가지 점은 한국 경제상에 장래 이익을 줄 요건이라고 한다.

그러나 따져 말해보자면 자본 주입으로 말하는 것은 극히 근거가 없도다. 어떤 나라를 막론하고 외국자본이 다수 주입되면 그 주입된 국가에서 짜투리 이익을 상당히 받는다는 말은 근거가 없다고 할 수 없다. 그러나 지금 이 일본의 이민법 개정은 자본가가 도한하기 어려워 해금하는 것이 아니고 오로지 노동자의 이식을 위해 해금하는 것이니 저 노동자가 무슨 자본이 있어서 한국에 주입하겠는가. 또 현재 보는 상황으로 보더라도 병자년 한일 통상 이래로 일본의 상공인이 우리 한국에 온 것이 많지 않다고 할 수 없으나 우리 한국 인민이 일본인의 상공업에 의존하여 이익을 발달시킨 효험을 얻은 적이 전혀 없고 오히려 우리 한국의 식산 관련 사업이 곤란하고 옹색하게 된 폐단만 있으니 이는 무슨 까닭인가. 대개 일본인 상공업자가 범위가 넓지 않아 서로 도와주는 데 인색하고 자기 사용에만 적합하고 한국민에게 서로 도움이 되는 바가 전혀 없으니 어찌 이처럼 명백히 입증되지 않겠는가.

또 이식된 노동자가 무슨 기술의 숙련이 있겠는가. 설령 웬만한 기술자라도 그저 자기 만족하는 데 그칠 정도일 뿐이니 어찌 한국민에게 이익이 있겠는가. 저 노동자가 한국의 이익을 취득하여 자기 자본으로 삼을 것이니 이는 빈 손으로 유실물을 습득한 것과 다름이 없는 것인지라. 그가 말하는 바 한국 경제상 이익은 진실로 허장성세에서 나와 우리 한국을 달래려 하는 것일 뿐이로다.[33]

33) "朝鮮記者又曰 日本人의 自由渡韓이 欲蚕食韓國ᄒᆞ고 獎勵移民이라흠은 皇城記者라 固信之誤解라ᄒᆞ고 又曰日本이 若爲蚕食韓國ᄒᆞ야 必要獎勵移民인ᄃᆡ 何待保護法之改正이리오 寧以隱密的手段으로 獎勵其移民이 爲利益이어ᄂᆞᆯ 今以移民保護法改正事로 提出議會ᄂᆞᆫ 表示公明者也오決非蚕食的移民政策의 端緖라ᄒᆞ니辨日本記者ᄂᆞᆫ 未嘗以移民으로 直曰蚕食我韓이어ᄂᆞᆯ 彼乃以非蚕食으로自唱而證明ᄒᆞ니 如諺所謂偷物者ㅣ自痺其足ᄒᆞ야 雖欲秘諱나 其跡이 自彰者也로다 然而蚕食手段이 亦豈有一定之規乎아 盖國際上對外政策이或隱着ᄒᆞ며 或公佈ᄒᆞ야 不可一例推測이니 若以提出議會者로 謂之公明的確證이면 豈非謬妄之甚者乎아又曰劣等人種이 與優等人種接觸이면 難免競爭上劣敗나 劣等人種이 不得與優等人種으로 永久接觸ᄒᆞ며 未開之下等國民이 對文明之高等國民ᄒᆞ야 不受其感化ᄒᆞ면 下等國民과 劣等人種이 永無進步之途라ᄒᆞ니辨曰彼ᄂᆞᆫ 以文明高等國優等人種으로 自占地位ᄒᆞ고 以未開下等國劣等人種으로 詬罵我韓ᄒᆞ니 何其傲睨慢侮之甚也오 日本이 自古代로 其文學也와 技術也를 由我韓輸入ᄒᆞ에 開發其蒙陋則我韓之爲日本先進은 彼亦自知者也어ᄂᆞᆯ 其所誇張者ᄂᆞᆫ 直不過自明治以來三十餘年之間에 由其政治之改良ᄒᆞ야 較之我韓이면 稍有先覺之別이라ᄒᆞ려니와 奚可以國級人種之高下優劣로 妄加詆辱乎아 所謂夜郎之自大니 多見其不知諒也로다又曰日本人來住를 歡迎흠은 爲韓國之利益이라 第一經濟上利益과 第二社會上利益과 第三政治上利益을 詳論ᄒᆞ노니 不問何國ᄒᆞ고 由野蠻以進文明ᄒᆞ며 由貧弱以達富强이 無不皆依開國之政策ᄒᆞ나니 假令日本이 僅僅三十餘年에 致今日之進步者ᄂᆞᆫ 泰西文明을 盛爲輸入ᄒᆞ야 改良內政ᄒᆞᆫ結果에 不外흠이라ᄒᆞ니辨曰彼以日本人歡迎으로 爲韓國之利益이라ᄒᆞ니 然則彼日本人來韓者ㅣ不爲自己利益而欲爲韓國利益而來乎아 若爲韓國利益而來면 歡迎이可也어니와 此ᄂᆞᆫ 專爲自己利益而來者니 韓國이 必受其害라 有何歡迎之理리오 其所謂三件利益之說은 別有下端詳辨ᄒᆞ니 此姑置之ᄒᆞ고 其曰野蠻而進文明ᄒᆞ며 貧弱而達富强之政策을 以日本改良으로 爲證者ᄂᆞᆫ 未知其明治維新之初에 果然開放內地ᄒᆞ야 歡迎泰西移殖之民ᄒᆞ야 使之混雜居住ᄒᆞ야 以此爲輸入文明之術而致今日改良內政之結果乎아 何其言之無稽가 至此滋甚也오又曰日本人渡航增加之時ᄂᆞᆫ 即日本人資本이 多數注入於韓國矣라 雖曰韓地에 本多遺利ᄂᆞ 如拾得遺失之物ᄒᆞ야 非赤手空拳으로 可以獲取其利故로 勿論移民與出稼(往他國勞働之謂)ᄒᆞ고 其往進之國에셔 皆獲相當之利益이라ᄒᆞ고 又曰第一은 日本人의 資本이 同時에 輸入될 事오 第二ᄂᆞᆫ 以勞働目的으로 渡韓者라도 其勞働者ᄂᆞᆫ 比之韓國人에 錮熟ᄒᆞᆫ 技術을輸入ᄒᆞᆯ 事니 此二點은 韓國經濟上에將來利益을 與ᄒᆞᆯ 要件이라ᄒᆞ니 辨曰彼以資本注入으로 爲言者ㅣ極爲無據로다 大抵無論何國ᄒᆞ고 外國資本이 多數注入이면 其注入之國에셔 頗受餘利ᄂᆞᆫ 非曰無據로ᄃᆡ 今此日本之移民法改正은 非爲資本家之難於渡韓而除禁者오 乃專爲勞働者之移殖而除禁者니 彼勞働者ㅣ有何資本ᄒᆞ야 可以注入韓國者乎아 且以目今現狀으로 證之라도 自丙子韓日通商以來로 日本人商者工者之來住我韓者ㅣ不爲不多로ᄃᆡ 我韓人民이 未嘗有藉賴日本人之商工ᄒᆞ야 得其發達利益之效ᄒᆞ고 我韓之殖産諸業이反有日趍於困艱耗絀之獘ᄒᆞ니 其故何哉오 盖日本人商工者ㅣ範圍未廣ᄒᆞ야 吝於交濟而適於自用ᄒᆞ고 毫無相資於韓民也니 豈非已然之明証乎아 且移殖之勞働者ㅣ有何技術之鍊熟이리오 設有如干技術者라도 只是自適而自資而已니 有何利益之及於韓民乎아 彼勞働者ㅣ徒取韓國之利ᄒᆞ야 以爲自己之資本矣라니 是ᄂᆞᆫ 無異於赤手空拳으로 拾取遺物者也라彼所謂韓國經濟上利益者ㅣ寔出於虛喝聲勢ᄒᆞ야 慫▣我韓者也로다"(『황성신문』 1902년 1월 29일, 논설 「辨朝鮮新報辨妄之謬」(續二)).

위 논설에서 보이는바 일본 측『조선신보』기자는 일본 이민법 개정으로 인해 일본 자본이 다수 투입되고 한국인에게 숙련된 기술을 전수해 줄 것이므로 한국 경제에 도움이 될 것이라고 주장한 데 비하여『황성신문』기자는 그렇게 될 리 없다고 반박하고 있음을 볼 수 있다. 이렇게 해서 '한국 경제'라는 새로운 용어도 사용되기 시작하였다.

이어서 같은 해 3월 28일자『황성신문』에는 일본인들이 설립한 조선협회에 대한 비판 기사가 실렸다. 이 협회가 발족할 때 오쿠보 시게노부(大隈重信)의 축하 연설 중에 '국민경제'라는 말이 등장한다. 즉 오쿠보 시게노부는 이 연설에서 한국 농업을 개발하여 일본에 식량 공급을 하고 공산품을 판매할 것, 금융기관을 설비하고 경의선 · 경원선 양 철도 부설권을 얻을 것이라 하였다. 이에 대해『황성신문』논설은 이 조선협회의 전체적 취지는 오로지 한국 전체를 흡수하려고 하는 데 있으니 전국의 부원을 다른 나라의 소유로 줄 수 없다고 경고하고 있다. 이 논설에서 사용되는 '국민경제'는 일본 국민경제를 말하는 것이지만, 한국 황성신문 기자도 이에 대항하여 계속 '우리 한국'이라는 용어를 사용하면서 '국민경제' 용어에 접근하고 있음을 볼 수 있다.

> 오쿠보 백작 연설에 말하기를 "한국 농업을 개발하여 일본에 대한 식량 공급을 꾀하고 공업품을 이에 공급할 것과 금융기관 설비할 것과 경의.경원 양 철도 부설권을 획득할 일이라" 하였으니 생각건대 그 첫째 주의는 우리 한국 토지가 비옥하고 넓어 농작에 매우 적합하니 먼저 농업에 착수하여 자국 인민의 식료를 공급할 일이요 그 다음으로는 우리 한국 해산 · 육산물이 매우 풍부하고 광산도 매우 많으니 자국 인민의 어채(漁採) 개착(開鑿) 등 사업을 이에 편리하게 하여 무궁한 재물 창고를 흡취할 계획이오 또 그 다음은 자국 인민의 통상 제조업 등을 점차 확장하여 막대한 이익을 획득할 경영이다. 또 그 다음은 이 농업 · 어업 · 광업 · 상업 · 공업 등 제반 이득원을 넓히기 위하여 전국 철도의 부설권을 취득하며 금융회사를 설치

하고 그 이주민을 보호하게 하며 우리 한국 토지 풍속 물산 인정을 일체 조사 연구하여 국민경제상 관계로부터 조금이라도 장애가 되고 어긋나는 탄식이 없도록 할 주의로 이 협회를 설립한 것이다. 그런즉 이 협회의 근거와 배태(胚胎)를 거슬러 궁구해보건대 일본이 한국 경영하는 데 경인·경부 철로 부설권 인득(認得)으로 제반 이권을 더욱 크게 확대하는 행보를 진전시키는 데 유의하는 점은 이미 이민 경영을 포함하고 있는 까닭으로 이민 보호법을 개정하여 그 무수한 노동자들을 자유 도항하게 하여 장차 전국의 재물 창고를 발취(發取)하고 이어서 영국과 협약하여 영원 무궁한 이익을 기하려 하는 것이로되 또 무슨 흠결이 있어서 이 조선협회를 이어서 설립하니 그 맥락의 기관이 모두 서로 통하고 대한 경영의 도구가 이에 비로소 완비되었도다. 그런즉 이 협회의 모든 정신은 오로지 우리 한국 전체의 이권을 흡수하는 데 있을 뿐이고, 두텁게 교류하고 서로 화합하는 등의 좋은 말은 단지 형식상 투식에 불과한 그림자일 뿐이니 우리 정부는 이 때를 맞아 더욱 징계하여 정신차리고 분발하여 자강책을 더욱 강구한 후에 우리 부원(富源)을 타인이 점유하지 못하게 해야 하거니와 우물쭈물하여 분연히 고치지 못하면 전국의 부원이 반드시 타인의 소유가 될 것이다. 전국 부원을 타인 소유로 양도하면 우리나라는 궁하여 껍데기만 갖게 될 것이다.[34]

34) "大隈伯演說에 有日韓國農業을 開發ᄒᆞ야 日本에 對ᄒᆞᆫ 食物供給을 計ᄒᆞ고 工業品을此에 供給ᄒᆞᆯ 事와 金融機關設備ᄒᆞᆯ 事와 京義京元兩鐵道敷設權을 營得ᄒᆞᆯ事라ᄒᆞ얏스니 窃惟컨ᄃᆡ 其第一主義ᄂᆞᆫ 我韓土地가 膏沃曠衍ᄒᆞ야 甚宜於農作ᄒᆞ니 先須着手農業ᄒᆞ야 自國人民의 食料를 供給ᄒᆞᆯ 事오 其次ᄂᆞᆫ 我韓海陸物產이 甚富ᄒᆞ고 鑛山도 尤多ᄒᆞ니 自國人民의 漁採開鑿諸業을 藉以便利케ᄒᆞ야 無窮ᄒᆞᆫ 財庫를 吸取ᄒᆞᆯ 計劃이오 又其次ᄂᆞᆫ 自國人民의 通商製造等業을 愈愈擴張ᄒᆞ야 莫大ᄒᆞᆫ 利益을 圖得ᄒᆞᆯ 經營이오 又其次ᄂᆞᆫ 此農業漁業鑛業商業工業等諸般利藪을 擴開ᄒᆞ기 爲ᄒᆞ야 全國鐵軌의 敷設權을得有ᄒᆞ며 金融社會를 設置ᄒᆞ고 且其移住民을 保護便適케ᄒᆞ며 我韓土地風俗物產人情을 一切調查詳究ᄒᆞ야自國民經濟上關係에 毫髮이라도 窒碍齟齬之歎이 無케ᄒᆞᆯ 注義로 此協會를 設立ᄒᆞᆷ인 則此協會의 根據胚胎를溯究ᄒᆞ건ᄃᆡ 日本이 於對韓經營에 始自京仁京釜鐵路敷設權認得으로 益進諸般利藪大擴之步ᄒᆞ야 其排布注意ᄂᆞᆫ 已含包移民之經營故로 乃有移民保護法改正之事ᄒᆞ야 令其無數勞働者로 自由渡航ᄒᆞ야 將欲發取全國之財庫ᄒᆞ고 仍又與英協約ᄒᆞ야 期圖永遠無窮之利益이로ᄃᆡ 尙且有欠缺之抱ᄒᆞ야 繼設此朝鮮協會ᄒᆞ니 其脉絡機關이 一體貫通而對韓經營之具ㅣ於是乎始完備矣라 然則此協會全段精神은 專在於吸收我韓全邦之利而已오 其敦交扶和等好語ᄂᆞᆫ 直不過形式上例套之影點而已니 我政府ᄂᆞᆫ 迨此之際ᄒᆞ야 尤宜大懲創大奮發ᄒᆞ야 益修自强之策然後에 以我富源으로 不爲他人之占有어니와 如其因苟如

1902년 6월 20일에는 신문광고를 게재하도록 독자들에게 광고하면서 광고라는 것은 "경제사회나 상공 등 영업상 이익 발달을 위하여 포고하거나 공립 사립학교상 교육 성취를 위하여 게재하여 알리거나 혹은 학문 기술상 신발명한 기계사업을 위해 알리거나 세상에 도움되는 문자 서적을 번역 인쇄하여 판매하기 위해"[35] 알리는 등 종류가 다양해야 한다고 하면서 '경제사회'라는 단어를 사용하고 있다. 이 단어는 경제 문제로 관련된 사람들이 조직한 모임체라는 의미인데 이때의 경제는 당연히 번역어 '경제'이다.

1902년도 논설에 실린 글들에 나온 '경제'는 3~4개를 제외하면 대부분 전통어 '경제'로 파악된다. 번역어 '경제'는 대체로 일본인이나 일본국의 동향과 관련된 사건에서 많이 언급되거나 상업 무역을 논할 때 등장하는 정도였다.

그러나 1903년이 되면 1월부터 11월에 이르기까지 대부분의 논설이 화폐 또는 재정과 연관되어 번역어 '경제'가 사용되고 있다. 나머지 다른 논설들에 사용된 '경제'는 모두 전통어 '경제'이다. 번역어 '경제'가 사용된 논설의 제목을 몇 개만 열거하면 「일본제일은행권 관계를 논한다(論日本第一銀行券의 관계)」(2월 16일), 「조선신보 은행권 성질을 따진다: 속편(辨朝鮮新報銀行券性質:續)」(3월 3일), 「조선신보 은행권 변론을 다시 따진다(再卞朝鮮新報銀行券辨論)」(3월 20일), 「조선신보 은행권 변론을 다시 따진다: 속편(再卞朝鮮新報銀行券辨論:續)」(3월 21일), 「화폐 정리가 마땅히 급급하다(宜汲汲整理貨幣)」(3월 23일), 「본위 · 보조 양화폐의 성질 및 사용법을 논한다: 속편)(論本位補助兩貨의 性質及

故ᄒᆞ야 不能奮改則全國富源이 必將爲他人之有矣리니 以全國富源으로 讓爲他人之有則我國은 穹然之虛殼矣라"(『황성신문』 1902년 3월 28일, 논설 「論日本人朝鮮協會主義」).

35) 『황성신문』 1902년 6월 20일, 논설 「警告廣告之人」.

使用法: 續)」(5월 18일), 「마땅히 화폐를 정리함이 급하다(亟宜整理貨幣」(10월 30일), 「화폐 교정방법을 논한다(속)(論貨幣矯捄之術: 續)」(11월 20일) 등이다. 모두 일본 제일은행의 은행권 발행과 그에 대한 대응, 그리고 한국정부의 백동화 남발에 대한 비판과 대응 및 화폐 문란에 대한 해결책을 모색하는 글 속에서 번역어 '경제'만이 사용되었고, 전통어 '경제'는 찾아볼 수 없다. 이로써 볼 때 번역어 '경제'는 신식 학교의 교육 과정에서 교과목 명칭보다는 실생활에서 부닥치는 긴급한 화폐 문란의 문제와 연관되어 이 땅에 정착해 갔다고 할 수 있다.

> 제일은행이 당초에 해당 증권을 발행할 때 그 적당한 본위화 준비는 마땅히 각별히 주의하였겠으나 각국 화폐의 연혁을 근거해 보니 혹 지폐나 각종 증서를 발행함에 항상 그 준비한 본화(本貨)보다 훨씬 많이 남발하여 경제상에 대폐해를 낳는 일도 없지 않았으니[36]

> 대저 일본 정부에서 제일은행권에 대하여 매년 2회 감독하는 권한이 있다 하니 해당 은행에서 해 은행권을 남발하는 것은 사실상 행하지 못한다 함은 일단 학문상 소위 수용과 공급이 항상 균형을 잃지 않는 고로 기준 이상 숫자로 남발하는 우려가 불가능한 일이라 함이 또한 일리가 없지 않되 …(중략)… 비록 정부가 발행하는 태환지폐라도 종종 이와 같은 불의의 걱정이 있어 일반 경제계에 대공황을 만들어내늘 제일은행권에 이르러서는 해 정부에서 정중한 담보가 있다고 하더라도 만일 남발할 경우에는 담보도 별로 소용이 없다 하거늘[37]

36) "第一銀行이 當初 該証券을 發行홀 時에 其適當흔 本貨準備난 應當格別히 注意ᄒᆞ얏슬터이나 然이나 各國貨幣의 沿革을 試據ᄒᆞ건ᄃᆡ 或 紙幣나 各種 証書를 發行흠에 每每 其準備흔 本貨보담 越數濫發ᄒᆞ야 經濟上에 大獘害를 生ᄒᆞ난 事도 不無ᄒᆞ니"(『황성신문』 1903년 2월 16일, 논설 「論日本第一銀行券의 關係」).

37) "大抵 日本政府에셔 第一銀行券에 對하야 每年 二回監督하ᄂᆞᆫ 權限이 有하다 하니 該銀行에셔 該券을 濫發하ᄂᆞᆫ 것은 事實上에 行치 못흔다 흠은 一端學問上所謂 需用과 供給이 恒常 均衡을 不失하ᄂᆞᆫ 故로 越數濫發의 患이 事實不能이라 흠이 亦且不無一理로ᄃᆡ …(중략)… 雖政府가 發行하ᄂᆞᆫ 兌換紙幣라도 種種 如此흔 不意의 艱虞가 有하야 一般 經濟界에

> 일본지폐와 은행권을 살펴 보니 우리 한국에 유통한 이래 어떤 이익이 있는가. 한 나라 안에 다른 나라 화폐가 혼용되어 그로써 무역이 막히고 물가가 폭등하여 일반 경제가 자살할 지경에 이름이 유독 우리 한국의 화폐가 불량한 폐단에만 그치지 않고 다른 나라 화폐가 혼잡하게 끼어들어 경제의 균형을 문란하게 함에 따란 나오는 현상이오[38]

> 오늘날 우리 한국의 화폐제도가 매우 정리되지 않아 국가 경제의 일대 공황이 목전에 이르러 능히 스스로 구제할 방법이 극히 어려운 중에 다른 나라 은행권이란 것이 갑자기 끼어들어 혼란한 경제계가 또 한층 위태로운 지경에 이르렀으니 슬프도다. 한일 관계를 논하면 보거순치(輔車唇齒)의 형세는 예나 지금이나 바뀌지 않았다.[39]

> 『조선신보』 기자의 말을 들어서 우리 상하 국민에게 포고할 것이니 『조선신보』에 말하기를 "…(중략)…한국 정부는 백동화 남발에 의하여 과연 얼마나 이익을 거두었는지 우리들이 알 바 아니지만 백동화폐가 한국 경제계를 문란하고 또 쇠락하게 하는 독한 세균인 줄은 황성신문사 기자도 어디까지든지 인식한지라. 금일 일본화폐를 배척하는 것은 조악한 화폐를 보호하는 것과 동일한 취지에 돌아갈 것이라" 하였고[40]

大恐慌을 生出하거ᄂᆞᆯ 至於此第一銀行券하야ᄂᆞᆫ 該政府에셔 鄭重ᄒᆞᆫ 擔保가 雖有ᄒᆞᆫ더라도 若濫發ᄒᆞᆯ 境遇에ᄂᆞᆫ 擔保도 別노 所用이 無ᄒᆞ다 하거ᄂᆞᆯ"(『황성신문』 1903년 3월 3일, 논설 「辨朝鮮新報銀行券性質:續」).

38) "試觀日本紙幣與銀行券이 我韓에 流通以來로 何等利益이 有ᄒᆞᆫ가 一國內에 他國貨幣가 混用되야 以之貿易이 阻滯하고 物價가 暴騰하야 一般 經濟가 自殺ᄒᆞᆯ 境에 至ᄒᆞᆷ이 非獨我韓의 貨幣가 不良ᄒᆞᆫ 獘端에만 不止하고 他國貨幣가 混雜闖入하야 經濟의 權衡을 紊亂케 ᄒᆞᆷ에 從出ᄒᆞᆷ이오"(『황성신문』 1903년 3월 20일, 논설 「再卞朝鮮新報銀行券辨論」).

39) "今日 我韓의 貨幣制度가 甚히 不整理하야 國家經濟의 一大恐慌이 目前에 迫至하야 能히 自救의 道가 極難極艱ᄒᆞᆫ 中에 他國 銀行券이란 것이 肆然闖入하야 淆亂ᄒᆞᆫ 經濟界가 又一層危倒ᄒᆞᆫ 境에 至하얏스니 噫라 韓日의 關係를 論하면 輔車唇齒의 勢난 古今不易이라"(위의 글).

40) "試擧朝鮮報記者之言하야 以佈告我上下國民호리니 朝鮮報에 日 …(중략)…又日 韓政府난 白銅貨濫發을 依하야 果然 幾許利益을 收得하얏난지 吾輩가 知ᄒᆞᆯ ᄇᆡ 아니로ᄃᆡ 白銅貨幣가 韓國經濟界를 紊亂하고 且衰凋케 하난 毒菌인 줄은 皇城記者도 어ᄃᆡᄭᆞ지던지 認識ᄒᆞᆫ지라 今日에 日本貨幣를 排斥ᄒᆞᆷ은 卽粗惡貨幣를 保護하난 것과 同一ᄒᆞᆫ 主旨에 歸ᄒᆞᆯ

대저 본위 · 보조 2종의 제도를 이미 세운 연후에 각자 그 등급에 따라 사회에 공급하는 균형을 잃지 않아야 그 효과를 제대로 거둘 수 있을 것이요. 만일 그렇지 못하여 사회 공급하는 정도 이외에 기준을 넘어 남발하거나 과대 수입하는 폐를 낳으면 경제상에 대공황을 만들어내는 데 그치지 않을 뿐 아니라 가장 우려스러운 것은 화폐상의 소위 그레샴 법칙이 반드시 연이어 도달할 것이니 그레샴이라는 자는 지난 3백년 전 영국의 유명한 이재가(理財家)이다. 그가 밝혀낸 바 말하기를 열악한 화폐는 양호한 화폐를 쫓아낼 수 있되 양호한 화폐는 열악한 화폐를 구축해내지 못한다고 하니[41)]

재정의 가장 긴요한 곳은 오로지 화폐 한 가지라. 현재 화폐의 위급함이 극심하게 위험하며 극심하게 곤란하여 이것이 그치지 않으면 정부 관리로부터 사농공상 및 외국 상민에 이르기까지 그 매운 화독(禍毒)을 입지 않을 수 없어 거의 모두 도산하고 사업을 탕패하여 장차 뒤집혀져 패할 뿐이니 이는 경제상에서 절대로 지극히 급한 관계가 있는 문제이다[42)]

지금 우리 백동화는 1천여 만 원이나 될 만큼 많아졌으니 필히 본위금화 주조액의 2배가 될 것이다. 보조화라고 이름붙인 것이 어찌 본위화보다 2배 더 많을 수 있겠는가. 이는 부득불 환수하는 것 밖에는 더 이상 다른 방법이 없도다. 다만 지금 내외국이 축적한 백동화를 갑자기 거두어 들이려 하면 도리어 경제계에 요란한 걱정을 일으킬 것이니[43)]

것더라 하얏고"(『황성신문』 1903년 3월 23일, 논설「宜汲汲整理貨幣」).

41) "大抵 本位補助兩種之制度를 既立然後에 各隨其分하야 其供給社會之權衡을 能不失而著有其功効矣오 若或不然하야 於社會供給之程度以外에 生越數濫入濫出之弊則 非但於經濟上에 釀出大恐慌而已라 最可憂者난 卽貨幣上에 有所謂 구레삼 法則이 必接踵而至矣리니 구레삼 者난 去今三百年前에 英國有名之理財家也라 同氏之所發明에 云劣惡的貨幣난 能驅逐良好之貨幣호되 良好的貨幣난 不能驅逐劣惡之貨幣라 하니"(『황성신문』 1903년 5월 18일, 논설「論本位補助兩貨의 性質及使用法(續)」).

42) "財政之肯綮은 只是貨幣一欵也라 目今 貨幣之急이 極甚危險하며 極甚困難하야 若此不已면 上自政府官吏로 下至士農工商以及外國商民히 無不被其禍毒之烈하야 擧皆倒産蕩業에 將至覆敗而乃已리니 此誠經濟上絕大至急之關係也라"(『황성신문』 1903년 10월 30일, 논설「亟宜整理貨幣」).

일본 제일은행권의 발행과 이를 둘러싼 한일 간의 경제적 외교적 마찰 대립, 이를 대변하는 일본계 『조선신보』와의 논쟁 과정에서 『황성신문』 기자들이 과거와 같은 '생재' '이재'라는 용어를 사용하기는 어려웠을 것이다. 왜냐하면 일본인 기자들이 이미 번역어 '경제'를 사용하면서 논쟁을 시작하고 있었기 때문에 『황성신문』 기자도 이에 대해 전통적으로 재화를 관리하는 데 사용해 왔던 개념 '생재'나 '이재'를 사용하면서 대응할 수는 없었을 것이기 때문이다. 아울러 5월 18일자 논설에서 보듯이 기존의 전통어 '이재'와 번역어 '경제'가 동시에 쓰이면서 '이재'는 재물 또는 재정을 관리한다는 좁은 의미로 사용되고 '경제'는 '재화의 사용과 유통'이라는 의미로 전통어 '경제'보다 더 협소한 의미를 띄게 되었다. 이렇게 해서 번역어 '경제'가 정착하기 시작한 것으로 보인다.

3) 근대적 '경제' 개념의 보편화와 주체로서의 등장

'이재' '생재'보다 번역어 '경제'가 빈번히 사용되기 시작하면서 '경제' 용어의 내포에는 '절약'이라는 의미까지 담기 시작했으며, 각종 신문과 잡지는 '경제' '경제학'에 대한 소개를 앞다투어 하기 시작했다.

우선 '경제'가 '절약'이라는 의미로 사용된 용례를 보도록 하자. 아래 ①②③ 자료 모두 경비 절약 또는 재정 절약의 의미를 담고 있다. ①은 1904년 8월 한국정부의 재정고문으로 고빙된 메가타 다네타로(目賀田種太郎)가 한국 정부의 재정 개혁을 위해 제출한 안에 대해 한국 재정

43) "今我白銅貨난 至於一千餘萬元之多則 必倍加於本位金貨鑄造之額矣리니 名曰 補助貨者ㅣ 豈有倍加於本位貨之理歟이 此난 不得不還收以外난 更沒他策이로ᄃᆡ 今此內外國堆積之白銅貨을 欲望倉猝了收면 反致經濟界擾亂之患矣니"(『황성신문』 1903년 11월 20일, 논설 「論貨幣矯捄之術: 續」).

의 절약을 위한 방침은 아니고 차관을 하는 방침이라 비판하고 있다. ②는 일본 의회 헌정당 당수인 사이온지 후작이 러일전쟁이 오래 지속됨에 따라 군비 지출에 낭패를 보지 않기 위해서 재정을 긴축하자는 연설이다. ③번 역시 러일전쟁 기간 중에 일본 국회에서의 논의에 대해 게재한 논설인데 앞의 사이온지 후작과 마찬가지로 전쟁 경비 절약을 해야 한다는 가쓰라 태프트 총리대신의 연설이다.

> ① (목하전—인용자) 동씨가 처음으로 제출하는 말이 은화 1백만 원을 일본에 차관해야 하겠다고 하고 두 번째는 권고하기를 전환국의 화폐 제조를 정지하게 하였으며 전환국에 고용하던 사람까지 모두 해고하게 하였다 하더니 근일에는 탁지부의 십년 이래 각 항 문부를 조사한다 한즉 우리의 소견에는 심히 의아한 것이 있으니 한국 재정상에 경제될 방침으로 처사함은 가히 보지 못하겠고 다만 근일에 포모사(지금의 타이완—인용자)에서만 유행하는 은전을 차관한다 하니 이렇게 많은 거액을 어디서 끄집어내어 숫자를 채우며 또 지금 차관하는 것이 무엇에 도움이 되는 바가 있으리요.[44]

> ② 일본에 헌정당이라 하는 것은 동경 안에 한 유력한 국회인데 해회 영수로 있는 사이온지(西園寺) 후작이 모든 회원들에게 대하여 중대하게 이익될 사건을 연설하였는데 동씨의 담론한 본의인즉 경제하자는 목적이 가장 중요하여 말함인지라. 전쟁은 점점 묘연하여 오래갈 모양이니 군비 지발함도 연속 수응하여 낭패가 되지 않도록 하자는 뜻이며 또한 이때를 당하여 전재를 주의치 아니하고 쓸 수가 없는 것이 다만 싸움에만 열심으로 하고 재정에는 등한하게 한다고 하여 그 듣는 사람들로 하여금 일깨워 명심하도록 한 바이며[45]

> ③ (가쓰라 백작—인용자) 내가 총리대신 한 이후로 이 사건을 듣기도 많이

44) 『대한매일신보』 1904년 11월 8일, 논설 「한국탁지고문관」.

45) 『대한매일신보』 1904년 12월 17일, 논설 「셔원사후작의연셜과또흔란리라」.

> 하였고 또한 주의도 많이 하였은즉 그 결과는 이번 예산에 분명히들 볼 것인지라. 우리가 모든 할 일을 극력히 간략하도록 하였으니 장차 정략을 이대로 행할 터이나 그러하나 또한 생각할 것이 있나니 비록 우리나라에서 방금 큰 전쟁이 되더라도 내정은 소홀히 하지 못할 것이며 재정 청구함도 또한 그러한즉 만일 우리의 하는 광경을 주목하여 볼진댄 모두 경제하는 바로써 가히 실효가 있음을 알터이라 하며[46]

위의 ①②③에서 보다시피 여기서 사용된 '경제'는 모두 '절약'의 의미이다. ①에서의 '경제될'은 '절약할'로, ②에서의 '경제하자는'은 '절약하자는'으로, ③에서의 '경제하는'은 '절약하는'으로 바꾸어도 문제가 없는 것이다.

이상의 용례는 모두 일본인들의 발언을 인용한 것인데 한국인 측에서도 위와 같이 '경제'를 '절약'의 의미로 사용한 용례들을 찾아볼 수 있다. 아래 자료 ④는 통감 이토가 일본인 순검들의 한국인 탄압 행위를 금지하겠다고 선언하였으나 이들 순검의 행동이 민생에 해독을 끼치는 이유를 설명하고 있다. 즉 흰옷을 금지하는 명령이 절약 방법을 위한 것이지만 그 명령을 공표한 지 몇 주 만에 빈민들로 하여금 그 명령을 따르게 하는 것은 공정하지 않다는 주장이다.

⑤는 일본 제일은행이 한국정부에 3백만 원 차관을 한 이후 은행권을 증발한다고 하는데 이를 한국 정부가 발행할 수만 있다면 일본 은행에 주어야 할 이자를 매년 18만 원씩 절약 저장할 수 있다는 내용이다. 역시 일본의 침략에 대한 한국인 측의 반발이라고 하겠다.

⑥은 1907년의 국채보상운동에 대해 일본인 신문기자가 배일운동이라고 비판한 데 대해 반박하는 글이다. 이 논설의 필자는 국채보상운동을 '한국인의 경제지술'이라고 표현하고 있으며, 이러한 운동으로 인

46) 『대한매일신보』 1904년 12월 20일, 논설 「일본국회의의견이다른일」.

하여 일본인의 상업, 즉 연초, 맥주, 매음(賣淫), 난기점(難技店: '雜技店'의 오식인 듯함)과 기타 수입품 판매가 크게 감소할 것이라고 전망하고 있다.

> ④ 이토 후작이 이 같은 압력 행위를 금지하겠다 선언하였으나 일본 관리하에 있는 경찰관리 외 금일 행동이 민생에 독을 뿌림은 무슨 연고인가. 백의를 금하는 훈령이 경제를 위한 방법이거늘 훈령이 나온 후 불과 몇 주만에 이 빈민들로 하여금 해입은 지 얼마 안 되는 백의를 벗어던지고 새로 염색하게 강박하니 이 어찌 공정한 일인가. 죄는 백의 입은 행위에 불과한데 단아한 사람을 보는 대로 잡아가두어 그 옷을 짐승 모양의 먹물 점으로 더럽히니 이는 순전히 압력행위일 뿐이라. 이는 일본의 염색한 옷감 판매를 증대시키는 한편 한국인의 원한과 증오를 불러일으키는 것이니 일본 지도를 받는 경관의 행위가 이러한 지경까지 이르렀도다. 현재 사용하는 백의를 다 입은 후에는 경제할 요량이 되는 염색된 의복을 누가 즐거이 따르지 않겠는가. 이러한 개량은 급속히 독려할 필요가 없는 것이로다.[47]

> ⑤ 이로 말미암아 해 은행이 그 금화(제일은행이 한국 정부에 빌려준 돈 3백만 원—인용자)를 환수하고자 하여 은행권을 증발하였으니 이 처리 과정에 해 은행의 정금(正金) 지출이 없었도다. 이 처리 과정에서 은행이 경영한 바가 얼마인지 차차 알아갈 것이겠거니와, 그 이자를 매년 100분의 6으로 추정하면 이는 국내의 현재 형편으로는 공정한 이자 금액이라. 은행이 더 얻는 바가 매년 18만 원에 불과하지만 만일 한국 정부의 채권이 은행권을 발행하는 데 충분한 보증이 된다면 (정부 스스로

47) "伊藤侯가 如此壓行을 禁止하깃다 宣言하엿스나 日本管理에 在ᄒᆞᆫ 警吏외 今日行動이 貽毒于民生ᄒᆞᆷ은 是何故也오. 白衣之之禁令이 爲其經濟之術이어날 令出後弗過幾週에 使此貧民으로 製着未久ᄒᆞᆫ 白衣를 脫棄하고 新着染色케 强迫하니 是豈公正耶아. 罪弗過白衣인ᄃᆡ 端雅人士를 隨見拘執ᄒᆞ야 汚其衣以獸形墨點하니 此乃純然壓行而已라. 一以興日本染色布帛之販賣오 一以起韓人之怨惡이니 日本指導를 受ᄒᆞᄂᆞᆫ 警官의 行爲가 至此之擧로다. 現用白衣ᄅᆞᆯ 着盡後에ᄂᆞᆫ 經濟之계되ᄂᆞᆫ 染色衣料를 孰弗樂從이리오 如此改良은 弗必急督이로다"(『대한매일신보』 1906년 1월 10일, 논설 「綱民」).

—인용자) 발행했으면 매년 18만원을 경제 저장하였을 것이다. 제일은행이 은행권을 발간할 특허권을 획득함이 한국 내에 순정(純正) 화폐를 유통하게 할 희망인즉 그 보증물의 순정함이 더 의례적인 일이라.[48]

⑥ 국채를 보상하여 일본의 구속을 벗어나려는 한국인의 용기를 대하여 서울프레스 신문이 이 제목을 부여하였도다. 다른 쪽에서는 이 운동을 배일(排日) 의식에서 나왔다고 하나니 사실로는 이것이 장차 배일이 되지만 그 생각은 채무를 진 자가 압제하는 채권자를 면탈하려고 각자 노력하는 이외에 다시 반항하는 형세는 없도다. 일본인이 이 계책을 달게 받아들일 것이라 기대할 수는 없다. 이는 한국 인민의 경제 방법이 일본인 상업에 장차 손해가 있음을 뜻함이라. 연초와 맥주와 매음가와 잡기점과 기타 제반 수입이 장차 해를 받을 것이다. 지금 운동이 이러한 결과를 뜻했던 것은 아니지만 이러한 반동(反動)은 면하기 어려운 형세이니 대저 제반 절약과 검소가 화려한 물품으로 업을 삼는 자에게는 반동하는 것과 동일하도다.[49]

1903년 이후 급속히 진행된 백동화 인플레이션과 이를 틈탄 일본 제일은행권의 침투, 그리고 러일전쟁기를 통해서 한국의 재정은 일본인

48) "由是로 該銀行이 其金貨를 還收코져ᄒᆞ야 銀行券을 增發ᄒᆞ얏스니 該銀行은 正金支出이 此處理上에 未有ᄒᆞ얏도다. 此處理上에 銀行所營이 其何인지 第親호리니 其利子를 每年百分之六으로 量度ᄒᆞᆯ진된 此國內現形으로ᄂᆞᆫ 謂之以公正利金이라 銀行所沾이 每年十八萬圓에 不過나 然이나 若大韓政府의 債券이 銀行券을 發行ᄒᆞ기에 足爲保證이면 躬自發行에야 每年十八萬圓을 經濟貯藏ᄒᆞ얏스리로다. 第一銀行이 銀行券를 發刊ᄒᆞᆯ 特許를 圖得ᄒᆞᆷ이 韓國內에 純正貨幣를 通行케ᄒᆞᆯ 希望인즉 其保證物의 純正더 依例之事라"(『대한매일신보』 1906년 4월 28일, 논설 「異常事務」).

49) "國債를 報償ᄒᆞ야 日本의 拘束을 免脫ᄒᆞ랴ᄂᆞᆫ 韓人의 勇力을 對ᄒᆞ야 셔울푸릐쓰報가 此題目을 賦與ᄒᆞ엿도다 他方에셔ᄂᆞᆫ 차運動을 出於排日이라ᄒᆞ나니 事實노ᄂᆞᆫ 차 將爲排日이나 然이나 其意思ᄂᆞᆫ 負債者가 壓制ᄒᆞᄂᆞᆫ 債主를 免脫ᄒᆞ랴고 各用其力ᄒᆞᄂᆞᆫ 以外에 無復反抗지勢로다. 日人이 차計策을 甘心ᄒᆞᆯ거슨 不能期也니 차ᄂᆞᆫ 韓國人民의 經濟지術이 日人商業에 將有減損ᄒᆞᆯ거슬 뜻ᄒᆞᆷ이라 烟草와 麥酒와 賣淫家와 難技店과 及其他諸般輸入이 將未免受害ᄒᆞ리로다 今者運動이 如차結果를 向意ᄒᆞᆷ이 아니언마ᄂᆞᆫ 如차反動은 難免지勢니 盖諸般節儉이 華麗物品을 爲業ᄒᆞᄂᆞᆫ 者의게 反動ᄒᆞᄂᆞᆫ것과 同一ᄒᆞ도다"(『대한매일신보』 1907년 3월 12일, 논설 「誤導ᄒᆞᄂᆞᆫ 忠愛」).

고문 메가타의 손에 맡겨졌다. 그에 의해 1905년 6월 1일부터 화폐정리 사업이 추진됨으로써 한국인들의 재산상 피해가 막심하게 나타났다. 이러한 시기, 즉 1903년부터 1905년 말에 이르는 시기에 번역어 '경제'는 '절약 검소'라는 의미로도 사용되지만, '재물 또는 화폐가 사용되고 유통되는 제반 현상'을 의미하는 용어로 확실하게 자리 잡는다. 이를 가장 잘 보여주는 용례는 다음과 같은 1905년 6월의 논설이다.

> 오호라. 목하 전국 상업의 슬픈 현실이여 실로 비참함이 극심하도다. 올해 6월 24일 탁지부령 제1호의 구백동화교환령이 발표된 이래 국내 통화가 일시에 위축하고 대소 상로가 점차 막혀서 가산을 탕진하고 사업이 망한 자가 나날이 늘어남으로 현재 전국의 경제사회가 전부 사라지기에 이르니 그 잘못이 어디에 있는가. 원래 정부 당국자는 처음부터 경국제민의 기량이 없고 그 아랫 백성을 폭학압제함을 일삼아 전후 화폐제도의 부정한 손해를 무고한 백성에게 돌렸으니 이를 정부가 차마 할 일이라고 할 것인가.
>
> 당초 정부가 끝없는 야심으로 일개 원위(元位) 화폐는 그림자도 보지 못하게 하고 다만 그 보조하는 백동화를 남발하여 국가 인민의 경제사회를 점차 교란할 뿐 아니라 그 묵주와 사주의 폐해를 그저 그렇게 보아넘겨 모든 공적 사적 거래에 장애 없이 통용하게 하다가 갑자기 오늘에 이르러 소위 화폐 교환의 명령으로 갑 · 을 · 병 3종으로 나누어 그 기만적이고 불공정한 혹해(酷害)를 모두 그 인민에게 입히고자 하니 이러한 불법 사례는 각국 화폐사 상에도 실로 듣도 보도 못한 바이오.[50]

50) "嗚乎라 目下 全國의 商業悲況이여 實로 慘莫甚焉이로다 自本年六月二十四日 度支部令第一号의 舊白貨銅交換命令이 發表ᄒᆞᆫ 以來로 國內의 通貨가 一時에 頓縮ᄒᆞ고 大小의 商路가 次第로 阻塞ᄒᆞ야 蕩産敗業者가 日增月加ᄒᆞᆷ으로 現今 全國의 經濟社會가 全沒無餘ᄒᆞᆷ에 至하니 其咎가 安在오 元來 政府當局者ᄂᆞᆫ 素是經國濟民의 伎倆이 不有ᄒᆞ고 惟其下民을 暴虐壓制ᄒᆞ기로 能事를 作하야 前後幣制의 不正ᄒᆞᆫ 損害를 哀此無辜ᄒᆞᆫ 生民의게 全歸ᄒᆞ니 是可曰 政府의 所可忍爲哉리오 當初 政府가 無厭ᄒᆞᆫ 野心으로 一個元位의 貨幣ᄂᆞᆫ 其影을 不見하고 但 其補助의 白銅을 濫發하야 國家人民의 經濟社會를 漸次 攪乱ᄒᆞᆯᄲᅮᆫ 不止라 尤且其默鑄與私鑄의 弊害를 恬然認過하야 凡於公私與受間에 毋碍通用케 하다가 猝然今日에 至ᄒᆞ야 所謂 貨幣交換의 命令으로 甲乙丙 三種에 分ᄒᆞ야 其欺瞞不公의 酷害를 全然其人民의게 偏被코자 하니 此等不法의 例ᄂᆞᆫ 各國貨幣史上에도 實로 未聞未見ᄒᆞᆫ

1905년 6월 24일부터 시작된 구백동화 교환사업에 의해 국내 통화가 줄어들고 상로가 막혀 도산하는 자가 폭증한다. 이로 인하여 전국의 경제사회, 즉 경제활동에 참여하는 상회나 기업들이 사라질 지경에 이르렀다. 그 허물이 어디에 있는가. 정부의 관리들은 경국제민의 기량이 없고 아랫 백성들을 압제 폭학하기만 일삼아 화폐제도의 부정한 폐해를 모두 무고한 백성들에게 안겨주었다고 비판하는 글이다. 여기서 밑줄 친 번역어 '경제'와 전통어 '경제'의 본디말이라고 할 수 있는 '경국제민'이 한 문장 안에서 사용되면서 이제 '경제'는 '경국제민' '경세제민'의 의미로부터 벗어나게 되었다.

이후 1906년 말에 이르기까지 '경제상(經濟上)' '경제적(經濟的)' '경제계(經濟界)' '경제사회(經濟社會)' '경제기관(經濟機關)' '경제정황(經濟情況)' '경제정책(經濟政策)' 등 번역어 '경제'가 들어간 복합어들이 신문 사설에 빈번히 등장하기 시작하였다.[51] 그리고 아래 논설 일부에서 볼 수 있듯이 '경제'라는 용어가 화폐제도, 재정, 시장, 물가, 상업 등을 포괄하는 수준까지 나아갔다.

> 근년 이래로 화폐 제도가 극히 문란하고 재정의 관리가 역시 또 마땅함을 잃어 전국에 악성화폐가 범람하고 시장에 물가가 조등하여 일반 경제계의 쇠미한 참상은 실로 눈뜨고 볼 수 없다. 반드시 오래지 않아 전국 상업

바이오"(『황성신문』 1905년 11월 7일, 논설 『警告商業諸君」).

51) 『황성신문』 1904년 4월 11일, 논설 「農業改良策(一)」. 이 논설에서는 짧은 지면 안에서 번역어 '경제'가 8회나 사용되고 있다. 이외에 『황성신문』 1904년 4월 22일, 논설 「農業改良策(十一)」; 1905년 4월 3일, 논설 「國家와 社會의 關係」; 1905년 4월 6일, 논설 「窮極必變理之常也」; 1905년 5월 10일, 논설 「銀行功效及施措方略」; 1905년 5월 13일, 논설 「銀行功效及施措方略(續)」; 1905년 6월 13일, 논설 「第一銀行券條例改正件鮮明(續)」; 1905년 7월 27일, 논설 「申論斷髮問題」; 1905년 10월 4일, 논설 「論日俄媾和의 速成原因과 日本輿論의 失當(續)」; 1905년 10월 25일, 논설 「經濟界之危險」; 1905년 11월 17일, 논설 「對財政問題警告政府及紳士商民」; 1906년 2월 28일, 논설 「財政顧問目賀田氏之復來」.

> 의 일대 파산이 있을 줄로 충분히 예측하였는데 오호 통재라. 광무9년 7월 31일이 곧 전국 상업의 핵심지인 종로의 백여 개 상점이 제일 먼저 파산의 참화를 입은 날이니[52]

무엇보다도 번역어 '경제' 개념이 확고히 정착한 모습은 '경제'라는 개념이 '움직이는 주체'로까지 상상되는 단계에서 나타났다. 아래 논설을 보자.

> 슬프도다. 우리 동포는 생명 재산을 보전하기 어렵고 부패한 정치는 나날이 고질병에 들었으며 위급한 형세는 아침 저녁으로 절박한데 이를 개혁할 사상과 만회할 능력이 없으며 전국 세입의 3분의 1을 들여 수만의 용병을 교련하였으되 국내 보위와 외침 방어에 조금도 효력을 보지 못하고 악화의 남주(濫鑄)와 재용의 무절제로 경제가 실패하고 국고가 거덜나 민생의 곤란과 국가재정의 어렵고 부족함이 위태로워 망할 지경에 이르렀으나 이를 정리할 여망이 없으니[53]

동포가 생명 재산을 보전하지 못하고 부패한 정치는 나날이 고질병을 앓고 있으며 이를 개혁할 사상과 능력이 없다. 전국 세입의 3분의 1로 군사를 교련했지만 내국 치안과 외세 침략 방어도 못하는 수준이

52) "自近年以來로 貨幣의 制度가 極히 紊亂ᄒᆞ고 財政의 管理가 亦且失當ᄒᆞ야 全國에 惡貨가 汜溢ᄒᆞ고 市場에 物價가 刁騰ᄒᆞ야 一般 經濟界의 萎靡慘狀은 實로 目不忍睹ᄒᆞ야 必也不遠間에 全國商業의 一大破産이 有ᄒᆞᆯ 쥴노 十分預測ᄒᆞ얏더니 嗚乎痛哉라 光武九年七月三十一日이 卽全國商業의 樞要地되ᄂᆞᆫ 鍾路百各廛이 第一頭破産의 慘禍을 受ᄒᆞᆫ 日이니"(『황성신문』 1905년 8월 3일, 논설 「鍾路撤市의 善後策」).

53) "哀我同胞ᄂᆞᆫ 生命財產을 保全키 不能하고 腐敗ᄒᆞᆫ 政治ᄂᆞᆫ 時日노 膏盲하며 危急ᄒᆞᆫ 形勢ᄂᆞᆫ 朝夕에 切迫하되 此를 改革할 思想과 挽回할 能力이 不有하며 全國歲入의 三分一을 糜費하야 數萬의 傭兵을 敎鍊하되 內國의 捍衛와 外侮의 防禦에 毫髮도 効力을 莫覩하고 惡貨의 濫鑄와 財用의 無節노 經濟가 失敗하고 國庫가 罄竭하야 民生의 困難과 國計의 艱乏이 危亡에 垂하얏스나 此를 整理ᄒᆞᆯ 餘望이 無하니"(『황성신문』 1904년 9월 2일, 별보 「一進會趣旨書」).

다. 악화의 남주와 무절제한 사용으로 경제가 실패하고 국고가 텅 비어 민생 곤란과 재정의 궁핍으로 인하여 위태로움에 떨어졌다고 비판하고 있다.

이처럼 ‘경제’를 ‘움직이는 주체’로 사고하는 관념은 아래 1905년 후반 한국 상인들이 조직한 상업회의소의 청원서에서 확인할 수 있다.

> 백동화 유통 이래 겨우 12년 만에 백동화가 일본화폐에 대한 비가(比價)를 받더라도 높거나 낮음이 있어도 항상 일정한 순환을 유지하여 경제 작용으로부터, 즉 보조화 발행액 증가에 따라 또 일본 상인의 수요 공급 여하에 따라 공차(公差=허용 범위 이내의 환율 차이—인용자)를 낳는 데 불과하였습니다. 그런데 최근 4~5년 동안 악화 밀수입의 경우 저락의 차이를 낳아 백동화 1원에 대해 일본화폐 50~60전의 비가를 만들어냈으니 저 악화 밀수입이 없었다면 경제의 작용상에서 따라오는 공차뿐이오 상당한 비가는 유지할 것이 분명한지라.
>
> 악화 밀수입은 상당한 실질 가치가 있는 한국 화폐로 하여금 공공연하게 공차(公差)를 발생하게 한 장본인이라. 그러나 화폐정리의 목소리가 시장에 떠들썩하고 그 내용에 관주(官鑄)와 사주(私鑄)의 구별이 있다고 앞장서 외칠 즈음 작년 러일전쟁 이래 어떤 일본 대상인은 부정한 백동화를 큰 기선에 가득 싣고 여러 차례 평안도 방면에 퍼뜨려 사용하니 이 이야기가 전파하자 통화에 대한 불안 염려가 일어나 국민의 향방을 미혹하게 함으로써 일본화폐 1원에 대해 백동화 2원 50~60전의 차이를 낳게 하고 평양 지방에서는 3원 정도의 큰 차이를 야기하게 하니 이는 정부의 시정 여하에 관하여 경제작용상이 문란함은 물론이라.[54]

54) “白銅貨 流通 以來로 纔十二年間에 白銅貨가 對日貨의 比價ᄅᆞᆯ 徵ᄒᆞᆯ지라도 或 高下가 無ᄒᆞᆷ은 아니로되 恒常 一定ᄒᆞᆫ 順路ᄅᆞᆯ 持保ᄒᆞ야 經濟作用으로부터 卽補助貨發行額增加ᄅᆞᆯ 從ᄒᆞ고 且日本商人이 需供如何에 關ᄒᆞ야 公差ᄅᆞᆯ 生ᄒᆞᆷ에 不過ᄒᆞ야 挽近 四五個年間에 惡貨密輸入과 ᄀᆞᆺ치 低落의 差ᄅᆞᆯ 生ᄒᆞ야 白銅貨 一圓에 對ᄒᆞ야 日貨 五六十錢의 比價ᄅᆞᆯ 現出ᄒᆞ니 若彼惡貨의 密輸入이 無ᄒᆞ얏스면 經濟의 作用上으로 從來ᄒᆞᄂᆞᆫ 公差ᄲᅮᆫ이오 相當ᄒᆞᆫ 比價ᄂᆞᆫ 保持ᄒᆞᆯ 事가 分明ᄒᆞᆫ지라 惡貨의 密輸入은 相當ᄒᆞᆫ 實價가 有ᄒᆞᆫ 韓貨로 ᄒᆞ야곰 公共히 其差ᄅᆞᆯ 對生케 ᄒᆞᆫ 者ㅣ라 然而 貨幣整理의 聲이 市場에 喧傳ᄒᆞ고 其內容에 官鑄私鑄의 別이 有ᄒᆞ다 唱導ᄒᆞᆯ 際와 昨年 日露開戰以來에 某某日本大商人은 不正白銅貨ᄅᆞᆯ

백동화의 일본화폐에 대한 환율이 변화하는데, 이는 경제가 작용함으로 인하여, 즉 보조화 발행액 증가에 따르거나 일본상인의 수요 공급 여하에 따라 차이를 낳는다고 하였다. 만일 백동화 밀수입이 없었다면 경제가 작동함으로 인해 나타나는 공정 환율에서의 차이만 있을 뿐 상당한 가치를 유지할 수 있다고 주장하면서 화폐 정리의 불합리함을 논하는 글이다. 이 하나의 글 안에서 '경제 작용'이라는 용례가 세 번이나 나오고 있음을 볼 때 1905년 11월 무렵 한국의 상인들은 이제 '경제'라는 것을 인간의 의지와 동떨어져 작용하는 주체적 존재로 상상하고 있음을 알 수 있다.

2. '황실재정'으로부터 '국민경제'로

1) 개화파의 경제 개념과 자유 상업 정책

조선 왕조에서 '부국강병' 등 근대 유럽이 추진한 정책은 흥선대원군 집권기까지는 나타나지 않았다. 그러나 흥선대원군 이래 고종 친정기까지 부국강병책이 서양 침략에 대응하는 전략으로 채택되었다. 우선적인 중점은 영선사 김윤식이 이끄는 군사기술 유학생단이나 박정양이 이끈 조사시찰단에 의한 군사 기술과 일본 메이지유신 이후의 서양 기계문명 수입에 두어졌다.

大瀛船에 滿載ᄒᆞ야 數回平安道方面에 播揚使用ᄒᆞ니 此說의 傳佈ᄒᆞᆷ이 通貨에 對ᄒᆞᆫ 不安의 念慮가 蔓生ᄒᆞ야 國民의 方向을 迷惑케 ᄒᆞᆷ으로 日貨 一圓에 對ᄒᆞ야 白銅貨 二圓五六十錢의 差ᄅᆞᆯ 生케 ᄒᆞ고 平壤地方에셔ᄂᆞᆫ 三圓內의 大差ᄅᆞᆯ 惹起케 ᄒᆞ니 是ᄂᆞᆫ 政府의 施政如何에 關ᄒᆞ야 經濟作用上이 紊亂ᄒᆞᆷ은 更論을 不待ᄒᆞᆯ지라 于今 貨幣整理及施行法의 不合理ᄒᆞᆷ을 勿論ᄒᆞ고 政府의 反省을 仰請ᄒᆞᄋᆞᆸᄂᆞ이다"(『황성신문』 1905년 11월 11일, 별보 「商業會議所請願書〈續〉」).

이후 민씨 척족 정권의 부정부패와 청의 내정 간섭을 비판하고 갑신정변을 일으킨 개화파의 박영효, 이들과 연루되어 가택 연금당했던 유길준 등이 번역어 '경제' 또는 전통어 '경제' 개념을 어떻게 생각하고 그에 입각해 어떤 정책을 취했는지 알아보는 것이 필요하다.

우선 갑신정변을 일으키고 일본으로 망명한 박영효는 1888년 1월 국왕 고종 앞으로 보내는 상소문에서 국정 개혁의 기본적 구상을 밝히고 있다. 그중 세 번째 〈경제로써 민국을 윤택하게 한다〉라고 하는 항목에서 번역어 '경제' 개념을 사용한 것을 확인할 수 있다.[55]

이 항목은 모두 7개 절로 나뉘어져 있는데 각 절의 내용을 보면 제1절은 국가가 부유하고 윤택하게 되는 길, 제2절은 매매의 사회적 역할, 제3절은 경작 · 공업 · 목축 · 어렵 등 사회적 분업의 중요성, 제4절은 부귀를 갖기 위한 정당한 방법, 제5절은 국가가 부유하게 되는 원리, 제6절은 민국이 부강하기 위한 정부의 인사 정책, 그리고 제7절은 경제로 민국을 윤택하게 하기 위한 세부 항목 44개로 구성되어 있다.

'경제'에 관한 이 같은 서술 흐름을 보면, 박영효가 사용한 '경제' 개념은 번역어이지만 실제 내용은 전통어 '경제'에 가깝다. 그의 상소문에 후쿠자와 유키치의 영향이 강력하게 배어 있다고 하여[56] 번역어 '경제'로 볼 수도 있다. 그러나 앞서 정리했듯이 이 시기 1880년대는 일본에서도 economy의 번역어로 '경제'와 '이재'가 경쟁적으로 사용되던 시기였다.[57]

---

55) 전봉덕, 「박영효와 그의 상소연구 서설」, 『동양학』 8, 1978. 전봉덕은 상소문의 상당 부분이 후쿠자와 유키치의 『서양사정』에 의거한 것이라고 하여 박영효의 독자적 사고의 소산이라고 하기 어렵다고 주장하였다. 그러나 타인의 사상에 의거하더라도 그 사상을 수용하여 당대 사회에 필요한 개혁의 강령을 제시했다는 점에 의의가 있다고 볼 수 있다.

56) 青木功一, 「朴泳孝の民本主義新民論民族革命論」(一), 『朝鮮学報』 80, 1976.

57) 앞의 각주 7) 8) 참조.

특히 제7절의 세부 항목 44개 중 제일 앞의 항목 세 가지—관직과 품계를 팔지 말 것, 군주의 봉록을 정할 것, 관리의 봉급을 개정하라는 것—역시 번역어 '경제'에 포함되는 개념들이 아니다. 나머지 세부 항목 41개를 열거해 보면 호구조사, 호의 등급 설정, 지권 발급, 도량형 제정, 외국인에 대한 토지 판매 · 저당 금지, 임금, 세금 감경, 농상(農桑) 권유, 목양(牧羊)과 목축 권유, 상공업 · 어업 · 수렵업 진흥, 산림과 천택(川澤) 관리, 제언 수축, 개천 준설, 도로 · 교량 설비, 수고 · 가교의 사설 운영, 황무지 개척, 금 · 은 · 동 · 철 등 광산 개발, 금 · 은 동전 주조와 엽전 통용 중지, 은행 설립과 이자 제한, 우정국 설립, 조선업과 해로 관리, 상회사 진흥 보조, 육로 운송 보조, 한성 개시 철폐, 야간 가로등 설치, 야시장 허용, 환율과 물가 자율화, 모든 물종에서의 도고 금지, 홍삼 규제 이완, 서북인의 백두산 산림 개발 허용, 청과 일본으로부터 사치상품 교사 초빙, 숙식시설 설치 촉진, 공사채 포탈시의 족징(族徵) · 동징(洞徵) 금지, 신구 물품의 매매규칙 제정, 징세 필요성의 대민 설득 등 전통어 '경제' 개념에 포함되는 사항들도 많이 보인다.

유길준이 사용한 '경제' 개념 역시 박영효와 유사하다. 유길준의 『서유견문』도 후쿠자와 유키치의 『서양사정』을 토대로 저술되었는데, 이 책에서는 '경제' 개념이 14회 사용되었다. 그의 저서가 1880년대 후반에 집필되었음을 감안하고 보면, 이 14회의 '경제' 용례 역시 번역어와 전통어 의미가 혼용되고 있음을 확인할 수 있다.[58]

우선 번역어 '경제'는 다음 인용문들에서 볼 수 있다.

> 부세를 결정하고 거두어들임에 인민의 생계를 억누르지 않고 국가의 경

58) 『서양사정』의 저자 후쿠자와 유키치도 political economy를 '경제'로 번역할 때는 '경세제민' '경세제국'의 의미로 표현했다고 한다(이헌창, 앞의 책, 126~131쪽).

제를 손상하지 않고 그 합당한 도리를 준수해야 할 것.59)

만약 재정을 아껴 교육하는 경비를 줄이려고 하면 반드시 그 하고싶은 바를 따라 그 재정을 줄일 것이니 그렇게 하면 학생들의 학비를 감액할 것이오 또 교사의 녹봉도 저절로 박해질 것이니 이는 검약하는 경제가 아니라.60)

그러므로 빈궁한 백성의 일할 바를 정하여 그 재력을 모두 소진하게 하는 것이 인자한 방침이라 이를뿐더러 실상의 경제의 묘책이라.61)

그러므로 국가의 방비를 위하여 재정을 소비하는 방법은 군사학에 통달한 자의 계획을 살펴보고 그에 적합한 사람으로 하여금 그 사무를 맡게 해야 하니 경제하는 도리의 본뜻은 백만금이라도 마땅히 사용할 곳에 쓰고 반 푼이라도 준비하지 말아야 못할 곳에는 갖추어두지 말아야함인즉62)

정부의 신의가 두드러지고 경제가 확고히 안정되어 인민이 서로 믿을 때에는 은행국의 원금을 사용하지 않고 은행표 및 지폐를 발행하는 법이 있으니63)

지폐의 효용이 잘 갖추어지면 금과 은의 유통 대신 운반의 편리를 도와

59) "賦稅ᄅᆞᆯ酌定ᄒᆞᆷ과課收ᄒᆞᆷ에人民의生涯ᄅᆞᆯ抑制ᄒᆞ지勿ᄒᆞ고國家의經濟ᄅᆞᆯ損傷ᄒᆞ지勿ᄒᆞ야其合當ᄒᆞᆫ道理ᄅᆞᆯ遵守ᄒᆞᆷ이可ᄒᆞᆫ者"(俞吉濬, 『西遊見聞』, 東京: 交詢社, 1895, 186쪽).

60) "萬若財費ᄅᆞᆯ惜ᄒᆞ야敎育ᄒᆞᄂᆞᆫ經用을欲少ᄒᆞᆯ딘ᄃᆡ必然其所欲爲ᄅᆞᆯ從ᄒᆞ야其財費ᄅᆞᆯ略ᄒᆞ리니苟然則書生의學幣ᄅᆞᆯ減ᄒᆞᆯ디오又敎師의祿俸도自然히薄ᄒᆞ리니此ᄂᆞᆫ儉約ᄒᆞᆫ經濟아니라"(위의 책, 216쪽).

61) "然ᄒᆞᆫ故로窮民의業을定ᄒᆞ야各其財力을盡ᄒᆞ게ᄒᆞᆷ이仁慈ᄒᆞᆫ主意라爲ᄒᆞᆯᄲᅮᆫ더러實狀은經濟의妙法이라"(위의 책, 222쪽).

62) "然ᄒᆞᆫ故로國歌의防備ᄅᆞᆯ爲ᄒᆞ야費財ᄒᆞᄂᆞᆫ法은兵學의通達ᄒᆞᆫ者의計圖ᄅᆞᆯ探ᄒᆞ고其人으로其事務ᄅᆞᆯ掌ᄒᆞᆷ이可ᄒᆞ니經濟ᄒᆞᄂᆞᆫ道의本意ᄂᆞᆫ百萬金이라도當費ᄒᆞᆯ地에費ᄒᆞ고半分이라도不備ᄒᆞᆯ地에ᄂᆞᆫ不備ᄒᆞᆷ인則"(위의 책, 224쪽).

63) "政府의信義가素著ᄒᆞ고經濟가確定ᄒᆞ야人民이相孚ᄒᆞᄂᆞᆫ時ᄂᆞᆫ銀行局의原金을不備ᄒᆞ야도銀行票及紙幣의發行ᄒᆞᄂᆞᆫ法이有ᄒᆞ니"(위의 책, 260쪽).

> 주며 경제하는 정책에도 큰 관계가 있으니[64]

> 경제인이 말하되 화폐가 고르지 않으면 백성이 그 폐를 받고 화폐가 정밀하지 못하면 나라가 그 병을 받으며 고르지 못하고 정밀하지 못하면 백성과 나라가 모두 그 해를 받는다고 하니[65]

> 그 조목의 대강이 오륜 행실과 글자쓰기와 도화법과 산수법으로부터 물산학 궁리학 경제학 및 인신학의 개략에 이르고[66]

> (베를린) 대학교는 그 이름이 전세계에 떨쳐 학술의 정밀함과 분명함이 고금의 최고라고 한다.…(중략)…그 학과는 문학 법학 이학 화학 의학 수학 천문학 유기 및 무기 심신학 고물학 역사학 박물학 경제학 정치학 수신학 및 기타 여러 학문으로 없는 것이 없으니[67]

이처럼 번역어 '경제'가 다수를 차지하고 있지만, 전통어 '경제'도 여전히 사용되고 있음을 다음 사례들에서 찾아볼 수 있다. 언뜻 보면, 근검 절약 또는 재화의 생산과 유통 소비와 연관되는 것처럼 보이지만, 아래 5개의 용례는 모두 전통적으로 사용되어온 '나라를 다스리는 경륜'으로서의 '경제', 즉 '경세제민'의 의미를 포함하고 있다.

> ① 학자가 저술한 새 책과 새로 만들어진 물건에 관계하는 데도 또한 정부

64) "紙幣의用이其道ᄅᆞᆯ善ᄒᆞ면金銀의流行을代ᄒᆞ야輸運의便利ᄅᆞᆯ助ᄒᆞ며又經濟ᄒᆞᄂᆞᆫ道에도大關係가存ᄒᆞ니"(위의 책, 261쪽).

65) "經濟人이云호ᄃᆡ貨幣가不均ᄒᆞ면民이其獘ᄅᆞᆯ受ᄒᆞ고貨幣가不精ᄒᆞ면國이其病을受ᄒᆞ며不均不精ᄒᆞ면民國이其害ᄅᆞᆯ共受ᄒᆞᆫ다ᄒᆞ니"(위의 책, 262쪽).

66) "其條目의大綱이五倫의行實과寫字法과畵圖法과算數法으로브터物産學窮理學經濟學及人身學의槪略에至ᄒᆞ고又天下各國의地理物産政治風俗이니"(위의 책, 210쪽).

67) "大學校ᄂᆞᆫ其名이全世界에轟振ᄒᆞ야學術의精明ᄒᆞᆷ으로古今에冠ᄒᆞᆫ다謂ᄒᆞᄂᆞᆫ者니 …(중략)… 其學科ᄂᆞᆫ文學法學理學化學醫學數學天文學有機及無機心神學故物學歷史學博物學經濟學政治學修身學及其他諸學의不備ᄒᆞᆫ者가無ᄒᆞ니"(위의 책, 537쪽).

의 직분이 있으니 새 책에 저작권과 새 물건에 전매권을 허가함이라. 어떤 물건이든지 세간 경제에 관계가 있으면 혹 전매하는 권리를 허가하기도 하니[68]

② 경제하는 요체는 현명하고 유능한 선비와 총명한 사람을 천거하여 정부의 관작(官爵)을 주어 그 직분을 받들어 행함과 그 규모를 준수하는 데 있으니 비범한 재량과 출중한 재간 아니면 정부의 관직을 받으면 안 되는지라.[69]

③ 이 같은 본뜻을 돌아보지 않고 학업이 미진하고 지식이 얕은 자가 임용된다면, 이는 뛰어난 장인도 하기 어려운 작업을 평범한 일꾼에게 맡겨 결국은 일이 엎어지는 지경에 이를 것이니 경제하는 대국에 어두울 뿐 아니라 정부가 건설한 취지를 배신함인즉 어찌 신중히 살펴볼 일이 아니겠는가.[70]

④ 정치학 이 학문은 정치를 하는 경제이니 그 조목을 나누어 정부의 모든 규모의 대소를 불문하고 포함하며 또 세금 징수하는 법규와 재화 생산하는 방법과 재정 소비하는 책략을 세세히 나열하여 정부와 인민이 서로 관여할 때 미치지 못하는 자가 없는 고로 관리 되려고 하는 자만 이 학문을 공부할 뿐 아니라 어떠한 사업으로 세상에 나가든지 반드시 공부해야 하는 것은 자기 한 몸부터 집안, 국가, 천하에 이르기까지 각기 알맞은 경제가 있는 까닭이라.[71]

68) "學問人의著述ᄒᆞᄂᆞᆫ新書와造出ᄒᆞᆫ新物에關係ᄒᆞᆷ도政府의職分이亦有ᄒᆞ니新書에著述弊와新物에專賣權을許ᄒᆞᆷ이라何物이든지世間經濟에有關ᄒᆞᆫ則或都賣ᄒᆞᄂᆞᆫ權을許ᄒᆞ기도ᄒᆞᄂᆞ니"(위의 책, 174쪽).

69) "經濟ᄒᆞᄂᆞᆫ要道ᄂᆞᆫ賢能ᄒᆞᆫ士와聰明ᄒᆞᆫ人을擧ᄒᆞ야政府의官爵을授ᄒᆞ야其職分을奉行ᄒᆞᆷ과其規模ᄅᆞᆯ導守ᄒᆞᆷ에在ᄒᆞ니非凡ᄒᆞᆫ才量과出衆ᄒᆞᆫ幹局아니면政府의官職을任授ᄒᆞᄂᆞᆫ事가不可ᄒᆞᆫ지라"(위의 책, 206쪽).

70) "如此ᄒᆞᆫ本意ᄅᆞᆯ不顧ᄒᆞ고學業이未就ᄒᆞ며知識이不廣ᄒᆞᆫ者가進ᄒᆞᆯ딘ᄃᆡ是ᄂᆞᆫ良匠의難就ᄒᆞᄂᆞᆫ事役을庸工에게委托ᄒᆞ야畢竟은顚倒ᄒᆞᄂᆞᆫ境에至리니經濟ᄒᆞᄂᆞᆫ大道에暗昧ᄒᆞᆯᄲᅮᆫ아니라政府建設ᄒᆞᆫ主旨ᄅᆞᆯ背棄ᄒᆞᆷ인則엇지審愼ᄒᆞᆯ者아니리오"(위의 책, 206쪽).

71) "政治學 此學은政事ᄒᆞᄂᆞᆫ經濟니其條目을區別ᄒᆞ야政府의一切規模에大小ᄅᆞᆯ勿論ᄒᆞ고含包

위의 인용문 ①②③에 보이는 '경제'는 역시 '세상을 경륜하는 행위 또는 그러한 일'을 의미하고 있다. 특히 ④에 사용된 '경제'는 정치학이란 학문이 '정치를 할 때의 경륜 행위'라는 의미로 사용되고 있다. 아울러 관리뿐만 아니라 어떠한 사업을 하는 사람일지라도 정치학을 공부해야 하는 이유로, 이 학문이 '수신제가치국평천하(修身齊家治國平天下)'라는 유교적 경세제민을 행하는 데 각 단계마다 필요한 내용을 갖추고 있기 때문이라고 하였다.

이처럼, 개화파 2인의 경제 개념은 전통어와 번역어 사이를 교차하면서 사용되고 있었다. 그러하기에 이들이 생각하는 경제 개념이 국가정책을 논할 때 어떻게 반영되고 있는지 살펴볼 필요가 있다.

『서유견문』에는 번역어 '경제'와 연관된 개념들이 많이 등장한다. 큰 요목만 들어봐도 조세, 예산 지출, 국채 모집과 사용, 화폐, 상인 등이다. 그러나 이들 요목의 개념은 정부재정과 관련된 것이 대부분이고 상업에 대해 논한 것은 소수였다. 이것만 보더라도 그의 '경제' 개념은 번역어 '경제'보다는 전통어 '경제' 즉, 전통적인 '경세제민' 의미에 머물러 있었다고 할 수 있겠다.

조세에 관하여 그는 정부가 인민의 재산에 세금을 부과하는 기준과 제한을 세워야 한다고 하였다. 일용품에는 세금을 부과하지 말고 일용에 긴요하지 않거나 사치한 물품 종류에는 과중한 세금을 물려도 좋다고 하였다. 그 이유는 후자의 사치품이나 긴요하지 않은 물품을 사용하는 자는 대체로 부귀한 사람들이 많은 것이고 혹 가난한 자가 구한다고 해도 이는 부랑한 인간이기 때문이라고 하였다.[72]

하며又收稅ᄒᆞᄂᆞᆫ法規와生財ᄒᆞᄂᆞᆫ方道와費財ᄒᆞᄂᆞᆫ策略을細陳ᄒᆞ야政府와人民의相與ᄒᆞᄂᆞᆫ際에不及ᄒᆞᆫ者가無ᄒᆞᆫ故로官吏되기ᄅᆞᆯ求ᄒᆞᄂᆞᆫ者가此學을修ᄒᆞᆯᄲᅮᆫ아니오如何ᄒᆞᆫ事業으로人間에處ᄒᆞ든지必學ᄒᆞᄂᆞᆫ者ᄂᆞᆫ一身으로브터家國天下에至ᄒᆞ야各其相合ᄒᆞᆫ經濟가有ᄒᆞᆫ然故라"(위의 책, 349쪽).

상업에 대해서도 국가의 가장 큰 근본이며 그 관계의 중대함이 농업 못지 않아 정부의 부유함과 인민의 번성이 모두 상업이 아니면 불가능하다고 하였는데, 이는 상업이 이쪽 저쪽 지방의 있고 없는 것을 서로 바꿀 수 있게 해주기 때문이라고 한다. 그러므로 정부는 과거에 상업을 억제하던 정책을 바꾸어 권장하고 상인을 보호해 주어야 한다고 상업 보호론을 주장하고 있다. 정부가 상업을 보호하는 정책은 인민이 재물을 주고 받는 규모를 신실하게 하기 위해 법률을 엄하게 지키고 물품 운수하는 방법을 편리하게 하기 위해 도로를 잘 닦아야 한다고 하였다. 아울러 국가의 정령은 많은 사람의 이윤을 독점하는 도고 행위를 결단코 허락하지 않도록 해야 한다고 하여 독점적 상업 행위에 대한 경계를 하였다.

유길준은 상업이 개화에 매우 큰 도움이 되는 행위이고 사람의 재주를 권장하고 상품 생산을 격려하여 세계의 학식과 생민의 복록을 증가시킨다고 하였다. 각국 간의 통상 무역에 대해서도 통제하는 규칙을 제정하고 이익만 좇는 행위를 잘 억누르고 통상하는 두 국가가 협의하여 그 통상하는 법을 작정하면 무방하다고 보았다.

미개한 나라에 대해 선진 열강이 문호 개방을 권하여 통상조약을 체결함은 그 토지와 인민을 넘겨 보는 마음이 있어서가 아니라고 했다. 자기 나라의 남는 물건을 들어 다른 나라의 부족한 부분을 도와주며 다른 나라의 남는 것을 취하여 자기 나라에 부족한 것을 보완하니 하늘이 준 복을 누리는 것이라고 자유무역을 옹호하고 있다.[73] 이처럼 상업이 국가를 부요하게 하는 가치는 나라를 지킨 장수, 백성을 잘 다스리는 재상과 마찬가지라고 높이 평가하였다. 이런 까닭으로 정부도

---

72) 위의 책, 186~187쪽.

73) 위의 책, 359~364쪽.

상업을 보호하고 학교를 세워 그 공부를 권면하고 법률을 정하여 그 경계할 선을 통제하고 있다고 한다.[74)]

박영효와 유길준이 강조한 상업 정책은 도고 행위를 철폐하는 일종의 자유시장체제였다고 할 수 있다. 그런데 이들이 금지하고자 하는 도고 또는 도고 상업 체제는 조선후기 이래 관행적으로 성립된 상업 체제인데, 도고는 상품별로 독점적 매매권을 갖는 상인들을 말한다.[75)]

이러한 독점적 매매권은 본래 국가가 요구하는 각종 재화 조달, 각종 행사에의 노동력과 물자 동원 등을 해결해 주는 응역(應役)의 대가로 서울의 시전 상인들에게만 부여되었던 권리였다. 두 차례의 전란을 거친 17세기 이후 전국 각지의 빈민들이 서울로 몰려 들면서 도성과 주변 지역의 인구가 급증하였고, 이들 유입 인구의 상당수가 상업 관련 영역에서 생업의 기회를 찾으면서 상인층의 수도 증가하였다. 이에 따라 상인간의 경쟁이 격화하였고, 이는 당연히 개별 상인들의 이윤을 감소시켰다. 그러나 그에 비례하여 시전 상인들의 응역 부담이 감소한 것은 아니었다. 정부의 입장에서도 시전 상인의 몰락은 관청 필요물품 조달이나 사신 접대, 국가의 각종 행사에 필요한 노동력 및 물자 동원의 곤란을 초래하는 일이었으므로 그대로 방치할 수는 없는 문제였다. 이러한 상황에서 정부와 시전 상인 양자의 요구가 결합하여 시전상인에게 '난전을 금할 수 있는 권리'가 주어졌다.

정부의 상품별 독점 매매권 부여에 따라 다수의 시전이 속출하였는데, 이는 생산자와 소상인층의 자유로운 상품 판매를 제약하고 물가를 상승시키는 결과를 초래하였지만, 그에 비례하여 국가 권력과 상인간

74) 위의 책, 370쪽.

75) 이하의 4개 문단은 전우용, 『한국 회사의 탄생』, 서울대학교 출판문화원, 2011, 85~88쪽 참조.

의 관계도 한층 긴밀해졌다. 상품별 독점 매매권은 상업 관행으로 자리 잡으면서 서울 중심부 외 지방 상인들의 상업행위까지 규정하게 되었다. 즉, 17세기 이후 전국 각지의 포구 및 내륙 각지에서 성장해 온 객주들은 18세기 중엽 이후 그 주인권의 내용을 상품거래 중개권에서 상품에 대한 독점적 판매권으로 전화시켰다. 이는 한걸음 더 나아가 한 개 군현이나 면 전체의 상인을 대상으로 독점적 매매알선권을 장악하는 지역 주인권으로까지 발전하였다.

주요 상업 근거지에서 성립한 지역 주인권은 중앙에서 시전의 '금난전권'이 정부의 공인 하에서만 효력을 발할 수 있었던 것과 마찬가지로 지방 권력, 특히 궁방(宮房)의 개입을 초래하는 계기로 작용하였다. 각 궁방은 여객주인, 포구주인 등 매매알선을 전관하던 상인층에게 독점권을 보장하는 대가로 구문(口文) 중 일정액을 상납 받거나 스스로 여객주인권을 장악하면서 이를 새로운 재원으로 확보하기 시작하였다. 여기서 중앙과 지방을 막론하고 권력기관과 상인층의 상호 결탁에 의한 특권적 독점 상업이 이루어지는 체제, 즉 도고 상업 체제가 만들어진 것이다.

조선후기에는 도고 상업체제가 바람직한 상업자본의 축적방식으로 평가되기도 하였다. 실학자들의 상공업 육성론에서 자주 제안되었던 것이 바로 소상인의 합자에 의한 자본규모 확대와 함께 대상인의 특권상인화에 의한 자본축적이었다. 물론 이러한 논의의 배경에는 기본적으로 특권상인의 상업활동을 국가가 규제하고 그들이 획득하는 상업이윤의 일부를 국가 재원으로 활용함으로써 부국강병의 기틀을 마련한다는 생각이 자리 잡고 있었던 것이다. 물론 그 반대의 경우, 즉 증대하는 상업이윤을 전유함으로써 기존의 지배권력을 한층 공고히 하고자 하는 입장에 설 때에도 도고 상업 체제는 유용한 것이었다.

그러나 박영효, 유길준 등 개화파는 이러한 도고 상업 체제가 상행위를 독점하고 있으므로 철폐해야 한다고 보았다. 박영효는 도고란 그 이익을 독점하여 민생을 어렵게 하는 것이기 때문에 어떠한 물종이든지 도고를 허락할 수 없다고 하였다. 다만 예외가 있다면 처음으로 만들어낸 물건 정도에 한할 뿐이었다. 그는 어떤 나라든지 국가가 민을 보호해야지 재물을 거두어들여서는 안 된다고 하였다. 만일 국가가 재물을 취한다면 민의 재물이 흩어지게 되므로 국가의 역할은 민이 재물을 모으도록 도움을 주는 정책에 있다고 보았다.[76)]

유길준은 도고 행위뿐 아니라 국가의 상업세 정책도 근본적으로 비판하였다. 그는 정부가 일종의 전매 특권이나 지역적 독점권을 부여하는 형태로 특권을 부여해 준 것이 잘못이라고 하였다. 도고란 여러 사람의 이익을 독차지하는 행위이기 때문에 결단코 허용할 수 없다. 자유로운 민간 상업 발달을 전망하는 가운데 이를 방해하는 모든 규제나 세금은 폐지되어야 한다는 입장을 피력하였다. 그리하여 1880년대 정부가 실시하던 25객주 지역전관제를 정면 비판하였다.

이러한 입장이 반영된 것이 갑오개혁기에 정권을 장악한 개화파 또는 그 이후 독립협회 운동세력의 경제정책이었다고 할 수 있다. 즉 개화파 정권은 1894년 군국기무처 설립 이후 기존의 경제 규제와 특권 부여를 폐지하고 자본주의적 경제 질서를 수립하려 하였다. 우선 1894년 7월 보부상들의 특권 상업 조직인 상리국을 농상아문에 소속시켜 관리하다가 1895년 3월 4일 전격적으로 폐지하였으며, 정부와 궁중뿐만 아니라 각 지방 관아에 물자를 대는 각종 진공과 물품도 시가대로 조달하는 조치를 취했다.

이어서 10월 1일 협잡배들이 객주, 감동, 상법회사 등을 칭하면서 관허 특권을 빙자하여 상품 물종별 독점권을 행사하여 이익을 차지하는

76) 왕현종, 「갑오개혁기 개혁관료의 상업육성론과 경제정책」, 『한국학보』 27-4, 2001, 96~97쪽.

행태를 금지하고 각자의 편리에 맡겨 영업하도록 각 항구 감리에게 명령하여 상민들을 보호하는 데 힘쓰라고 하였다.[77] 이듬해 1895년 3월 29일에는 육의전 제도를 해제하고 각 공가(貢價)와 계가(契價), 정부에 진배하는 물건 가격 등의 폐단을 모두 폐지 금절하겠다고 하였다.[78]

개화파 정권은 민간 상업의 발전을 유도하기 위해서 상회사에 유능한 인사들, 특히 관료들이 적극적으로 참여할 수 있는 여건이 조성되어야 한다고 생각했다. 다만 현직 관리가 직접 상회사에 관여하는 경우 특권이나 비리가 발생할 수 있으므로 일단 휴직하거나 퇴직했을 때만 상업에 종사할 수 있게 하였다. 그리고 이들의 상회사 육성 정책은 갑오개혁부터 전면화된 부세금납화 정책과 밀접한 관계를 가지고 있었다. 개화파 정권은 1894년 7월 24일 미상회사를 설립하여 조세곡을 화폐로 대납하게 하는 금융기관으로 만드는 정책을 추진하였으며, 경영상 어려움을 겪고 있었던 정부 관할하의 이운사를 민간에 불하하려고 하였다. 이운사가 일본우선회사로 넘어간 후에는 다시 민간인으로 하여금 공동회사를 만들어 무역과 운수 확대를 도모하게 하였다.

이러한 개화파 정권의 상업 보호 중심의 경제정책은 아관파천으로 좌절되었다. 1897년 대한제국이 수립된 이후에는 독립협회가 개화파의 경제정책을 계승하여 대한제국 정부의 각종 경제정책을 비판하면서 입헌군주제 수립운동을 전개하였다. 그렇다면 대한제국 정부의 경제관념, 그리고 그 관념에 입각한 경제정책은 어떠했던가를 검토할 필요가 있다.

77) "凡三港口之凋殘 專有於挾雜輩之 或稱客主 或稱監董 或稱商法會議 藉託官許 互相爭佔之故也 從今以後 一切権利之弊 嚴加禁斷 使之任便營業 分飭各口監理 務保商民事"(『議定存案』, 개국 503년 10월 1일)

78) "六矣廛制를 解除ᄒᆞ고 併 各貢契價 進排物價 等의 弊를 廢絕ᄒᆯ 事"(『議奏』 5, 개국 504년 3월 29일)

2) 대한제국의 독점적 상업 정책과 황실재정의 팽창

번역어 '경제' 개념은 앞서 정리했듯이 1905년 전반까지도 널리 사용되지 않았다. 국왕 고종 역시 1910년대까지 번역어 경제 개념과는 익숙하지 않았다고 보인다. 『고종순종실록』 검색 결과 '경제' 용어가 총 53회 나오지만 번역어 '경제'는 1905년 4월 1일 일본과의 「일한통신기관협정서」 조인, 동년 4월 24일 「문관전고소규칙」, 동년 8월 12일의 「일영협약」, 동년 9월 5일 「일로강화조약」 등 외교와 행정 관련으로 단 4회 사용되었다. 나머지 용례는 신하들의 상소와 상주 내용 및 고종의 비답 등으로, 모두 전통어 '경제'를 사용하고 있다.

대한제국 시기에는 번역어 '경제' 개념에 입각한 경제정책이라기보다는 유길준 등 개화파가 주장했던 자유 상업 체제와 대비되는 독점 상업 정책이 실시되고 이전 시기에는 볼 수 없었던 황실 중심의 경제 정책이 추진되었다.

아관파천으로 친일 개화파 정권이 붕괴한 후 고종은 실추된 왕권을 강화함으로써 정국 전반을 관할하고자 하였다. 국호를 대한제국으로 개정하고, 군주의 지위를 황제로 격상시켰다. 군주 직속의 기구인 궁내부를 실질적으로 정부의 상위에 위치지움으로써 황권의 발동을 효율화하였다. 고종은 전제군주제를 옹호하는 양반 유생층과 구래의 특권적 경제 질서 위에서 부를 축적해 온 특권 상인층의 지지를 기반으로 삼았다. 지주제 및 특권 상업체제의 강화를 통하여 전제군주제의 물적 토대를 확보하는 한편, 황실의 주도하에 근대화 정책을 추구하고자 하였다.[79]

대한제국 정부는 황제권의 강화를 기반으로 하여 토지소유권의 확

[79] 나애자, 「대한제국의 권력구조와 광무개혁」, 『한국사』 11, 한길사, 1994, 159~60쪽.

립, 호구 파악, 산업재편, 지세 징수 등 국가 경영 전반의 획기적 변화를 유도하기 위한 토지 조사와 지계 발급을 추진하였다. 토지 조사와 지계 발급사업은 세수의 확대를 도모하려는 데 기본적인 목적이 있었지만, 토지소유권의 확인 작업을 동반하는 것으로서, 객관적으로는 토지의 상품화를 촉진하는 효과를 지니는 것이었다. 그렇지만 외국인의 토지소유는 일체 인정하지 않음으로써 외국 자본의 토지 침탈을 저지하려는 태도도 견지하고 있었다.[80]

대한제국 정부의 상업 정책은 황실 경제를 관장한 내장원이 중심이 되어 갑오개혁기에 폐지되었던 도고 상업 체제를 부활시키는 것이었다. 갑오개혁기 개화파 정권은 상업 정책을 농상공부가 관할하게 하였으나 대한제국 수립 후에는 상업 또는 상회사에 대한 관리·감독이 농상공부와 내장원으로 이원화되었다. 그 틈을 비집고 각종 특권회사가 난립하였다.[81]

1896년 6월 농상공부에서는 전라남북도 일대에 비밀훈령을 발하여 이미 인가받은 회사 중 '혹시 도고가 침탈하거나 푼세를 억지로 징수하는 폐단이 없는지' 조사하도록 지시하면서 자본을 모집하지 않고 특권만을 확보하기 위해 설립된 도고 회사 등을 엄금하도록 하였다. 1897년 10월에는 회사 청원을 일체 수리하지 않겠다는 고시를 발하였고, 1898년 7월에는 자본을 갖추지 않고 회사 설립을 청원하는 자는 그를 허가하지 않을 뿐 아니라 엄히 다스리겠다는 뜻을 다음과 같이 표명하기도 하였다.

80) 이영학, 「대한제국 전기 토지조사사업의 의의」, 『대한제국의 토지조사사업』, 민음사, 1995, 33~35쪽 ; 최원규, 「대한제국 전기 양전과 관계발급사업」, 같은 책, 306쪽.

81) 이하 특권회사의 설립과 정부의 역할에 관한 서술은 전우용, 앞의 책, 126~128쪽 참조.

> 대저 상업이란 자본을 마련하여 유무를 교역하고 이익을 더하게 하는 것을 말하는 것이다. 이런 까닭에 행상, 좌시(坐市), 여각, 회사 등이 그 이름은 다르지만 상업을 행함은 동일한 것이다. 그런데 최근 인민이 상업의 본뜻을 모르고 빈 손으로 청원하여 백성의 업을 강점하려 하거나 푼세를 늑탈하거나 부보상이나 임방(任房)을 다시 설치하여 심지어는 잡세와 인지와 선기(船旗)를 사사로이 창설하고자 여러 가지로 도모하여 각종 청탁이 일어나니 허가 여부는 본 농상공부의 직권에 속하지만 인민의 행위를 자세히 들여다보면 분수를 어기고 규칙을 어김이 극히 놀라운지라. 앞으로는 이러한 사건으로 찾아와서 멋대로 고소하는 자가 있으면 접수하지 않음을 물론이고 해당 인민은 법사로 이송하여 별도로 엄히 징치할 것이니 잘 알아서 범하지 말 것.[82]

그러나 농상공부가 이처럼 상업 및 상업 관련 회사 인허가권이 자기 직권에 속한다는 점을 천명하였음에도 불구하고 내장원에서는 도고회사를 방임하거나 심지어는 설치를 강요하기도 하였다. 이 과정에서 농상공부의 상업 및 회사 관련 인허가권은 궁내부 산하 기구들의 수세 확대 요구에 따라 제한되기 일쑤였다. 이 시기의 회사들은 거의 모두가 내장원에 납세할 것을 전제로 설립 허가를 받고 있었으며, 경우에 따라서는 내장원에서 직접 설립을 지시하기도 하였다.

내장원 외에도 궁내부 산하의 기구였던 통신원 · 철도원 · 경위원 · 한성부 등에서도 회사에 대한 감독권을 별도로 행사하였다. 1899년의 「국내선세규칙」에 따라 선박을 사용하는 운수업 관련 회사는 모두 통

---

82) "夫商者는 資本을 辦備하여 有無를 交易하고 利益을 沾漑함을 謂함이라. 是故를 行商坐市旅閣會社等이 其名은 雖殊하나 其爲商業은 一也어늘 近日 人民이 不知做商本意하고 赤手請願하여 或强佔民業하고 或勒分稅하며 或負褓商任房을 復設하며 甚者는 雜稅와 印紙와 船旗를 私設코자 하여 百計圖銷하여 干囑이 日至하니 准許與否는 縱係本部職權이나 人民의 행위를 細究하면 犯分違規가 極涉痛駭한지라 嗣玆已往은 此等事件을 肆然來訴하는 자 有하면 非徒不爲聽施라 該人民은 斷當移送法司하여 別般嚴懲하리니 知悉勿犯함이 可할 事"(『農商工部來文』(奎17781) 1898년 7월 7일, 전우용, 위의 책, 127쪽 재인용).

신원에서 관할하였으며, 1898년 이후 속출한 철도 관련 회사는 철도원에서 인허권을 행사하였다. 경위원에서 객주들의 상법회사를 설립케 하는 경우도 있었으며, 한성부는 부동산 매매 중개업에 종사하던 한성회사의 인허가에 개입하였다. 이들 회사 운영 과정에서 상인 등의 이해관계 충돌로 각종 분쟁이 발생할 경우에는 한성부에서 그 철폐를 명하는 경우도 있었다. 이렇듯 회사 관리의 주체가 불분명하였기 때문에 정부 기구의 이해관계에 따라서는 회사의 치폐 문제가 부서 간 분쟁의 원인으로 등장하기도 하였다.

내장원은 전국에 산재한 세원을 포착하기 위해 온갖 방법을 동원하였는데, 봉세관(捧稅官)을 파견하거나 자기 요구에 순응하는 인물들로 하여금 별도의 회사를 설립하게 하여 수세하는 방식을 주로 사용하였다. 이에 따라 내장원 상납을 조건으로 특정 물품의 전매권을 요구하는 회사의 인허가 청원이 잇따랐고, 내장원에서는 그 청원을 대체로 인허해 주었다. 때로는 농상공부에서 기각한 회사 설립 청원을 내장원이 인허해 주는 사례까지 나타났다. 세금을 납부하는 상인 입장에서 볼 때 지방관의 자의적인 수탈이 여전한 상황에서는 농상공부나 여타 기관보다는 황제의 직속 재정기구인 내장원에 상납함으로서 지방관의 수탈을 면하는 것이 유리한 일이었다.

이 같은 내장원의 수세원 확대 시도는 독점 상업 체제를 강화시키고 소상인에 대한 수탈을 기반으로 중간 차익을 노리는 비생산적, 기생적 회사를 양산하는 결과를 낳았다. 이들 회사로 말미암은 폐해는 여러 가지 심각한 문제를 야기하고 있었다. 1898년 10월 독립협회가 주도한 관민공동회에서는 「헌의육조」의 제3항에 '전국 재정은 어떤 세목을 막론하고 모두 탁지부에서 관할하되 기타 부(府)·부(部)와 사회사(私會社)는 간섭하지 못하게 하며 예산 결산을 인민에게 공포할 일'이라는 규정을 넣어 수세를 전제로 상업을 독점하는 도고회사의 혁파를 기대하였지만, 독립협회운동의 좌절과 함께 실행에 옮겨지지 못하였다.[83] 이러한 수세 도고 회사의 남설과 독점 상업 체제는 결과적으로 소생산자, 소상인에 대한 수탈을 강화함으로써 상업자본 혹은 초기 산업자본의 발전에 심각한 부담을 주었다.[84]

대한제국기에는 정부의 식산흥업 정책이 본격적으로 추진되는 과정에서, 재원의 상당 부분을 황실 또는 황실과 연계된 관료층에게 집중함으로써 정부재정 기구보다 황실재정 기구가 식산흥업정책을 주도하게 되었다. 갑오개혁을 주도한 개화파 정부가 공포한 「홍범14조」는 일본식 궁내부제도와 내각제를 도입하되 궁중(왕실)과 부중(정부)의 행정을 분리하여 정부에 권력을 집중함으로써 왕권을 축소하고 정부의 권한을 강화하고자 하였다. 이 같은 정책을 집행하기 위하여 왕실의 제반 업무를 총괄하는 궁내부를 신설하고 그 산하에 왕실재정을 담당하는 내장원을 신규 설립하여 왕실재정을 분리함으로써 왕실이 국정에 참여하거나 정부재정과 혼합되지 않도록 하였다.[85]

그러나 1896년 아관파천과 1897년 대한제국 수립, 1898년 독립협회운동의 억압 이후 황제권력은 계속 강화되었다. 특히 1897년 이후 황실재정은 극도로 팽창한 반면 탁지부가 관장한 정부재정은 관료의 급여도 주기 어려울 만큼 궁핍해졌다.

갑오개혁기 개화파 정권으로 인해 권력 약화와 왕실재정의 위축을 겪었던 고종은 자신의 뜻에 따라 마음대로 사용할 수 있는 재원의 필요성을 느끼고 있었다. 그러나 정부의 세출예산에서 지급되는 황실비는 대부분 궁내부 소속 관리들의 봉급이나 궁내부 산하 기구들의 경비

83) 전우용, 앞의 책, 127~128쪽.

84) 서영희, 「1894~1904년의 정치체제 변동과 궁내부」, 『한국사론』 23, 1990, 380쪽.

85) 유영익, 『갑오경장연구』, 일조각, 1990, 53~55쪽.

로 사용되었기에 황제권력의 강화와 유지를 위해서는 별도의 독자적인 재원 확보와 확대가 필요하였다.[86]

가장 큰 재원으로 확보한 것은 갑오개혁 이후 농상공부 · 탁지부 · 군부 · 궁내부 등 여러 기관이 분할 관리하던 역토와 둔토(이하, '역둔토'로 통일)를 1899년 말부터 모두 궁내부 재정기관인 내장원으로 귀속시켰다. 내장원은 이제 국내 최대의 지주가 되어 적극적으로 지주 경영에 나서고 당시 팽창하던 곡물 무역으로 재정 수입을 증대시키기 시작하였다.

두 번째로 큰 재원으로 확보한 것은 화폐 발행 기관인 전환국이었다. 고종은 1897년 말 측근 관료 이용익을 전환국장에 임명한 이래 1904년에 이르기까지 전환국 운영 실권을 부여하였다. 1900년에는 전환국을 탁지부 소속에서 황제 직속의 독립기관으로 승격하고 1904년 말에 이르기까지 본위화인 은화는 거의 발행하지 않고 보조화로서 주조이익이 두 배 이상인 백동화를 남발하게 하였다. 1894~1904년 전환국의 주조 총량은 1,873만 원에 달하였는데, 그 대부분은 백동화로서 발행액이 1,670만 원에 달하였다.[87]

세 번째로 큰 재원은 홍삼 전매 사업과 대부분의 국내 광산이었다. 내장원은 1898년부터 홍삼 전매 사업을 운영하면서 막대한 수입을 올리기 시작했고 외국인의 광산 채굴권을 일체 허가하지 않겠다는 명분을 내세우고 전국 43개 군의 광산을 이속시켰다.

네 번째 재원은 조선 후기 이래 무명잡세로 불리어 왔던 어세 · 염세 · 선세 · 포사세 · 포구세 등을 내장원으로 이속시킨 것이다. 이들 일

86) 이하, 별도의 언급이 없는 한 황실재정의 팽창 과정에 대해서는 이윤상, 「대한제국기 황제 주도의 재정운영」, 『역사와 현실』 26, 1997에 의한다.

87) 도면회, 「갑오개혁 이후 화폐제도의 문란과 그 영향」, 『한국사론』 21, 1989, 402~403쪽.

종의 유통세 또는 영업세는 갑오개혁기에 대부분 탁지부 · 농상공부 관할로 들어갔지만 일부는 여전히 왕실 산하 기구의 재원으로도 남아 있었다. 내장원은 1899년에 연강세, 1900년 어세 · 염세 · 선세, 1902년에는 인삼세를 각각 내장원으로 이속시킨 데 이어서 그때까지 세금 부과 대상으로 파악되지 않았던 각종 재원을 발굴하여 징수하기까지 하였다.

가장 심각한 문제는 전환국의 백동화 남발이었다. 전환국은 1900년부터는 오로지 황실 경비를 조달하는 자금원으로 변질되어 매년 2백만 원 이상의 백동화를 주조하였다. 1902년에는 매일 1만 3천 원씩 총 280만 원을 주조하였는데 그 중 150만 원은 황실용으로 따로 떼어 별도 금고에 보관하였다. 게다가, 전환국에서 궁내부로 40만 원가량의 백동화 어음도 별도로 납부하였다. 백동화는 엽전 25매에 해당하는 2전 5푼짜리 백색 동전이었다. 1매 주조 시 원료와 노임을 합친 제작비는 최대 7푼이므로 주조 이익은 1매당 1전 8푼, 즉 2배 이상을 남길 수 있는 화폐였다.[88)]

전환국에서 백동화를 대량 발행하더라도 본위화에 해당하는 은화 또는 금화를 동시에 발행했다면 대규모 거래에는 이들 은화 또는 금화를, 소규모 거래에는 백동화 및 엽전을 사용함으로써 화폐 가치는 안정되었을 것이다. 그러나 전환국에서 은화 또는 금화를 발행하지 않았기에, 백동화는 처음에 액면 가치인 2전 5푼으로 유통되었으나 점차 하락하여 1904년경에 이르면 1전 2~3푼, 즉 엽전 및 일본화폐의 반값으로 유통되었다.

---

88) 도면회, 위의 글, 402~405쪽. 백동화 남발은 전환국에서만 이루어진 것이 아니었다. 황실에서는 내외국인에게서 상납금 또는 뇌물을 받고 특주(特鑄), 묵주(默鑄) 등을 공공연히 허용하여 사태를 더욱 악화시켰다. 1900년 말부터는 내외국인에 의한 백동화 사주(私鑄) 또는 밀수입이 극도로 성행하기 시작했으며 그 결과 1902년 현재 전환국 발행 800만, 특주 300만, 묵주 · 사주 300만 합계 1,400만 원의 백동화가 유통되는 것으로 추산되고 있었다.

이로 인하여 물가는 급등하여 1894년 서울의 소매 쌀값은 한 되에 7전 4푼에서 1904년 2냥 6전 7푼으로 3배, 도매 쌀값은 한 석에 11냥 3전으로부터 59냥으로 5배 정도 상승하였다. 이 같은 물가 폭등으로 인하여 백동화로 세금을 징수하면 그만큼 실질 가치가 하락하기 때문에 정부 재정은 더욱 어려워지게 되었다. 정부는 이로 인하여 1901년 토지에 부과하는 세액을 1결당 30냥에서 50냥으로 인상했다가 1903년에 재차 80냥으로 인상하여 농민층의 부담을 두 배 이상으로 과중시켰다.

위와 같이 많은 재원이 황실로 이속됨에 따라 황실재정은 급속히 확대되었다. 내장원 회계장부에 의하면, 내장원 재정은 1898년부터 적자 상태를 면하기 시작하고 1900년 이후 막대한 흑자를 기록하였다. 1899년까지 내장원 수입은 10만 냥 정도에 불과했으나 1900년에는 30만 냥으로 급증했고 역둔토의 소작료 수입이 본격화하고 각종 잡세 수입을 장악한 이후부터 폭증했다. 1901년 158만 냥, 1902년 247만 냥, 1903년 589만 냥, 1904년 3천만 냥을 기록하고 있다. 주목할 점은, 내장원의 회계 장부에 기록되지 않은 수입이 이보다 훨씬 많았다는 점이다. 예를 들어 홍삼 전매 사업에서 발생하는 수익은 매년 500만 냥 정도, 전환국에서 주조한 화폐 수입은 1902년만 해도 725만 냥이었다. 이외에 탁지부로부터 받아야 할 조세금을 직접 징수하여 곡물 무역까지 하면서 얻는 상업 수입도 막대한 양으로 추정된다.

이처럼 막대한 황실재정 수입이 정부가 추진하고자 했던 부국강병 정책에 지출되었는가 하면 그렇지도 않았다. 지출 내역을 보면 1899년까지 내입금(內入金: 황제의 명령으로 궁궐에 들어간 자금), 내장원 직원들의 월급과 기관 운영비 등 경상비, 궁궐 소비용 쌀 구입비 등이 큰 비중을 차지하고 있었으나 1900년부터 새로운 변화가 나타났다. 즉 황실의 각 궁에 대한 진상과 이송, 지폐·은화 등 구입비, 가사(家舍)·초지(草地) 등의 구입비, 휼금(恤金) 등이 새로운 지출 항목으로 등장하고 궁내부 소속 각 기관에 대한 경비 지원, 건축 · 수리비, 역둔토 관리비 등이 증가하였다.

가장 큰 비중을 차지한 것은 내입금이었다. 1896년 내장원 설치 이후 1907년 일본에 의해 폐지될 때까지 용도가 밝혀지지 않은 내입금 비율이 전체 지출의 38%에 달했다. 1900년까지 해마다 평균 3만 5천 냥이 내입금으로 지출되고 전체 지출에서 차지하는 비중도 30% 수준을 유지하였으나 1901년부터 지출규모와 비중이 급증하였다. 1901년 내입금이 72만 냥, 1902년 67만 냥을 보이다가 1904년에는 무려 1천만 냥을 기록하였다. 전체 지출에서 차지하는 비중도 1901년 80%, 1902년 43%, 1904년에는 43%를 차지하였다.

내입금 용도가 확인된 것은 주로 내하(內下) · 내탕(內帑) 등 황제의 명의로 하사되는데, 구체적으로는 각종 회사의 자본금이나 운영 자금, 학교 · 병원에 대한 보조금, 진휼이나 행사비 등 정부재정에서 지출하기 힘든 부분이다. 예컨대 1900년 인공양잠회사 총 자본금의 반액인 1천 원,[89] 명동 한성병원 후원금, 1901년 대한천일은행이 가계 전당 업무를 시작할 때의 자본금으로 4만 원, 한성의 가계전집(家契典執)회사에 3만 원, 혜민원 진휼비 2만 원, 1902년 정선여학교 교비로 당오전 1만 냥, 1903년 흉년 구제를 위한 미곡 방출, 황제탄신일 · 황태자탄신일 연회비 등이다.

이처럼 황실재정은 팽창 일로에 있었던 반면, 정부재정은 축소 일로를 밟았다. 황실비와 군부 예산의 세출 확대로 인해 내부, 농상공부 등 주요 부서의 사업을 진행하기 어려울 정도였다. 탁지부는 정부 관리들의 봉급과 정부 기구를 운영하는 데 필요한 경상비를 마련하기도 힘겨웠다.

89) 1894년 「신식화폐발행장정」 공포 이후부터 화폐단위 원과 냥의 공식 환율은 1원=5냥=50전=500푼으로, 1원(5냥)짜리 은화 1개는 엽전 500개와 교환할 수 있었다.

호구 조사, 양전·지계 사업, 지방관에 대한 조세금 상납 독촉 등 재정 수입을 늘리기 위한 조치를 취해 보았으나 뚜렷한 성과를 거둘 수 없었다. 결국 탁지부는 전환국이나 내장원에서 자금을 빌리거나 한국 해관 대신 관세를 관리하던 일본 제일은행 한국지점에서 단기 차관을 빌려올 수밖에 없었다. 특히 내장원에서의 차입금은 전국 각 지방의 조세금을 담보로 한 것이었다. 이후 내장원은 탁지부 대신 직접 각 군에서 조세금을 징수하고 그 돈으로 미곡 등 상품을 구입하여 서울에 내다파는 상업활동을 전개하는 상황으로 치달았다. 1902년 11월의 『황성신문』 논설은 이러한 난국을 다음과 같이 정리하고 있다.

> 마땅히 재정 정리할 방도를 강구하려면 오로지 문제의 근원을 막고 뿌리를 끌어내는 방법뿐이다. 그런데 약탈하고 괴롭혀 긁어내야 한다는 주장에 빠져서 세금 위에 또 남징하며 규정 외의 불법적 수탈을 자행하려고 탈루된 조세액을 억지로 메꾸기 위해 더 거두었다. 또 끝없이 악화를 주조하며 외국의 부채를 더 많이 빌려 재정 부족을 메꾸려고 했으니 설사 이러한 재정 대책으로 목전의 급한 불을 끄더라도 구석진 곳에서 빠져나가고 낭비가 여전하면 장차 징세한 곳에서 또 징세하고 거둔 곳에서 또 거두며 주조한 것을 더 주조하고 빌린 데에서 또 빌려 잠시라도 근심을 구하기를 바라겠는가.[90]

90) "迨此之際ᄒᆞ야 宜亟究整理財政之道而苟欲整理ᄒᆞᆫ딘 惟在乎防源導根之術이어ᄂᆞᆯ 今不然ᄒᆞ야 惑於浚剝 勾斂之說而欲濫徵於稅上ᄒᆞ며 欲橫斂於科外ᄒᆞ야 以爲牽補架漏之計ᄒᆞ고 又益鑄無窮之惡貨ᄒᆞ며 益借外國之債欵ᄒᆞ야 以爲補缺紓絀之方ᄒᆞ니 假令以如此生財之方으로 只救目前燒眉之急이라가 尾閭之洩이 糜費如故則 抑將徵之又徵ᄒᆞ고 斂之又斂ᄒᆞ며 鑄之益鑄ᄒᆞ고 借之益借ᄒᆞ야 冀救須臾之患而已乎아 …(중략)… 宜先就用度上節其糜費之額ᄒᆞ야 罷濫冗無用之官ᄒᆞ며 省浩大不急之費ᄒᆞ야 務要簡節財用ᄒᆞ며 量入計出ᄒᆞᆫ 然後에 按簿責納ᄒᆞ야 俾無愆滯欠逋之弊ᄒᆞ고 停鑄輕貨ᄒᆞ야 庶釐公私濫惡之患而 農商工業之類와 鑛產森林漁採蔘政等 各種財源寶庫을 次第開拓而 施行焉則 裕財利國之道ㅣ 無出乎此而 富强基礎ㅣ 於是乎立矣리니"(『황성신문』 1902년 11월 1일, 논설 「時急之務在整理財政(前号續)」).

이러한 비판을 하기는 했지만, 이러한 재정 문제를 해결하기 위한 적절한 대책은 제시하지 못했다. 위 논설의 필자는 해결책으로 정부 경비를 절감하고 불필요한 기관과 관리를 줄이고 세입을 예상하여 세출을 계산할 것, 공납 장부를 운영할 때 횡령의 폐단이 없게 하고 화폐 주조를 정지하고 공사(公私)에서 남발하는 사태를 정리한 후 농상공업과 광산, 삼림, 어채, 삼정(蔘政) 등 각종 재원과 보고(寶庫)를 개척하면 재정을 풍부히 하고 국가를 이롭게 할 방법이 자연스럽게 나올 것이라는 원칙적인 언급으로 논설을 끝맺었다. 이처럼 황실재정이 정부재정을 침해하면서 모든 재원을 집중하고 내장원 자체가 황제의 영업 기관처럼 기능하고 있었음에도 불구하고 이를 올바로 비판하는 언론은 볼 수 없었다. 이에 대한 극복은 1907년 이후 '국가경제' '국민경제' 라는 담론이 등장하면서 그 단초적 계기를 보이고 있었다.

3) '국민경제' 개념의 도입

제1절에서 언급했다시피 1903년부터 1905년 말에 걸쳐 번역어 '경제'가 '재물 또는 화폐가 사용되고 유통되는 제반 현상'을 의미하는 용어로 자리잡음과 아울러 '경제'라는 현상이 인간의 의지와 동떨어져 작용하는 주체적 존재로 상상되기 시작했다. 이때 인간의 의지와 동떨어져 작용하는 주체적 존재란 무엇을 의미하는가가 문제시된다.

1907년 이후가 되면 앞 시기 화폐정리사업으로 인한 화폐 공황이 일어나면서 단순한 '경제'가 아니라 '국가경제' '국민경제' '농민경제' '지방경제' 등 경제를 운영하는 주체로 국가, 국민, 농민, 지방을 상정하고 '경제'를 이들 거대 담론과 연결짓는 논의가 대세를 장악하였다.

① 이로 볼진대 과거 및 현재의 <u>국가경제</u>에 농업이 가장 중요한 것은 매우

확실하거니와 미래를 논할지라도 공업은 원래 기술이 부족하고 큰 자본이 없은즉 갑자기 흥기하여 외국에서 이익을 얻어오기가 매우 어렵고 상업은 내국의 물화가 없으니 갑자기 확장하기 어려운즉 본래부터 제법 익숙한 농업을 개량 발달시켜 국가경제의 정책을 급히 실행해야 할 것이다.[91]

② 의복은 자국에서 나는 것을 사용하는 것이 국민경제에 이익이 될 뿐 아니라 이 역시 조국정신을 배양함에 하나의 큰 원천이니 모 학교에서는 한국면포에 검은색을 물들여 똑같이 만들어 입는다고 하니 아름답도다 이런 일이여. 마땅히 이와 같이 가급적 자국산 면포 종류로 만들어 입는 것이 좋거늘[92]

③ 천연적으로 국가를 부강하게 하는 일대 원인이 되며 천연적으로 인민을 풍요하게 하는 일대 원인이 되어 우리들로 하여금 자연의 혜택을 입게 하는 것이 무엇인가. 오로지 광산이다. 세계 각 민족이 눈을 부릅뜨고 그 이익을 경쟁하며 어깨를 떨치고 그 소재를 탐구하여 국민경제의 대관건을 만드는 물건이 무엇인가 역시 광산이로다.[93]

④ 최근 정부에서 지방의 금융을 정리하며 농업 상업의 발달을 꾀하기 위

91) "此로 觀ᄒᆞᆯ진대 過去及現在의 國家經濟에 農業이 最重ᄒᆞᆫ것은 甚히 確然하거니와 未來를 論ᄒᆞᆯ지라도 工業은 本來技藝가 短ᄒᆞ며 巨欵이 無ᄒᆞᆫ즉 卒然히 興起ᄒᆞ야 外國에셔 利益을 收入ᄒᆞ기 甚難ᄒᆞ고 商業은 內國物貨가 無ᄒᆞᆫ즉 卒然히 擴張ᄒᆞ기 不能ᄒᆞᆫ則 本來부터 稍稍熟慣ᄒᆞᆫ 農業을 改良발達ᄒᆞ야 國家經濟의 策을 急急히 實行ᄒᆞᆯ지라."(『대한매일신보』 1907년 11월 3일, 논설 「農業의 必要(共修學報照謄)」).

92) "衣服은 自國産出ᄅᆞᆯ 用ᄒᆞᆷ이 國民經濟에 利益ᄒᆞᆯ ᄲᅮᆫ 아니라 此亦祖國精神을 培養ᄒᆞᆷ에 壹大源泉이니 某學校에셔ᄂᆞᆫ 韓國綿布에 黑色을 染ᄒᆞ야 壹齊히 製着ᄒᆞᆫ다 ᄒᆞ니 美哉라 此擧여 宜乎此와 如히 可及的으로 自國産物 「綿布의 類」로 製着ᄒᆞᆷ이 可ᄒᆞ거ᄂᆞᆯ"(『대한매일신보』 1908년 10월 28일, 논설 「告學生諸君」).

93) "天然的으로 國家를 富强케 하ᄂᆞᆫ 壹大原因이 되며 天然的으로 人民을 饒足케 하ᄂᆞᆫ 壹大原因이 되야 吾人으로 ᄒᆞ야금 自然惠力을 浴케 ᄒᆞᄂᆞᆫ 物이 何物인가 惟礦山이오 世界各族이 目을 瞋ᄒᆞ야 其利益을 競爭ᄒᆞ며 臂를 奮ᄒᆞ야 其所在ᄅᆞᆯ 探求ᄒᆞ야 國民經濟의 大關健을 作ᄒᆞᄂᆞᆫ 物이 何物인가 亦礦山이로다."(『대한매일신보』 1908년 12월 5일, 논설 「嗚呼韓國의 礦山」).

> 하여 낮은 이자율로 자금을 대여하고 그 대여 방법도 역시 간편 신속을 위주로 하여 지방경제를 장려 발달하게 할 취지로 전주에도 창고를 설치하였더니[94]

위의 자료 ①은 '국가경제'에 공업보다 농업이 가장 중요하다는 중농주의적 주장을 펴고 있다. ②는 '국민경제'에 의복을 자국에서 생산하는 것이 매우 중요하다고 하며 이는 조국 정신을 배양하는 일대 원천이 된다고 주장하였다. ③은 국가를 부강하게 하며 인민을 풍요롭게 해주는 일대 원천은 광산이라고 하며 광산이 '국민경제'의 대관건이 된다고 주장하고 있다. ④의 '지방경제'는 화폐정리사업과 징세제도 개편으로 인하여 지방의 경제가 공황을 맞이함에 따라 각지에 공동창고회사를 설치하고 농민의 상품을 보관하고 그에 대하여 신식화폐로 대출해 주는 과정에서 나온 개념이다.

이처럼 '국가경제' '국민경제'가 중요한 담론으로 떠오르기 시작한 것이 1907~8년경의 일인데, 이러한 '국민경제' 담론을 대중 매체에서 집대성한 것이 신채호의 논설 「20세기 신국민」이라고 볼 수 있겠다.

> 이 세계는 경제 분투의 세계라. …(중략)… 과거에는 열강의 무역정책 세력이 군사정책 세력보다 적더니 최근에는 무역 정책의 필요를 더욱 느껴 갑 국가가 을 국가에 대할 때 반드시 경제 경쟁을 우선하며 강국이 약국에 대할 때 반드시 경제 장악을 우선함에 이르렀다. …(중략)… 지금 한국경제의 상황이 어느 지경에 이르렀는가. 경제의 사상이 극히 부족하고 경제의 능력이 매우 미미하여 외국인의 발호를 방임하고 이를 구제할 방법이 마련되지 않아 전국의 혈맥이 거의 다했으니 슬프도다.

94) "昨今政府에셔 地方의 金融을 整理ᄒᆞ며 農業商業의 發達을 圖ᄒᆞ기 爲ᄒᆞ야 輕邊으로 資金을 貸與ᄒᆞ고 其貸與方法도 亦簡便迅速ᄒᆞᆷ을 爲主ᄒᆞ야 地方經濟를 奬勵發達케ᄒᆞᆯ 趣旨로 全州에도 倉庫ᄅᆞᆯ 設置ᄒᆞ얏더니"(『황성신문』 1906년 3월 24일 「全州財務官報告槪要」).

신채호는 최근에는 경제의 경쟁이 가장 중요시되고 있으며 경제사상이 부족하고 경제 능력이 극히 미미하여 한국 경제가 외국인의 발호를 당하고도 나라를 구할 방도가 없다고 한탄하였다. 그리고는 한국 경제 곤핍의 원인이 농업·삼림·광물·수산·공업 등 생산이 부족한 점, 상업과 무역 능력이 부진한 점, 노동을 하지 않고 놀고 먹는 유민(遊民)이 많은 점, 정치의 영향 등 4가지에 있다고 진단하였다. 그리고 또 이러한 4가지 원인이 경제계에 과다하게 존재하는 이유를 여섯 가지로 설명하였다. 즉, 근면력 부족, 진취력 부족, 정치상 권리 부족, 사회정책 시설 결여, 수백 년 해로운 정치의 악영향, 인민의 국민경제 사상능력 부족이라고 하였다.[95]

이어서, 그는 이러한 난국을 극복하려면 근면력과 진취력을 분발하고 국민경제라는 사상능력을 분발시켜야 한다고 하였다. 어떠한 사업을 하든지 목전의 작은 이익이 없다고 하더라도 국민경제를 목적으로 삼고 경제에 관한 문명적 지식 기술을 발달시켜 경제사업을 개량하고 분발하라고 한다.

그와 아울러 시급한 경제 사업을 두 가지 제시하였다. 첫째, 국가적 경제를 일으키는 직접적 방법을 국민 동포가 실행해야 한다고 하였다. 이는 정부가 마땅히 해야 할 일이지만 통감부가 지배하는 현실에서는 국민 동포가 맡아야 한다는 것이다. 둘째는, 철도 기선 전력 가스 등은 제조하지 못하더라도 성냥, 화약, 담배 등은 개량 발달시켜야 한다고 하였다. 셋째는 세계인과 무역을 확대하여 한국이 세계적 국가의 본능을 발휘하고 세계적 시장의 이익을 거두어들여야 한다고 하였다.[96]

---

95) 『대한매일신보』 1910년 2월 27일, 논설 「二十世紀新國民(續)」; 1910년 3월 1일, 논설 「二十世紀新國民(續)」.

96) 『대한매일신보』 1910년 3월 2일, 논설 「二十世紀新國民(續)」.

신채호가 이처럼 1910년에 이르러 '국가경제'가 아니라 '국민경제' 담론을 주장한 것은 현실의 대한제국 정부가 형해화되었기 때문이다. 즉, 정부가 국가를 운영할 능력을 상실하고 통감부의 지배하에 들어갔기 때문인 것이다.

그런데 이와 유사하게 '국가경제'는 의미가 없고 '민족경제'를 발달시켜야 한다는 주장이 등장했다. 당대 신진 논객인 서북학회의 최석하는 한국이 국가 조직을 상실하였기에 '국가경제'라는 용어를 사용하지 말고 '민족경제'라는 용어를 칭하자고 주장하였다.

> 나는 우리 한국을 구제할 국시는 민족의 생활을 유지하는 민족적 경제정책에 있다 하노라. 정치 · 법률과 교육이 필요하지 않은 것은 아니지만 최후의 성공 여부는 민족경제 여하에 관계되고 또 독립과 자유를 희망하지 않는 것은 아니지만 최후의 성공 문제는 민족 발달 즉 생존 발전에 관계되나니 이 근본 문제를 망각하고 한갓 지엽 문제를 붙잡고 노심초사하면 어찌 한국의 최후 이상을 달하겠는가. 내가 국가경제라 칭하지 않고 민족경제라 칭함은 다름 아니라. 금일 우리 한국은 국가적 조직을 상실하고 민족사회로 귀착한 까닭으로 국가적 보호로는 도저히 민족경제를 반전하게 할 수 없으니 불가불 민족의 단합력으로 생활을 유지하고 산업을 발전시켜 만일의 목적을 달성하겠다는 연유라. 민족경제라 하는 것은 그 뜻이 민족이 국가 보호에 의뢰하지 않고 자신의 동력으로 능히 생산하며 능히 분배하여 내국의 농상공업을 확장 개량하여 부원을 일으키며 외국에 통상무역을 경영계획하여 실력을 배양함을 가리킴이라.[97]

그에 의하면 '민족경제'란 민족이 국가의 보호를 받지 않고 스스로의 힘으로 능히 생산 분배를 하여 내국의 농업 상업 공업을 확장 개량하여 부를 개발하고 외국과 통상 무역을 경영 계획하여 실력을 배양한다

97) 崔錫夏, 「韓國民族의 經濟方策」, 『대한학회월보』 4호, 1908년 5월 25일.

는 개념이다. 이를 위한 경제정책으로 적극적으로는 각 도시에 식산회사를 설립하여 민족 재산을 보전하고 농상공업을 확장할 것, 실업학교를 설립하여 실업사상을 양성할 것 등 두 가지를 제시하였다. 소극적 방법으로는 질박하고 검소한 덕성을 함양하고 사치한 풍습을 타파할 것, 자각심을 발하여 자기의 동산·부동산을 스스로 보중하여 위험한 계약과 행위를 일체 금단하라고 하였다.

이상의 논의를 보면, 최석하의 '민족경제' 담론은 신채호가 주장하는 '국민경제' 담론과 크게 다를 바가 없다. 국가와 정부가 제 구실을 하지 못하니 국민 또는 국가 없는 민족이라도 스스로 경제적 활동에 매진하여 실력을 배양하라는 것이다.

그리고 이 같은 '국민경제' 개념을 확산시키기 위해 각종 잡지와 신문은 대한제국 국민들에게 '경제'가 무엇인지, '경제학'이 무엇인지 설명하고 계몽하며 국민을 경제 활동에 동원하기 위하여 노력을 경주하기 시작하였다. 1908년부터 각종 학회의 잡지에는 경제학 개념과 이론에 대한 설명이 빈번하게 게재되었다.

전영작(全永爵)은 1906년 9월부터 11월 사이에 태극학회 기관지 『태극학보』에 화폐정리사업 이후의 공황 현상이 무엇 때문인지를 설명하는 논설을 실었다.[98] 서북학회의 전신이었던 서우학회도 학회지 『서우』에서 공황, 공채, 화폐 등 경제학 개념을 설명하였다.[99] 이밖에 학회지에 실린 경제학 또는 경제 개념을 설명하는 논설들을 보면 다음과 같다.

설태희 강술, 「경제학총론 적요(摘要)」, 『대한자강회월보』 제8호(1907. 2. 25.)

98) 全永爵, 「學術上 觀察노 商業經濟의 恐慌狀態를 論홈」, 『태극학보』 제2호~제4호, 1906년 9월 24일~11월 24일.

99) 김하담, 「貨幣의 概論」, 『서우』 제16호, 1908년 3월 1일.

윤정하 역, 「경제학요의」, 『대한학회월보』 제1호(1908. 2. 25), 제2호 (1908. 3. 25.)

삼보(三寶), 「경제학의 대의」, 『태극학보』 제21호(1908. 5. 24.)

필자 미상, 「경제학대강」, 『서북학회월보』 제12호(1909.5.1.), 제13호 (1909. 6. 1.)

한상우(韓相愚), 「경제학의 필요라」, 『서북학회월보』 제17호(1909. 11. 1.)

이러한 계몽 덕분에 1908년 이후 '경제' 개념이 중요하다는 인식이 전국적으로 확산되어 감을 볼 수 있다. 유생들이 주축이 되어 조직한 대동학회에서도 '경제' 개념과 '경제학' 개념이 중요함을 다음과 같이 설명하고 있다.

> 나라에 경제하는 선비가 없으면 그 나라가 반드시 진흥하지 못하고 집안에 경제하는 사람이 없으면 그 집안이 자연히 쇠하고 패퇴함은 많은 말이 필요없고 …(중략)… 단언하노니 상업가가 (경제학을 – 인용자) 읽으면 부원(富源)에 반드시 도달할 것이오 농업 공업가가 읽으면 이윤을 얻는 바가 2배가 될 것이오 유생이 읽으면 천하의 일을 모두 할 수 있을 것이니 원컨대 집집마다 읽고 사람다 읽을지어다. 아아! 현재 세계 열국의 빈부강약의 차이가 있음은 경제학 정도의 진보 여하에 있을 뿐이 아닌가.[100]

즉, 경제를 아는 사람이 없으면 집안이나 나라가 진흥하지 못하고 쇠퇴할 뿐이다. 경제학 서적을 읽으면 상업가는 부원을 개발하고 농업·공업가는 두 배의 이익을 얻을 것이고 유생은 천하의 일을 알 수 있다.

100) "國에 經濟之士가 無ᄒᆞ면 其國이 반다시 振興치 못ᄒᆞ고 家에 經濟之人이 無ᄒᆞ면 其家ㅣ 自然이 衰敗ᄒᆞᆷ은 多言을 不竢ᄒᆞ고 …(중략)… 斷言ᄒᆞ노니 商業家ㅣ讀之면 富源을 必致오. 農工業家ㅣ 讀之면 獲利倍蓰오 儒林家ㅣ 讀之면 天下事ᄅᆞᆯ 皆可爲니 惟願家家讀之ᄒᆞ고 人人讀之어다 噫라 現今 宇內列邦의 貧富强弱의 差異가 有ᄒᆞᆷ은 經濟學 程度의 進步如何에 亶在ᄒᆞᆷ이 아닌가."(필자 미상, 「經濟學을 不可不讀」, 『대동학회월보』 제5호, 1908년 6월 25일)

현재 각국의 빈부 강약의 차이는 모두 경제학 수준이 어느 정도 도달해 있는가에 의한다고 하여 경제학에 대한 강조를 하고 있을 정도이다.

유생들의 경제 개념에 대한 전향적 수용 태도에 더하여 아래 자료들에 보듯이 1909년 초에 들어서면 일반 민인들도 경제 개념이 매우 중요함을 체득하고 있는데 이 역시 주로 외국, 특히 일본인의 경제 침탈로 인한 각성을 보여주고 있다.

> ① 과객이 예산읍으로부터 와서 그곳 최근 일을 전하기를 지난 12월경 읍내 장날을 맞아 일본 경찰 1인이 장사하는 사람들에게 경제공황의 현상을 설명하였는데 그의 말인즉 오호라. 오늘날 한국인 빈약함을 면하고자 한들 어찌 할 수 있으리오. …(중략)… 이것이 비록 일본인의 말이나 곧 한국인에게는 정문일침(頂門一針)이 될지로다.…(중략)… 경제라는 것은 국민 사활의 기관이거늘 오늘날 국민의 수용품을 생각하건대 성냥, 석유, 석탄, 권련, 구두, 종이, 연필, 구리와 철, 차(茶), 면포, 그림자기(畫器) 등이 어디서 오는가? 모두 왜국물건 아니면 중국 물건이며 중국 물건 아니면 서양 물건이오 또 회관을 하나 설립하려면 다관(茶罐) 교의(交椅)가 진고개(일본인 거주지－오늘날의 명동) 물건이 아님이 없으며 학교를 하나 창립하려니 괘종시계와 칠판이 모두 오사카 제품이라.[101]

> ② 하물며 경제계의 공황이 박두하여 높은 문을 달고 겉보기에 부자처럼 보이는 그 사람도 내용을 살펴보면 집문서 땅문서가 모두 진고개에 가

101) "客이 禮山邑으로부터 來ᄒᆞ야 히郡 近事를 傳ᄒᆞᄂᆞᆫ 者ㅣ 有하여 日去拾二月分에 邑內市日을 當하야 日警吏一人이 市人에게 對ᄒᆞ야 經濟恐慌의 現狀을 說ᄒᆞ얏ᄂᆞᆫᄃᆡ 彼의 言에 曰嗟乎라 今日韓國이 貧弱을 免코ᄌᆞ ᄒᆞᆫ들 엇지 可得ᄒᆞ리오 …(중략)… 此가 비록 日人의 言이나 卽韓國人頂門上의 壹針이 될지로다.…(중략)… 經濟者ᄂᆞᆫ 國民死活의 機關이거날 今者에 國民의 需用件을 思ᄒᆞ건ᄃᆡ 燐寸이 何來며 石油가 何來며 石炭이 何來며 卷烟이 何來며 구쯔가 何來며 紙物이 何來며 鉛筆이 何來며 銅鐵이 何來며 茶品이 何來며 綿布가 何來며 畵器가 何來오 此皆倭物이 아니면 唐物이며 唐物이 아니면 洋物이오 又壹會館을 設ᄒᆞᆫ미 茶罐 交椅가 無非 泥峴件이며 壹學校를 創ᄒᆞᆫ미 時종石板이 皆是 大阪製라." (『대한매일신보』 1909년 1월 6일, 논설 「禮山來人의 言을 記ᄒᆞᆷ」)

> 있어 작소구거(鵲巢鳩居)가 목전에 있는 격이니 이 세상이 이런 세상이라. 대대로 사귀어온 친척이 다 무엇인가. 우리는 급히 돌아가 자제를 거느리고 재주대로 심력대로 나무꾼이 되든지 농부가 되든지 인력거꾼이 되든지 혹은 재력이 제법 있어서 자제로 하여금 학교에서 공부하여 경제 방법을 잘 연구하라. 지금 이 시기는 경제 경쟁 시대라. 국가나 개인이나 그 존망생사가 경제하기 여하에 달려 있느니라.[102]

①의 자료는 충남 예산에서 서울에 올라온 손님이 예산읍내 장터에서 일본인 경찰이 한국인을 불쌍히 여겨 한 말을 전한 끝에, 경제가 국민이 죽고 사는 기관이라고 하면서 성냥 · 석유 · 석탄 · 권련 · 종이 · 연필 등 모든 것이 모두 일본산 · 중국산 · 서양산이라고 개탄하는 내용이다. ②는 지방에 살다가 10년 만에 서울에 온 백발옹이 서울 지인들을 만나려다가 못 만나고 돌아가는 길에 광통교에서 경기도 고양 사는 옛 술친구를 만나 그로부터 들은 이야기 끝 대목이다. 즉, 현재 겉보기엔 대단한 부호라도 그 속내를 보면 집문서, 땅문서가 모두 진고개 일본인에게 저당잡혀 있을 만큼 경제계 상황이 급박하다. 고향에 돌아가거든 어떻게든 자제들을 학교에 보내 경제 방법을 연구하게 하라. 지금은 경제 경쟁 시대이며 국가나 개인의 존망생사가 모두 경제 여하에 달려 있다는 것이다.

102) "況經濟界의 恐황이 日迫ᄒᆞ야 巍巍門戶에 外面豪富를 장ᄒᆞᄂᆞᆫ 其人도 內容을 察ᄒᆞ면 家券田券이 個個泥峴에 在ᄒᆞ야 鵲巢鳩居가 目前에 在하나니 이 世上이 이런 世上이라 世誼親戚이 다 무엇인가. 吾子ᄂᆞᆫ 速速히 歸ᄒᆞ야 子弟ᄅᆞᆯ 率ᄒᆞ고 才調ᄃᆡ로 心力ᄃᆡ로 樵群이 되던지 農夫가 되던지 人力車軍이 되던지 或財力이 稍有커던 子弟로 하야금 學校에 工夫ᄒᆞ야 經濟方法을 잘 硏究ᄒᆞ라. 此日此時ᄂᆞᆫ 經濟競爭時代라 國家나 個人이나 其存亡生死가 經濟何如에 係ᄒᆞ니라."(『대한매일신보』 1909년 1월 12일, 논설 「俗談으로 京鄕兩客의 語를 撮錄ᄒᆞᆷ」)

4) 경제정책의 모색과 민족 활로로서의 '경제'

1905년 이후 황실 중심의 경제가 통감부에 의해 해체되고 '국가경제' '국민경제' '민족경제' 개념이 주장되는 한편으로 경제정책의 중요성이 강조되었다. 그리고 정책의 우선권을 어디에 둘 것인지 모색하는 움직임이 활발하게 나타났다. 예컨대 다음과 같은 논설은 국가의 제일 급선무로 '경제 재정 정책이 제일 중요하다'는 주장을 펴고 있다. 물론 이 글은 1905년 화폐정리사업이 진행되는 와중에 그 문제점을 지적하는 내용이지만, 올바른 경제정책의 중요성을 강조하고 있다는 점에서 주목할 만하다.

> 국가에 화폐가 있는 것은 비유컨대 사람 몸에 혈맥과 같다. 혈맥이 통하지 않으면 질병이 생기고 혈맥이 말라버리면 생명이 없어지나니 화폐 역시 그러하다. 금융〈돈이 순환하는 것을 말함〉이 통하지 않으면 그 나라가 병들고 금융이 탕진되면 그 나라가 망하나니 화폐의 국가에 대한 관계가 중대함이 이와 같다. 그러므로 <u>국가의 제일 급선무가 경제 재정 정책에 있다.</u> …(중략)… 지금 우리 한국 사정은 경제계의 문란이 극심하다. 이로 인해 상업 공업 등 일반 영업하는 사람들이 점차 쇠퇴하여 실패하고 농업가와 관리 인민이 모두 그 영향을 받아 생활하지 못하고 참담한 독(毒)에 빠질 것이니. 오호라. 이는 실로 전국 인민 생활의 기관(機關)이라. 만일 이에 이르러 구제하지 못하면 반드시 고혈이 다 말라 나라도 이에 따라 망할 것이니 당국자 여러분은 충분히 이에 유념하여 속히 구제책을 강구함이 맡은 바 임무거니와[103]

103) "夫國家之有貨幣ᄂᆞᆫ 譬之如人身之有血脉ᄒᆞ야 血脉이 不通則 疾病이 生ᄒᆞ고 血脉이 枯渴則 性命이 亡ᄒᆞᄂᆞ니 貨幣도 亦然이라 金融〈錢貨循環之稱〉이 不通則 其國이 病ᄒᆞ고 金融이 蕩竭則 其國이 亡ᄒᆞᄂᆞ니 貨幣之於國家에 其關係之重大가 卽如是故로 國家之第一先務가 惟在於經濟財政之術ᄒᆞ야 …(중략)… 今此 我韓之事情은 經濟界之紊亂이 極矣라 因此而商業 工業 等 一般 營業之人이 漸至衰頽而失敗ᄒᆞ고 以至農業家及官吏人民이 一切 被其影響ᄒᆞ야 不得生活而擧陷於慘毒ᄒᆞ니 嗚呼라 此實全國人民死活之機關也라 若迨

위에서 말한 재정의 궁핍화, 특히 통감부의 설치 이후 국가 경제가 일본인의 손에 들어간 데 대한 위기감은 극도로 올라갔다. 그에 대한 대응이 1907년 초부터 시작된 국채보상운동임은 주지하는 바이어니와, 그 와중에서 나온 다음 논설은 당시 경제 위기의 본질이 어디 있는지를 역력히 보여주고 있다.

> 실업(實業)이란 농업과 상업과 공업의 식산자생(殖産資生)을 가리킴이라. 지금 대한 인민이 양전 옥토와 가옥과 대지를 거리낌없이 외국인에게 매도하는 것이 나날이 늘어 없는 곳이 없으니. 장차 어디로 옮겨가서 농업도 경영하고 거처도 차지하겠는가.…(중략)…어쩌려고 토지를 매도하는가. 고기를 잘라 배를 채우는 것도 분수가 있지 이는 대한인민이 영원히 멸망하는 기관(機關)이오. 전국 재정이 외국인 장악에 돌아간 뒤로부터 금융이 고갈하여 경제가 곤란함으로 일반 상업이 종종 철폐하는 경우에 임박하였고 외국인 상점은 나날이 넓어져 작은 이익이라도 탈취하지 않음이 없으니. 슬프도다. 한국상인은 자그마한 이익이라도 어디서 얻을 것인가. 이는 대한 인민이 영원히 멸망하는 장치요 공업에 이르러서는 종래부터 고루한 유생들이 감히 설립할 생각도 하지 못했거니와 이 시대를 맞아 공업이 부진하면 모든 이권이 모두 외국인의 손에 돌아가 자국 식산으로 실력 양성은 결코 가망이 없으니 이는 대한 인민이 영멸(永滅)하는 장치라.[104]

此不救ᄒᆞ면 必至於膏血蕩竭ᄒᆞ야 國隨以亡ᄒᆞ리니 當局諸公은 固宜十分 注力於此ᄒᆞ야 亟宜講究救濟之策이 卽諸公之責任也어니와…"(『황성신문』 1905년 11월 17일, 논설 「對財政問題警告政府及紳士商民」)

104) "實業이라 ᄒᆞᄂᆞᆫ 것은 農業과 商業과 工業의 殖産資生을 謂ᄒᆞᆷ이라. 今에 大한人民이 良田沃土와 家屋과 基地를 無탄히 外人의게 賣渡ᄒᆞ야 日加月增에 無處不有ᄒᆞ니 未知커라 將次何處로 轉往ᄒᆞ야 農業도 經營ᄒᆞ며 居處도 占得깃ᄒᆞᄂᆞᆫ가 …(중략)…엇지 ᄒᆞᄌᆞ고 土地를 賣渡ᄒᆞ오 割肉充腹도 分數가 有ᄒᆞ지 此ᄂᆞᆫ 大한人民이 永滅ᄒᆞᄂᆞᆫ 機關이오. 全國財政이 外人 掌握에 歸ᄒᆞᆫ 後로븟터 金融이 枯渴ᄒᆞ야 經濟가 困難ᄒᆞᆷ으로 一般 商業이 種種撤廢ᄒᆞᄂᆞᆫ 境遇에 臨迫ᄒᆞ얏고 外人의 商店은 日益廣拓ᄒᆞ야 錐刀之利를 無不攫取ᄒᆞ니 哀此한商은 蠅頭微利를 從何得需가 此ᄂᆞᆫ 大한人民의 永滅ᄒᆞᄂᆞᆫ 機關이오 至於工業ᄒᆞ야ᄂᆞᆫ 自來陋拙苦유가 不堪設想이어니와 當此時代ᄒᆞ야 工業이 不進이면 一切利權이 皆歸外人之手ᄒᆞ야 自國殖産으로 實力養成은 決無可望이니 此ᄂᆞᆫ 大한人民의 永滅ᄒᆞᄂᆞᆫ 機關이라." (『대한매일신보』 1907년 3월 27일, 논설 「痛哭告大한實業家」)

한국 인민이 전토와 가옥과 집터를 외국인에게 매도하여 농업 경영이 무너지고, 재정권이 외국인에게 들어간 후 상업이 철폐되고 외국인의 상점이 나날이 확대한다. 공업에 이르러서는 고루한 유생들이 덤벼들 생각도 안 하고 있지만 이 시기에 공업이 부진하면 모든 이권은 모두 외국인의 손에 들어간다 하여 농업 · 상업 · 공업의 부진이 모두 한국인이 영구히 멸망하는 계기가 될 것이라고 탄식한다.

이로부터 경제를 살리기 위한 대책을 모색하는 논설들이 지속적으로 나타나고 있다. 그 이전 갑오개혁 이후 1904년까지는 경제 발전을 위해서는 농업국으로 발전해야 한다는 논리가 득세하였었다. 그러나 1908년 후반 이후가 되면 아래 자료와 같이 농업은 국민경제 발전에 도움이 안 되고 상공업 발전이 중요하다고 주장하는 논설이 게재되었다.

> 최근 한국 장래의 경제 발전을 몽상하는 자들이 말하기를 한국은 농업국이라 지금 한국을 위하여 계획하건대 먼저 농업을 개량 발달시킴이 좋다고 하지만 이는 모르는 논자라. 무슨 까닭인가. 농업은 천연 물건을 산출할 뿐이오. 상공업은 인조물의 산출과 화물(貨物)의 교통이라. 대개 천연 물건의 산출은 유한하고 인조물의 산출과 화물의 교통은 무한하니 유한한 물건으로 무한한 물건을 경쟁하고자 하면 어찌 할 수 있겠는가. 그러므로 상공업이 발달하지 못하면 아무리 농업이 발달하여도 그 나라는 빈약을 면하지 못할 것이니라.105)

농업은 천연 산물을 산출할 뿐이고 상공업은 인공물의 산출과 화물

105) "近日에 韓國 將來의 經濟 發展을 夢想ᄒᆞᄂᆞᆫ 者ㅣ 或日 韓國은 農業國이라 只今 韓國을 爲ᄒᆞ야 計컨ᄃᆡ 먼져 農業을 改良發達홈이 可ᄒᆞ다 ᄒᆞ나 此ᄂᆞᆫ 不通의 論者라 何故오 農業은 天産物을 産出홀 ᄲᅮᆫ이오 商工業은 人造物의 産出과 貨物의 交通이라 大抵 天産物의 産出은 有限ᄒᆞ고 人造物의 産出과 貨物의 交通은 無限ᄒᆞ나니 有限의 物로 無限의 物을 競爭코ᄌᆞ 하면 엇지 其可ᄒᆞ리오 故로 商工業이 發達치 못ᄒᆞ면 아모리 農業이 發達ᄒᆞ야도 其國온 貧弱을 不免홀지니라."(『대한매일신보』 1909년 4월 25일, 논설 「商工業의 大戰場」)

의 교통을 하는 것이다. 전자는 유한하고 후자는 무한하니 유한의 물로 무한의 물과 경쟁할 수 없다는 논리인데, 이는 1876년 개항을 앞두고 이에 반대했던 최익현의 논리가 거꾸로 전개되는 셈이 되었다.

이러한 논리를 가정 생활에 빗대어 아래와 같이 특히 공업을 강조하는 주장들이 많이 제기되었다. 이에 의하면, 한국의 물품으로 외국에 수출되는 것은 쌀, 콩, 소가죽 밖에 없는데 국민 생활에 일상 필수품은 수백 수천 종을 모두 외국에서 수입해 오니 경제가 자연히 쇠락할 수 밖에 없다. 따라서 국가경제와 민족 생존에 가장 필요하고 시급한 것은 공업을 장려하는 데 있다는 것이다.

> 우리 한국 경제로 말하면 천산물이 자족하지만 각종 실업계에 공업의 누추하고 추악함이 극심하여 대한의 물건 이름이라고는 쌀, 콩, 소가죽 외에는 하나도 외국에 출품되는 것이 없다. 그뿐만 아니라 국민 생활에 항상 필요한 천백 종을 모두 외국의 수입을 오로지 바라니 이는 나쁜 며느리가 규중에 칩거하여 손가락 까닥하지 않고 직조와 재봉을 이웃집 여인에게 부탁하여 돈과 곡물을 급여하는 것과 같으니 그 집 경제가 자연히 쇠락할 것은 필연적인 결과라. …(중략)…그러므로 국가경제와 민족 생존에 제일 필요하고 시급한 것은 공업을 장려함에 있으나 아직도 유지들 단체에서 이를 널리 알리는 데 주의하는 자가 거의 없다고 들었더니[106]

그리고 한국 경제가 이 같은 난국에 처한 원인의 일부는 사농공상을 차별적으로 대하는 관념도 작용하였다고 하였다. 선비는 '국가의 원기

106) "我韓의 經濟로 言ᄒᆞ면 天產物이 自足ᄒᆞ지만은 各種 實業界에 工業의 陋劣麁惡이 尤甚ᄒᆞ야 大韓 物名이라고ᄂᆞᆫ 米豆 牛皮 等屬 外에ᄂᆞᆫ 一個도 外國에 出品되ᄂᆞᆫ 者가 無ᄒᆞᆯ샌더러 國民生活에 日常需用되ᄂᆞᆫ 千百其種을 皆 外國의 輸入을 專仰ᄒᆞ니 是ᄂᆞᆫ 一種 惡婦가 閨中에 鎖居ᄒᆞ야 十指不動ᄒᆞ고 織組와 裁縫을 隣家 工女에게 委托ᄒᆞ야 錢穀을給與ᄒᆞᆷ이니 其家 經濟가 自然 消落ᄒᆞᆯ거은 勢所必至라 …(중략)… 故로 國家經濟와 民族生存에 第一必要ᄒᆞ고 時急ᄒᆞᆫ 것은 工業을 奬勵ᄒᆞᆷ에 在ᄒᆞ나 尙此有志社會에서 發明ᄒᆞ기로 注意ᄒᆞᄂᆞᆫ 者가 寥寥無聞ᄒᆞ더니"(『황성신문』 1909년 3월 6일, 논설 「工業界의 新光線」)

(元氣)'이고 농민은 '천하의 큰 바탕'이라고 하여 이들 두 부류 칭호만 영예로 알게 하고, 경제정책에 가장 중요한 상업 공업자는 오히려 비천하게 여겼기 때문에 한국의 실업이 이처럼 부진하였다는 것이다.

> 한국이 금일 상황에 이르른 것은 여러 가지 원인이 있으나 그 중 사민제(四民制)로 말미암아 생긴 폐단도 일부를 점하였도다. 한국에서 이 사민 제도 즉 사농공상(士農工商)의 계급이 정해진 이래 선비는 나라의 원기(元氣)라 하고 농민은 천하의 큰 바탕이라 하여 국가의 장려도 이들 부류에게 편중하며 민간의 대우도 이들에게 특수히 하여 마침내 전국 민심으로 하여금 사농(士農) 칭호만 얻어도 일대 영화(榮華)로 알게 하였다. 이에 반하여 국가의 두 번째 목적 즉 경제정책에 가장 주요한 지위를 점하는 상업 공업에 있어서는 그저 평범하게 대할 뿐 아니라 오히려 비천하게 여겼다. 그 결과 이들 업자로 하여금 해당 호칭을 받는 것도 부끄러움으로 여기도록 하였으니 민지(民志)의 부패도 이로 인함이요 실업 부진도 이로 인함이라.[107]

이리하여 '경제'관념은 1910년경에 이르면 민족의 생존 활로를 여는 가장 중요한 요소 중 하나로 치부되었다. 다음 자료를 보자.

> 자국에 고유한 정신과 시대에 적절한 사상으로 국민을 계발하지 않으면 안되는데 그 가장 중요한 것이 셋이니 …(중략)… 첫 번째 요체는 역사적 정신이니…(중략)…한 국가는 그 민족의 역사상 산물이고 역사는 그 민족을 지배하는 표본이라. 두 번째 요체는 상무적 기상이니…(중략)…수백년

---

107) "韓國이 今日의 現狀에 至ᄒᆞᆷ은 多種의 原因을 有ᄒᆞᆷ이나 就中 四民制로 由하야 生ᄒᆞᆫ 弊도 其 一部를 占ᄒᆞ엿도다. 韓國에셔 此 四民의 制 卽 士農工商의 階級이 一定ᄒᆞᆫ 以來로 曰士者ᄂᆞᆫ 國之元氣이니 曰農者ᄂᆞᆫ 天下之大本이니 ᄒᆞ야 國家의 奬勵도 此 部類人에게 偏重히 ᄒᆞ며 民間의 待遇도 此 部類人에게 特殊히 ᄒᆞ야 遂히 全國 民心으로 ᄒᆞ야금 士農의 稱號만 得ᄒᆞᆯ지라도 一大 榮貴로 知케 ᄒᆞ고 此에 反ᄒᆞ야 國家의 第二目的 卽 經濟政策에 最主要位를 占ᄒᆞᆫ 者 商工에 在ᄒᆞ야ᄂᆞᆫ 單히 汎然ᄒᆞᆯ ᄲᅮᆫ 아니라 反히 鄙賤히 녀긴 結果 同種類 業者로 ᄒᆞ야금 該 稱呼의 受ᄒᆞᆷ도 自恥로 知케 ᄒᆞᆷ에 至하엿스니 民志의 腐敗도 此로 由ᄒᆞᆷ이오 實業의 不振도 此로 由ᄒᆞᆷ이라."(『대한매일신보』 1910년 5월 27일, 논설 「重商主義를 唱道ᄒᆞᆷ」)

> 동안 태평하게 쇄국하고 집정자가 이권을 서로 다투어 사람들의 기개를 억압하며 용사를 질시하니 국가 풍속과 백성의 습속이 나날이 타락하고 문물 교화가 위축되고 부진하여 허문(虛文)을 숭상하고 실무(實武)를 천히 여겨 배척하니 이에 무도(武道)가 크게 쇠하고 문약함이 심해져 무사 제도가 있으나 허명에 불과하고 장수의 칭호를 보더라도 무반의 서열에 불과할 뿐이오 …(중략)… 세 번째 요체는 경제적 사상이니 …(중략)… 식산흥업은 재산을 얻는 근본이요 근검저축은 자본을 얻는 방법이니 근검저축 사상이 결핍한 국민은 아무리 생산력이 많더라도 국부(國富)와 민력(民力)을 증진시키기 어려운지라. …(중략)… 내가 경제사상이라 함은 근검저축의 사상을 일컬음이니[108)]

한국 민족의 지위를 보존하고 민족의 기질을 발휘하며 국민의 생활력을 증진하는 데 역사적 정신, 상무적 기상, 경제적 사상 등 세 가지가 반드시 필요하다고 하였다. 그런데 여기서 경제사상은 식산흥업을 하는 정신이라기보다는 근검저축 사상을 말하는 것이다. 이 사상이 없으면 식산흥업을 하는 생산력이 증대되더라도 안 된다는 것이다.

이상에서 보았듯이, 1907년 이후 일제 침략이 심화되면서 '경제'는

108) "自國에 固有ᄒᆞᆫ 精神과 時代에 適切ᄒᆞᆫ 思想으로써 國民을 啓發티 아니티 못ᄒᆞᆯ새 其 最大ᄒᆞᆫ 者ㅣ 三이 有ᄒᆞ니 何者오 …(중략)… 一要 曰 歷史的 精神이니, …(중략)… 一國家ᄂᆞᆫ 其 民族의 歷史上 産物이오. 歷史ᄂᆞᆫ 其 民族을 支配ᄒᆞᄂᆞᆫ 標本이라. 二要 曰 尙武的 氣像이니, …(중략)… 數百年 昇平鎖國ᄒᆞ고 執政者ㅣ 利權相爭ᄒᆞ야 人氣를 壓抑ᄒᆞ며 勇士를 疾視ᄒᆞ니 國風民習이 日以墜落ᄒᆞ고 文物 敎化ㅣ 萎靡不振ᄒᆞ야 虛文을 崇尙ᄒᆞ고 實武를 賤斥ᄒᆞ니 於是에 武道ㅣ 大衰ᄒᆞ고 文弱이 日甚ᄒᆞ야 武士의 制가 雖有ᄒᆞ나 虛名에 不過ᄒᆞ고 將臣의 稱을 縱見ᄒᆞ나 班列에 不外ᄒᆞᆯᄲᅮᆫ이오. …(중략)…進就的 思想과 勇敢的 行動이 亦 皆 尙武的 氣像이 有ᄒᆞᆷ을 因ᄒᆞ야 始生ᄒᆞ나니 此ᄂᆞᆫ 人類의 氣性을 發揮ᄒᆞᄂᆞᆫ 要素가 될 것이며 三要 曰 經濟的 思想이니, …(중략)… 殖産興業은 財産을 得ᄒᆞᄂᆞᆫ 根本이오. 勤儉貯蓄은 資本을 得ᄒᆞᄂᆞᆫ 方法이니 勤儉貯蓄의 思想이 缺乏ᄒᆞᆫ 國民은 如何히 生産力이 富ᄒᆞ드ᄅᆡ도 國富民力을 增進키 難ᄒᆞᆫ지라. 古人이 云호ᄃᆡ 富ᄂᆞᆫ 生産을 由ᄒᆞ야 生치 아니ᄒᆞ고 貯蓄勤儉을 由ᄒᆞ야 生ᄒᆞᆫ다ᄒᆞ니 其至言乎ᄂᆞᆫ져 余의 經濟思想이라 ᄒᆞᆷ은 勤儉貯蓄의 思想을 謂ᄒᆞᆷ이니. …(중략)… 以上 三者ᄂᆞᆫ 種族의 地位를 保存ᄒᆞ며 民族의 氣性을 發揮ᄒᆞ며 國民의 生活力을 增進ᄒᆞ는 데 對ᄒᆞ야 一不可缺ᄒᆞᆯ 者ㅣ니 今日 韓國國民을 爲ᄒᆞ야 前道을 啓發ᄒᆞᆷ에 가장 重要ᄒᆞᆫ 者ㅣ로다."(岳裔, 「三要論」, 『大韓興學報』 제12호, 1910년 4월 20일)

'삶을 유지하는 수단'으로부터 '국가와 국민을 유지 발전시키는 수단'이라는 거대 담론으로 의미 확대되었으며, 모든 지식인들이 국민을 계몽하는 데 가장 강조하는 하나의 담론이 되었다. 그리고 이 논리는 이후 1910년대 독립운동 과정에도 반영되었다.

3. 근대적 '소유권' 개념의 도입

앞의 제2절에서 언급했듯이 1907년 이후가 되면 화폐정리사업으로 인한 공황이 일어나면서 '국가경제' '국민경제' 등 '경제'에 대한 관념이 거대 담론과 관련하여 논의되기 시작하였다. 그런데 '국민경제'가 성립하기 위해 기본적으로 이루어져야 하는 전제가 재산에 대한 소유권 개념이 확립되어야 하는 일이다. 대한제국기에 보았듯이 소유권이 국가에 의해 공인되지 않았기 때문에 자본주의적 경제가 발전하기 어려웠던 것이다.

오늘날 우리가 일상적으로 사용하는 '소유권'이란 개념은 한국 민법 제211조에 의하면 "법률의 범위 내에서 소유물을 사용, 수익, 처분할 수 있는 권리"를 말한다. 소유권 개념은, 물권 가운데 가장 기본적이고 대표적인 것으로서 목적물을 전면적 · 일반적으로 지배하는 권리이다. 소유권은 재산권의 기초이며, 자본주의 사회의 법률상의 기본형태로서 사유재산제도의 기초를 이루고 있다. 소유권의 내용인 물건에 대한 지배는 전면성과 절대성을 가진다. 이 점에서 일정한 목적의 범위 안에서만 물건을 지배할 수 있는 지상권 · 전세권 · 질권 · 저당권 등의 제한 물권과는 다르다.[109]

109) 이병태, 『법률용어사전』, 법문북스, 2011.

그런데 이러한 소유권 개념은 조선시대 또는 대한제국기까지는 존재하지 않았다. 이는 일본의 식민 통치기인 1912년부터 「조선민사령」에 의해 의용된 일본 민법의 '소유권' 개념을 해방 후 그대로 계승 사용한 것이다. 1912년 현행 일본 민법 제206조는 소유권이란 "법령의 제한 내에서 자유롭게 그 소유물의 사용 수익 및 처분을 하는 권리"라고 규정하였다.[110]

일본도 메이지 유신 이전에는 '소유권'이란 개념이 사용된 적이 없었다. 이는 메이지유신 이후 일본이 열강과의 불평등조약 개정을 위해 근대적 재판제도를 갖추기 위해 서유럽의 법제를 수입 번역하면서 정착시킨 용어였다. 일본은 메이지유신 시기에 헌법, 민법, 소송법, 상법, 치죄법, 형법 등 6법을 제정하는데 이를 위해서 프랑스와 프러시아의 법제를 번역 학습하는 기초 작업에 착수하였다. 프랑스 법전 대부분을 번역한 미츠쿠리 린쇼(箕作麟祥)가 나폴레옹 민법전 제544조의 propriété를 '소유(所有)의 권(權)'으로 번역하고 "재산 소유의 권이라는 것은 법률 및 규칙에 금지하는 용법을 쓰지 않고 충분히 뜻대로 재산의 이익을 얻고 또 재산을 취급하는 권(權)을 말한다"라고 번역하였다.[111]

그런데 미츠쿠리의 번역에서 '권(權)'이란 개념은 일본이 아니라 중국으로부터 전래하였다. 즉 1864년 청의 총리아문 자금을 받아 미국선교사 윌리엄 마틴이 미국의 법학자 휘튼의 국제법 저서 『국제법의 요소들』(*Elements of International Law*)을 한문으로 번역한 『만국공법』에서 rights라는 말이 '권리'로 번역된 것이 최초의 사례였다. 이후 1868년

110) 佐藤喜代松 編, 『国民法典』, 東京: 佐藤出版所, 1897, 365쪽.

111) Code civil des Français, 1804, p.129(https://commons.wikimedia.org/w/index.php?title=File:Code_civil_des_Fran%C3%A7ais,_1804.djvu&page=136&uselang=ko) ; 飜譯局 譯述, 『佛蘭西法律書』 上, 大坂: 岡島眞七, 1878, 259~260쪽(https://dl.ndl.go.jp/pid/787873/1/154). 이 책의 번역 용례를 보면 propriété를 '소유' 또는 '所有의 權'으로 번역하고 있다.

니시 아마네(西周)가 rights라는 말을 번역할 때 『만국공법』 중국 번역본에 근거하여 '권'과 '권리'로 결정하였고 이로부터 '권'과 '권리' 용어가 일본에 보급되어 갔다.[112)]

이같이 번역된 '소유의 권'으로부터 '의'를 탈루시키고 오늘날처럼 '소유권'으로 사용된 것은 좀 더 뒤의 일이었다. 즉, 1880년 일본 사법성에서 발간한 『전국민사관례류집(全國民事慣例類集)』이라고 하는 일종의 관습조사 보고서를 보면, 〈제1장 재산 소유 사항〉 아래 〈제1관 재산 소유의 권(權)〉이라는 제목을 달고 다음과 같이 '소유권'이라는 용어를 사용하고 있다.

> 대개 전답 · 산림 소유(田畑山林持)는 촌락 사무소(村役場)에 토지대장인 겐지쵸(檢地帳)와 미즈쵸(水帳)가 있어 한 마을의 총액을 기록하고 부동산일람표(名寄帳)와 토지평가장부(高帳)가 있어 생산량 · 면적 표시(高反別字) 및 소유자 이름을 기록하여 소유권을 정한다. 시가지의 면세지는 시가지 사무소(町役場)에 평면도(繪圖帳) 혹은 면적장부(間數帳)가 있어 가로 · 세로(間口奥行)의 평수(坪數) 및 소유자의 이름을 기록하고 소유권을 정하는 것이 일반의 통례이다.[113)]

비슷한 시기에 가토 히로유키(加藤弘之)도 독일의 법학자 브룬츨리의 독일어 법학서를 번역할 때 동일한 용어를 사용하였다. 즉, 독일어의 Eigentum은 '所有'로, Besitz는 '假所有'로 번역하였다.[114)] 막스 베버도 특정한 사회집단이 그 내부 질서에 의해서 그 구성원에게 정신적

112) 진관타오 · 류칭펑(양일모 외 옮김), 앞의 책, 39~40쪽.

113) 司法省, 『全国民事慣例類集』, 1880(영인본 明治文化研究會, 『明治文化全集』 第13卷 法律篇, 日本評論社, 1957, 284쪽).

114) イ、カ、ブルンチュリ, 加藤弘之 譯, 『國法汎論』, 日本 文部省, 1872, 원본은 Johann Caspar Bluntchli, *Allgemeines Statsrecht*, Munchen: Literarisch-Anstalt, 1863(加藤周一 · 丸山眞男, 『翻訳の思想』, 岩波書店, 1991, 72쪽).

혹은 물질적 이익의 독점적 향수 가능성이 계속적으로 보장되어 있는 사회적 상호관계의 상황을 Appropriation이라 하고, 거기서 보장되어 있는 이익 향수 독점의 가능성을 권리(Rechte)라고 부르며, 이 Appropriation에 의해 보장된 독점적 이익 향수의 가능성이 상속될 수 있는 것일 때 그것을 Eigentum(소유)이라고 부르고, Eigentum이 양도 가능한 것일 때 freis Eigentum(자유 소유)이라고 불렀다. 즉, 독일에서도 소유권 특히 토지소유권은 자유롭게 처분할 수 있고 상속할 수 있는 힘을 법률이나 관습이 보장할 때 사유권으로 성립한다고 하였다.[115]

이처럼 소유권 개념은 1870년대 이후 독일과 프랑스의 민법 개념을 일본어로 번역하는 과정에서 만들어졌고, 이것이 1900년 이후 한국으로 수입되었다. 이하에서는, 그 이전 한국 사회에서 어떠한 용어들이 소유권 개념과 유사하게 사용되어 왔는지 검토하고자 한다.

1) 조선시대의 소유 관련 개념

조선시대에는 '소유권'이란 개념은 없었으나 '소유'라는 용어는 사용하였다. 그러나 이때의 '소유'는 오늘날과 같이 법적 의미에서 '물건을 전면적 · 일반적으로 지배하는 일'이라기보다는 '가지고 있음' 또는 '가지고 있는 그 물건'을[116] 의미하는 정도였다. 게다가 조선 전기까지만 해도 '所有'는 한문 문장의 일부로서, '존재하고 있는' 또는 '가지고 있는' 등 동사적 의미로 사용되는 경우가 일반적이었다.

다음 자료들은 대체로 세종대에 사용된 용례들로서 '가지고 있는 바'

115) 박병호, 「조선시대 토지소유의 법적 성격」, 『민사법학』 1, 1978, 143~144쪽.

116) 국립국어원, 『표준국어대사전』(http://stdweb2.korean.go.kr/search/View.jsp 검색일: 2017년 7월 15일).

로 해석할 수 있는 용례들이다.

① 令世子裪權襲 所有印章 不敢擅便傳與 爲此謹具奏聞(세자 李裪로 하여금 임시로 섭정하게 하였지만, 가지고 있는 바 인장들은 감히 마음대로 전해 주지 못했기에 이를 삼가 갖추어 아룁니다).[117]

② 且易牛隻 非帝命也 遼東人欲以所有 易其所無耳(또 소를 바꾸는 것은 황제의 명령이 아닙니다. 요동 사람들이 자기들이 가지고 있는 물건으로 없는 물건을 바꾸고자 하는 것뿐입다).[118]

③ 若曰田民以爲本孫所有 不可追奪 則夫祭以誠爲主 祐生之子之情 豈如本孫親愛之情乎(만일 전지와 노비를 본손(本孫)이 가져야 할 바로 생각하여 추탈하지 않는다면, 원래 제사는 정성을 위주로 하는 것인데 우생의 아들의 정성이 어찌 본손의 친애하는 정만 같겠습니까).[119]

이에 반해 '존재하고 있는 바' '있는 바'로 해석하는 것이 적절한 용례도 상당히 많다. 예컨대 성종대 용례들을 찾아보면 다음과 같다.

絹布 麻布之類 吾國本所有也 但木綿無有 …(중략)… 綿布尙方之所有賜之者 萬幸(견포나 마포같은 것들은 우리나라에 본래 있는 것입니다만 다만 목면이 없습니다. …(중략)…상방(尙方)에 있는 면포를 하사해 주시면 크게 다행이겠습니다).[120]

臺諫之職 上規君上 下糾百官 至於同僚 亦當可否相濟 同僚所責 我所有也則當改心礪節 我所無也則平心順守而已(대간의 직책은 위로는 군주를 법대로 모시고 아래로는 백관을 규찰하며 동료에 이르러서는 마땅히 옳

117) 『세종실록』, 세종 즉위년 9월 13일.

118) 『세종실록』, 세종 13년 12월 13일.

119) 『세종실록』, 세종 24년 8월 14일.

120) 『성종실록』, 성종 21년 12월 27일.

은지 그른지 서로 의논하여 바로잡아야 할 것입니다. 동료가 문책받을 바가 내게 있다면 마땅히 마음을 고치고 절개를 힘써야 할 것이고 내게 없다면 마음을 편하게 가지고 순리대로 지킬 뿐입니다).[121]

凡買賣以其所有易所無 必待兩情相愜 汝等必要綿布 可賫汝銅鐵去(무릇 매매는 있는 것을 가지고 없는 것을 바꾸되 반드시 양쪽의 마음이 서로 맞기를 기다려야 하는 것이다. 너희들이 반드시 면포를 요구한다면 너희들의 구리와 쇠를 가지고 오는 것이 옳다).[122]

이처럼 조선왕조 초기부터 '소유(所有)'는 '가지고 있는 바'와 '존재하는 바'의 두 가지 의미로 사용되어 왔다. 그렇다고 해서 오늘날에 준하는 소유 개념이 전혀 없었던 것이 아니었다. 오늘날의 소유 개념에 근접한 의식은 고려 시대부터 존재해 왔다고 정리된다. 즉, 매매, 상속, 증여가 가능한 토지의 사적 소유가 고려 시대부터 존재하였음은 해방 이후 50년 이래 연구사에서 상식으로 확립되었으며, 그러한 토지를 개별 민이 소유한다는 것에 더 이상 의문 부호를 달지 않게 되었다. 또한 토지국유론에서 상위의 권리로 주장한 국가의 관리 · 처분권은 개별 민의 소유토지에서 수조할 수 있는 권리 그 이상도 이하도 아닌 것으로 입증되었다.[123]

다만, 근대적 소유가 발달하기 이전에는 토지에서의 '공'과 '사'의 구분이 불분명하며 상대적이었으며, 사적 토지소유관계로서의 사전도 일반화되기 어려웠다. 사전은 국가의 공적인 공무를 수행하는 직역자들에게 지급된 토지를 의미하였고, '사'는 공적인 관계를 맺으며 국가라는 '공'으로부터 독립하지 못했다. 또한 '공'과 '사'가 상대적이었기 때문에

121) 『성종실록』, 성종 22년 6월 3일.

122) 『성종실록』, 성종 23년 2월 9일.

123) 이상국, 「고려시대 토지소유관계 재론」, 『역사와현실』 62, 2006.

소유 주체가 불분명할 수밖에 없었던 토지에는 전주의 소유권뿐만 아니라 경작자의 경작권도 동시에 존재했다. 경작 농민들도 자신들이 경작하는 토지를 그들의 것으로 여겼던 것이다.

이렇게 경작권과 소유권이 분화되지 않은 상태에서는 명목적 토지 소유자인 전주와 실질적 토지경작자인 경작 농민 사이에 토지에 대한 분쟁의 소지가 나타날 수 있었다. 분쟁의 형태로는 경작 농민들의 거납, 태업, 소송 등이 있을 수 있다. 전주의 입장에서는 이러한 분쟁의 소지를 없애기 위해 그 노동력 즉, 경작 농민을 신분적으로 예속시킬 필요가 있었다. 이러한 신분적 예속은 토지를 소유·확대하는 것보다 전주에게 훨씬 유리한 것이었다.

이 같은 토지 소유 관념은 조선시대에 들어오면 더욱 강화되었다. 조선왕조의 기본 법전인 『경국대전』에서는 토지·가옥에 관한 소송은 분쟁 발생 당시부터 5년이 지나면 수리하지 않는다고 했다. 5년 내에 소송을 제기했다 하더라도 소송 제기 후 5년 내에 재판정에 나와 소송을 진행시키지 않으면 그 소송을 수리하지 않는다고 하였다. 다만, 다음과 같은 5가지 경우 토지 소유자를 보호해준다고 하였다.[124]

① 타인의 토지·가옥을 훔쳐 판매한 경우
② 토지·가옥의 소송에 대한 최종 판결이 없어 권리 관계가 불확정한 상태에 있는 경우
③ 부모의 유산을 분할하지 않고 독점한 경우
④ 병작인이 계약기간이 만료하거나 지주의 인도 요구가 있음에도 이에 불응하고 영구히 점유하려 하는 경우
⑤ 타인의 가옥을 빌어 거주하고 있는 자가 계약기간이 만료하거나 집 주인의 인도 요구가 있음에도 이에 불응하고 영구히 점유하려 하는 경우 등

124) 박병호, 『한국법제사고』, 법문사, 1978, 168~169쪽.

이러한 5가지 경우에는 위의 5년 기한 적용을 받지 않고 언제든지 소송을 제기하더라도 구제받을 수 있다는 것이다. 이를 보면, 조선 왕조 초기부터 토지와 가옥을 소유한 사람의 권리가 존재하고 있으며 국가가 법률과 소송에 의해 이를 보호해 주고 있었음을 알 수 있다.

그런데 이 시기에는 그 소유의 대상이 되는 물건 또는 권리에 대해 오늘날과 같이 '소유물' 또는 '소유권'이라는 용어를 사용하지 않았다. 앞서 보았듯이 '소유'라는 용어는 있었으나 문장 속에서 동사적 의미로 사용하는 것이 일반적이었다. 오늘날과 같이 각인의 소유권을 추상적으로 표현하는 개념 용어는 없었기에 구체적인 용어로 표현하였다. '동산'·'부동산'이란 개념이나 용어도 없었다.[125] 전토·토지·가사·전택 등 구체적인 물건의 소유관계를 표시할 때는 '己物'(제 것, 또는 제 물건)이라고 했다. 이러한 용례는 자기가 소유한 대상뿐만 아니라 다른 사람이 소유한 대상에도 사용되었다. 예컨대, '夫之己物(남편의 것)' '無子女身死同生之己物(자녀없이 죽은 동생의 것)' '無子女奴婢己物(자녀없는 노비의 것)' '永作己物(영구히 내 것으로 삼다)' '爲己物(내 것으로 만들다)' '僞稱己物(내 것이라고 사칭하다)' 등등으로 사용하였다.[126]

조선왕조실록이나 토지 관련 고문서를 보면 토지에 대한 지배를 나타내기 위해서 '유(有)' '점(占)' '경식(耕食)' '집지(執持)' '차지(次知)' 등의 용어가 사용되고 있었다. 이 중에서 오늘날과 같은 소유에 근접하는 의미를 보이기 위해서는 '유(有)'를 사용하였으며, '유(有)'의 사적 내지 배타적 독점적 의의를 나타내기 위해 '사유(私有)' '기유(己有)'라고 하였다. '유(有)'는 오늘날과 같은 소유의 의미이며 추상적 관념적 용어

125) 이 용어도 일본에서 미츠쿠리 린쇼가 프랑스 민법을 번역하면서 만들어낸 용어였다. 이에 대해서는 마루야마 마사오·가토 슈이치(임성모 역), 『번역과 일본의 근대』, 이산, 1996, 102~103쪽.

126) 박병호, 앞의 책, 1978, 135~136쪽.

라 특히 소유를 강조하는 경우 이외에는 별로 사용되지 않았으며 사문서에는 거의 사용되지 않았다.[127]

'점(占)'은 대체로 귀족 · 관료 등이 실력에 의해 불법 부당하게, 즉 적법한 원인에 의하지 않고 토지를 사실상 지배하는 경우를 지칭하여 사용되었다. 그리하여 '탈점(奪占)' '모점(冒占)' '천점(擅占)' '횡점(橫占)' '도점(圖占)' '늑점(勒占)' '사점(私占)' 등의 용어들이 많이 사용되었다. 물론 '분점(分占)' '자점(自占)' '점득(占得)' '점경(占耕)' 등과 같이 적법하게 지배하는 경우에도 사용되었으나 이러한 사례는 많지 않았다. 그러므로 '점(占)'은 토지를 지배할 정당한 권한의 유무에 관계 없이 토지에 대한 사실적 지배를 지칭하기 위하여 사용되었다고 할 수 있다.

토지매매문기나 전당문기 등 고문서에 토지에 대한 지배 상태로 가장 많이 사용된 소유 관련 용어는 '경식(耕食)' 또는 '경작(耕作)'이었다. 조상 대대로 상속해 온 토지는 "조부와 부친대부터 전해져 오랫동안 갈아먹어온(父祖傳來 久遠耕食爲如乎)"으로, 자기가 매득한 토지는 "자기가 매득하여 갈아 먹어온(自己買得耕食爲如乎)"으로, 황무지 혹은 진전을 개간하여 소유권을 취득한 경우에는 "진전을 개간하여 갈아먹다가(陳田起耕食爲如可)" 등으로 표현하였다. '경식(耕食)'은 자기가 현재 점유 수익하고 있다는 사실상의 지배 형태를 표시하는 것이고 '경식(耕食)'의 유래를 표시하는 것은 불법 행위로 인하여 경식하고 있는 것이 아니라 상속 · 매득 · 수증(受贈) 등 정당한 원인에 기초하여 경작하고 있다는 사실을 입증하는 것이었다.

'집지(執持)'나 '지(持)'는 토지 · 가옥 등 부동산과 노비에 대하여 사용하고 동산에 대해서는 따로 '지(持)'라고 하여 이두 표현 '持是於(지니며)' '持音(지닌)'으로 사용하였다. 특히, '집지'는 단순한 일상 용어가 아

127) 이하의 내용은 위의 책, 198~217쪽에 의함.

니라 관용되는 법적 용어로서 "자기 마음대로 할 수 있도록 꽉 쥐고 있다"라는 뜻이었다. 소유자 또는 소유자를 자처할 경우에만 사용하며 소작인이나 소유자가 아닌 경우에는 '집지'라는 용어를 사용하지 않았다. '집지'는 소유자로서의 배타적 지배 가능성을 뜻하는 법적 점유이며 사실적이며 구체적 요구가 강했다.

조선 후기에는 '집지(執持)' 대신 '차지(次知)'라는 용어가 현저히 많이 눈에 뜨인다. '차지'는 원래 관용어로서 ①각 관방의 일을 맡은 직, ②물건을 점유하는 일, ③주인 대신 형벌을 받는 노예 등 세 가지 뜻으로 사용되었다. '차지'는 점유의 뜻도 될 것 같고 소유의 뜻도 될 것 같은데 '집지'와 더불어 사용된 용례를 통해 법적 의미를 정확하게 설명할 수 있다.

> 有田土而闔家俱亡 則其田土豈可使不干人任意執持乎 官家次知許人耕食 收其稅以充其還上 恐無不可(토지가 있고 온 가족이 다 죽었다면 그 토지를 어찌 관계 없는 사람들이 마음대로 가지게 할 수 있겠습니까? 관청에서 가지고 있다가 다른 사람들이 농사지어 먹도록 하고 그 세를 거두어 환곡을 충당하도록 하는 것이 아마 불가하지 않을 듯합니다).[128]

위의 자료에서 '집지'는 점유의 뜻을 가지지만 '차지'는 소유의 의미를 갖는다. 즉 상속법상 죽은 자의 재산은 4촌 이내의 친족이 없으면 국가에 귀속하도록 되어 있으므로 위의 토지도 당연히 국가에 귀속되어 소유하여야 된다는 뜻을 '차지'로 표현한 것이다. 이처럼 '차지'는 '집지'와 달리 정당한 권리 근원에 바탕을 둔 소유자로서의 지배를 의미하는 것이며, 불법한 경우에는 '차지'라는 말을 사용하지 않았다.

이처럼 조선 후기 이후 '집지' 대신 '차지'를 사용하게 된 것은 일부

128) 『비변사등록』 30책, 현종12년 12월 24일.

사대부 토호들의 대토지 소유의 확대와 지주-소작 관계의 보편화, 전당과 권매(勸賣) 등 토지거래의 증대에 따라 토지의 가치화가 점차 추진됨으로써 토지소유권이 관념화 현상을 띠게 되는 17세기 말 이래의 사회경제적 변화 때문이라고 추정된다.

조선후기 소유 관련 개념들은 오늘날과 같은 추상적·관념적 형태가 아니라 구체적·현실적 형태를 띠고 있었다. 이로 인하여 토지 소유를 국가가 보호해준다고 하였지만 그 수단은 매우 불안정한 문서들에 의한 것이었다. 이들 문서로는 양안을 비롯한 수세 관련 문서, 분재기·매매문기와 같은 사문서들이 있었다.

양안은 원래 토지 소유의 파악과 징세를 위한 장부였으나 토지 소유자의 성명이 기록되고 토지 소유자는 그가 소유하는 전답 토지의 다과에 의해 전세를 납부하고 공부(貢賦) 등 요역을 부담했다. 따라서 양안에 '주(主)'로 등록된 자는 원칙적으로 토지 소유자로 확인되었다.[129]

그러나 양안 기재는 토지 측량 시 현재 소유자를 기재할 뿐이지 소유자의 변동에 관해서는 아무 것도 파악할 수 없었다. 양안에 기재된 후 토지가 여러 차례 매매된 경우에 각 매수인의 소유권은 양안에 의해 확정되는 것이 아니라 권리를 입증하는 다른 문서(권원문서)들에 의해 입증되고 확정되었다. 이러한 권원문서 중 가장 확정력을 갖는 것이 입안(立案)·입지(立旨)와 같은 관사에서 발급한 문서였다. 매매로 취득한 경우에는 사급입안(斜給立案), 토지를 둘러싸고 소송이 행해진 경우 승소했음을 입증하는 결송입안(決訟立案)을 발급하였고, 기타 입안 사실을 입증하는 입안 완문도 있었다. 입지(立旨)는 일종의 확인서인데 토지를 매수했음에도 권원문서를 받지 않았을 경우, 권원문서의 내용을 알아볼 수 없을 정도로 오염되고 손상되었거나 문서를 분실

129) 이하 박병호, 앞의 책, 1978, 176~183쪽 및 박병호, 앞의 글, 1978, 148~149쪽.

또는 소실하여 자기 권리를 입증할 수 없는 경우 관사로부터 발급을 받았다. 즉, 관사에서는 당사자가 그 사실의 확인을 신청하는 소지를 제출한 경우 3명의 이웃을 불러 이를 확인한 다음 소지 말미에 그 사실을 확인한다는 뜻을 기재하여 신청자에게 주었다.

관사 발급 문서가 없고 매매문기 등 사문서만 있는 경우에는 사문서만 가지고 소유자임을 확인하였다. 원래 『경국대전』에는 토지매매한 경우 소정의 양식으로 입안을 받아야 매매의 효력이 발생하도록 되어 있었으나 임진 · 병자 양란을 겪은 후에는 거의 입안 없이 매매가 이루어졌다. 따라서 토지 소송에서 입안이 있는 경우에는 소유권에 관해 절대적 확정력이 있었으나 입안이 없어도 관사에서는 그대로 매매의 효력을 인정하는 것이 일반 관례가 되어 왔다.

2) 개항 이후의 소유 관련 개념

(1) '소유'와 '권리' 용어의 용례

대한제국은 1898년 6월부터 1904년 2월까지 전국에 걸쳐 전(田)과 답(畓), 대지(垈地)의 면적, 등급, 결부, 소유자를 조사하는 사업을 벌였다. 조선왕조가 행한 마지막 양전이었는데, 흔히 '광무양전'이라 부른다. 그 이전에 있었던 대규모 양전은 1719~1721년 충청, 전라, 경상에서 행해진 것이 마지막이었는데, 180년 만에 전국적 범위에서 대규모 양전이 행해진 것이다. 당초 양전을 담당한 기관은 양지아문이었는데, 1901년의 흉작을 맞아 양전이 일시 중단되었다가 1902년부터 재개되면서 지계아문으로 바뀌었다. 광무양전은 전국의 총 340여 군 가운데 216군에서 행해졌으나 1904년 2월 미완의 상태로 중단되었다. 착수된 양전이 6년이나 끌다가 중단되고 만 것은 조선왕조의 양전사에서 전례가 없는 일이었다.

광무양전은 개별 토지의 위치를 정하고, 가로와 세로의 길이를 실측하고, 등급을 부여하고, 그로부터 지세 부담의 크기를 나타내는 결부(結負)를 사정(査定)한 점에서 이전의 양전과 대동소이하였다. 당초 양지아문은 개별 토지의 지형을 간략하게 그려 넣기도 했으나 지계아문에 의해 취소되었다. 그 대신 지계아문은 개별 토지의 두락을 결부와 함께 표기하였다. 또한 양지아문은 전과 답의 소유자만이 아니라 경작자도 함께 조사하였는데, 그 역시 지계아문에 의해 취소되었다.

지계아문은 양전을 행한 다음, 토지의 소유자에게 지계라는 소유권 증서를 발급하려고 하였다. 당시 토지에 대한 사실상의 소유권은 높은 수준으로 성숙해 있었으나 이를 국가가 증명하는 제도가 불비하여 토지를 허위 매도하거나 외국인에 불법 매도하는 등, 여러 가지 부작용이 빚어지고 있었다. 이에 지계 발급의 정책은 그 자체로 '근대적인 토지 소유권 제도'로 평가되기도 하였다.[130] 그렇지만 지계의 발급은 일부 지방에서 착수되긴 했으나 전반적으로 중도반단에 그치고 말았다. 지계 발급의 정책이 성공하기 위해서는 여러 수준의 정책과 제도가 함께 정비될 필요가 있었지만 그렇지 못하였기 때문이다.

1898년 6월 광무양전이 착수될 당시 양안에서 소유자를 어떻게 호칭할 것인가에 대해 정해진 방침은 없었다. 그것은 면마다 양전관에 따라 달랐는데 대개 전주(田主), 답주(畓主) 또는 대주(垈主)라 하였다. 유독 이기(李沂)라는 인물이 양전을 맡았던 면에서만 시주(時主)라 하였는데, 그는 왕토주의의 정치철학을 강하게 신봉한 인물이었다. 그가 독창적으로 고안한 '시주' 규정은 점차 확산되어 갔으며, 1902년 지계아

130) 김용섭, 「광무연간의 양전 · 지계사업」, 『증보판 한국근대농업사연구』(하), 일조각, 1984, 295~315쪽.

문이 양안과 지계의 양식을 확정할 때 전국적 범위의 통일적 규정으로 채택되었다. 고종은 양전 현장에서 왕토주의의 신봉자들이 고안해 낸 '시주' 규정을 채택하여 전국적으로 보급하였다. 그러나 양전이 지지부진하게 6년을 끌다가 포기되고 말았듯이 '시주' 규정도 역사에 별다른 자취를 남기지 못하였다.[131]

그렇다면 이러한 상황하에서 소유 관련 용어는 어떤 의미 변용을 거쳤는가? 우선 『황성신문』과 『대한매일신보』의 논설에서 '소유(所有)'라는 용어가 1회 이상 등장하는 횟수를 연도별로 확인해 보았다. 1898년 1회, 1899년 6회, 1900년 2회, 1901년 6회, 1902년 3회, 1903년 5회, 1904년 11회, 1905년 16회, 1906년 53회, 1907년 38회, 1908년 39회, 1909년 35회, 1910년(8개월) 15회 총 230회를 확인하였다.[132] '소유' 용어가 사용되는 논설의 게재 횟수는 1904년부터 지속적으로 증가하고 있음을 알 수 있다.

우선, 1890년대 후반과 1903년 이후 사용되는 '소유'의 의미가 각각 어떠했는지를 분석해 보았다.

> ① 대저 재물이란 것은 이익과 뜻이 연결된 까닭에 사람을 이롭게 하는 물건은 모두 유용한 재물에 속하나니 야인(野人)은 다만 수렵을 일삼으므로 소유한 재물이 날짐승 · 길짐승에 불과하고 유목인은 가축 기르기만 알기에 소유한 재물이 건초와 가축 무리에 있으며[133]

131) 이영훈, 『한국경제사』 Ⅰ, 일조각, 2016, 641~645쪽.

132) 분석에 사용한 『대한매일신보』 디베이스는 1905년 8월 11일자부터 입력되어 있어 1905년 8월부터 1910년 8월까지 두 신문의 기사에 중복이 있을 수 있다. 이를 감안하여 1905년 이후의 수치를 반으로 절감하면 1906년 26회, 1907년 19회, 1908년 19회, 1909년 18회, 1910년 7회 정도로 볼 수 있을 것이다. 따라서 '소유'라는 용어가 10회 이상 등장하는 것은 1904년부터라고 볼 수 있다.

133) "夫財란 者ᄂᆞᆫ 利로 더부러 義本相屬한 故로 凡利人之物은 다 有用之財에 屬ᄒᆞᄂᆞ니野人은 다만 游獵을 事함으로 所有한 財가 飛禽走獸에 不過ᄒᆞ고 牧人은 다만 飼畜을 知함으로

② 이십여년 간 (외국 조계지—인용자) 가까운 곳 요충지에 우리 백성의 소유지는 한 조각이 없기에 주인이 객이 되는 형세가 되어 혹 외국인이 영업하는 점포를 빌리려면 1간의 월세가 다액에 이르니…(중략)…새로운 항구 전토의 토착민 소유자를 적은 금액으로 매수하고 외국인에게 고가로 팔거나 대여하여[134)]

③ 일본인이 무수히 한국에 이주함은 한국에 이익을 주기 위함이 아니오 다만 한국에 소유한 각종 재원을 모두 흡취하여 자기 이익을 밑천으로 삼기 위함인즉[135)]

④ 금일 우리 한국에는 그 소유한 것이 무엇인고. 인재가 있는가. 없도다. 철인 선각자가 있는가. 없도다.…(중략)…지금 이 때에 이르러 소유한 바를 구하니 소유가 무엇인가? 오호라. 우리 한국이 오늘날 있는 것은 그 언론뿐인가.[136)]

위의 용례들에서 ①과 ②는 동사로서 '가지고 있는'의 의미로 사용된 데 반하여 ③과 ④는 동사로서 '존재하는' 또는 '있는'의 의미로 사용되었다. 그러나 '존재하는' '있는' 등의 의미로 사용된 용례는 1907년을 마지막으로 나타나지 않는다. 즉, 1907년 8월 이후로 가면 '소유'는 오로지 '가지고 있는'이라는 오늘날의 의미로만 고착되어 사용되었으며, '소

所有한 財가 蓊地牲羣에 惟在ᄒᆞ며"(『황성신문』 1899년 6월 19일, 「논설」).

134) "二十年間에 便近處 要害處에 我民의 所有地ᄂᆞᆫ 一片이 不存ᄒᆞ기로 反主爲客之勢를 作ᄒᆞ야 或 外人의 營業市屋을 貰居ᄒᆞ랴면 每一間의 月稅가 多額에 値ᄒᆞ니 …(중략)… 新港田地의 土民所有者를 些額으로 買收ᄒᆞ고 外國人에게 高價로 賣與ᄒᆞ야 肥己之慾만 徒充ᄒᆞ고 民國의 遠大之利ᄂᆞᆫ 不計ᄒᆞ니"(『황성신문』 1899년 11월 10일, 「논설」).

135) "日本人이 無數히 韓國에 移住함은 韓國을 利益하기 爲함이 아니오 但 韓國에 所有한 各種財源을 一并吸取하야 自己의 利益을 資賴하기 爲함인則"(『황성신문』 1903년 4월 10일, 논설 「辨朝鮮新報外人恐怖時代之說」).

136) "今日 我韓에ᄂᆞᆫ 其所有者ㅣ 何物고 有人材乎아 無有也오 有哲人 先覺者乎아 無有也오 …(중략)… 于斯時而求所有ᄒᆞ니 所有者ㅣ 何物歟아. 嗚乎라 我韓今日之所有ᄂᆞᆫ 其惟言論乎며"(『황성신문』 1907년 8월 6일, 논설 「言論時代」).

유권' '소유주' '소유 전답' 등으로 '소유'가 관형어로 사용되는 경우가 급증하였다.

'소유'보다 먼저 언급된 권리로서의 '권(權)'이 사용된 용례를 살펴보도록 하자. 조선 시대에는 '권(權)'을 '권력' '권세' '임시' 등의 의미로 사용해 왔으나 1883년 이후 발간된 『한성순보』와 『한성주보』에서부터 중국에서 rights의 번역어로 사용된 '권리(權利)' '권(權)'을 사용하기 시작했다.

> 이리하여 프랑스는 월남과 1874년에 추후 조약을 체결하여 모두 22조의 규약으로 되었는데, 그중 제 2조에 『월남국왕에게 자주권을 행사, 다른 나라의 통속을 일절 받지 않을 것을 인정한다』 운운하였으니, 이는 월남이 수십세 동안 중국의 번방으로 지금까지 깍듯이 지켜오던 명분을 무시하자는 것이요,[137]

> 또 국민들이 하는 행동이 사회에 해를 끼치지 않으면 금지하지 않으며, 옆 사람도 비방하지 않고 각자의 취향에 맡겨 마음대로 하게 하니, 이 제도를 자주의 권리라 부른다. 그래서 상하 협력하여 크게는 나라가 부강하고 작게는 자신의 권리를 보존한다.[138]

> 콜룸부스가 마침내 아메리카 대륙 전체를 발견하였다. …(중략)… 그러나 지금은 세계 각국의 사람 매매하는 것은 비인도적이라 하여 흑인 역시 자주할 권리를 얻고 있다. [139]

137) "法是以與越有同治十三年之續約 約款二十二 其二款 認越南國王爲自主之權 無所統屬云云 其視越南歷更數十歲 爲中朝藩邦之分 至今猶恪守者蔑如也"(『漢城旬報』 양력 1883년 10월 31일, 「各國近事」).

138) "且人民所行 無害於社會 則政府不必禁止 傍人亦不得譏議 各任意趣唯其所適 名曰自主之權利 以是而上下協勵 大以謀一國之富强 小以保一身之權利"(『漢城旬報』 양력 1883년 11월 10일, 「各國近事」).

139) "哥氏之業終覓得亞米利加全洲…(中略)…方今天下各國 以賣買人類 斥爲非道 故黑人 亦得自主權利也"(『漢城旬報』 양력 1883년 11월 20일, 「亞米利加洲」).

> 아, 우리 동양에 있는 국가는 몇이 되지 않는데 그나마 대부분 권리를 상실하였고 겨우 남아 있는 나라라 해도 장래에 서구인들에게 짓밟히는 운명을 면치 못할 것이다.[140]

그러나 rights의 번역어로서 '권리'라는 용어는 아직 일본에서도 널리 사용되지 않는 상황이었다.[141] 그런 형편이었기 때문에 일본에 망명 중이었던 박영효가 1888년 고종에게 올린 건백서에도 후쿠자와 유키치가 저술한 『서양사정(西洋事情)』 영향을 받아 rights의 번역어로 '통의(通義)'가 사용되고 있었다.

> ① 만국공법과 균세공의(公義)가 있더라도 나라에 자주 자존할 힘이 없으면 반드시 깎이고 찢어지고 유지할 수 없어 공법공의(公法公義)도 족히 믿을 수 없다.[142]
>
> ② 그러나 법령이 가혹하여 민의 통의(通義)를 해치고 방어에 실책을 범하여 나라의 치욕에 이르고 의롭지 못한 군대로 백성을 궁박하고 갑자기 염병이 유행하여 사방에 전염되고[143]
>
> ③ 하늘이 백성을 내어 억조인이 모두 동일하게 받은 바로 절대로 움직일 수 없는 통의(通義)가 있으니 그 통의라는 것은 자람이 스스로 생명을 지키고 자유와 행복을 구하는 것이오. …(중략)… 이로 인하여 인간이

140) "噫惟我東洋有國 不過幾何 而多失其權利 其僅存者 亦將不免歐人之所陵夷"(『漢城周報』 양력 1886년 7월 5일, 「私議 論法律」).

141) 마루야마 마사오 · 가토 슈이치(임성모 역), 앞의 책, 233쪽. 「사전에서 본 freedom, liberty, right의 번역」에 의하면 1885년에 출간된 『獨和辭書』에서도 right에 해당하는 독일어 recht의 번역어로 公義, 公平, 合理, 法, 法律, 權利, 公道, 通義 등이 나열되어 있다.

142) "雖有萬國公法과 均勢公義이나 然이나 國無自立自存之力이면 則必致削裂하고 不得維持하야 公法公義도 所不足以爲恃也니"(전봉덕, 앞의 글, 31쪽).

143) "然이나 法令苛刻하야 而害民之通義하고 防禦失策하야 而致國之恥辱하고 與無義之軍하야 而窘迫百姓하고 忽癘疫之行하야 而傳染四方하고"(위의 글, 39쪽).

> 정부를 세운 본뜻은 이 통의를 견고하고자 함이오 제왕을 위해서 세운 것이 아니라.[144]

이상의 세 가지 용례는 조금씩 그 의미가 다르다. ①의 '공의'는 '공적 권리'의 의미로 사용되었으며, ②③은 모두 '권리'의 의미로 사용되었다. 이처럼 일본을 통해 수입된 '권리' 용어를 가장 많이 사용한 것은 유길준의 『서유견문』에서였다. 유길준은 이 책의 제3편과 제4편에 각각 〈방국의 권리〉, 〈인민의 권리〉라는 제목하에 국가의 권리와 인민의 권리를 각각 상세히 서술하였다. 〈방국의 권리〉에서는 아래와 같이 국가의 권리를 대내적 주권과 대외적 주권으로 나누고 모든 국가의 권리가 동등함을 서술하였다.

> 이 권리는 2종으로 나뉘어 하나는 안에서 사용하는 주권이니 나라 안의 모든 정치 및 법령이 그 정부의 입헌을 스스로 준수함이오 다른 하나는 밖으로 행사하는 주권이니 독립과 평등의 원리로 외국과의 교섭을 지킴이라.…(중략)…이로 말미암아 천하의 어떤 나라이든지 다른 나라의 고유한 권리를 범하지 않을 때는 그 독립하고 자수(自守)하는 기초로 그 주권의 권리를 스스로 행사한즉 각 나라의 권리는 서로 연계된 직분의 동일한 형상으로 말미암아 그 덕행과 습관의 제한을 세우는 것이라.[145]

〈인민의 권리〉에서는 인민의 권리가 '자유'와 '통의' 두 가지를 가리

---

144) "天降生民하야 億兆皆同一而 稟有所不可動之通義하니 其通義者ᄂᆞᆫ 人之自保生命과 求自由와 求幸福是也오 …(중략)… 是以로 人間立政府之本旨ᄂᆞᆫ 欲固此通義也오 非爲帝王設者也라"(위의 글, 58쪽).

145) "此 權利ᄂᆞᆫ 二種에 分ᄒᆞ야 一曰 內用ᄒᆞᄂᆞᆫ 主權이니 國中의 一切 政治及法令이 其政府의 入憲을 自遵ᄒᆞᆷ이오 二曰 外行ᄒᆞᄂᆞᆫ 主權이니 獨立과 平等의 原理로 外國의 交涉을 保守ᄒᆞᆷ이라 是ᄅᆞᆯ 由ᄒᆞ야 …(중략)… 天下의 何邦이든지 他邦의 同有ᄒᆞᆫ 權利ᄅᆞᆯ 不犯ᄒᆞᄂᆞᆫ 時ᄂᆞᆫ 其獨立自守ᄒᆞᄂᆞᆫ 基礎로 其主權의 權利ᄅᆞᆯ 自行ᄒᆞᆫ則 各邦의 權利ᄂᆞᆫ 互係ᄒᆞᆫ 職分의 同一ᄒᆞᆫ 景像을 由ᄒᆞ야 其德行及習慣의 限制ᄅᆞᆯ 立ᄒᆞᆷ이라"(『西遊見聞』, 85~86쪽).

킨다고 하여 '권리'와 '통의'가 다른 의미인 것처럼 사용하고 있다. 그러나 그 이후 서술에서 보듯이 '신명(身命)의 자유와 통의'는 '신명의 권리', '재산의 자유와 통의'는 '재산의 권리', '영업의 자유와 통의'는 '영업의 권리', '집회의 자유와 통의'는 '집회의 권리', '종교의 자유와 통의'는 '종교의 권리'라 하여 '권리'가 '자유'와 '통의'를 통합한 개념인 듯이 설명하였다. 그러나 그 뒤에서는 다시 "여섯 번째 언사(言詞)의 자유니 각자 상하 어울릴 때 그 언사를 내보냄이 실제를 따르고 허위가 없으면 자주하는 권리가 있음이라. 일곱 번째 명예의 통의(通義)니 이는 무례한 비방과 거짓으로 헐뜯음을 방비하여 그 명예를 지키는 권리라"라고 하여 '자유=권리=통의'의 등치 관계를 보여주고 있다.[146)]

(2) 근대적 '소유권' 개념의 도입

'소유'와 '권리'가 각각 별개의 개념으로 사용되는 중에 '소유권'이란 용어가 도입되기 시작하였다. 앞서 보았듯이 '소유권'이란 용어는 일본에 1880년대 이후에 보편화되었고 한국에는 그 최초의 용례가 1899년에 나타났는데 대부분 외국 관련 기사들이었다.[147)]

국내 관련 기사에서 가장 먼저 나오는 '소유권' 용례는 1902년 6월 23일 괴강생(槐岡生)이란 필자가 『황성신문』에 투고한 「나라에는 공권이 있고 사람에게는 사권이 있다(夫國有公權人有私權)」이라는 글에 보인다. 그러나 이 역시 그간의 외국 관련 기사와 마찬가지로 일본의 법령에

146) "六曰 言詞의 自由니 各人이 上下相與ᄒᆞᄂᆞᆫ 際에 其言詞의 發ᄒᆞᆷ이 實事ᄅᆞᆯ 從ᄒᆞ고 虛僞가 無ᄒᆞᆫ則 自主ᄒᆞᄂᆞᆫ 權利가 有ᄒᆞᆷ이라. 七曰 名譽의 通義니 此ᄂᆞᆫ 無禮ᄒᆞᆫ 誹謗과 不實ᄒᆞᆫ 毁訾ᄅᆞᆯ 防備ᄒᆞ야 其聲名을 保守ᄒᆞᄂᆞᆫ 權利라"(위의 책, 109~118쪽).

147) 『황성신문』 1899년 5월 20일, 외보 「漢口土地所有權」; 1899년 6월 13일, 외보 「英俄協商要領」; 1901년 4월 9일, 외보 「英俄衝突의 詳報」.

대한 소개를 하면서 토지소유권을 언급한 데 불과하였다.

> 일본 메이지 5년에 반포한 「지소질입서입규칙(地所質入書入規則)」을 보니 "외국인은 토지소유권, 질권, 저당권을 가질 수 없다"고 했으며 또 그 민법에 말하기를 "외국인은 법령과 조약이 금지한 이외의 사권을 향유할 수 있다. 이 외에 제반 규정, 즉 내지에 공장을 설립하여 물품을 제조하거나 상잔(商棧)을 열어 물화를 무역하고 은행 주주 또는 광업인으로 광산채굴하는 이권 등을 갖지 못한다는 조례가 있다. 우리 나라는 어찌 이러한 법령이 일찍이 없었는가[148]

위 자료에 의하면, 일본의 토지 관련 법규나 민법은 외국인이나 일본 내에서 토지를 소유하거나 전당·저당 잡을 수 없게 되어 있고, 기타 상공업 이권을 못 갖게 했는데 한국은 그렇지 못한 현실을 한탄하고 있다. 이는 외국인, 특히 일본인이 한국의 농지·임야를 불법 매입하는 현실에 대한 비판이기도 하다.

1904년 이후가 되면 '토지소유권'이란 용어는 아니지만 '토지소유지권(리)' '소유지이권' 등으로 소유와 그 대상 사이에 '지(之)'를 넣어 관형격으로 사용하는 경우가 빈번히 나온다. 아직 '소유'가 동사 형태로부터 명사로 완전히 변용되지 않은 단계이다. 그리고 앞서 언급했듯이 1904년부터 '소유'라는 용어를 사용한 논설 횟수가 그 전년도인 1903년의 5회보다 2배인 11회로 급증하였다. 이는 동년 6월부터 시작된 일본인의 황무지 개간권 요구에 대한 전국적 반대 운동 때문이었다.

예컨대 6월 30일자 『황성신문』 논설은 한국정부가 그동안 광산·삼

148) "試考日本明治五年頒佈地所質入書入規則 曰外國人不得有土地所有權質權抵當權又其民法曰外國人法令條約禁止之外 享有私權 此外具有諸般規定至若內地設工場製造物品 開商棧貿易物貨銀行株主與鑛業人鑛產採掘權等有不許之條例我邦曷嘗有此等法令乎"(『황성신문』 1902년 6월 23일, 寄書 「夫國有公權人有私權」).

림·어채·철도 등 각종 권리를 요구하는 대로 주다가 이번에 황무지 개간 사건을 당하였는데, 이는 전국의 토지 소유권을 양도하여 나라가 없는 것이나 마찬가지가 될 것이라고 경고하였다. 더 나아가서 이 황무지 개간권을 허가하면 내국 토지도 계속 침탈해 들어와 결국은 전국 토지를 허가하게 될 것이라고 예측하였다.

> 대저 전국의 토지소유지권을 모두 타인에게 양여하면 대한은 나라가 될 수 없으리라. …(중략)… 비록 저들이 관유지 민유지 외의 황무지라고 칭하나 현재 삼남 연해 및 경부철도 주변 각 지방에 일본인이 직간접으로 매수한 전토가 몇 천 석 지기인지 모른다. 법률에 의거하여 금제하지 않으면 몇 년 가지 않아 삼남의 옥답이 반은 일본인이 차지할 것이다. …(중략)… 이 안건을 인허하는 날은 곧 전국 토지를 타인에게 들어 바치는 것이라 어찌 매국의 주살죄를 면하겠는가.[149)]

이러한 예측은 1905년 11월 을사조약 강제 체결 이후 현실화하였다. 한국의 보호권을 장악한 일본은 1906년 2월 통감부를 설치하고 한국에 대한 보호통치를 시작하였는데 그 중 하나의 사업이 그동안 한국인 측이나 일본인 측 양측에서 제기한 토지소유권 보호를 어떻게 할 것인가의 문제였다.

초대 통감 이토 히로부미는 토지 소유자에게 지권을 발급하도록 법으로 정하되, 구체적 내용은 토지 소유에 관한 종래의 제도 관습을 조사하고 신구를 참작하여 제정하라는 원칙을 우메 겐지로(梅謙次郎)에게 제시하였다.[150)] '선 법률 제정, 후 토지 조사' 방안이었다. 이에 대해

149) "夫全國土地所有之權을 一切讓人이면 大韓은 無以爲國矣라 …(중략)… 彼雖稱官有民有以外之陳荒地나 現今三南沿海及京釜鐵道橫貫各地方에 日人이 以間接直接으로 買收田土者ㅣ 不知爲幾千石落 而不能據章禁制면 不出幾年에 三南膏沃이 半作日人之所占矣라 …(중략)… 此案認許之日은 即以全國土地로 擧以許人者也라 烏得免賣國之誅乎아"(『황성신문』 1904년 6월 30일, 논설 「請質政府諸公(續)」).

한국 농상공부대신 권중현은 한국에도 매매증서를 소실했을 때 이를 증명해주는 관문서인 지권, 즉 입지 제도가 있으며 급선무는 측량이니 먼저 측량을 한 다음 이를 토대로 법률을 제정하자고 하였다. 한국 측의 주장은 '선 토지 조사, 후 법률 제정'이었다.[151]

이러한 와중에 대한자강회는 1906년 5월 19일 통상회를 열고 '부동산 매매시 증명서 발급건'을 건의하기로 결정, 5월 25일 건의서를 참정대신에게 전달하였다. 이는 계권(契券)을 동장 · 면장의 인증과 지방관의 조사를 거친 후 증명을 받아 거래하는 방식이었다. 거래 대상자는 대한제국 신민에만 한정하는 것으로 하였다.

이러한 여론에 힘입어 한국정부는 1906년 7월 13일 토지 소관법 기초위원회를 설치하고 8월 15일에는 부동산소관법을 제10회 협의회에 제출하였다. 이에 대해 우메 겐지로는 이토의 지시를 받아 일본 민법을 기초한 경험을 활용하여 수정안을 제출하였다. 첫째, 법률안 명칭을 내용에 걸맞도록 '토지 · 건물의 매매 · 교환 · 양여 · 전당에 관한 법률'로 정하고 무상만을 의미하는 '양여' 외에 '교환'을 첨가하였다. 둘째, '등기하지 않을 경우 무효로 한다'는 규정은 사기 발생의 우려가 있다 하고 제3자 대항권을 부여하였다. 셋째, 등기 대상 권리에서 임조권(賃租權)은 제외하고 소유권과 전당권 변동만 규정하였다. 임조는 소작 계약도 포함하니 소작 계약에 관한 등기는 앞으로 만들 부동산에 관한 법률에서 다루는 것이 좋겠다고 하였다. 넷째, 피해자의 경제적 손실을 최소화하기 위해 형법 위주 처벌 규정은 악의적인 경우에만 실시하고 민법상의 손해 배상 규정을 활용하도록 함. 다섯째, 호주 이외의 가족

150) 우메 겐지로의 법제 제정 관련 활동에 대해서는 李英美(김혜정 역), 『한국사법제도와 우메 겐지로』, 일조각, 2011 참조.

151) 최원규, 「대한제국과 일제의 토지권법 제정과 그 지향」, 『동방학지』 94, 1996, 117쪽. 이하 소유권 관련 법제화 과정에 대해서는 이에 의거함.

구성원이 재산권을 행사할 때 호주의 승인을 받도록 한 규정을 폐지하였다.

이러한 두 가지 갈래의 법안을 종합하여 1906년 10월 16일 법률 제6호 「토지건물의매매교환양여전당에관한법률」이 공포되었다. 이 법률에서는 임조권은 잠시 유보하여 임대차 관계자의 임의 규정으로 처리하고 외국인의 토지 소유는 불허하였다. 그러나 이 법은 일본인의 토지 불법 매입에 관련된 이해관계에 반한 때문인지 시행세칙도 마련되지 못한 채 사문화되고 말았다. 그리고 곧바로 1906년 10월 26일 칙령 제65호 「토지가옥증명규칙」이 공포되었다.

이 칙령은 구래의 관습법보다 토지거래의 안정성을 보장할 수 있는 형태라고 할 수 있다. 그러나 이는, 대한제국 정부가 본래 의도한 등기제도를 일본 측이 일단 저지하면서 제정한 임시적 형태라고 할 수 있다. 게다가 칙령 자체가 졸속적으로 제정 공포되었기 때문에 두 가지 문제가 현안으로 등장하였다. 하나는 규칙 자체의 미비점을 보완해야 했다. 즉, 일본 금융자본이 한국에 진출하여 한국인들의 토지를 전당잡고 금융 대출한 건들을 법률적으로 보호하기 위해 1906년 12월 26일 「토지가옥전당집행규칙」을 공포하였다.

다른 하나는 위 칙령이 시행되기 전에 매매(잠매) · 증여 · 교환 · 유산상속 · 재산분배 · 가옥신축 · 재판 등 적법 절차를 밟아 토지 또는 가옥의 소유권을 취득한 경우, 위 칙령의 시행 후에 매매, 증여 또는 교환에 의하지 않고 유산상속 · 재산분배 · 가옥신축 · 재판 등으로 소유권을 취득한 경우, 기타 관유지를 불하받아 국유미간지이용법에 의한 대부 등으로 소유권을 취득한 경우 소유권을 증명해 주는 일이 필요해졌다. 이를 위해 통감부는 한국 정부로 하여금 1908년 7월 16일 칙령 제47호 「토지가옥소유권증명규칙」과 이에 대한 시행법령으로 법부령 제14호 「토지가옥소유권증명규칙시행세칙」을 공포하였다. 이로써 소유권과 전당권에 대한 일반 공시와 권리 확보가 가능하게 됨과 동시에 외국인의 토지 소유에 대한 제한도 완전히 제거됨으로써 증명제도가 제도적으로 완성되었다.

1906년 중반부터 1908년 중반까지 일련의 토지 소유 관련 법령들이 제정 공포되는 과정은 한국인과 일본인의 토지 소유에 관한 기존의 관습과 행태를 법제화하는 과정이었기 때문에 초미의 관심사가 될 수밖에 없었다. 그러기에 신문의 잡보는 물론이거니와 논설에 '소유' 용어가 주요한 키워드로 등장했으며, '소유권'이라는 용어가 완전히 정착하게 되었다.

우선 1906년 10월 26일 공포된 「토지가옥증명규칙」에서도 '소유권'이란 용어는 사용되지 않았다. '소유주' '소유자' 등으로 소유권을 가진 개인을 지칭하는 용어들만 사용되고 있었다. 그러나 보름쯤 뒤인 동년 11월 9일 「토지가옥증명규칙시행세칙」 실시에 관한 훈령에는 "우리나라에 민법이 불비하여 종래 인민이 소유한 토지 가옥 등 일체 부동산에 계권이 당초에 없어 관에 고하여야 완전함을 증명하고 어떤 경우에는 소유권을 침탈당하는 폐가 많은지라"라고 법령에 '소유권'이란 용어가 최초로 등장하였다.

이어서 동년 12월 26일자 칙령 第80호 「토지가옥전당집행규칙」 제9조에 채권자가 "유질(流質) 계약에 의하여 전당으로 목적한 토지 또는 가옥의 소유권을 취득했을 때" 당초 전당 증명을 해준 관청에 이 사실을 인증해 달라고 요구할 수 있다고 하여 역시 '소유권'이 보통 명사로 사용되었다.

이듬해 1907년 2월 법부훈령 「토지가옥증명사무처리순서」에서도 토지를 교환할 때는 '소유권을 양도한 자의 주소 족적(族籍) 및 씨명을 기입함'이라고 하였다. 그리고 1908년 7월에는 앞서 말한 칙령 제47호 「토지가옥소유권증명규칙」이라고 하여 법령 제목에 '소유권'이란 용어가 최초로 들어간 법령이 되었다. 이로써 '소유권'은 이제 한국인의 경제 생활을 지배하는 용어로 확산되기 시작하였다.[152)]

신문 논설에서도 '소유지권' '소유지권리' 등의 표현 대신 '소유권'이 일상적으로 사용되기 시작하였다. 예컨대, 아래 『대한매일신보』의 논설은 외국인의 내지 잡거와 토지 점유를 금지하는 조약 사항들이 일본인으로 인해 무효화되는 상황을 한탄하면서 한국 내의 토지 소유권을 일본인과 한국인이 동일하게 하자는 주장을 펴고 있다.

> 생각건대 우리가 자국의 영사에게 희망할 권한이 각자 있으니 이는 한국 내 토지 소유권을 일본인과 똑같이 할 것이라. 조약문건으로 말하자면 약속된 구역 이외에 토지를 외국인이 점유함은 비록 불법이지만 일본인이 이 제한을 지키지 않음이 저토록 오래 되었음은 모두 아는 바이니 지금 확실한 것은 열국의 대표자가 각자 자국 인민들로 하여금 동일한 권리를 얻어 쓰게 될 것임을 주목해야 할 것이다.[153)]

또, 아래 논설과 같이 이전 같으면 지방의 아전이 농민의 '토지를 강탈'했다고 표현했을 법한데 이제는 '토지소유권을 강탈'했다고 표현하는 것도 그러한 사례이다.

---

152) 『구한국관보』 제4130호, 1908년 7월 20일. 본 칙령은 단 4개 조의 매우 간단한 구조로 되어 있는데 핵심적인 사항은 제1조이다.

第一條 土地 又는 家屋의 所有者가 左記 各號의 一에 該當ᄒᆞᄂᆞᆫ 者ᄂᆞᆫ 其 所有權의 證明을 郡守 又ᄂᆞᆫ 府尹에게 申請ᄒᆞᆷ을 得ᄒᆞᆷ

一 土地家屋証明規則 施行 前에 土地 又ᄂᆞᆫ 家屋의 所有權을 取得ᄒᆞᆫ 者

二 土地家屋証明規則 施行 後에 賣買, 贈與 又ᄂᆞᆫ 交換에 依치 아니ᄒᆞ고 土地 又ᄂᆞᆫ 家屋의 所有權을 取得ᄒᆞᆫ 者.

153) "以余度之컨ᄃᆡ 吾人이 自國領事의게 希望ᄒᆞᆯ 權限이 各有ᄒᆞ니 此ᄂᆞᆫ 韓國內 土地所有權을 日人과 同一히 ᄒᆞᆯ 거시라 盖以約章으로 言之면 締約區域以外에 土地를 外人이 占有ᄒᆞᆷ은 雖其不法이나 然이ᄂᆞ 日人이 此制限을 不敬ᄒᆞᆷ이 如彼其久ᄒᆞᆷ은 普通知識이니 今一確著之機ᄂᆞᆫ 列國代表者가 各使自國人民으로 同一權利를 取用ᄒᆞ기에 其能ᄒᆞᆯ 거슬 注目ᄒᆞᆯ 거시로다"(『황성신문』 1906년 12월 19일, 논설 「韓國內占有地土」).

> 영산군 주사 구종서씨가 작년 수서기 재임할 때 간민(奸民)에게 청탁하여 해당 군 마곡면 대포 부근 낙동강 유역에 있는 민유지 포전(浦田) 도전(稻田) 노전(蘆田) 등의 전토 수백만 평을 일본인 中路民之助에게 몰래 매도했다 칭하고 인민의 토지 소유권을 강탈하여 가을 수확의 도조를 늑봉함으로 인민의 원성이 자자하다는 사실은 본보에 이미 게재했거니와[154]

한편, 1907년 정미칠조약 체결과 그에 뒤이은 일제의 황실재산 정리 과정에서 궁장토, 역둔토 등 과거 명목만 황실이나 관아 소유일 뿐, 실제는 민인의 소유였던 토지들에서 소유권을 둘러싸고 수많은 분쟁이 일어나기 시작했다.

이로 인하여 자기 '소유' 전답을 지키려는 움직임이 활성화하면서 1908년에 들어서는 '소유' 개념이 초미의 관심이 된다. 1907년까지만 해도 대한제국의 토지 정책에서 국유지라는 개념은 존재하지 않았다. 다만 '공토(公土)'와 '사토(私土)'의 구분이 있었고, '공토' 개념 안에 궁장토와 역둔토가 포함되어 있었다.[155] 이 궁장토와 역둔토는 조선후기부터 소유권이 왕실 · 관청과 민인 사이에 수많은 권리 분쟁이 존재하는 토지였다.

즉, 이들 토지에는 오늘날과 같은 배타적 소유권은 아니지만 중답주권, 도지권 등의 물권이 존재했을 뿐 아니라 그 물권에 대한 급부로서의 지대를 수취하는 방식도 다양했다. 이러한 중답주권, 도지권 등의 소유자들은 독립적 경영권을 행사하면서 지세 담당자층으로 단순한

154) "靈山郡主事 具宗書氏가 昨年 首書記在任時에 奸民을 誘囑ᄒᆞ야 該郡麻谷面大浦附近 洛東江流域의 所在ᄒᆞᆫ 民有의 浦田 稻田 蘆田 等의 田土 數百萬坪을 日人 中路民之助에게 暗自渡賣ᄒᆞ얏다 稱ᄒᆞ고 人民의 土地所有權을 强奪ᄒᆞ야 秋穫의 賭租를 勒捧ᄒᆞᆷ으로 人民의 怨聲이 嗷嗷ᄒᆞ다 ᄒᆞᄂᆞᆫ 事實은 本報에 已揭ᄒᆞ얏거니와"(『황성신문』 1907년 12월 11일, 논설 「民有田土盜賣의 弊」).

155) 이영호, 「한말~일제초 근대적 토지소유권의 확정과 국유 · 민유의 분기」, 『역사와현실』 77, 2010, 306~307쪽.

민간 관행을 넘어 국가가 법률적으로 일종의 물권 소유자 지위를 부여하기도 했다.[156)]

이 같이 오늘날과 상당히 다른 물권들이 존재하는 상황에서 일본은 1906년 통감부 설치 이후 점차적으로 모든 토지 조사 시에 일본 민법에서 정한 일지일주(一地一主)의 배타적 소유권을 적용하려고 했다. 이로 인해 대한제국기까지 물권으로 인정받고 있던 중답주권, 도지권 등의 권리는 소멸될 지위에 놓이게 되었다. 아래 ①② 자료는 일제가 통감부를 통해 황실 재산을 정리하기 시작할 때의 상황이다.

> ① 근래 우리나라에 매우 큰 기름때 물건이 있으니 전날 세력자의 협잡질과 탐학질의 근원이 되던 각궁 장토 조세와 각궁 역둔토가 이것이다. 종전에 내장원 소속 관리와 측근의 허다 인원이 호의호식하며 밤낮으로 행락해 다니던 자본이 모두 여기서 나왔기 때문이다. 이를 이용하여 군주의 은총을 구하고 민국의 위세와 권위를 농단한 자도 있고 혹은 비밀리에 권세 있는 무리에 아부하여 돈과 곡식 수량을 조종하며 뇌물을 많든 적든 받아서 좋은 집 용마루에 부귀옹이 된 자도 많다. 그 뒷면 사유를 본즉 인민의 전토를 횡탈하며 공적 전곡(錢穀)을 중간에 횡령하여 자기 주머니를 배불린 까닭이니…(중략)…조사국을 설치하고 적폐를 교정하고자 하여 인민의 원한되는 전토는 모두 환부한다는 명령이 있었다는데 이 법령이 공포된 후에도 저 인민의 원통한 호소를 빙빙 돌리며 미루고 아직도 바로잡음이 없다 하니 대저 그 환부하는 일에 대해서도 역시 뇌물을 바라는 것인지 모르겠거니와 전날 인민이 그 <u>소유</u> 전토를 횡탈당한 자가 많아 실로 원한이 가슴에 가득한지라.[157)]

156) 최원규, 「한말 일제초기 일제의 토지권 인식과 그 정리방향」, 『한국 근현대의 민족문제와 신국가건설』, 지식산업사, 1997 ; 최원규, 「한말 일제초기 공토 정책과 국유민유 분쟁」, 『한국민족문화』 45, 2012 참조.

157) "近來 我國에 一大油膩物이 有ᄒᆞ니 卽前日에 有勢力者의 挾雜媒介와 貪饕窩窟되던 各宮庄租稅와 各宮驛屯土가 是已로다. 從前으로 內藏院 所屬 官吏와 掖庭 所屬의 許多人員이 華衣豐食ᄒᆞ며 宏宇美色으로 日夜行樂ᄒᆞ던 資本이 皆 此中에셔 産出홈으로써 此를 利用

② 국유재산 조사는 아직 경황이 없으므로 잠시 두겠거니와 현재 조사한다는 제실유의 재산에 대해 대략 논하겠다. 종래 우리나라가 관존민비한 악정의 폐단으로 인민이 자기 소유 재산을 드러내지 못하여 그 소유 전토를 은닉할 생각으로 혹은 각 궁가의 명의를 의뢰한 연후에야 권세자의 침탈을 면하는 까닭으로 이를 해 궁가에서 보관하여 도장에게 투탁했다 일렀다. 또 심한 경우는 일반 사람들이 대대로 전해내려 매매하는 전토를 매득했다가 호강한 자의 늑탈을 받는 폐단이 있으므로 이를 우려하여 감히 매득 소유하지 못하고 다만 각 궁에 부속되었다는 황무지를 매득하여 개간 경작하고 매년 그 세전만 해당 소속 궁에 납입하고 그 소유권을 확고히 보관하게 하였다. 이를 역가도장(譯價導掌)이라 이른다. 기타 작도장(作導掌), 납가도장(納價導掌)이라는 두 가지 명칭이 있으나 이는 본래 궁토에 관계한 유공자 및 총애자에게 도사음(都舍音)의 권리를 급여하여 황실의 은택을 표한 경우인 고로 그 첩문에 '자손에게 전하여 임의로 조처하라' 한 구절이 있어 자기 사유물과 다를 바 없었다.

그런데 최근에 이르러 궁중 제도를 개정하는 동시에 궁토와 사토를 구별하여 궁토는 제실 소유로 직할하고 투탁 및 역가(譯價) 등으로 의뢰하던 사토는 모두 당해 소유주에게 환부하여 쇄신의 정치를 행하기로 의결하였다. 그리하여 지난 1905년 궁내부고문 가토마사오씨와 참서관 김용제씨가 공진소를 설치하고 이를 검사하는데 지금까지 미루기만 하고 궁가와 개인 양쪽 문권을 받아두기만 하였다. 금년에 이르러서는 조사국의 입장이 확연하여 궁토와 사토 간에 그 추수 곡식까지 집류하여 지급하지 않는 까닭으로 그 소유주들은 먹고 살던 곡식을 얻지 못함에

ᄒᆞ야 或 君上의 恩寵을 要求ᄒᆞ며 民國의 威權을 擅弄ᄒᆞᆫ 者도 有ᄒᆞ고 或 密徑에 盤據ᄒᆞ며 權黨에 阿附ᄒᆞ야 錢穀의 增減을 掌中에 操縱ᄒᆞ며 賄賂의 多寡를 惟意로 招納ᄒᆞ야 甲第朱甍에 富貴翁을 作ᄒᆞᆫ 者도 多ᄒᆞᆫ지라. 其裏由인즉 人民의 田土를 橫奪ᄒᆞ며 公人의 錢穀을 中飽ᄒᆞ야 自己의 私槖에 充肥ᄒᆞᄂᆞᆫ 所以니…(중략)…調査局을 設置ᄒᆞ고 積久ᄒᆞᆫ 痼弊를 矯正코져 ᄒᆞ야 人民의 怨恨되ᄂᆞᆫ 田土ᄂᆞᆫ 一切 還付ᄒᆞᆫ다ᄂᆞᆫ 命令이 有ᄒᆞ얏ᄂᆞᆫᄃᆡ 此令이 旣佈ᄒᆞᆫ 後에도 彼 人民의 含寃呼訴者를 因循推諉ᄒᆞ고 尙今 釐正이 未有ᄒᆞ다 ᄒᆞ니 抑其還付ᄒᆞᄂᆞᆫ 事에 對ᄒᆞ야도 亦是賂物을 希覬ᄒᆞᄂᆞᆫ지 未知ᄒᆞ거니와 前日에 人民이 其所有田土를 橫奪ᄒᆞᆫ 者ㅣ 多ᄒᆞ야 實로 寃恨이 積胸ᄒᆞᆫ지라"(『황성신문』 1907년 11월 28일, 논설「各屯土收租員의 派遣延拖」).

> 경제상 곤란이 다대하여 원성이 계속 답지한다 함으로 우리는 누누이 그 실제를 들어 경고하거니와[158]

자료 ①은 그동안 궁장토와 역둔토가 황실 재정기관인 내장원과 궁중 측근세력이 민인들의 전토를 횡탈한 것이기도 하고, 여기서 산출되어 내장원의 재정으로 들어가야 할 화폐와 곡물이 모두 이들 개인이 사사로이 횡령한 대상이 되어 왔다는 것이다. 이러한 상황에서 1907년 후반부터 시작된 제실유 및 국유 재산 정리 과정에서 억울하게 궁장토와 역둔토로 빼앗긴 민인들이 전토를 돌려받을 가능성이 열렸다는 것이다.

반면, 자료 ②는 민인들이 권세가의 침탈을 면하기 위해 자기 전토를 위 두 종류의 토지로 투탁하거나, 궁방이나 관아 소속 황무지를 개간 경작하되 소유권을 보장받은 경우가 많은데 전자를 투탁도장(投託導掌), 후자를 역가도장(譯價導掌)이라 부른다는 것이다. 그밖에 사적 토

158) "國有財産의 調査는 姑且未遑홈으로 閣置ᄒᆞ얏거니와 現方 調査ᄒᆞᆫ다는 帝室有의 財産에 對ᄒᆞ야 畧論ᄒᆞ건ᄃᆡ 從來 我國이 官尊民卑ᄒᆞᆫ 惡政의 弊로 人民이 自己의 所有財産을 發表ᄒᆞ기 不得ᄒᆞ야 其所有田土를 隱匿ᄒᆞᆯ 主義로 或 各宮家의 名義를 依賴ᄒᆞᆫ 然後에야 權勢者의 侵奪을 免ᄒᆞᄂᆞᆫ 故로 此를 該宮家에셔 保管ᄒᆞ야 投托導掌이라 謂ᄒᆞ고 又或 甚者는 一般 世人의 傳相買賣하는 田土를 買得하얏다가 豪强의 勒奪을 被하는 弊가 有홈으로 此를 憂慮하야 敢히 買有치 못하고 但 各宮에 付屬하얏다는 荒蕪地를 買得하야 起墾耕作하고 每年에 其稅錢만 該所屬宮에 納하고 其所有權을 確固히 保管케 하ᄂᆞ니 此를 譯價導掌이라 謂하고 其他 作導掌, 納價導掌이라는 兩種名稱이 有하나 此는 本係宮土로 有功者及 寵愛者에게 其 都舍音의 權을 給與하야 皇室의 恩澤을 表示ᄒᆞᆫ 者인 故로 其帖文에 傳子孫任意措處라 ᄒᆞᆫ 辭句가 有하야 自己의 私有物과 無異ᄒᆞ더니 近日에 至하야 宮中制度를 改定하는 同時에 宮土와 私土를 分別하야 宮土는 帝室所有로 直轄하고 投托及譯價等의 依賴하던 私土는 一切 當該所有主에게 還付하야 刷新의 政治를 勵行ᄒᆞ기로 議決ᄒᆞ고 去光武九年에 宮內府顧問 加藤增雄氏와 參書官 金鎔濟氏가 供進所를 設置ᄒᆞ고 此를 檢査ᄒᆞᄂᆞᆫᄃᆡ 于今ᄭᆞ지 遷延으로 爲主ᄒᆞ고 宮私兩邊의 文券을 執留ᄒᆞ더니 今年에 至ᄒᆞ야는 調査局의 主旨가 亦然ᄒᆞ야 宮私土間에 其秋收租穀ᄭᆞ지 執留不給ᄒᆞᄂᆞᆫ 故로 其所有主덜은 仰活ᄒᆞᄂᆞᆫ 租穀을 不得홈이 經濟上困難이 自然多大ᄒᆞ야 寃聲이 遝至ᄒᆞᆫ다 홈으로 吾輩는 縷縷 其實際를 擧ᄒᆞ야 警告홈이어니와"(『황성신문』 1907년 12월 27일, 논설 「各宮導掌의 怨望」).

지 소유와 거의 똑같은 작도장(作導掌), 납가도장(納價導掌) 등의 도장도 있는 상황을 설명하고 있다.

1908년 3월 탁지부에 설치된 토지조사위원회 내규에 의하면 토지는 국유토지, 제실유토지, 공유토지, 민유지로 구분되는데, 국유 토지는 역토 · 둔토 · 목장토를 포함하고 궁장토는 제실유 토지에 포함되었다. 그런데 1908년 6월 이후 궁내부 소유의 부동산을 국유로 이속함으로써 궁장토 또한 역둔토와 함께 국유지가 되었다. 즉 제실유를 폐지하고 그것을 국유에 포함함으로써 '국유지'라는 개념이 탄생하였다.

이후 탁지부는 임시재산정리국을 통해 1909년 6월부터 1910년 9월까지 역둔토 실지조사를 수행하였다. 1909년 5월 「탁지부소관국유지실지조사절차」를 발표하였는데, 여기서 국유지는 "역둔토, 궁장토, 능원묘 부속 토지 및 기타 국유지"로 규정됨으로써 역둔토와 궁장토는 국유지로 확정되었다. 국유와 민유 여부를 가릴 수 있도록 역둔토를 종류별, 필지별로 사정하는 것이 국유지 조사의 핵심이어야 하였다. 그러나 역둔토실지 조사의 기본적 목적은 중답주의 제거와 은토(隱土)의 발견에 두었다. 개별 필지에 대한 국유 · 민유 사정을 목적으로 하지 않고, 잘못 편입된 국유지를 가려 민유화하는 조치를 취하지도 않았다.

이 같은 역둔토 실지 조사는 소유에 관련된 사람들의 저항과 국유 · 민유 분쟁으로 인하여 조사를 마무리 짓지 못하고 1910년 8월 「토지조사법」의 제정에 의하여 토지조사사업 대상으로 넘겨졌다. 이로써 대한제국 정부의 공토 및 궁장토 목록에 올랐던 각종 역토 · 둔토 · 목장토 · 궁장토는 모두 국유지 목록으로 이관되었다. 일지일주(一地一主)의 근대적 토지소유권에 의한 사정 없이 이들 모두를 국유지로 편입시켰기 때문에 조선 시대 개간과정에서 형성된 토지소유권의 중층적 분할이나 사적 소유권에 근접한 권리는 배제되었다. 조사 목록에 있는 것은 모두 국유지화됨으로써 이후 1910년대 토지조사사업 과정에서의

분쟁 가능성을 안고 있었다.[159)]

3) 근대적 '소유권' 개념의 확산

일본은 한국을 병합한 후 1912년 「조선민사령」을 제정 공포하여 식민지 조선에 일본 민법을 의용한다고 하였다. 이는 친족 및 상속 관련을 제외하고는 조선인의 모든 경제사회 생활에 일본 민법을 적용한다는 취지였다.[160)]

그런데 일본 민법의 기본 원리였던 '소유권 절대의 원칙'과 '계약 자유의 원칙'에 의해 지지되는 사유 재산권은 조선왕조 시대에 존재하지 않았다. 즉, 전, 답, 택지에 대해서 사실상의 사유 재산권이 성립되어 있었고 조선 정부도 이를 공인하고 있었지만 그것을 제3자에 대한 절대적 권리로 법인하거나 증명하는 오늘날과 같은 등기 제도는 성립되어 있지 않았다.[161)]

사유 재산권과 등기에 의한 제3자에 대한 대항권은 토지조사사업에 의해 확립되었다. 1912년 8월 13일 제령 제2호 「토지조사령」에 의해 시작된 토지조사사업은 소유자가 토지의 제반 사항을 해당 부(府)·면(面에 신고하는 것에서부터 출발하였다. 소유권의 조사를 재판에 의한 사법 절차로 할 것인지 신고에 의한 행정 절차로 할 것인지는 처음부터 논쟁거리였다. 그에 대해 조선총독부의 학자와 관리들은 인민의 사적 소유권이 광범히 성립해 있고, 지주-소작 관계에서도 물권적 권리가 중첩하는 경우가 거의 없으므로 신고의 방식에 별다른 부작용이 따르

159) 이영호, 앞의 글, 308~311쪽.

160) 이승일, 『조선총독부 법제 정책 -일제의 식민지통치와 조선민사령-』, 역사비평사, 2008, 100~111쪽.

161) 최원규, 「일제 초기 조선부동산 등기제도의 시행과 그 성격」, 『한국민족문화』 56, 2015.

지 않을 것으로 판단하였다.

소유자들은 정해진 기한 내에 토지의 지목(地目), 자호(字號), 4표, 면적(두락), 결부, 주소 등을 신고해야 했는데, 이전 몇 년간 이루어져 온 결수 연명부의 신고와 별 다를 바 없었다. 국유지에 대해서는 도장관(道長官)이 신고의 주체가 되었다. 신고가 이루어지면 각 동(洞)의 지주총대(地主總代)가 신고서를 결수연명부와 대조하여 이상이 없으면 날인하여 신고를 접수하였다. 만약 동일한 토지에 2명 이상의 신고자가 있으면, 지주총대는 그 토지를 토지조사사업의 주무 관청인 임시토지조사국 산하의 분쟁지심사위원회로 이관하였다.

신고의 성과를 보면 임시토지조사국이 소유권을 사정한 전국의 총 1,910만 필지 가운데 신고대로 사정된 것이 1,900만여 필지로서(99.48%) 절대 다수를 차지하였다. 무신고지로 국유지에 편입된 것은 주로 분묘나 잡종지들인데, 8,944필지(0.05%)에 불과하였다. 이로부터 총독부가 사전에 예측한 그대로 일반 인민의 사적 소유권이 광범하게 성립해 있는 가운데 신고 방식의 조사가 효과를 거두었음을 알 수 있다. 높은 비율의 신고가 이루어진 데에는 임시토지조사국의 주도면밀한 행정력이 효과를 발휘하였다. 임시토지조사국은 신고를 반복적으로 홍보하였으며, 무신고지에 대해선 연고자를 찾아 신고를 독려하였으며, 신고의 기한을 연장하기도 하였다.

신고에 뒤이어 1필지 조사가 행해졌다. 소유자는 자신의 이름을 적은 팻말을 필지마다 세우고 동장과 이웃의 입회하에 토지 조사반을 맞이하였다. 그 과정에서 아무런 이의가 제기되지 않으면 소유자의 사정은 완결된 것이나 다를 바 없었다. 그 과정에서 분쟁이 제기되면 조사반에 의한 화해가 종용되고, 화해가 성립하지 않을 경우 그 토지는 분쟁지심사위원회로 이관되었다. 동 위원회는 분쟁의 당사자들이 제시한 서류를 심사하여 소유자를 판정하였다. 이상으로 소유자에 대한 사정이 완료되면 임시토지조사국은 그 결과를 30일간 민간에 공시하였다. 사정의 공시는 1913년 11월 충북청주군 청주면에서 시작하여 1918년 4월 평북 용천군 신도면을 마지막으로 하여 종료되었다.[162]

총독부는 일반 인민의 사적 소유권이 광범하게 성립해 있는 현실을 전제한 위에 신고의 방식을 통해 그 소유권의 신고를 유도한 다음, 그 대부분을 근대적인 소유권으로 법인하였다. 그 과정에서 약 12만 정보의 국유 역둔토에서 소유권 분쟁이 발생하였다. 당초 구 황실 소유의 토지를 국유지로 편입한 총독부는 예상치 못한 소유권분쟁에 직면하여 약 7만 정보 이상을 민유지로 인정 처분하였다. 나머지 국유지와 신규로 조사된 국유지는 1924년까지 조선인 연고 소작농에게 불하됨으로써 그 역시 민유지로 돌려졌다. 그 결과 전국적 범위에서 일지일주(一地一主)의 근대적인 토지 소유권이 확립되었다.[163]

이 과정에서 '소유권'이란 개념은 절대적 용어로 확립될 수밖에 없었다. 우선, 토지조사사업 실시 직전 이 사업을 예고하는 조선총독부 기관지 『매일신보』의 논설에서 '소유권'이란 단어가 5회 반복되고 있다.

> 조선 토지의 옛 제도를 고찰하건대 비록 수천만 원 가치가 되는 것이라도 갑이 을에게 매도할 때 한 장 종이로 몇 줄 문장을 갈겨쓴 것에 불과하고 또 을이 병에게 매도할 때 역시 이와 같아 한 조각 토지에 대하여 소위 구(舊)문기 신(新)문기 명칭이 있음으로 그 문기를 보관하는 것이 매우 번거로와 경제계에 불편이 많았다.
>
> 이로 인하여 수많은 폐단이 넘쳐났다. 가령 갑의 토지를 을이 매도하고 을의 토지를 병이 매도하여 위조문권도 있으며 부친의 토지를 아들이 훔쳐 팔아 <u>소유권</u>이 분명하지 못함으로 조선의 소송을 10개라고 하면 7~8개는 토지로 인하여 일어나며 신문광고도 역시 10개라면 그 중 7~8개는 토지로

162) 이상은 이영훈, 『한국경제사』 Ⅱ, 일조각, 2016, 64~65쪽에 의함.
163) 위의 책, 68쪽.

인하여 비롯된다.

그런즉 토지소유권이 분명치 못함으로 인하여 풍속 교화 관계가 매우 크다. 소송으로 말할지라도 누가 누구의 토지를 위조문권으로 매도했다 하면 관에서는 그저 모호하게 이야기하되 도매(盜賣)라면 증거를 가져오라 하니 도둑질이 이로 말미암아 생긴다. 광고로 말할지라도 본인의 아들이나 아우가 성품이 본래 부랑하여 모처 소재 토지를 전매(典賣)하고자 하니 내외국인은 절대로 속지 말라 하니 비록 부자 형제라도 소유권을 어찌 감히 침범하리오.

만일 일정한 소유권이 있었으면 갑의 토지는 갑이 주장하는 것 외에는 친한 벗이라도 감히 좌우하지 못하며 을의 토지는 을이 주장하는 것 외에는 아들 아우라도 감히 좌우하지 못할 것이거늘 당시 관리는 조금도 연구하지 않아 소란을 방치하고 소란을 방치할 뿐 아니라 도리어 이를 이용하여 제반 야심을 빙자하여 갑의 토지를 을에게도 부쳐주며 을의 토지를 갑에게도 붙여줘 원래 소유자는 명의가 소멸하여 자기 의향 여하를 따랐으니 토지의 폐막(弊瘼)은 가히 극도에 달했다고 할지로다.

현재 당국에서 일찍이 이 폐막을 깨닫고 토지를 조사함과 동시에 토지대장도 역시 착수하여 일정한 소유권을 표시하게 하니 이왕으로부터는 풍속 교화상에 문명 점수가 늘어날 것이라. 만일 모처에 있는 어떤 면적의 토지는 모처 사람 아무개의 소유라 하여 관부(官府)에 두면 소유자 이외에는 누구도 감히 간섭치 못할 것이니 소송도 반드시 그칠 것이오 광고도 없어질 것이다. 일반 토지가 있는 자는 토지조사에 대하여 의구심을 버리고 자기 토지가 이로부터 적확하게 자기 토지가 될 것으로 생각할지어다.[164)]

구래 조선의 토지제도가 소유권이 확립되지 않아서 문권 절도와 위조 등으로 실제 소유권자가 큰 피해를 보아왔다는 점을 나열하고 소유권의 확정이 필요하다는 점을 주장한 후 향후 실시될 토지조사의 기대 효과를 설명하고 있다. 조선총독부 기관지 논설이라 편파적인 주장이라고 할 수 있겠지만, 실제로 1890년대 후반 이후 『황성신문』 『대한매

164) 『每日新報』 1911년 11월 23일, 논설 「土地臺帳」.

일신보』 등 국내 신문에는 가옥·토지 문권의 분실, 절도, 위조로 인하여 피해를 보았거나 볼 우려가 있는 소유자들의 광고가 거의 매일 실렸다.

아래 자료는 앞서 통감부가 주도하여 제정된 1906년 10월의 「토지가옥증명규칙」과 동년 11월의 「토지가옥전당집행규칙」, 1908년 7월의 「토지가옥소유권증명규칙」이 소유권을 입증하는 제도를 정착시켜 가고 있음에도 불구하고 여전히 소유권 확립이 불비하여 일어난 사례라고 할 수 있다.

> (김해－인용자)군수 양홍묵씨 재임시에 해군 활천(活川), 좌부(左部), 우부(右部), 진례(進禮) 등 각면 인민의 소유 토지 수만 두락을 일종의 협잡배가 소위 관의 증명을 어떻게 얻어냈던지 일본인 滿武龜一, 正久孫一郎에게 이를 저당잡혀 거액을 빌려 쓰고 모두 도피하였는지라. 그 일본인들은 해당 증명부를 구실로 삼아 전당잡힌 물건 소유라 말하고 나무팻말을 두루 꽂았으니 해당 토지 소유 인민들은 그 생명의 기본되는 토지를 하루 아침에 잃는 경우에 이른지라. …(중략)… 대저 인민의 소유토지를 무뢰 협잡배의 농간으로 졸지에 빼앗기는 경우에 대하여 정당한 법률로 그 주권(主權)을 보유하게 하는 처분이 없으면 이들 강탈의 근심이 어찌 김해 1개 군에 그치리오.[165)]

김해군의 여러 면에 토지 수만 마지기를 협잡배들이 위 소유권 증명 법령에서 규정한 제도를 이용하여 증명을 얻어낸 후 이 증명서를 일본인에게 전당잡히고 거액의 금액을 빌려쓰고 도주하였다. 이들 일본인은 이 증명서를 가지고 마을로 와서 전당권을 행사한다 하고 각면 인민의 소유 토지를 자기 소유로 인정받은 것이다. 이러한 사례가 비일비재했기 때문에 등기제도에 의한 국가의 소유권 법인은 필수적으로

165) 『황성신문』 1910년 2월 26일, 논설 「金海郡土地事件」.

요망되는 상황이었다.

그런데 당시 일본 민법은 소유권에 사용권 수익권 처분권을 보장하고, 이외의 물권은 임차권으로 규정했다. 토지조사를 하면서 공토 내에 존재한 중답주권 등의 물권적 경작권은 물론 구래의 관습 물권인 도지권도 제거하였다. 「조선민사령」 제12조에 "물권의 종류와 효력은 일본 민법에 준거하되 조선의 특수한 관습이 있는 것은 여기에 따른다."고 정하면서, 도지권은 물권으로 인정할 듯한 모습을 보였다. 당시 도지권은 소유권과 분리된 배타적 재산권이었다. 지주는 물론 제3자에 대한 대항권도 있었다. 이 도지제가 19세기 이래 농촌사회의 관행으로 자리잡고 있었지만, 일제는 토지조사사업을 하면서 물권적 효력을 부정하기 시작했다.[166)]

토지조사사업 과정에서 조선총독부는 무권리한 문서상의 소유권자와 '실효적 지배'를 하고 있던 점유권(경작권)자 사이의 분쟁이 제기되었을 경우 후자를 인정하지 않고, 전자를 일본 민법상의 소유권자로 정했다. 그리고 국유지 · 민유지 분쟁에서는 과세지 견취도나 결수 연명부보다 '국유지 대장과 실지 상황'을 중시했다. 이렇게 구래의 토지권을 일본 민법의 소유권으로 정리한 것은 지주제를 식민지 지배의 기초로 삼으려 했기 때문이다.[167)]

한편, 산림 소유제도의 근대적 개혁은 1908년 대한제국기에 제정된 「삼림법」에서 시도되었다. 「삼림법」은 산림의 소유자로 하여금 지적도를 첨부하여 소유권을 신고하도록 요구하였다. 그에 따라 1911년까지 약 52만 건 220만 정보의 산림이 민유림으로 신고되었다. 이는 실제

166) 최원규, 앞의 글, 2012, 157쪽.

167) 최원규, 「창원군 토지조사사업에서 소유권 분쟁의 유형과 성격」, 『한국학연구』 24, 2011, 141쪽.

로 존재한 민유림의 약 1/3에 불과하였다. 신고가 저조했던 것은 소유자들의 권리의식이 아직 애매한 가운데 새로운 법에 의해 임야에 대한 세금이 부과될지 모른다는 우려와 신고하려면 임야 측량 비용이 든다는 부담 때문이었다.[168)]

임야 소유권에 대한 본격적인 조사는 병합 전후인 1910년 3월부터 9월까지 추진된 임적조사(林積調査)부터 시작되었다. 그에 따라 전국적으로 대략 1,600만 정보의 삼림이 존재하며, 그 6.5%가 구래 조선 정부가 공산(公山)으로 특별 관리해 온 봉산(封山 · 금산(禁山) · 목장(牧場) · 시장(柴場) 등이며, 그 46%가 연고자나 관리 기관이 없는 '무주공산'으로서 국유 임야이며, 나머지 약 48%가 민유 임야라는 개략적 분포가 명확해졌다. 또한 산림의 전체 상황은 성림지(成林地: 베어서 쓸 정도로 자란 나무들이 있는 지역)가 32%에 불과하고, 치수발생지(穉樹發生地: 아직 어린 나무만 있는 지역) 42%, 무입목지(無立木地: 나무가 자라지 않는 지역) 26%라는 지극히 황폐한 상황으로 파악되었다.

이 같은 준비작업을 거쳐 1911년 6월 식민지 산림 정책의 기본법으로 「삼림령(森林令)」이 공포되었다. 그에 따라 1908년의 「삼림법」은 폐지되었다. 「삼림령」의 핵심은 국유림을 조림(造林)의 목적으로 민간에 대부할 수 있으며 조림이 성공할 경우 무상으로 민유림으로 양여한다는 조림대부제도에 있었다. 그리고 비록 1908년의 「삼림법」에 따라 소유권을 신고하지 않아 국유림으로 편입되었다 해도 오랫동안 산림을 관리해 온 확실한 연고가 있어 사실상의 민유림으로 존재하는 산림에 대해서는 그 연고자가 이미 조림대부제도에 의해 동 산림을 무상으로 대부받은 것으로 간주하고, 일정 기간이 지나 양여원(讓與願)을 제출하면 소유권을 취득할 수 있는 길을 열어 두었다. 이와 반대로, 「삼림법」

168) 이우연, 『한국의 산림 소유제도와 정책의 역사, 1600~1987』, 일조각, 2010, 200~204쪽.

에 따라 소유권을 신고한 산림이라도 해도 장기간 산림을 관리해 온 사실을 증명할 수 없는 경우에는 소유권 양여의 대상이 되지 않았다. 이처럼 「삼림령」의 기본 지향은 조림 실적에 따라 소유권을 인정해 주겠다는 녹화주의에 두어져 있었다.[169)]

이 같은 제도적 기반을 마련한 뒤 총독부는 우선 국유림에 대한 조사에 착수하였다. 국유림 조사는 국유림을 요존림과 불요존림으로 구분한 다음, 다시 불요존림을 제1종 불요존림과 제2종 불요존림으로 구분하였다. 제1종 불요존림은 연고자가 전혀 없는 국유림이다. 제2종 불요존림은 장기간 관리해 온 연고자가 있는 사실상의 민유림으로서 「삼림령」에 의해 그 연고자가 조림대부제도에 의해 이미 무상으로 대부를 받은 상태로 간주된 삼림이었다. 1911년부터 시작된 국유림 조사는 요존림과 제1종 불요존림을 대상으로 하였다.[170)]

이어서 조선총독부는 1917년부터 전국 임야의 지적을 측량하고 소유권을 사정하는 임야조사사업에 착수하였다. 토지조사사업에서와 마찬가지로 전국 임야의 소유자 및 연고자는 지정된 기일 내에 부윤 또는 면장에게 성명 또는 명칭, 주소와 임야의 소재 및 지적을 신고하였다. 연고자 없는 국유림은 관할 관청이 신고자가 되었다. 이후 임야에 대해 1필지 조사가 행해지고, 분쟁지에 대해서는 특별 위원회가 이를 심사하여 소유권을 사정하고, 그 결과를 공시하고, 불복 신청을 받아 이를 판결하는 과정은 토지조사사업과 거의 동일하였다.[171)]

임야조사사업은 1924년에 종료되었다. 그 결과 전국의 산림 1,617만 정보는 국유림 956만 정보(59%), 민유림 661만 정보(41%)로 나뉘었다.

169) 위의 책, 205~239쪽.
170) 위의 책, 242~257쪽.
171) 위의 책, 258~266쪽.

국유림은 다시 요존림과 제1종 불요존림의 618만 정보와(38%) 장차 민유림으로 양여될 예정인 제2종 불요존림의 338만 정보(21%)로 구분되었다. 민유림으로 사정된 것과 제2종 불요존림을 합한 민유림의 실제 비중은 전국적으로 62%에 달하였다. 인구밀도가 높은 남부지방의 경우 민유림의 실제 비중은 89%에 달하였다. 반면 북부지방의 경우 인간이 접근하기 어려운 광대한 원시림이 존속하여 민유림의 비중은 48%에 머물렀다.[172)]

이와 같은 작업에 의해서 산림 소유제도에서도 구래의 체제에서 벗어나 국유림이든 민유림이든 근대적 소유권이 제도적으로 창출되었다. 1912년 토지조사사업과 1917년 임야조사사업에 의해 '소유권'이란 개념은 토지 및 임야에 대한 절대적 지배를 의미하는 관념으로 정착하였고, 조선 후기 이래 내려오던 경작권이나 도지권, 중답주권 등은 배제당하였다.

172) 위의 책, 270~271쪽.

제2장

제2장

시장의 확대와 추상적 '시장' 개념의 정착

1. 개항과 대외교역 관련 개념의 의미 변화

1) 개항과 외국 무역의 확대

개항 이전 조선의 대외 무역은 청 · 일본과의 전통적인 통교관계에 의한 공무역과 사무역이 있었을 뿐이며, 그것도 엄격한 국가의 감시 하에서 행해졌다. 청에 대해서는 조공을 통한 공무역과 국경지역인 의주에서의 책문개시와 함경도의 회령 · 경원에서의 개시를 통한 사무역이, 일본에 대해서는 왜사(倭使)의 왕래에 따른 부산 왜관에서의 공무역과 사무역이 있었다.

19세기에 들어서는 이러한 정규 무역 외에도 광범위하게 밀무역이 행해지고 있었고 특히 책문 · 왜관을 통해 인삼 · 우피 · 곡물의 밀수출이 극성하고 있었고, 다른 한편으로는 서양 면직물이나 일반 서양상품

의 수입이 증가하기 시작하였다. 이로 인하여 미곡의 유출, 곡가의 등귀 등이 나타나고 있었다.[1)]

개항 직전 조청무역은 대체로 300~400만 원 규모로 추산되고 있으며,[2)] 조선의 수출품은 금과 은이 압도적인 비중을 차지하고 그밖에 우피 · 인삼 · 해삼 · 호피 · 웅피(熊皮) 등의 순위로 나타나고 있다. 수입품은 서양 면제품이 압도적인 비율을 차지하고 있으며 그밖에 고급 직물류 · 약종류 · 비단류 · 침구류 등의 순위로 나타나고 있다.

즉 지배층의 수요에 의한 소비품 비중이 높고, 금 · 은 등의 수출은 그에 대한 지불수단으로서의 의미를 갖고 있다고 할 수 있다. 그리하여 적어도 개항 10년 전인 대원군 집정 초에 이미 '요즈음 양화(洋貨)가 거의 온 나라에 널리 퍼져 이미 식자들이 우려하고 탄식하는 바가 되었다'고 할 정도였고, 특히 서양 면포는 책문무역의 최대 수입품으로 등장하였다.

한편, 개항 직전의 조일무역에서 일본 측은 솥 · 주전자 · 화로 · 톱 · 못 · 가위 등 일용기구와 칠기 · 면지지미 외에 특히 서양 목면 · 직물류를 전매해서 많은 이익을 올리고 있었다. 조선 측은 미곡과 우피 · 호피 · 인삼 · 목면 · 곡물류 등을 수출하였다. 무역액은 1875년에 약 24만 5천 원, 1876년에 약 16만 원 정도로서 조청무역에 비해 그 규모가 약 12분의 1 내지 8분의 1에 불과한 것이었다.[3)]

1876년 부산에 이어 원산(1880년), 인천(1883년)의 순으로 개방된 개항장은 무역에 종사하는 국내외 상인이 모여들어 자본이 집중 투하되고 무역을 보조하는 교통 · 금융 · 통신 등 근대적인 유통수단을 정비하

1) 한우근, 『한국개항기의 상업연구』, 일조각, 1970, 23~44쪽.

2) 姜德相, 「李氏朝鮮開港直後に於ける朝日貿易の展開」, 『歷史學硏究』 265, 1962, 10쪽.

3) 김경태, 『한국근대경제사연구 －개항기의 미곡무역 · 방곡 · 상권 문제』, 창작과비평사, 1994, 258~261쪽.

면서 기존의 한성 · 대구 · 평양 등 대시장을 압도해 나갔다.

반면, 육로를 통한 조청무역은 1년 평균 300~400만 원이던 것이 1870년대 말부터 해마다 감소하여 1883년에 이르러서는 120만 원 미만으로 쇠퇴하였다.[4] 이처럼 조청무역이 쇠퇴한 데는 몇 가지 원인이 있다. 첫째, 개항장무역이 무간섭, 무관세, 선박에 의한 자유 신속한 운수가 됨에 따라 저렴한 가격을 유지한 데 반하여 조청무역은 정부의 간섭, 고율과세, 대상(隊商) 형식의 운수였기 때문에 상품가격이 비쌀 수밖에 없었다.

둘째, 보다 근본적인 원인으로서 두 무역로의 질적 차이가 있었다. 육로를 통한 조청무역의 경우 수출품목은 인삼 · 종이 등 조선 특산품 이외에 중국이 요구하는 상품을 발견하기가 곤란하였고 수입품은 전 품목에 걸쳐 사치품의 성격이 농후하였다. 따라서 조청무역은 광범한 수출시장을 가짐과 아울러 일반 민중을 상품경제에 편입시키면서 전개되는 조일무역에 경쟁할 수 없었다. 이 경향은 개항장이 늘어남에 따라 더욱 가속되었다. 예를 들어 원산의 개항은 부산과의 거리적 관계 때문에 주저하고 있던 북방상인의 조일무역 참가를 촉진하였다.

이처럼 조선상인의 교역 대상이 육로를 통한 조청무역으로부터 개항장으로 변모하고 있었던 것은 정부와 특권상인의 결합에 의한 구래의 시장 통제의 해체를 의미하는 동시에 조선상인이 일본상인의 개항장 독점체제에 편입되는 것을 의미하였다.[5]

한편, 이 시기 대외무역의 추이를 살피는 데는 몇 가지 곤란한 점이 있다. 첫째, 1876년부터 1883년까지 대일무역은 무관세 무역이었기 때문에 조선 측에 통계가 없고 일본 측이 일본 국내의 세관 및 구무소(區

4) 『通商彙編』 明治17年 釜山港之部, 242쪽.

5) 姜德相, 앞의 글, 10~11쪽.

務所: 일본의 미개항지에 설치된 관청)와 부산의 일본 관리관청(管理官廳)에서 집계한 통계가 있을 뿐이다. 그러나 일본 측에서 정리한 통계들도 원자료의 성격에 따라 상이한 수치를 나타내고 있기 때문에 정확하다고 할 수 없고 대체적인 추이만 파악할 수 있다.

둘째, 대청무역은 서해안에서 이루어지고 있던 밀무역의 규모를 추산할 수 없는 데다가 육로를 통한 정규무역도 1881~1882년간의 자료밖에 남아 있지 않다.[6] 이를 감안하면서 조선의 대외 무역 추이를 보면 〈표 1〉과 같다.

〈표 1〉 1877~1882년간 조선의 대외무역

(단위 : 천円)

연도	총수입	총수출		대일무역			대청무역	
		상품	사금	수입	수출		수입	수출
					상품	사금		
1876				188	93			
1877				127	59	35		
1878				245	181	22		
1879				567	612	53		
1880				978	1,256	114		
1881	2,269	2,373	468	1,874	2,230	468	395	143
1882	1,852	1,931	529	1,562	1,769	529	290	162

* 주 : 1881~1882년간 조청무역액에는 인삼과 금은의 수출입액이 제외되어 있다. 당시 홍삼 수출액만 추산해도 50~100만 원이 되므로 이것만 추가해도 조청 수출입액은 도합 100~150만 원이 된다(姜德相, 위의 글, 12쪽).
* 출전 : 대일무역액은 梶村秀樹 외, 『한국근대경제사연구』, 사계절, 1983, 108~116쪽 ; 高嶋雅明, 『朝鮮における植民地金融史の研究』, 大原新生社, 1978, 218쪽. 대청무역액은 姜德相, 앞의 글, 10쪽 참조.

[6] 위의 글, 10~14쪽.

위 표에서 보듯이 1876~1882년간 조선의 대외무역은 일본이 독점하고 있었음을 알 수 있다. 대일무역액(수출입 합산)은 1876~7년 20만 원대에 머물다가 1879년에 100만 원을 넘고, 1880년을 경계로 300~400만 원으로 급성장하였다. 그리고 1880년부터 1882년까지 계속 수출 초과를 유지하고 있는데, 이는 후술하는 품목별 구성에서 보듯이 곡물 수출의 급증으로 인한 것이었다. 반면 대청무역은 도표상으로는 1881~1882년 2년간 수입 초과 현상을 보이고 있지만, 이는 금은과 홍삼 수출액이 포함되지 않은 자료이다. 〈표 1〉의 주에서 언급했듯이 2년간 홍삼 수출액이 50~100만 원으로 추산되므로 금 수출액까지 합치면 대청무역은 수출 초과였다고 할 수 있다.

대일무역에서 금 수출량이 1877년 이후 지속적으로 증가하고 있는 점에 주목하여야 한다. 금은 면세품인 데다가 다른 물품에 비해 휴대·운반이 손쉽고 편리한 관계로 수출량 신고가 제대로 되지 않아 정확한 액수 파악이 어려웠다. 다만, 1876년의 흉년으로 일본에서 곡물을 수입하고 그 지불수단으로 수출되어 신고된 금의 양만 해도 1878년까지 약 8만 6천 원에 달하고 있다.[7] 이것만 해도 당시 수출액의 약 25%에 해당하는 높은 비중이었다. 이외에 신고되지 않은 금과 은의 양을 합하면 2년 동안에 수출된 금과 은의 양은 30만여 원에 달한다는 것이다. 금의 수출량은 일본정부의 정책에 의하여 이후에도 지속적으로 증가하는데, 이것이 1890년대 이후 조선 화폐제도 확립을 저지하는 요인으로 작용하게 된다.

이처럼 급성장한 대일무역의 품목별 구성은 어떠하였던가? 아래 〈표 2〉에서 보듯이 수출은 쌀·콩·우피가 대종을 차지하고 있었으나, 이외에도 해삼·소라·멸치·포·건어 등 해산물과 생사·견포·솜·

[7] 김경태, 앞의 책, 65쪽.

면포 · 마포 등 섬유류, 그리고 인삼이 수출되고 있었다.[8)]

쌀 수출은 조선쌀이 수입쌀 중에서는 뛰어나게 품질이 좋아 일본인의 기호에 적합하다는 점, 일본쌀에 비해 극히 저렴한 점 등의 이유로 일본 자본주의 발전의 중심지였던 오사카(大阪) · 고베(神戶) 지방에 집중되어, 공장노동자용의 값싼 미곡을 공급함으로써 일본 자본주의 형성 발전에 기초를 제공하는 것이었다.[9)] 이 당시 일본은 조선의 값싼 쌀을 수입하는 반면 일본의 쌀을 고가로 런던의 미곡시장을 비롯한 유럽과 호주 시장에 수출하였다. 이로써 일본 국내의 지주에게는 고미가를, 자본가에게는 저임금 정책을 보장하여 일본자본주의의 본원적 축적에 기여한 것이다.[10)]

〈표 2〉 1876~1882년간 대일무역 주요 상품

(단위: 천 円) ( ) 안은 총 수출 · 수입에 대한 백분비

연도	수 출					수 입	
	총 액	쌀	콩	우피	섬유류	총액	면제품
1876	93				10(11.5)	188	12(6.2)
1877	59	2(3.3)	4(7.1)	55(92.8)	2(1.2)	127	54(42.9)
1878	181	51(27.9)	25(14.0)	45(24.8)	19(10.4)	245	168(68.7)
1879	612	359(58.6)	99(16.2)	59(9.7)	11(1.8)	567	477(84.2)
1880	1,256	730(58.1)	119(9.5)	193(15.4)	86(14.7)	978	768(78.6)
1881	2,230	381(17.1)	197(8.8)	330(14.8)	162(7.3)	1,874	1,495(79.8)
1882	1,769	21(1.2)	311(17.6)	292(16.5)	216(12.2)	1,562	1,283(82.1)

* 출전 : 하원호, 「개항후 제국주의의 침탈과 경제구조의 변동(1876~1894)」, 『水邨朴永錫敎授華甲記念韓國史學論叢』 下, 탐구당, 1992, 9쪽.

8) 姜德相, 앞의 글, 5~8쪽.

9) 吉野誠, 「朝鮮開國後の穀物輸出について」, 『朝鮮史研究會論文集』 12, 1975, 37~38쪽.

10) 김경태, 앞의 책, 71~74쪽.

위 표에서 보듯이 쌀 수출량이 극심한 변동을 보이는 원인은 풍흉에 따른 수확량의 증감과 조선내의 정치사회적 변동 등을 들 수 있다. 1876~77년은 미증유의 대흉년이라 수출량이 적었을 뿐 아니라 이례적으로 일본산 쌀 3만 7천여 석(14만 4천원)과 보리 5천2백여 석(3만 1천원)을 수입할 정도였다.[11] 1878년부터 작황이 좋아져 수출이 조금씩 증가하기 시작하여 1879~1880년에는 풍작인 데다가 일본의 미가가 급등하여 수출이 급증하였다. 1881년의 경우 수출은 어느 정도 진행되었으나 9월 이후는 흉년으로 말미암아 미곡 수출이 급감하였고, 1882년은 흉작이 아니면서도 군인폭동의 영향으로 수출이 격감하였다.

이에 반하여 콩은 기후 조건에 큰 영향을 받지 않고 일본에서의 수요가 증가하고 있었기에 수출량이 꾸준히 증가하였다. 일본인은 콩을 간장 · 두부 등의 원료로 사용하였으나, 조선산 콩이 값싸고 품질이 비교적 좋아서 그 수입을 조선에 의존하고 매년 콩밭을 뽕밭으로 바꾸는 자가 많아지는 등 콩의 생산량이 줄어들고 있었다. 그리고 조선인 입장에서는 콩수출의 이익이 높고 쌀의 흉작에 대비하여 점차 콩의 재배면적을 넓히고 있었다.[12]

우피는 이미 철종대부터 고종 초에 걸쳐 사상 도고에 의하여 동래 · 의주 등 국경지방에서 정부의 금압에도 불구하고 수출되었던 품목이었다.[13] 특히 일본의 군비 확충이 진전됨에 따라 군화 · 배낭 등 피혁 수요가 증대되면서부터 중요한 수출품목이 되어 1881년부터 수출량이 급증하기 시작하였다.

이들 세 가지 품목 외에 해삼 · 포 · 건어 · 김 · 멸치 등은 일본상인이

11) 위의 책, 59~62쪽.

12) 하원호, 「곡물의 대일수출과 농민층의 저항」, 한국역사연구회, 『1894년농민전쟁연구』 1, 역사비평사, 1991, 245~246쪽.

13) 한우근, 앞의 책, 19쪽.

큐슈 · 홋카이도 산을 중화요리 재료로 중국에 수출하여 큰 이익을 올리고 있던 품목이었다. 일본상인이 이들 조선산 해산물에 주목하지 않은 것은 아니지만, 당시는 가공 기술이 유치하여 양호한 수출품이 없었기에 일본상인은 조선상인에게 가공법을 가르쳐 중국으로 중계수출하려 한 것이었다.[14)]

한편 이 시기에는 다음 시기와 달리 생사 · 견포 · 솜 · 면포 · 마포 등 섬유류의 수출량이 상당히 보이지만, 이러한 섬유류 수출은 같은 시기 수입되는 외국제 면제품 수입액에 비하면 10분의 1에도 못 미치는 비율이므로 주목할 만한 가치는 없다. 게다가 1884년 이후가 되면 이들 섬유류 수출량은 더욱 감소하여 수출량 전체에서 차지하는 비중이 1~2%에 불과하게 되는 것이다.[15)]

한편, 수입품목은 위의 〈표 2〉에서 보듯이 면제품의 비중이 압도적이었다. 1883년 전후 당오전 대량 주조를 위하여 구리 · 아연 등 금속의 수입이 급격히 증가한 적은 있지만 이는 일시적인 현상에 불과할 뿐이었다. 이들 면제품은 모두 영국산 제품으로서 상해를 경유하여 수입한 것을 다시 조선에 중계 수출하는 형태로 수입되고 있었다. 따라서 일본상인으로서는 중계무역에 들어간 추가부담(운송비 · 이자 · 환차액 등)을 줄이려면 가능한 한 빠른 시일 안에 팔아버려야 했으므로 큰 이윤을 남길 수 없었다. 이러한 형편인데도 일본상인이 면제품류를 수입한 것은 단순히 그 판매를 통한 이윤 획득보다 그 판매 대가로 곡물을 매집하여 수출하려는 데 의도가 있었다. 즉 면제품류의 구입원가와 곡물의 일본시장에서의 판매가격의 차이에서 이익을 내는 것이었다.

수입 면제품 중 가장 큰 비율을 차지했던 것은 생금건(生金巾:

14) 姜德相, 앞의 글, 5쪽.

15) 梶村秀樹 외, 앞의 책, 116쪽의 〈표 3〉을 참조.

canequin) · 한냉사(寒冷紗)의 두 종류로 양자가 항상 섬유제품 수입액의 50% 이상을 차지하였으며, 1887년 당시 이 두 품목은 어떤 산간 벽지에도 보급되지 않은 곳이 없을 정도의 상황이었다. 그렇지만 이들 두 품목은 아직 사치품적 성격을 지니고 있었기 때문에 하층의 직접 생산자층까지 구매하지는 못하고 하급관료층 · 도시중인층 · 상인층, 지방관청의 서리층, 농촌의 신흥상인층이나 지주 부농층이 구매하였던 것으로 추정된다.[16)]

따라서 이 시기 무역은 일본의 독점무역기라고 할 수 있으며, 기본적인 구조는 조선이 일본에 대해 쌀 · 콩 등 곡물과 우피를 수출하고 일본은 영국 면제품을 중계수출하는 형태를 취하고 있었다. 그리고 이러한 구조는 1883년 청이 중요한 무역 상대국으로 등장한 이후에도 청일 양국 상인의 경합 관계 속에서 더욱 확대되면서 정착하게 되었다.

일본의 독점무역은 1882년 「조청상민수륙무역장정」과 「조미수호조규」, 그리고 1883년 이후 영국 · 독일 · 러시아 등 서구 열강과 체결한 통상조약들에 의하여 종언을 고하였다. 1883년 6월 이후 인천 · 원산 · 부산 순으로 해관이 설치되고 관세를 징수하기 시작하면서 무관세무역 또한 종언을 고하게 되었다.[17)]

조선정부는 관세 수입을 근대화정책의 자금으로 활용하려 하였으나 해관을 설치하기도 전에 관세를 담보로 청 · 일본에서 차관을 도입함으로써 해관 주도권을 상실하게 되었다. 더욱이 청은 묄렌도르프를 조선 해관의 총세무사로 고빙하게 하여 일본의 해관 침투를 봉쇄하고 이를 통해 청의 경제적 진출을 용이하게 하려 하였다. 그러나 묄렌도르프는 청국상인의 활동에 하등의 혜택을 주지 못했을 뿐 아니라 1884년 2월

16) 위의 책, 128~129쪽.

17) 김순덕, 「1897~1905년 관세정책과 관세의 운용」, 『한국사론』 15, 1986, 267쪽.

해관업무의 핵심인 관세 징수 업무를 겨우 2만 4천 원의 차관을 제공한 일본 제일은행에 위탁 양도함으로써 청이 우려한 일본의 해관 침투를 허용하였다.

갑신정변으로 조선에 대한 지배권을 확보한 청의 이홍장은 조선에 대한 속방화 정책을 강행하였다. 상권 확대의 일환으로 조선해관을 청국 해관에 통합하기 위하여 묄렌도르프를 해임하고 청국 해관 총세무사 하트(Robert Hart)의 직속부하인 메릴(Henry F. Merill)을 임명하게 하였다. 그러나 하트와 이홍장의 이해관계가 항상 일치하지는 않았다. 하트는 일본이 획득한 해관세 징수권까지 장악함으로써 조선 해관을 완전히 청국 해관에 통합하려 한 반면, 이홍장은 관세 수입의 관리권을 영국인 통제 하에 둘 수 없다는 입장이었다. 이 덕분에 일본 제일은행은 해관세 징수권을 계속 유지할 수 있었고, 조선정부에 대해 계속적인 단기차관을 제공하면서 해관은행으로서 기능을 유지하면서 일본의 경제적 침투의 든든한 교두보가 되었다.

조선은 1889년 이래 고종 주도하에 새로운 외채를 끌어들여 청국 차관을 상환함으로써 청으로부터 해관의 인사 · 운영권을 회수하는 한편, 은행을 설립하여 일본으로부터 해관세 징수권을 회수하여 해관의 자주권을 회복하려는 움직임을 보이기 시작하였다. 그리하여 알렌 · 데니 · 메릴 등 고용 외국인을 통한 차관 도입 운동을 전개하였으나 모두 청의 조직적인 해외 방해운동으로 인하여 좌절되었다.

최종적으로 1890년 데니의 후임으로 내무부협판에 임명된 르젠드르(C. W. LeGendre)가 적극적으로 전개한 다섯 차례의 차관 교섭도 모두 좌절되었다. 청은 이를 계기로 1892년 8월과 10월 두 차례에 걸쳐 관세 수입을 담보로 20만 냥의 차관을 또 다시 제공하여 해관에 대한 관리권과 해관세의 선취권을 확보하였다. 이로써 조선관세의 예속화, 즉 조선 재정의 예속화를 심화시켜 1894년 청일전쟁까지 조선 해관은 청의 지

배를 벗어나지 못하였던 것이다.[18)]

청이 해관을 지배하게 되었지만, 일본 제일은행은 해관세 징수 업무를 통하여 일본의 경제적 진출과 일본상인의 무역활동을 지원하는 활동을 전개하였다. 1894년까지 조선에 지점을 설치한 일본의 은행은 제일은행(1878), 제18은행(1890), 제53은행(1892) 등 3개였지만, 이중 제일은행은 자본축적이 미약한 단계에 있었던 일본자본주의가 조선에 대한 경제적 침략을 하는 데 선봉을 맡고 있었다.[19)] 이 은행은 부산(1878), 원산(1880), 인천(1883), 서울(1887) 등에 지점 또는 출장소를 설치하여 일본인의 무역 · 상업 금융을 지원하였다. 1886년부터는 일본정부와의 위탁계약 하에 조선산 금 매입으로 조선의 부를 유출시키는 데 상당한 역할을 하였다.[20)]

그러나 제일은행이 조선에 대한 일본의 경제적 침략의 선봉에 설 수 있었던 것은 자본력의 견실함에 있었던 것이 아니었다. 일본 및 조선정부의 예금을 취급하고 있었던 점, 조선 해관세 취급특권을 획득했던 점, 이를 바탕으로 한 조선정부에 대한 소규모차관의 지속적인 공여 등 다른 일반은행에는 없는 특별한 신용 창조 능력이 있었기 때문이다.

그중에서도 1884년에 획득한 조선 해관세 취급특권이 가장 중요한 이권이었는데, 이는 다음 네 가지 이유 때문이었다. 첫째 조선 해관세 취급 자체가 이자 부담이 전혀 없고 오히려 수수료를 받는 유리한 사업이었다. 둘째 해관세라는 가장 확실하고 안정적인 예금원을 확보할 수 있었다. 셋째 제일은행이 해관세로 멕시코은화 · 일본은화 · 일본지폐 · 조선엽전 등의 화폐를 수납하고 납세자에게 예탁어음을 발행했던

18) 위의 글, 294~300쪽.

19) 제18은행 · 제53은행의 조선에서의 금융활동은 1894년까지 극히 미미한 것으로 나타난다. 高嶋雅明, 앞의 책, 240~247쪽.

20) 村上勝彦(정문종 역), 『식민지』, 한울출판사, 1984.

바 이는 은행권과 유사한 기능을 하며 유통되면서 일본상인이 발행하는 '한전어음(韓錢於音)'의 신용도를 제고시켰다. 넷째 일본의 일개 사립은행이 한국의 중앙은행과 같은 공적 성격을 획득하는 주요한 수단이 되었다.[21]

제일은행은 조선에서 이 같은 금융적 지위를 바탕으로 하여 관세로 수납한 일본화폐를 유통시키면서 일본상인의 무역·상업활동을 엄호하였다. 이어서 조선 국내에 일본화폐가 유통할 수 있는 기반을 만들고 멕시코은화의 세력을 감퇴시켰다. 또한 1900년 전후 조선정부가 화폐제도 수립을 위해 열강과 차관 교섭을 할 때마다 해관세 취급은행이라는 지위를 이용하여 해관세를 담보로 설정하지 못하게 함으로써 조선정부의 화폐 정책 추진을 저지할 수 있었다.

당시 해관세는 수출세·수입세·톤세를 합쳐서 1885~1894년간 총계로 약 343만 원 정도의 거액으로서[22] 조선정부에 실로 중요한 재정 수입원이었다. 그러나 이러한 해관세 취급권을 겨우 2만 4천 원의 단기차관의 대가로 제일은행에 넘겨줌으로써 위와 같은 일본의 경제적 침략을 허용하게 만든 것이다.[23] 게다가 제일은행이 예금으로 확보한 해관세 등 공금예금은 단순히 조선정부의 요구에 의해서만 지출되는 부동자금이 아니라 자본력이 취약한 일본상인들의 상업·무역 자금으로 유용됨으로써 일본상인의 조선상인에 대한 자금적 지배를 직접적으로 지원하는 중요한 수단으로 기능하게 되었다.[24]

---

21) 위의 책, 59쪽.

22) 김순덕, 앞의 글, 312쪽의 통계에 나오는 관세액을 통산한 액수임.

23) 『韓國ニ於ケル第一銀行』, 5~26쪽.

24) 이는 1897년 일본상인들의 일본정부에 대한 진정서 내용 중 "관세 및 기타 공금이 (한국: 필자) 탁지부에서 제일은행 등에 예입된 것은 거의 100만 엔에 달하고 이 금액의 대부분은 일한무역의 운전자금으로 이용되어 널리 각지에서 유통되고 있다"(『京城府史』 제2권, 663~664쪽)라는 고백에서도 확인할 수 있다.

따라서 몇몇 유력한 일본상인을 제외하고는 이 일본은행으로부터의 자금 융자에 바탕해서 무역 · 상업자본을 마련하였다. 이 자금은 다시 조선상인들에게 곡물 구입을 위한 선대자금으로 대부되어 금융 연쇄 체제를 형성하고 일본인들의 곡물수출과 내지행상을 촉진하였다. 이것이 곧 농촌에서의 미곡 상품화 진전 및 토착 수공업의 파괴로 귀결되면서 소농민 · 소상인의 성장 가능성을 억압하였다.

1884년 이후 조선의 대외무역은 양적으로 확대되고 질적으로는 「곡물 수출 · 면제품 수입 구조」가 심화되어 갔다. 1884년 이후 1894년까지의 대외무역의 추이는 다음 〈표 3〉과 같다. 이 통계는 일본 및 조선의

〈표 3〉 1884~1894년 조선의 대외무역

(단위; 천円)

연도	총수입	총수출		대일무역			대청무역		
		상품	금	수입	수출		수입	수출	
					상품	금		상품	금
1883				2,178	1,656	522			
1884				794	884				
1885	1,671	388	599	1,378	378	599	301	9	
1886	2,474	504	1,130	2,064	488	912	439	15	218
1887	2,815	805	1,388	2,081	784	1,178	732	18	210
1888	3,046	867	1,373	2,196	785	1,025	847	71	348
1889	3,378	1,234	982	2,299	1,122	608	1,085	109	373
1890	4,728	3,550	749	3,087	3,475	275	1,651	70	474
1891	5,256	3,366	689	3,226	3,220	273	2,044	136	415
1892	4,598	2,444	852	2,542	2,272	367	2,050	149	485
1893	3,880	1,698	918	1,949	1,543	425	1,906	134	493
1894	5,832	2,311	934	3,647	2,051	639	2,065	162	259

* 출전: 〈표 1〉과 같음
* 주 : 1885~1886년 총수입액이 대일수출과 대청수출액을 합친 것보다 작은 경우가 있는데, 이는 자료의 출처가 각각 다르기 때문이다.

해관에 보고된 통계를 위주로 작성된 것이다. 당시 광범하게 성행하고 있던 청·일본의 해상 밀무역액과 해관에 보고되지 않고 유출된 금 수출액이 누락되어 있는 데다가 관세를 줄이기 위해 수출입 가격을 허위로 신고하는 등의 문제가 있어 실제 무역액은 통계 수치를 훨씬 상회하는 규모였을 것이다.[25)]

〈표 3〉에서 주목되는 현상은 우선 대일·대청무역이 대외무역의 거의 대부분을 차지하고 무역 규모가 대폭 증가하고 있는 점이다. 대일무역 규모는 1886년 200만 원대를 초과하여 1890년 전후 600만 원대로 급증하였으며, 대청무역액 역시 1889년 100만 원대를 초과하여 1891년 이후 200만 원대로 2배 이상 증가하였다.

대일무역 규모가 압도적으로 컸지만 수입 항목만 볼 경우 대청무역 규모도 점차 증가하여 1890년 이후가 되면 대일 수입액에 육박해가고 있음을 알 수 있다. 무역 수지면에서 일본과의 경우 1890년대에 들어 곡물 수출이 급증하면서 수출 초과 현상이 나타나면서 조선 측이 흑자를 보이는 시기도 있었다. 그러나 청국과의 교역에서는 항상 적자를 면하지 못하고 있었다. 이러한 무역 수지의 차이는 양국 상인의 교역 상황 차이에서 오는 것이었다. 일본상인은 자국 내 저미가 정책을 유지하기 위해 조선에서 대량의 곡물을 수출했기에 조선 측이 흑자를 본 반면, 청국상인은 조선에서 매입해 갈 품목이 인삼·종이 외에는 거의 없어 주로 수입무역에 종사하였기에 조선측이 적자를 본 것이다.

이는 금 수출항목의 대비에서도 확인할 수 있다. 청국상인은 수입 상품의 판매대금으로 주로 엽전을 받고 이를 다시 금이나 은화 등 정화(正貨)의 형태로 바꾸어 유출했으므로 일본보다 청국으로의 금 수출이 많아지는 현상을 보인 것이다. 일본은 이와 달리 주로 조선에 진출

25) 한우근, 앞의 책, 60~77쪽 및 293~297쪽.

한 제일은행을 통하여 금을 매입하여 자국으로 유출함으로써 금본위제로 변경할 토대를 마련하였다. 그러나 일본상인은 청국상인과 달리 수입 자본제 상품을 판매하고 그 대금으로 다시 곡물을 구입하여 일본으로 수출하는 교역 방식을 취하고 있었다. 이 때문에 1890년 이후 곡물 수출이 증대하면서 자금이 주로 곡물 매입에 투하되자 상대적으로 일본으로의 금 유출이 적어질 수밖에 없었다.[26]

대일 수출액이 증가하는 현상을 보이는 때는 쌀 수출액이 증가할 경우이다. 쌀은 1880년대 중반에 들어서는 계속된 흉작 외에도 1884년의 갑신정변과 같은 정치적 변동으로 인하여 수출이 격감하였다. 1880년대 후반에도 이러한 사정은 마찬가지여서 오히려 수출량보다 더 많은 외국쌀이 수입되고 1889년 1월에는 일본쌀 3만 석을 삼남 각 연해읍에 나누어 굶주린 인민이 매식하도록 하는 실정이었다.

그러나 1890년에는 쌀 수출이 급증하였다. 이는 일본에서 1889년 가을의 대흉작, 1890년 여름보리의 대흉작으로 인하여 이른바 '쌀소동'이 일어난 반면, 조선은 대풍을 이루었기 때문이었다. 1891~1892년의 수출도 같은 이유에서였다. 다만 1893년 조선의 흉작으로 수출이 다소 부진했기에 수출량이 격감하고 있다.

1880년대 중반까지 조선쌀은 일본의 임노동자층의 수요 충당에 그치고 있었으나, 1880년대 후반 이후에는 일본 곡물시장 전체에서도 중요한 위치를 점하게 되었다. 조선쌀은 당시 일본에 수입되고 있던 안남미 등에 비해 품질이 월등하여 일본인 기호에 적합하였고, 정미 방식만 개선한다면 일본미와 크게 다를 바 없었다. 그래서 1890년 이후 일본상인은 현미로 수출하는 경향이 증대하여 갔다.[27]

26) 하원호, 앞의 글, 1992, 7~8쪽.

27) 하원호, 앞의 글, 1991, 247~251쪽.

반면, 콩은 앞에서 서술하였듯이 기후조건에 큰 영향을 받지 않고 일본에서의 수요 역시 증가하여 1887년 이후 1890년대까지 수출량이 증가하는 추세였다. 이에 따라 무역을 통한 콩 수출의 이익이 높아지자, 조선인들은 후기로 갈수록 콩의 재배 면적을 넓히고 있었다.[28]

우피는 전 시기와 마찬가지로 일본 군수공업이 계속 확대되면서 수출이 계속 증가했으며 흉작으로 곡물 수출이 차지하는 비중이 줄어들 때 상대적으로 증가하는 현상을 보였다. 이는 흉작일 때 전염병 발생이 많아 폐사한 농우가 대량으로 발생하거나 기근을 면하기 위해 농민들이 농우를 처분한 데서 기인하는 것이었다.[29]

일본으로부터의 수입 품목에서 가장 큰 비중을 차지한 것은 〈표 3〉에서 볼 수 있듯이 자본제 면제품이다. 1894년까지의 대일 수입 총액 중 50% 내외를 차지하고 있었다. 게다가 청으로부터의 수입액이 급증한 품목도 자본제 면제품이었다.

그런데 일본상인이 1894년 이전까지 주로 영국산 섬유제품을 상해에서 일본을 경유하여 매입하고 조선에 수출하는 중계무역을 하고 있었던 반면, 청국상인은 상해에서 조선으로 직수입하고 있었기 때문에 가격 면에서 일본상인이 열세에 놓일 수밖에 없게 되었다.[30] 특히 1890년 이후 부산항을 제외하고 인천항과 부산항에서는 대청 수입액이 대일 수입액을 능가할 만큼 급증하였기에 일본의 무역상은 세력 만회에 골몰하게 될 정도였다.[31]

---

28) 宮嶋博史, 「조선 갑오개혁 이후의 상업적 농업」, 梶村秀樹 외, 앞의 책, 219쪽.

29) 러시아대장성(정신문화연구원 역), 『한국지 －본문편－』, 정신문화연구원, 1984, 562~563쪽.

30) 『通商彙纂』 제4호, 「明治26年中京城商況年報」(京城, 明治27年 4月 16日)(서울: 麗江出版社 영인본, 1987), 241~242쪽.

31) 小林英夫, 「日本の金本位制移行と朝鮮」 旗田巍先生古稀記念會, 『朝鮮歷史論集』 下, 龍溪書舍, 1979, 180쪽.

1890년대 초가 되면 대일수입 면제품 중에는 영국제 면포가 아닌 일본제 소폭목면과 시이팅이 등장하기 시작하였다.[32] 이 중 소폭 목면은 청국상인에게 상권을 점차 빼앗기고 있던 일본상인이 상권을 탈환하고 조선의 토착 면포 시장을 잠식하기 위하여 조선 토포의 품질과 사이즈가 비슷하게 제조한 제품이었다. 그러나 일본산 소폭목면의 수입량은 가격과 품질 차이로 인해 순조롭게 증가하지 못했고, 1894년 이후에 들어서 본격적으로 조선의 토포시장에 침입하기 시작했다. 그리고 이 과정의 연장선상에서 1895년 이후 일본의 기계 직포제품인 시이팅이 조선시장에 군림하게 되었다.

지속적으로 대량 수입된 영국제 면포와 1890년대 이후 등장한 일본제 면제품은 1894년 단계에는 국내 면포 시장의 4분의 1 정도를 장악한 것으로 추정되고 있다. 이로 인하여 조선의 토포 생산자는 1890년대에 들어와서는 그 생산력을 충분히 발전시킬 사이도 없이, 사치품 생산으로 잔존하든지, 아니면 이윤과 노임 부분을 줄여 저렴한 자본제 상품과 대항하든지 하는 선택의 기로에 서게 되었다.[33]

2) 대외교역 관련 개념의 의미 변화

위에서 서술했던 바와 같은 개항과 대외 교역의 확대는 기존의 개념들에 변화를 불러일으켰다. 조선 왕조 시기 대외교역과 관련된 개념은

32) 소폭목면은 일본 및 중국의 가내공업 내지 공장제수공업 제품으로 조선의 토착면포와 품질과 규격 등이 매우 유사하다. 시이팅(Sheeting)은 미국 제품으로 생금건과 똑같이 제작되었지만, 보다 굵은 실을 기계로 짠 것이다. 당시 '상인들 간에는 미국목면이라 불리우고 바탕질의 올이 굵어서 성기고 거칠어 겨울 옷 안감 등에 많이 사용되고 전적으로 하층사회에서 쓰였다'고 하듯이 직접생산자층이 주된 수요자였다(梶村秀樹 외, 앞의 책, 194~197쪽).

33) 梶村秀樹 외, 위의 책, 194~196쪽.

'무역'과 '통상'이 있는데, 이 두 개념은 개항 이후 1910년에 이르기까지 의미에 상당한 변화를 일으켰다.

우선 '무역(貿易)'이란 개념을 검토해 보기로 한다. 조선시대에는 '무역(貿易)'이 '통상(通商)'보다 더 많이 사용되었다. 이때 '무역'은 오늘날의 '물물교환'에 가까운 반면, '통상'은 오늘날의 '국제무역'과 유사한 의미로 사용되고 있었다.

『조선왕조실록』에서 '무역'과 '통상'의 출현 빈도수를 수량적으로 검토해 보면 '무역'은 총 1,191회 출현한다. 국왕대 별로는 중종(249), 세종(185), 성종(121), 선조(93), 광해군(75), 태종(71), 연산군(58), 명종(43), 고종(40), 인조(33), 세조(23), 숙종(21), 영조(15), 정조(15) 등의 순서로 출현 빈도가 집계된다. 각 왕의 재위 연대의 장단에 따라 상대적 빈도는 달라질 것이지만, 상업이 그다지 발달했을 것 같지 않은 중종, 세종, 성종 시기에 '무역' 개념이 빈번히 사용되고 있는 것은 여진족, 왜와의 교린관계가 빈번했기 때문이다.

> 남쪽으로 왜인과 호시(互市)하는데, 국가에는 공무(公貿)가 있고, 사사로이는 사역(私易)이 있다. 공무는 우리의 쌀과 포로써 저들의 구리와 납을 바꾸고, 사역은 우리의 인삼 · 실 · 목화로써 저들의 은 · 칼 · 거울 등 기묘한 기구와 기이한 물건들을 바꾼다.[34]

> (국왕이—인용자) 전교하기를, "평안도 백성이, 말은 중국인과 능단(綾段)과 바꾸고(貿易) 소는 야인(野人)과 가죽 제품으로 바꾸는(貿易) 것은 극히 불가하니, 앞으로는 엄하게 금할 것을 관찰사에게 지시하라."라고 하였다.[35]

34) 『星湖僿說』 卷八, 人事門 生財.

35) "傳曰 '平安道人民 馬則與唐人貿易綾段 牛則與野人貿易皮物 至爲不可 今後痛禁事 下諭于觀察使.' "(『중종실록』, 중종 3년 8월 16일).

> 전 동래 부사 정상우가 등대(登對)한 기회에 아뢰기를, "동래에서 진상하는 전복은 예전부터 토산물을 따서 바쳤습니다. 그런데 연전에 감영에서 퇴짜를 놓는 바람에 다른 고을에서 사다가 바쳤었는데 그것이 그대로 관례로 굳어지고 말았습니다. 그 뒤로 왕래하며 무역하는 즈음에 민폐가 적지 않습니다."라고 하였다.[36]

> 예조에서 통신재판차왜(通信裁判差倭)의 강정절목(講定節目) 및 통신사의 업무 처리 방침을 아뢰었다.…(중략)…1. 왜인에게 우리나라에서 산출되지 않은 물건 및 약재 · 사라단(紗羅緞) · 황사(黃絲) · 백사(白絲) · 보물(寶物)을 몰래 장사하는 자는 율에 의하여 죄로 다스린다. 1. 왜은(倭銀)을 무역하는 자, 왜인이 가지고 온 대랑피(大狼皮)를 포소(浦所)에 이르러 몰래 장사하거나 무역하는 자 및 사정을 알면서도 통역한 건은 율에 의하여 다스린다.[37]

이러한 무역 개념은 개항 이후에도 거의 그대로 유지되었다. 1898년 6월 독립신문에 실린 무역 개념은 '국내에서' 내게 남는 것을 팔고 내 부족한 것을 다른 지방에서 바꾸는 것으로 생각하고 있다. 이런 원리는 일본 · 청 및 서구 열강에 문호를 개방한 이후에도 동일하게 적용되었다. 이런 개념에 의하면 개항하는 것이 유리하고 해가 적다. 아울러 각국과 무역이 흥성할수록 인민이 편리함을 누리고 국가가 부강해진다고 생각하고 있다. 아래 기사를 보자.

> 각색 장인들이 각각 재주를 부리어 만드는 물종이 많을수록 무역이 흥왕하고 무역이 흥왕할수록 인민이 편리하고 국가가 부요하여진다. 그런 고로

36) "前東萊府使鄭尙愚 因登對言 東萊進上全鰒 自前以土産採納 而年前適因監營點退 轉貿他邑以納, 仍以爲例 往來貿易之際 民弊不少"(『정조실록』, 정조 22년 7월 7일).

37) "禮曹 以通信裁判差倭 講定節目 及通信使應行事件 奏啓…(중략)… 一.倭人處 以本土不産之物及藥材 紗羅緞黃白絲寶物潛商者 依律治罪. 一.倭銀貿易者 倭人賫來大狼皮及浦所潛商貿易者及知情通事 依律治罪"(『순조실록』, 순조 10년 11월 11일).

> 정부가 도로를 평탄하게 하고 교량을 수축하며 수로를 통달하게 하여 인마와 주거가 막힐 것 없이 다니게 하여 각처 토산과 제조물이 신속히 왕래하게 한다. 한 고을 한 도에 흉년이 들거나 혹 모모 물종 값이 오르면 풍년든 지방 인민들이 남는 곡식과 다른 물건을 싣고 가서 무역하여 매매를 모두 편하게 하나니 외국과 통상함도 또한 이 이치라. 만국과 교제하여 내게 남는 물건을 팔아 타국 물건으로 내 부족한 것을 보조하는 고로 각국과 무역이 성할수록 인민이 편리함을 누리고 국가가 부강함은 영국과 그밖의 서양 제국을 보아도 훤히 알 것이다. 대한이 개항 통상함도 또한 이 이치를 따라서 함인즉 개항함이 필경 이로움이 많고 해로움이 적은 것은 동서고금 사기를 보아도 알 것이다.[38]

이같이 상품을 바꾼다는 의미의 '무역' 개념은 1905년에 이르기까지도 일반적인 용법으로 사용되고 있다. 다음 1903년부터 1905년간에 나오는 기사들을 보자.

> ① 충렬왕 3년에 이르러 이 때 은폐 1근에 직미(直米) 50석이었는데 9년 7월에 방령을 내서 은병(銀瓶)에 직미 20석을 10석으로 가격을 개정하였다. 그러니 저자거리 사람들이 무역을 행하지 않으며 즉시 이전으로 돌아가고 13년에 은병을 금지하고 은을 파쇄하여 화폐로 사용하니 이것이 쇄은이 화폐가 된 시초요.[39]

> ② 지금 우리 대한의 화폐로만 행용하더라도 교역하는 상로에 지장이 없거늘 왜 꼭 우리 한국과 관계가 큰 다른 나라 지권(紙券)을 선택하여 신용하려 하는가. 우리가 비록 일개 상민이지만 우리 정부가 협박을 받아 부득이 이러한 해금하는 방문(榜文)을 내건 것을 목격하니 대한의 신민

38) 『독립신문』 1898년 6월 9일, 논설.

39) "至忠烈王三年ᄒᆞ야 時에 銀幣 一斤에 直米 五十石이러니 及九年七月에 出榜令銀瓶直米二十石者를 改定十石爲價ᄒᆞᄃᆡ 市人이 貿易不行일ᄉᆡ 旋許復舊ᄒᆞ고 十三年에 乃禁銀瓶ᄒᆞ고 用碎銀爲貨ᄒᆞ니 此ㅣ 碎銀爲貨之始也오"(『황성신문』 1903년 1월 5일, 연재 「我韓古今貨幣沿革攷」).

된 자로서 뜨거운 마음이 있으면 분통스럽고 한스러워 분함과 부끄러움을 씻어내려 할 것이다. 어찌 스스로 이 지편(紙片)을 사용하여 전국에 무한한 해를 끼치겠는가. 지금 이 지편이 지폐 종류에 속하지 않은즉 우리는 결코 신용하려 하지 않을 것이니 다른 상점에 가서 무역하기를 청하라 하고[40]

③ 그런즉 그 수요하는 여러 상품을…(중략)…반드시 전폐(錢幣)로 통용하여 그것을 무역(貿易)한 연후에 그 생존하는 행복을 누리고 그 재산 권리를 유지할 수 있을 것이다. 그런데 우리 한국은 근래 전폐가 없는 나라라고 할지니 …(중략)… 백동화 교환 이후로 경제기관이 한층 곤란해져 위험이 극렬한 지경에 빠졌으니 그 이유가 무엇인가. 여러 시장과 상점들 사이에 그 교통하고 무역하는 액수가 균일한 정도가 있어서 그 액수의 고하와 다소(多少)를 비록 일정하게 제한하지 못하였으나[41]

①은 고려 충렬왕 때 은과 쌀(直米)의 교환비가를 개정한 이후 시장 상인들이 거래를 하지 않는다는 내용이다. ②는 1903년 초 한성을 중심으로 일본 제일은행권 반대운동이 일어났을 때의 자료인데, 종로의 한 상인이 일본 제일은행권으로 상품을 사려는 손님에게 그 지폐를 못 받겠다고 하면서 다른 상점에 가서 거래하라고 한 것이다. ③은 1905년 화폐정리사업으로 인해 전황이 발생한 이후의 논설이다. 화폐가 통용

40) "今以我韓貨幣로만 行用이라도 無碍於交易之商路어늘 何必取 此我韓大關係之他國紙券하야 欲爲信用耶아 我雖一個商民이나 目擊我政府가 受彼脅迫하야 不得已 有此弛禁之榜示하니 爲大韓臣民者ㅣ 苟有血性이면 必寒心痛恨하야 期欲洗雪憤恥어늘 豈可自用此紙片하야 以遺全國無窮之害歟아 今此紙片이 亦非紙幣之類則 我ᄂᆞᆫ 決不欲信用이니 請往他廛貿易也하라 하고"(『황성신문』 1903년 2월 21일, 논설 「商民洞說」).

41) "然則 其需用諸品을 …(중략)… 必以錢幣로 通用而貿易之 然後에 得以安寧其生存之幸福ᄒᆞ며 維持 其財産之權利어늘 今我韓은 近日 以來로 可謂 作無錢幣之國하니 …(중략)… 自白銅貨交換以來로 經濟機關이 尤一層困難ᄒᆞ야 瀕於劇烈之危險境界하니 其故 何哉오 盖各市場 商店之間에 其交通貿易之額이 自有均一之程度ᄒᆞ야 其高下多少를 雖未可以一定制限이나"(『황성신문』 1905년 10월 25일, 논설 「經濟界之危險」).

하여 그것으로 상품을 바꾸어야 하는데, 전황으로 인해 그렇지 못함을 한탄하고, 각 시장의 상점마다 교통하고 거래하는 액수가 균일하도록 해야 한다는 주장이다.

이후 '무역'은 1908년경이 되면 '외국'과 결합하여 '외국무역'으로 사용되고, 이후 '무역' 하면 자연스럽게 '외국무역'을 의미하는 것으로 개념의 내포가 심화되었다. 아래 1908년 6월 『대한학회월보』에 실린 「외국무역론」은 무역의 개념 정의, 자유무역과 보호무역 두 가지에 대해서도 설명하여 '무역'='대외무역'으로 넘어가는 과도기적 현상을 보여준다. 이 글의 필자는 외국무역이란 각국에서 가장 생산이 잘 되는 화물로써 타국의 생산물과 교환하는 것이며 분업의 법칙을 따르는 것이 가장 이익이 된다고 하였다. 그리고 여러 나라가 재화의 교역을 행하는 것, 즉 외국무역을 하는 것은 어떤 이익이 있기에 그런 것인가 자문하고는 다음과 같은 네 가지 이익을 열거하였다.

> (1) 자국에서 생산하지 못하는 재화를 얻을 수 있다
> (2) 자국에서는 거대한 비용을 들이지 않고는 생산하지 못하던 재화를 비교적 염가로 받아 공급할 수 있다.
> (3) 외국무역으로 분업이 점차 흥성하여 자국에 가장 적합한 재화 생산에 전념할 수 있다.
> (4) 자국에 생산이 많던 재화도 간혹 산출이 감삭되면 생산이 잘 되는 나라에서 수입할 수 있다.

그는 이처럼 외국무역의 장점을 네 가지로 설명한 후 더 나아가서 국가가 취할 수 있는 무역 정책을 자유무역과 보호무역 두 가지로 나누어 각각의 개념에 대한 정의와 장점을 설명하고 있다.

주목할 만한 점은 이 논설의 말미에서 이론적으로는 자유무역이 정당한 듯하나 이로 인해 국력이 쇠퇴해질 수 있으므로 자유무역은 생산

력이나 기타 경제사정이 무역 상대국과 동등해진 이후에나 고려할 정책이며, 한 나라가 생존에 필요한 생산업은 설사 경제적 손실이 있더라도 보호무역 정책으로 성립시키고 발달시켜야 한다고 주장한 점이다.

그렇다면 그는 당연히 한국에 대해서 보호무역 정책을 적용해야 한다고 주장했을 법한데, 논설의 결론에 이르기까지 그 같은 주장은 하지 않고 다만 10년 이내에 국가 본위의 부강을 회복할 것을 예약해 보자고 권유할 뿐이다. 다음에서 보는 바와 같이 한국은 아직 무역정책을 펼 만큼 제조업 자체도 발달하지 못했고, 이미 국가의 주권이 기울어져 있었기에 무역 정책을 독자적으로 구사할 형편이 아니라는 판단에서였을 것이다.

> 공업이 유치함은 고사하고 천연계 즉 자연시대이다. 천연의 보화(寶貨)와 자연적으로 형성된 기물(奇物)들이 깊은 창고에 저장되어 있다. 하지만 국가는 이를 잘 다스릴 방책을 살피지 않고 백성들은 기업(企業) 사상에 어두워 자신들도 모르게 외국인에게 양도하였으니 오호 통탄스럽다.[42]

1909년경에 이르면 '무역'은 '바꾸고 교환'하거나 '물건을 사들이는' 개념에서 벗어나 상품의 수출과 수입 등 상품의 국가 간 이동을 의미하는 개념으로 사용되는 것이 일반적이 되었다. 한국은 지리적 자연적 환경이 무역에 매우 적합함에도 불구하고 백성들의 생산이 위축되어 쇠하였고, 국력이 부패한 이유는 학문계에 물질 연구가 부족하기 때문이라고 비판하였다.

> 대개 옛날 대한의 위치로 말하면 동양의 구석에 처하여 남으로 일본, 북으로 중국, 북으로 요·금·몽고와 교통하는 위치에 있었던 까닭에 국제 교

42) 盧庭鶴, 「外國貿易論」, 『대한학회월보』 5, 1908년 6월 25일.

섭과 물품 무역이 이들 방면에만 행해졌을 뿐이거니와 지금은 북으로 블라디보스토크와 러시아 시베리아 횡단철도가 종점이요 서북으로 만주 일대가 태서 열국의 대청 무역이 집중되는 곳이다.[43]

우리나라는 온대 지방에 처하여 천산물이 자족 풍족하고 삼면이 바다로 둘러싸여 북으로는 대륙과 통하여 통상 무역에 마땅하지 않은 곳이 없거늘 백성들 재산의 곤궁하고 고달픔과 국력의 부패가 형언할 수 없이 비참한 지경에 이른 것은 학문계에 물질학이 전혀 없었던 까닭이 아닌가.[44]

우리나라 각지에 천산물이 이전부터 풍부했지만 과거 시대에는 지방 물산이 그저 권세가의 사례품을 바치는 데 불과하고 세계 무역장을 대하여 경쟁 발달을 경영한 자가 없었다. 그래서 그 생산이 위축되고 그 품질이 열등할 뿐이었는데 지금은 세계만국의 무역 기관이 직접 교통하므로 그 발매할 길이 극히 광활하고 편리한지라.[45]

특히 주목할 만한 점은, 1909년부터 무역 개념을 사용한 논설의 거의 대부분이 어려운 경제 상황을 국내가 아니라 만주 무역, 특히 만주와의 대두 무역에서 구해야 한다는 주장으로 일관하고 있다는 점이다. 다음과 같은 것이 대표적인 논설이다.

43) "盖舊大韓의 位置로 言ᄒᆞ면 東洋一隅에 在ᄒᆞ야 南으로 日本、西으로 支那、北으로 遼金蒙古와 交通ᄒᆞᄂᆞᆫ 位置에 在ᄒᆞᆫ 故로 國際交涉과 物品貿易이 此個方面에 行ᄒᆞᆯᄲᅮᆫ이어니와 現今은 北으로 海蔘威와 露西亞의 西伯利貫通鉄道ㅣ終點地오 西北으로 滿洲一帶가 泰西列國의 對淸貿易ㅣ湊集地오"(『황성신문』 1910년 3월 2일, 논설 「今日新大韓의 位置」).

44) "我國은 地處温帶ᄒᆞ야 天產物이 自足豐足ᄒᆞ고 三面環海ᄒᆞ고 北通大陸ᄒᆞ야 通商貿易이 無處不宜ᄒᆞ거ᄂᆞᆯ 民產의 困瘁와 國力의 腐敗가 不可形言ᄒᆞᆯ 悲境에 至ᄒᆞᆫ것은 學問界에 物質學이 全闕ᄒᆞᆫ 所以가아닌가"(『황성신문』 1908년 11월 13일, 논설 「物質硏究의 最急」).

45) "我國各地에 天產物이 自來豐富ᄒᆞ지만은 過去時代에ᄂᆞᆫ 地方物產이 但히 權勢家善謝品을 供ᄒᆞᆷ에 不過ᄒᆞ고 世界貿易場을 對ᄒᆞ야 競爭發達을 經營ᄒᆞᆫ 者가 未有ᄒᆞᆫ즉 其產이 自縮ᄒᆞ고 其品이 自劣ᄒᆞᆯ 而已어니와 現今은 世界萬國의 貿易機關이 直接交通으로 其發售의 路가 極히 廣濶ᄒᆞ고 便利ᄒᆞᆯ지라"(『황성신문』 1910년 3월 11일, 논설 「國民經濟會」).

> 이로부터 남북 만주의 철도가 직접 통하는 날이면 만주 시장이 점점 확장되어 각종 무역의 정도가 대단히 발달할 상황이 있을 것은 명약관화하다. 뿐만 아니라 그렇게 되면 해 지역의 무역이 발달하는 영향은 가장 가까이 있는 우리 한반도에 파급하게 될 것은 필연적인 형세라. …(중략)… 현재 만주 무역에 다대한 수출은 대두와 기장 등인데 이는 서북 지방의 농산물이라. 실업가들이 회사를 설립하되 의주나 안동현에 위치를 정하고 대두와 기장 등을 무역하는 데 착수함이 시급히 필요한 바요.[46]

한편 '통상(通商)'은 문자의 뜻 그대로 '상인들을 서로 소통하게 한다'는 의미로서 오늘날의 외국 무역과 유사하지만, 그보다는 각국의 상인들이 서로 만나 상품을 교환하게 한다는 의미가 좀더 강하다. 『조선왕조실록』을 검색해 보면 '통상'이란 용어는 외국과의 왕래가 빈번하지 않은 탓이라 총 338회밖에 출현하지 않는다. 고종 이전의 역대 왕들 시기에는 대부분 각각 5회를 넘지 못하고 있다. 문호를 개방한 이후인 고종대에 282회 빈출하는 것을 보아도 이 점을 확인할 수 있다.

정조대 이전까지는 '통상'이 대체로 "상업을 통하게 하다" "상인들을 서로 통하게 하다"는 의미로서, 왜인(倭人)과 통상한다고 하는 것이 대부분이었다. 예외적으로 통상의 의미는 "국내에서 서로 부족한 것을 바꾸는 행위를 통해 가격을 고르게 만들어 빈민이나 가뭄을 구제하는 수단"의 의미로도 사용되었다.

> 영의정 정존겸(鄭存謙)이 계언하기를 "서로 소통하여 물건을 바꾸고 서

46) "自此로 南北滿의 鉄道가 直接交通되ᄂᆞᆫ 日이면 滿洲市場이 益益擴張되야 各種 貿易의 程度가 非常히 發達ᄒᆞᆯ 狀況이 有ᄒᆞᆯ것은 不啻 明若觀火라 然則該地의 貿易 發達되ᄂᆞᆫ 影響은 最히 密邇ᄒᆞᆫ 我韓半島에 波及ᄒᆞᆷ도 勢의 必至ᄒᆞᆯ바라 …(중략)… 現今滿洲貿易에 多大ᄒᆞᆫ 輸出은 大豆와 蜀黍等인ᄃᆡ 此ᄂᆞᆫ 西北地方에 農產物이라 實業諸家가 一會社를 設立ᄒᆞ되 義州이나 安東縣에 位置를 定ᄒᆞ고 大豆와 蜀黍等을 貿易ᄒᆞ기로 着手ᄒᆞᆷ이 時急必要ᄒᆞᆫ 바오"(『황성신문』 1910년 2월 19일, 논설 「勸告國內實業家」).

> 로 의지함이 흉년에서 구제하는 가장 중요한 일입니다. 청컨대 각처 쌀장사들의 배에 세를 부과하는 것을 멈추고 통상을 확대하게 하소서."라고 하였다.[47]

> 역시 묘당으로 하여금 통상하는 본 뜻을 하나하나 들어 서북 지방과 다른 도에 지시하고 쌀값이 두루 고르게 유통할 수 있게 하라.[48]

> 통상과 장사는 본디 급한 일인데, 대저 해산(海産)의 이익은 양대(涼臺: 갓의 챙에 해당하는 둥근 부분-인용자)와 달라서 봄날씨가 따뜻해진 후 전복과 미역 등속이 많이 채취되지 않을 줄을 어찌 알겠는가.[49]

그러나 고종대 빈출하는 '통상'은 거의 모두가 대외 교역, 오늘날의 '무역'과 유사한 의미로 사용되었다.

> 이양선을 타고 온 자들의 편지글은 비록 통상 매매하자는 말에 지나지 않지만, 필시 우리나라 사람들 속에 내통한 자가 있을 것이다. 참으로 관찰사의 장계 내용과 같다면 변경의 금령이 전부 해이해진 것이니 극히 놀라운 일이다.[50]

> 11일 술시 쯤 그들의 배가 정박한 곳에 가보니 그 사이에 이미 본 평양부의 신장(新場) 포구로 옮겨 가 있었습니다. 시간이 이미 깊은 밤이었기에 12일 진시에 그곳에 달려가 사정을 물어보니, "서양인들은 단지 통상 교역

47) "領議政鄭存謙啓言 通易相資 最爲救荒之要 請各處米商之船 許令停稅 以廣通商"(『정조실록』, 정조 7년 10월 18일).

48) "亦令廟堂 枚擧通商之本意 先飭西北及他道 使米價 得以周流遍行"(『정조실록』, 정조 16년 8월 26일).

49) "通商行賈 固是急務 而大抵海利 異於涼臺 春和後鰒藿之屬 安知不多採"(『정조실록』, 정조 20년 1월 3일).

50) "又敎曰 異樣人之投書 雖不過通商賣買之語 而其必有我人之和應 誠如道啓 邊禁蕩然 極爲可駭"(『고종실록』, 고종1년 3월 2일).

을 하려는 것 외에 다른 일은 없다"고 답하였습니다.[51]

'통상' 개념과 관련하여 주목할 만한 현상은 1894년 이후 신문 사설들에서 '통상'은 곧 1876년 이래 일본 등 외국에 대한 문호 개방을 의미하는 것으로 전제하고 있다는 점이다. 즉, '통상' 개념을 한국 사회의 극적 변화를 가져오는 중요한 계기로 설정하고, 이를 국민에게 계몽하려는 의도가 농후하게 드러나고 있다. 1905년 이후의 신문 논설에서는 '통상 이래' '통상 수십년 래로' 등등의 표현이 일상적으로 등장하였다.

> 병자년 이후 비로소 인천 부산 원산 3처에 문호를 열고 각국으로 더불어 통상조약을 정하니 외국의 사절과 상인들이 래왕하여 기이한 제조물품과 문명의 현상을 수입하되 우리 동포는 오히려 태고 시절 몽매 상태를 깨지 못하고 오직 우물안 개구리 되기를 즐겨 세계의 변화와 만국의 형편을 알고자 하는 자가 없고 만일 본국을 떠나면 곧 죽을 줄로 알 뿐이더니[52]

> 옛날에는 관시(關市)가 있었고 지금은 통상을 하여 사람들의 지혜가 나날이 열리고 교통이 더욱 왕성해지나니 대저 서로 소통하는 날은 양쪽의 힘이 우열을 시험하는 마당이라. 우월하고 열등하고에 따라 존망이 결판날 것이니 저 학문 지식 경제 무예 등을 모두 반드시 시급히 진보시켜 다른 민족에 우열하게 이긴 연후에야 존속을 도모할 수 있을 것이다.[53]

---

51) "十一日戌時量 到彼船所泊處 則已爲移泊於本府新場浦口 時已夜深 故十二日辰時 馳往問情 則答以 西洋人 只爲通商交易 竝無他事云"(『고종실록』, 고종3년 7월 18일).

52) "丙子年 以後로 비로소 인川 釜山 元山 三處에 門戶를 開ᄒᆞ고 各國으로 더부러 通商條約을 定ᄒᆞ니 外國의 使節과 商賈가 來往ᄒᆞ야 奇異ᄒᆞᆫ 製造物品과 文明의 現象을 輸入ᄒᆞᆫ되 惟我同胞ᄂᆞᆫ 오히려 太古時節에 夢ᄆᆡ를 不醒ᄒᆞ고 오즉 井底蛙되기를 自樂ᄒᆞ야 世界의 變換ᄒᆞᆷ과 萬國의 形便을 知得코저 ᄒᆞᄂᆞᆫ 者가 無ᄒᆞ고 萬若 本國을 離ᄒᆞ면 곳 死ᄒᆞᆯ 쥴노 知ᄒᆞᆯ ᄲᅮᆫ이더니"(『대한매일신보』 1907년 5월 7일, 별보).

53) "古有關市ᄒᆞ고 今有通商ᄒᆞ야 人智가 日開에 交通이 愈盛ᄒᆞᄂᆞ니 夫交通之日은 兩力優劣之試驗場也라 一優一劣에 存亡이 遂判ᄒᆞ리니 彼學問 知識 經濟 武藝 等을 皆須汲汲進步ᄒᆞ야 有以優勝他族然後에 可以圖存이오"(『황성신문』 1907년 6월 20일, 논설「民族主義」).

> 외국과 통상한 이후로는 상업에 균형을 살피지 못하여 수출품은 겨우 약간의 곡물류뿐이고 수입품은 일용 기구로부터 의복 재료까지 오로지 타국 물건을 쓰고 지금은 식료로 수입되는 것 또한 많으니[54)]

> 대저 우리나라가 해외 열방과 통상 개항한 것이 30여 년이라. 화륜선과 철도가 수륙을 연락하며 전신 전화가 만리를 지척 간으로 줄여주며 동서의 상인들이 항구와 도회지로 핍주하니 눈과 귀로 보고 듣는 것이 외국물건 아닌 것이 없고 밤이건 낮이건 쓰는 물건이 외국 물건 아님이 없건만[55)]

아울러 통상을 순경제적 관계가 아니라 외교적 관계로도 인식함으로써 을사조약 이후 끊어진 열강과의 외교관계 유지의 매체로 삼으려는 의지도 나타난다.

> 우리 한국이 세계 열국과 관계가 끊어졌다 이름은 외교적 방면만 말하는 것이오 통상조약상 관계는 여전히 존재하는데 다만 일본이 대표자 자격으로 그 업무를 담당하여 그 조약의 권리 의무를 이행한다고 주장할 뿐이라. 그러므로 일본이 향후 한국에서 어떤 세력을 키우더라도 한국의 문호를 폐쇄하여 열강의 통상권을 부인할 수는 없을 것이다. 왜냐. 오늘날 국제적으로 통상권은 세계인류의 공통적 권리라. 가령 조약이 없는 나라라도 특별한 사정이 없는 이상에는 사실상 인정하는 실례가 있거늘 하물며 당당한 조약이 있는 한국이야 어떻겠는가. 그러므로 목하 한국은 통상적 방면으로는 열국과 관계가 여전히 존재한다고 할 수 있다.[56)]

---

54) “外國通商ᄒᆞᆫ 以後로ᄂᆞᆫ 商業에 均衡을 不察ᄒᆞ야 輸出品은 僅히 若干穀類ᄲᅮᆫ이오 輸入品은 日用器具로부터 衣服料ᄭᆞ지 專히 他國物을 用ᄒᆞ고 今에 至ᄒᆞ야ᄂᆞᆫ 食料에 輸入되ᄂᆞᆫ 者ㅣ 亦多ᄒᆞ니 然ᄒᆞᆷ으로 全國의 工業은 日日減少ᄒᆞ며 商業은 損己益他ᄒᆞᆯᄯᆞ름이니 痛嘆ᄒᆞᆷ을 可勝ᄒᆞᆯ가 如斯ᄒᆞ고도 尙此姑保苟安ᄒᆞᆷ은 維一 農業이니”(『대한매일신보』 1907년 11월 3일, 별보 「農業의 必要(共修學報照謄)」).

55) “盖我國이 海外列邦과 通商開港이 三拾餘年이라 輪船鐵軌가 聯絡水陸ᄒᆞ며 電信電話가 咫尺萬里ᄒᆞ며 東商西賈가 輻湊港市ᄒᆞ니 耳目所觸이 無非外物이오 日夜所用이 無非外物이언만은”(『황성신문』 1908년 11월 11일, 논설 「我韓에 工業大家出現」).

56) “我韓이 世界列國과 關係가 斷ᄒᆞ얏다 云ᄒᆞᆷ은 外交的 方面으로 謂ᄒᆞᆷ이오 通商條約上 關係

위 논설은 한국이 을사조약 강제 체결로 외국과의 관계가 단절된 것 같지만 그렇지 않다는 것이다. 즉 외교적 관점으로만 보면 그렇지만, 한국과 영국·미국·불국·독일 등과의 통상조약이 엄연히 존재하고 일본이 열강의 통상권을 부정할 수 없는 이상, 한국은 통상적 관점에서는 열강과 여전히 관계를 맺고 있다는 주장이다. 다시 말해서, 자주권의 회복을 위해서는 열강과의 관계를 이용할 수도 있다는 것이다. 을사조약은 이처럼 '통상' 개념의 이중화까지 가져왔던 것이다.

2. 근대적 화폐와 은행 개념의 도입 및 확산

화폐, 즉 돈은 조선시대에도 제작 유통했기 때문에 전통시대 한국인들에게도 익숙한 것이었다. 이미 조선 초에 저화(楮貨)라는 지폐를 발행 유통시켰다가 중단한 적이 있고, 숙종대부터는 상평통보라는 동전을 발행한 이래 개항기까지 통용 범위가 확산되어 왔기 때문이다. 즉 상평통보는 빠르게 통용 범위를 확산하고 경제생활에서의 역할을 증대하여, 화폐계를 평정하였을 뿐만 아니라 시장을 성장시켰다.

이렇게 화폐경제가 성장하였지만, 조선시대에는 자급자족의 영역이 압도적이었고 면포와 쌀의 화폐기능이 뿌리 깊게 존속하였다. 게다가 19세기에도 농가 생산물의 상품화율은 20~30%로 추정된다. 아직 시장

ᄂᆞᆫ 依然히 存在ᄒᆞᆫᄃᆡ 但 日本이 代表者의 資格으로ᄡᅥ 其局에 當ᄒᆞ야 其條約의 權利義務를 主張履行ᄒᆞᆯ ᄲᅮᆫ이라 故로 日本이 今后로 韓國에셔 如何ᄒᆞᆫ 勢力을 扶植ᄒᆞ더라도 韓國의 門戶를 閉鎖ᄒᆞ야 列强의 通商權을 否認키ᄂᆞᆫ 不能ᄒᆞ니라 何則고 今日 國際上에 通商權은 世界人類의 共通的 權利ㅣ라 假令 無條約國이라도 特別ᄒᆞᆫ 事情이 無ᄒᆞᆫ 以上에ᄂᆞᆫ 事實上으로 認定ᄒᆞᄂᆞᆫ 實例가 有ᄒᆞ거든 而況堂堂ᄒᆞᆫ 條約이 有ᄒᆞᆫ 韓國乎아 故로 目下 韓國은 通商的方面으로ᄂᆞᆫ 列國과 關係가 依然尙存ᄒᆞ다 ᄒᆞ노라"(『황성신문』 1909년 7월 15일, 논설 「宇內大勢와 韓國(續))」).

경제가 미성숙하고 동전의 공급이 풍부하지 않은 19세기 이전에는, 면포와 쌀이 제값 받고 손쉽게 팔 수 있는 생활 필수품이었고 조세도 이들 2종으로 납부하도록 하고 있었다. 이 때문에 금속화폐가 완전히 유통 수단의 지위를 차지하지 못했다.

그 결과 서울 등 도시에서는 화폐의 사용이 활성화된 반면, 일반 농촌에서는 그렇지 못했다. 남공철(南公轍, 1760~1840)은 "서울에서는 돈으로 살아가고, 지방에서는 곡식으로 살아간다"는 뜻의 말을 하였다. 다만, 농촌에서도 화폐가 부분적으로 사용되고 있었다. 경북 예천군 용문면 대저리(大渚里)의 박씨가는 1900년경 이틀에 한번 꼴로 재화를 거래할 정도로 시장거래를 일상적으로 하였는데, 박씨가의 교환은 대개 동전을 매개로 하였고, 현물로 결제할 때에도 재화의 시장가치를 측정하여 동전으로 정산하였다.[57)]

게다가 '화폐'라는 용어도 개항 이전까지는 거의 사용된 적이 없었다. 조선왕조실록을 검색하면 총 55회 밖에 등장하지 않는다. 국왕대별로는 태종(1) 세종(3) 성종(1) 연산군일기(1) 중종(1) 명종(2) 선조(2) 현종(2) 현종개수(3) 영조(1) 순조(2) 고종(35) 순종(1) 등의 분포이다. 즉, 개항 이후 근대적 화폐가 유통하기 시작한 고종대 이외의 시기에는 '화폐'라는 용어가 생소한 것이었다. 고종대 이전의 '화폐'란 '저화'의 '화(貨)'와 '전폐(錢幣)'의 '폐(幣)'를 합친 단어, 즉 종이 돈과 동전을 아우르는 정도의 용어였다.

> 옛날부터 백성들 생활에 일용하는 의식(衣食) 이외에는 반드시 화폐(貨幣)라는 것이 있어서 사고 팔 때의 밑천으로 삼고 있습니다. 그런 연유로 국초에 전폐와 저화 두 가지를 병행하였습니다. 그 뒤에 전폐를 혁파하고

57) 국사편찬위원회, 『화폐와 경제 활동의 이중주』, 두산동아, 2006, 83~84쪽.

> 저화를 사용하였는데, 『대전(大典)』에 기재하여 만세통행의 법으로 삼게 되었습니다.[58]

개항기까지 '화폐'보다 더 많이 사용된 용어는 위에서 본 '전폐'였다. 조선왕조실록 상으로는 총 85회 등장하고, 국왕대 별로는 태조(1) 정종(1) 태종(2) 세종(20) 세조(1) 성종(4) 연산군일기(2) 중종(4) 명종(1) 선조(2) 인조(3) 효종(4) 숙종(6) 영조(8) 정조(7) 순조(2) 헌종(1) 고종(16) 등의 사용 빈도를 보인다. '전폐'란 위에서 보듯이 주로 동전을 의미하며 이것이 곧 오늘날의 화폐와 같은 의미로 전용된 것으로 보인다.

오늘날 사용하는 '지폐'라는 말도 널리 사용되지 않았다. 태종대 저화를 발행하면서 이를 '저화' 또는 '저폐'라고 불렀으나 이를 '지폐'로 부른 적은 한 번도 없었다.[59] 조선왕조실록에서 '저화'는 총 316회 사용되었고, 태종(144) 세종(80) 문종(9) 단종(1) 세조(10) 성종(20) 연산군일기(4) 중종(26) 명종(10) 인조(3) 현종(2) 현종개수(2) 영조(4) 헌종(1) 등의 분포를 보인다. 저화가 유통되었던 태종 · 세종대에만 압도적으로 많이 사용된 용어였음을 알 수 있다. 이에 비해 '저폐(楮幣)'의 용례는 총 34회에 불과하다. 국왕대 별로도 태종(6) 세종(8) 단종(1) 세조(10) 성종(4) 중종(2) 영조(2) 순조(1)로 나타나 세조대 이후에는 거의 사용된 경우가 없었다고 보아야 할 것이다.

이와 같은 사정이었기 때문에 근대적 화폐 개념에 익숙해지는 것은 개항 이후 상업과 무역이 왕성한 개항시장 또는 도시에서나 가능했다. 시장경제에 연루되지 않고 자급자족적 경제를 영위했던 대부분의 농

---

58) "自古 民生日用衣食之外 必有貨幣 以爲貿遷之資 故國初錢楮二貨竝行 厥後革錢幣 而用楮貨 至載諸大典 以爲萬世通行之法"(『중종실록』, 중종 10년 6월 25일).

59) '지전(紙錢)'이라는 용어가 개항기 이전에 사용된 적이 있다. 그러나 이 용어는 제사나 굿 등을 할 때 흰 종이를 저화 또는 상평통보 모양으로 잘라 만든 것으로 실제 가치를 지녔던 것은 아니었다.

민들은 일본의 식민 통치 시기에 가서야 근대적 화폐–본위 · 보조화, 지폐 개념을 받아들일 수 있었다.

은행 개념 역시 마찬가지였다. 개항 이전에 타인의 금전을 맡아 두거나 타인에게 금전을 빌려주는 역할은 조선후기 객주나 여각의 소관 사항이었을 뿐, 은행이라는 개념은 존재하지 않았다. 조선왕조실록에서도 은행 개념은 고종대 근대화정책을 추구하는 이후에 등장하였다. 한국인들은 언제 어떠한 경로를 거쳐서 이러한 근대 자본주의에 핵심적인 개념을 받아들였을까?

1) 본위화 개념의 도입

개항 이후 조선 정부는 궁핍한 재정을 해결하는 고식책으로 당오전을 남발하면서 근대적 화폐제도 수립에 노력하였다. 그 첫 시도로 1882년 10월경 대동(大東) 1전 · 2전 · 3전 등 3종의 은화를 주조하였다. 그러나 이들 주화는 발행되자마자 부호의 수중에 들어가 축장되거나 해외로 유출되어 버려 상거래에서 사용되지 못하였다. 게다가 원료로 사용되던 마제은 가격이 오르고 구입도 어려워져 1883년 6월 이후 주조가 정지되었다.

이후 정부는 외국 차관을 도입하여 은행을 설립하고 금 · 은 화폐를 발행하려는 시도를 계속하였는데, 그 결실이 경성전환국의 설치였다. 정부는 1885년부터 전환국 신축 계획을 수립하여 독일계 상회사 세창양행으로부터 차관을 도입하여 약 3만 원에 해당하는 전환국 기계를 독일로부터 수입하였다. 당시 수입된 조폐 기기는 압인기, 압연기, 압사기, 선반, 절단기, 착공기, 자동평량기, 연마기, 압차기(壓車機), 기기(汽機), 기관(汽罐) 등이었다. 이어서 3명의 독일인을 조폐 기술자로 초빙하였으며 1887년 10월에는 현재 남대문초등학교 근처에 경성 전

환국을 완공하였다.[60]

아울러 주화 제조에 필요한 원형 소전(素錢)과 각인(刻印)도 독일에서 수입하였으나 조각이 선명하지 못하여 일본인 기술자를 도입하여 각인을 완성하게 하였다. 독일에서 도입한 각인은 금화 20원(圜) · 10원 · 5원 · 2원 · 1원, 은화 1원 · 5냥 · 2냥 · 1냥 · 반냥, 적동화 20푼 · 10푼 · 5푼 · 2푼 · 1푼 등 총 15종이었다. 이를 바탕으로 하여 1888년 1원 은화, 10푼 적동화, 5푼 적동화 등 3종 약 5천 3백 원 가량을 주조하였다.

주화 제조는 정부재정의 부족으로 시험 단계에 그치고 말았으나 조선 정부의 구상은 1891년에 가서야 구체화되었다. 1891년 고종의 밀명을 받은 전환국 방판(幇辦) 안경수는 일본에서 오사카 제동회사 사장 마스다 노부유키(增田信之)를 만나 화폐 개혁에 필요한 자금 20만 엔 차관 계약을 체결하였다. 5년간 일본인을 고용하여 신식 화폐 주조 사무를 관리하게 하고 주조 이익금의 4분의 1을 마스다에게 주기로 하는 조건이었다. 다른 한편 신구 화폐를 교환할 교환국 업무를 담당할 책임자로 일본 제58은행 은행장인 오미와 쵸베(大三輪長兵衛)를 초빙하였다. 오미와는 교환국 업무와 관련하여 인천에 일본 제58은행 지점을 개설하고 전환국에서 주조할 신화폐와 구화폐 교환을 취급하고자 하였다. 그는 1891년 8월 「신식화폐발행조례」를 기초하고 1892년 11월에는 경성 전환국과 별도로 인천 전환국을 준공하였다.[61]

인천 전환국에서는 연말까지 5냥 은화, 1냥 은화, 2전 5푼 백동화, 5푼 적동화, 1푼 황동화 등 5종 합계 23만 5천여 엔 정도의 화폐를 주조하였는데, 이는 당시 일본화폐와 품위 · 중량 · 가치를 거의 같이 하는

60) 이석륜, 『新稿 韓國貨幣金融史研究』, 박영사, 1984, 220~223쪽.

61) 오두환, 「한국개항기의 화폐제도 및 유통에 관한 연구」, 서울대 경제학과 박사학위논문, 1984, 115~17쪽.

것이었다. 즉 5냥 은화는 일본의 1엔 은화, 1냥 은화는 일본의 20전, 2전 5푼 백동화는 일본의 5전, 5푼 적동화는 일본의 1전과 동일한 가치를 지녔다. 다만 1푼 황동화는 구 엽전 1매에 해당하는 것으로 일본화폐에는 이에 해당하는 것이 없었다.

이와 아울러 정부는 태환서(兌換署; 교환국 또는 교환서로도 불림)를 설립하고 새로 주조한 화폐와 구 화폐의 교환 정리를 담당하도록 하였다. 태환서에서는 50냥 · 20냥 · 10냥 · 5냥 액면을 가진 호조 태환권을 발행하여 우선 구화폐와 교환한 다음 신화폐의 발행량이 충분하게 되면 이 호조 태환권을 다시 신화폐와 교환할 계획이었다.

그러나 신식 화폐 발행 계획은 일본인 마스다와 오미와 사이에 화폐 주조 이권을 둘러싼 갈등이 발생한 데다가 청국 관리 위안 스카이 및 미국 · 독일의 공사로부터 강력한 외교적 압력을 받아 순조롭게 추진되지 못하였다. 당오전 · 평양전 주조를 통해 막대한 주조 이익을 얻던 정병하 · 민영준 등도 신식 화폐 발행에 맹렬히 반대하였다.

내외의 압력과 화폐 개혁을 둘러싼 이권 쟁탈로 인하여 신화 발행은 잠시 중단되었지만 고종은 신화 발행 계획을 계속 추진하여 1894년 중반 경에는 「신식화폐발행조례」를 실시할 단계에 도달하였다. 그러나 1894년 중반 동학 농민 전쟁과 청일전쟁이라는 거대한 회오리 바람을 맞이함으로써 신식 화폐 발행 계획은 새로운 차원으로 전개되었다.

1894년 1월 전라도 고부에서 발생한 농민 항쟁이 3월에 전국적 농민 봉기로 이어지고 4월 27일 농민군이 전주성을 점령하는 초유의 사태가 발생하였다. 이를 막기 위해 조선 정부가 요청한 청국 군대가, 뒤이어 일본 군대가 인천항에 상륙하였다. 양국 사이에 조선 내정 개혁을 둘러싼 교섭이 결렬되고 6월 23일 일본군이 청군을 기습 공격하면서 청일전쟁이 시작되었다. 이보다 이틀 앞서 일본군의 보호하에 권력을 장악한 친일적인 개화파 세력과 대원군 계열이 6월 25일 군국기무처를 설치하고 사회 전반에 걸쳐 대대적인 개혁을 시작하였으니 이것이 곧 갑오개혁이다.

화폐 제도와 관련해서는 조세 종목의 통폐합과 금납화, 당오전의 당일전으로의 흡수, 신식 화폐 발행 등의 조치가 이루어졌다. 개화파 정권은 동년 7월 10일 쌀·콩·삼베·면포·엽전 등 다양한 종류로 수납하던 각종 조세를 10월부터 화폐로 통일시킨 데 이어, 8월 22일에는 정부의 모든 지출 항목도 화폐로 통일시켰다. 수십 종목에 달하던 조세 종목도 결세와 호세로 통합하고 결세는 1결당 최고 30냥, 호세는 1호당 3냥으로 정하였다. 이들 조치에 의하여 화폐는 조선 민인의 경제 생활에 필수불가결한 생활 수단이 되었다.

7월 8일에는 당오전·평양전의 폐해를 제거하기 위하여 당오전과 당일전의 혼용을 엄금하고, 당오전과 당일전이 섞여 있을 경우에는 그 당오전을 1푼 가치로 계산한다고 공표하였다. 조세금 수입과 정부 지출은 모두 당일전 단위로 환산해서 시행한다고 하였다. 이로써 당오전은 당일전과 동일한 가치로 유통하게 되었으나 당오전이 유통하던 경인 지방 등에서는 당일전 유통 지역과 화폐 환산 단위를 달리 하게 되었다. 즉, 당오전 유통지역에서는 당오전이든 당일전이든 모두 2백 매를 1관문으로 계산하거나 "당오 ○○냥"이라 하여 당오전임을 명시하였다. 반면 경상·전라·함경 등 당일전 유통지역에서는 당오전이나 당일전이나 무조건 1천 매를 1관문으로 계산하게 되었다.[62]

이러한 조치는 1892년 이후 당오전 1매와 당일전 1매가 실제 상거래에서 동일한 가치로 유통하고 있던 상황을 추인함과 동시에 화폐 가치의 통일을 기한다는 점에서 마땅한 조치였다. 그러나 정부의 명령에 의해 당오전 1매를 엽전 5매의 가치로 사용하던 민인들로서는 자기가

62) 도면회, 「갑오개혁 이후 화폐제도의 문란과 그 영향」, 『한국사론』 21, 1989, 377~384쪽.

소유한 당오전 가치의 5분의 4를 상실하게 하는 것이었다.

게다가 지방관·아전들이 법령을 잘 모르는 민인들을 수탈하기도 하였다. 경기도 광주에서는 농민들에게 환곡을 지급할 때 예년과 달리 당오전으로 지급하고 원리금을 받을 때는 당오전이라도 모두 당일전으로 계산하고, 1호당 195푼씩 내던 호포전도 900푼으로 5배 징수하는 행태가 나타났다. 이러한 수탈은 당오전이 대량 유통하던 경기·충청·황해도 지역에서 집중적으로 나타나 1894년 가을 동학 농민군이 재차 봉기할 때 황해도 지방 농민군 대열에 "당오전이 당일전이 되어 손실을 보고 분노한 무리"가 참가하는 직접적 원인이 되었다.[63)]

정부는 당오전과 당일전의 가치를 동등화시키는 조치에 이어 7월 11일 다음과 같이 「신식 화폐 발행 장정」(이하, 「장정」으로 칭함)을 반포하였다.[64)]

> 제1조 신식화폐는 은화, 백동화, 적동화, 황동화 등 4종으로 나눈다.
>
> 제2조 화폐 단위의 최저는 푼(分)으로 하며 10푼을 전(錢), 10전을 냥(兩)으로 한다.
>
> 제3조 화폐는 5등급으로 나눈다. 최저 1푼은 황동화, 다음 5푼은 적동화, 다음 2전 5푼은 백동화, 다음 1냥 은화, 그리고 5냥 은화를 최고 등급으로 한다.
>
> 제4조 5냥을 본위화로 삼고 1냥 이하는 모두 보조화로 삼는다. 1냥 은화로 거래할 때는 1회에 1백 냥을 한도로 한다. 백동화 이하의 화폐로 거래할 때는 1회에 5냥을 한도로 한다. 단, 거래자 사이에 상호 허락할 때에는 이 제한을 받지 않는다.
>
> 제5조 신식·구식 화폐를 모두 통용시켜 유통을 넓히며 그 비례는 다음과 같다.

63) 도면회, 「화폐유통구조의 변화와 일본금융기관의 침투」, 한국역사연구회, 앞의 책, 233~234쪽.

64) 『구한국관보』 개국 503년 7월 11일.

1푼 황동화는 구엽전 1매　　　5푼 적동화는 구엽전 5매
2전 5푼 백동화는 구엽전 25매　　　1냥 은화는 구엽전 100매
5냥 은화는 구엽전 500매

제6조 은화로 수입 지출하기로 한 각종 항목의 조세 및 봉급은 가능한 한 은화를 사용하되, 형편에 따라서는 구엽전을 대신 사용할 수도 있다. 구엽전을 사용하기로 규정된 것은 제5조의 비례를 따른다.

제7조 신식 화폐를 다량 주조하기 전에 잠시 동안 외국 화폐를 혼용할 수 있다. 단, 본국 화폐와 동질 동량 동가인 것만 유통시킨다.

이는 앞서 1891년에 준비된 「신식화폐발행조례」를 거의 그대로 공표한 것이다. 이로써 은화를 본위화로, 동화와 엽전을 보조화로 삼는 근대적 화폐제도가 한국 역사상 최초로 실시되었다. 즉, 한국도 중국 · 일본과 마찬가지로 은본위 화폐 제도를 갖추게 되었고 화폐 단위는 1냥=10전=100푼의 십진법으로 계산되었다.

「장정」에는 규정되어 있지 않지만 5냥 은화가 일본 은화나 멕시코 은화와 동일한 지금가치를 지니고 있었기 때문에 개항장이나 정부재정 기관인 탁지부 · 해관 등에서는 관례적으로 이들 화폐의 단위였던 엔(圓) 또는 원(元)을 차용하여 사용하였다. 이 경우에는 일본화폐 단위인 전(錢) · 리(厘)도 동시에 사용하여 5냥=1원(元)=1엔(圓)=100전(錢)=1000리(厘)의 방식으로 계산하였다.

그러나 조선 정부는 만성적인 재정 적자로 인하여 본위화인 5냥 은화를 다량 주조할 형편이 되지 못하였다. 국내 유통에 충분할 만큼의 은화를 다량 주조하려면 해관세를 재정 자금으로 비축하거나 금은 등 귀금속의 유출입을 통제하여야 했으나 조선 정부는 이러한 조치를 취하지 못하였다. 신식 화폐 특히 본위화의 준비도 전혀 되지 않은 상태에서 성급하게 화폐 개혁을 실시한 이유는 무엇 때문이었던가? 이는 일본이 청일전쟁을 치르는 데 필요한 군수품 대가나 조선인 노무자에

대한 임금을 지급하는 데 막대한 화폐가 필요하였기 때문이다.

일본화폐가 개항장에서 신용도가 높아지고 유통량도 늘어났지만, 전쟁 수행 지역인 내륙 지방에서는 생소한 것일 수밖에 없었다. 따라서 일본군은 군수품 구입 대금이나 인부 고용비를 줄 때는 일본화폐를 엽전으로 교환하여 지급하여야 하였고 이로 인하여 엽전시세가 폭등하기 시작하였다. 난국을 타개하기 위하여 일본 정부는 한국 정부가 준비도 채 되지 않은 상태에서 일본화폐와 동질 · 동량 · 동가를 갖게 만든 신식 화폐를 시중에 유통시키게끔 1891년의 「신식화폐발행조례」를 시행하게 하되, 동 조례에는 없던 내용을 제7조로 부가하여 일본화폐도 당분간 같은 값으로 유통할 수 있게 만들었다.[65]

그러나 신식 화폐든 일본화폐든 조선인이 익숙해지는 데는 우여곡절을 겪어야 했다. 우선 조선 정부가 7월 20일부터 발행한 신식 화폐 총액은 23만 원에 불과하였을 뿐 아니라, 발행된 사실조차 널리 알려지지 않아 한성에서만 주고 받는 실정이었다. 일본군은 인부 고용비나 군수품 구입대금을 한국민에게 지불할 때 일본화폐를 엽전으로 바꾸어야 했으므로 엽전 수요량이 급증하였다. 이로 인하여 평소 15할 전후였던 각 개항장의 엽전시세는 1895년 초 25할까지 폭등하였다.

엽전 시세 폭등으로 인하여 일본 측은 위 「장정」이 반포된 바로 다음날인 7월 12일 일본군의 군수 대금을 일본화폐나 전표로 지급하게 해 달라고 요청해 왔다. 조선 정부는 이를 수락하여 각 지방 관청에 대하여, 중앙으로 상납해야 할 조세금을 일본군 전표를 받고 대여해 주거나 엽전 5냥에 일본화폐 1엔의 비례로 바꾸어 준 후 일본화폐로 상납하라는 훈령을 내렸다. 일본 측은 또 조선 정부의 승인을 얻어 평안도 지방에 일본제 면포를 대량 수입 판매하여 엽전을 조달하기까지 하였다.

65) 이석륜, 앞의 책, 250~255쪽.

이로 인하여 한국 내에는 일본화폐의 유통량이 급속히 늘어났다. 일본군이 한성에서 의주까지 북진하면서 산포한 일본화폐는 총 600만 엔(은화 1/3, 지폐 2/3) 이상에 달했고 그 중 400만 엔 이상이 북부 지역에서 유통하였다. 지폐는 대부분 인부 고용비로 지급되었는데 거의가 5엔권이나 10엔권으로서 인부 10명에 5엔권 2장, 7명에 10엔권 1장 꼴로 지급되었다. 따라서 지폐를 분배하는 데 상당한 곤란이 생긴 데다가 내륙 지방 조선인은 지폐가 무엇인지도 모르는 상태였기 때문에 하루라도 빨리 지폐를 엽전과 교환하고자 하였다. 이로 인하여 1엔 권 지폐 1장이 법정 환율인 엽전 500매가 아니라 280매와 교환될 만큼 일본 지폐의 시세가 하락하였다.

일본상인이 수입 판매한 면포는 조선인에게 지폐의 신용도를 높이고 일본 상권을 넓히는 데 큰 역할을 하였다. 조선인이 면포를 살 때 일본군에게서 받은 지폐를 사용함에 따라 지폐 시세도 점차 올라, 1895년 6월경에는 1엔권 지폐 1장과 엽전 420~430매가 교환될 만큼 신용이 확대되었다. 1엔 은화도 처음에는 엽전 340~50매와 교환되었으나 조선인이 지폐로도 교환하고 귀금속으로 축장하거나 녹여 사용함으로써 신용을 획득, 1895년 6월경이 되면 경기 · 황해도에서는 1엔 은화가 「장정」에 규정된 법정 비가대로 엽전 5백 매와 교환되었다.

1897년 후반이 되면 일본화폐의 총 유통량은 300만 엔으로 줄었다. 지폐는 각 개항장과 개성 · 서울 등 은화와의 태환이 가능한 상업 · 무역 중심지에서만 유통한 반면, 은화는 개항장뿐만 아니라 평양 · 원산 이남 내륙의 상업 중심지에서 원활하게 유통하고 있었다. 경인 지방에서는 신식 화폐와 일본화폐가 유통하면서 엽전의 수요가 감퇴, 1895년 6월 이후에는 엽전 시세가 성립되지 않고 「장정」에 규정된 대로 일본화폐 1엔이 엽전 5냥 또는 백동화 · 적동화 5냥의 비가로 유통되기 시작하였다.

그러나 대부분의 내륙 지방과 부산 · 원산에서는 여전히 엽전만 유통하고 있었다. 일본 은화도 엽전 500매로 교환되지 않고 화폐 수급 관계에 따라 엽전 500매 전후의 시세로 교환되고 있었다. 즉 1897년 7월경 일본 은화는 평안 · 황해 · 충청 · 전라 등 내륙 지방에서는 엽전 510~560매(17.9~19.6할)로 법정 가치보다 높게 유통하고 있었고 부산 · 원산항 등 개항장에서는 480매(20.8할)로 낮게 유통하고 있었다. 이는 내륙 지방에서 일본 은화를 귀금속으로 비축하거나 용해하여 비녀 · 반지 · 담뱃대 등을 만드는 데 사용하여 은화가 비싸게 취급되었기 때문이다. 반면, 개항장에서는 쌀 · 콩 등 수출품 대가로 일본상인이 지불한 은화가 농민들이 일상 생활에서 사용하기에 고액권인지라 은화로 받기를 꺼려하여 은화가 값싸게 취급되었다.

이러한 변화는 화폐에 대한 조선인의 개념에도 변화를 불러왔다. 조선 후기까지 화폐 개념은 성호 이익이 서술한 바와 같이 "탐관오리(貪官汚吏)에게 편리하고, 사치하는 풍속에 편리하고, 도둑에 편리하나, 농민에게는 불편하며, 돈꿰미를 차고 저자에 나아가서 무수한 돈을 허비하는 자가 많으므로, 인심이 날로 투박해지게 하는"[66] 필요악적인 존재였다.

1880년대 『한성주보』의 다음과 같은 인식도 조선 후기 이익의 인식에 비하면 상당히 진보하였으나, 여전히 본위화 · 보조화 관계나 지폐의 발행과 유통에 대해서는 언급하지 않고 있다. 다만, 화폐가 갖는 여러 가지 기능 중에서 교환 수단, 가치 측정의 기준 두 가지를 언급하는 정도에 그치고 있음에 유의해야 한다. 즉, 가치 저장 수단이나 지불 수단으로서의 기능에 대해서는 언급하지 않고 있는 것이다.

---

66) 『星湖僿說』 卷八, 人事門 生財.

> 화폐는 교역의 매개요, 시가의 표준이다. 나라에 그것이 없으면 무천(貿遷)이 지체되어 상고(商賈)가 흥기되지 못하고 따라서 농공(農工)도 함께 병들어 치료할 수 없게 된다. 때문에 이 큰 천하의 수많은 나라들이 진실로 조금이라도 정치의 가르침(政敎)이 있으면, 모두 반드시 화폐를 교역의 매개와 시가의 표준으로 삼고 있는 것이다. 화폐야말로 나라의 지극한 보배요 민생에서 하루라도 없어서는 안 될 것임에 틀림없다.[67]

그러나 「장정」을 통해 5냥 은화를 본위화로, 1냥 은화 및 2전5푼 백동화 등 동전과 구래의 상평통보를 보조화로 규정하면서부터 이에 대한 지식이 전파되기 시작하였다.

1898년 7월 12일자 『독립신문』에 실린 다음 논설은 본위화와 보조화의 관계를 민중들에게 계몽적으로 알려주는 좋은 글이라고 할 수 있겠다. 여기서 논설의 필자는 '은젼'(은화)을 '원화'(본위화)로 표현하고, 적동젼(적동화) · 백동젼(백동화) · 당오전 · 상평통보를 모두 '보조화'로 표현하고 있다.

> 지금 세계의 개화국가들에서 원화를 모두 금이나 은으로 하는 것은 다 아는 일이다. 우리나라에서도 문닫고 들어앉았을 적에는 상평통보나 당오전으로 무역 교환하여 그대로 지냈다. 타국과 무역을 시작한 후에는 그 추하고 거친 돈으로는 아무 일도 할 수 없는 고로 은을 원화로 작정하였더니 불행히 정부에서 여력이 미치지 못하여 원화 은전을 지어 쓰지 못하니 애석하다. 그 대신 일본 은전으로 쓰는 것은 잠시 부득이한 일이다. 그러나 만일 적동전 백동전 당오전 상평통보라 하는 보조화들이 수효가 적어서 오로지 작은 흥정하는 데만 쓰게 하였으면 우리나라 은전이던지 타국 은전을 쓰던지 밖으로 나갈 이치가 없다. 이는 다름 아니라 외국 장사들도 우리나라 물건을 살 때에 은전 외에 다른 돈이 없으면 불가불 은전을 쓰겠지만 만일 적백동전과 당오가 많으면 팔 때는 은전을 받고 살 때에는 적백동전

67) 『漢城周報』 1886년 2월 22일, 「私議 論貨幣」.

으로 값을 치르니 이는 인정과 사세에 마땅한 일이다.[68)]

위에서 보다시피, 한국정부가 본위화인 은화를 주조하지 못하고 그 대신 일본은화를 사용하는 것은 어쩔 수 없지만, 보조화로 규정된 적동화 이하 상평통보 등은 소액 거래하는 데만 사용하면 화폐 유통에 아무 문제가 없다고 설명하고 있다. 아울러 보조화인 적동화·백동화·당오전이 많으면 판매의 대가로 은화를 받고 구매의 대가로는 적백동전을 지불하는 것이 인정과 사세에 당연하다는 사실을 인정하고 있다. 다시 말해서 악화인 적동화·백동화·당오전과 양화인 은화가 동시에 유통할 때 사람들은 은화를 받아 저장하고 적동화·백동화·당오전은 가능하면 빨리 지불수단으로 사용하여 그 가치의 감소를 막으려 한다는 것이다.

이러한 본위화·보조화의 관계, 즉 본위화가 부족한 상태에서 보조화만 대량 유통하는 상황에서 '그레샴의 법칙'이 작용하다는 개념은 1900년 이래 보조화인 백동화의 남발과 1902년 일본제일은행의 은행권 발행으로 인해 더욱 널리 확산되기 시작했다. 우선, 백동화의 남발로 인한 영향을 보자.

전환국은 1900년 1월부터 오로지 황실 경비를 조달하는 자금원으로 변질되어 매년 2백만 원 이상의 백동화를 주조하였다. 1902년에는 매일 1만 3천 원씩 총 280만 원을 주조하였는데 그중 150만 원은 황실용으로 따로 떼어 별도 금고에 보관하였을 뿐 아니라 전환국에서 궁내부로 납부한 백동화 어음도 무려 40만 원 어치를 초과할 정도였다. 즉, 백동화 주조 이익의 반 이상이 황실로 들어갔다.

게다가 황제 및 측근 인물들은 내외국인에게서 상납금 또는 뇌물을

68) 『독립신문』 1898년 7월 12일, 논설.

받고 특주(特鑄: 개인이 화폐를 주조하고 그 일부를 상납하는 행태)와 묵주(黙鑄: 특정인에게 화폐 주조를 허용하고 묵인해 주는 행태) 등의 명목으로 백동화 주조를 공공연히 허용하였다. 이에 더하여 1900년 말부터는 내외국인에 의한 백동화 사주(私鑄: 비밀리에 화폐를 주조하는 행태) 또는 밀수입이 극도로 성행하기 시작하였다. 당시 신문에 사주죄인 체포 기사가 헤아릴 수 없을 정도로 많이 게재되고 있는 것도 이러한 현실의 반영이었다. 정부 대신들 중 화폐 주조 기계를 1대 또는 2~3대 설치하지 않은 사람이 없다는 소문이 나돌았다. 프랑스 천주교당이나 청국 공사관에 화폐 주조기가 설치되어 있었고 일본인 거류지에서도 사주가 다량 이루어졌다.

백동화 사주 기계 및 백동 지금은 거의 일본으로부터 수입되고 있었으며 백동화 밀수입의 대부분 역시 일본인에 의한 것이었다. 일본상인들은 엄청난 양의 백동화를 밀수입하여 수출품 대금으로 지급하기도 하고 경부선·경의선 철도 공사의 인부 임금으로 지불함으로써 폭리를 거두었다. 그 결과 화폐정리사업이 시작되기 직전인 1905년 6월 말에는 백동화 유통량이 무려 2300만 원에 달하였다.[69]

이처럼 남발된 백동화가 곧바로 법정 가치 이하로 폭락하면서 물가 폭등을 일으키지는 않았다. 일본의 금본위제 실시로 인해 일본 은화와 지폐가 본국으로 환류되어 유통 화폐량이 절대 부족했던 데다가 정부의 백동화 유통 강행 정책이 어느 정도 실효를 거두었기 때문이다. 1899년 중반에는 인천항 무역 거래가 백동화로도 원만하게 이루어지고 충청도에서도 백동화가 유통되기 시작했다. 궁내부가 개성 인삼을 매점하면서 20여만 원의 백동화가 황해도 및 평안도 진남포에 유통되었다.

그러나 이러한 추세는 일시적 현상에 불과하였다. 수출 무역 활성화

69) 원유한, 「'전환국'고」, 『역사학보』 제37집, 1968, 82~84쪽.

와 엽전의 국외 수출, 백동화 남발로 인하여 백동화 시세가 하락하기 시작하였다. 1899년 하반기부터는 엽전 500냥(100원)을 백동화로 바꾸려면 백동화 500냥에 6냥의 웃돈을 더 주어야 하게 되었다. 이를 '엽백가계'(葉白加計: 엽전과 백동화 사이의 가계)라고 한다. 아직 백동화가 통용되지 않는 지역의 상인과 백동화 통용 지역 상인 사이의 거래에서는 엽백가계가 성립할 수밖에 없었다. 그 결과 1901년 이후 군산항과 같이 엽전과 백동화가 동시에 유통하는 지역에서는 엽백가계를 셈하는 것이 일반적으로 되었다.

한국 정부가 백동화 가치 하락을 막기 위해서 각종 지출 항목을 백동화로 바꾸고 지방관들에게 백동화로 조세금을 징수하라는 훈령을 여러 차례 내린 결과 백동화 통용 지역은 1901년 말 경기 · 충청 · 황해도 전 지역과 평안 · 강원도의 일부까지 확대되었다.

그러나 백동화 유통 지역이 확대되는 속도보다 백동화 시세가 하락하는 속도가 더 빨랐다. 백동화 시세는 1899년 상반기에 20할(백동화 10냥=일본화폐 2엔)의 법정 가치를 유지하다가 지속적으로 하락하여 1902년 초 10할(백동화 10냥=일본화폐 1엔)대까지 폭락하였다. 이와 동시에 엽전 시세도 1899년 상반기까지는 백동화와 비슷한 추세로 하락하지만 그 이후에는 평균 15할(엽전 10냥=일본화폐 1엔 50전) 이상을 유지하였다.

한국 정부는 백동화 가치 폭락의 원인이 정부가 본위화를 주조하지 않고 백동화만 남발하고 특주 · 묵주 등으로 백동화 사주를 조장한 데 있다는 점은 도외시한 채, 오로지 백동화 사주와 밀수입을 막는 데만 치중하였다. 한국 정부는 각국 공사관에 "한국인으로서 확실한 증빙서를 지니지 않은 자에게는 동(銅)지금을 팔지 말라고 귀국 상민에게 명해 달라"고 협조 요청을 하였지만 각국 공사관으로부터 냉소적인 회답만 받았다. 1902년 3월에는 정부 회의에서 ① 법부와 경무청으로 하여

금 백동화 사주와 관련된 모든 행위를 엄단할 것 ② 사주에 필요한 기계와 동지금 밀수입 방지 ③ 조세금은 백동화로 징수하게 할 것 ④ 본위화와 적동화를 주조할 것 ⑤ 황제는 백동화 주조를 대량으로 하지 못하게 할 것 등의 대책을 가결하였다.[70]

그러나 백동화 남발은 중단되지 않았고 조세금을 백동화로 징수하라는 훈령도 경상도 · 전라도 · 함경도 등에서는 준수되지 않았다. 단지 사주와 밀수입 단속만이 이전보다 엄중해지고 백동화 유통지역이 조금 더 확대되었을 뿐이다. 그리하여 1902년 말까지도 경상 · 전라 · 함경도 및 강원도 동부와 평안도 북부는 여전히 엽전만 유통하고 있었다. 다음 자료는 본위화 없이 보조화만 유통함으로써 발생하는 상거래 상황의 문제점을 설명하는 글이다.

> 대저 (남발 결과 – 인용자) 백동화가 반드시 점차 하락하여 본래 구리 지금 가격에 이른 후에 멈출 것은 우리가 모두 확연히 보고 있는 사실이라. 이는 대개 금이나 은 원화(原貨)가 갖추어지지 않고 보조(補助)인 동화 중 악성스러운 것만 무한정 주조하는 까닭이니 우리 정부가 만일 크게 징계하여 정신을 차려 그 말폐를 고치지 않으면 전국 민인이 탕패하는 위기 환란 뿐만 아니라 외국 상민들도 역시 모두 그 폐해를 받을 것이니...[71]

『황성신문』 기자들은 금화 또는 은화 같은 본위화가 발행되지 않고 보조화인 백동화만 무한정 유통하여 국내 민인들은 물론 외국 상인들까지 그 폐해를 받는 상황이 필연적인 결과임을 인식하고 있었던 것이다.

70) 도면회, 앞의 글, 1989, 419~420쪽.

71) "夫白銅貨之結果가 必逐漸低落ᄒᆞ야 至於本銅地價而後에 乃已ᄂᆞᆫ 吾輩之所洞見也라 究其爲害之由면 蓋金銀原貨之未有而惟補助銅貨之濫惡者만 無量鑄造故也니 我政府ㅣ若不大一懲創而矯抹之면 非但我全國民人之蕩敗危亂이라 至於外國商民도 亦一般受其獘害니"(『황성신문』 1902년 3월 8일, 논설 「白銅禍獘」(前號續)).

백동화 남발을 기화로 하여 한국 주재 일본 제일은행은 독자적인 지폐를 발행하였으니 바로 제일은행권이다. 제일은행은 1895년경부터 독자적인 은행권을 발행하려는 구상을 갖고 있었는데, 1900년 4월 한국 정부가 프랑스계 금융자본인 운남신디케이트와 화폐제도 개혁을 위한 차관을 도입하려 하자 위기의식을 느끼게 되었다. 동은행은 이 차관 교섭을 무효화시키는 공작을 펴는 한편, 조약 이행이 잠시 지체된 9월 이후부터 은행권 발행 준비를 서둘렀다. 제일은행은 일본정부의 승인을 얻은 후 한국 정부에 한 마디 통보도 없이 1902년 5월 20일부터 부산 · 목포 · 인천 · 한성 지점에서 1엔권부터 발행하기 시작하였다.

제일은행은 이 은행권이 오늘날의 자기앞수표와 유사한 약속어음이라고 강변하였지만 사실상 지폐의 성격을 갖는 것이었다. 왜냐하면 약속어음의 액면가는 당시 유통하는 화폐의 최대 단위를 초과하는 액수라야 하는데 제일은행권은 당시 일본의 화폐 단위 그대로 1엔권 · 5엔권 · 10엔권 등이었기 때문이다. 더구나 그것은 금화와의 태환이 보장된 태환지폐도 아니고 일본 지폐와의 태환만 보장된 불환지폐 성격이 농후한 지폐였다. 제일은행권은 금화가 아니라 금화에 기초하여 발행된 일본 지폐를 지불 준비금으로 하여 발행되었다. 따라서 한국 내에서 금융 경색이나 공황 등이 발생할 경우 한국민은 일단 제일은행권을 일본지폐와 교환한 후 다시 일본으로 건너가 발권은행인 일본은행에서 금화와 태환할 수밖에 없다. 그러나 그러한 교환은 일반 한국민에게는 거의 불가능한 일이었다. 다음 신문 논설은 지폐의 문제점을 다음과 같이 지적하였다.

> 지금 외국인의 은행권 발행 통용은 모두 정부 대신들이 앞서 이끈 탓이요 그 부끄러움과 수치도 정부 대신들이 스스로 불러온 것이다. 그들이 아무 가치없는 한 조각 종이로 수천만 원을 무한히 제조하여 우리 전국토 안

> 에서 광산 철도와 토지 가옥과 금 · 은 · 동 · 철과 미곡 · 가축 등 각종 천산(天産) · 인조 물품을 빨아들여 채가고 단지 아무 쓸모없는 종이조각을 우리 땅에 남겨놓는다. 아마도 정부 대신들은 전국의 재물 창고를 외국인에게 양도하고 그저 휴지 조각만 취득하는 것을 부국강병의 정책이라고 생각하는 것인가?[72]

이처럼 『황성신문』 기자들은 일본 제일은행지점이 제일은행권을 발행한 데 대해 한편으로는 그에 결사 반대하면서도 그러한 상황에 도달하게 만든 한국 정부의 잘못도 비판할 수밖에 없었다.

2) 화폐정리사업과 '법화' 개념의 강행

1894년 이래 한국정부의 불법적인 보조화 백동화 남발로 인해 피해를 극심하게 입은 것은 한국인뿐만이 아니었다. 일본상인들, 그 중에서도 수입상은 백동화 남발로 인한 가치하락으로 피해를 볼 수밖에 없었다. 일본 수입품 상인은 "하루 200~300엔 매상고를 올리던 상점도 지금은 2~3엔의 매상고 밖에 올리지 못한다"[73]라고 하듯이 판로 부진에 빠졌다. 뿐만 아니라, 일본으로 수입품 대금을 송금할 때 일본화폐로 교환해야 하므로 백동화 시세가 하락한 만큼 환전 과정에서 손해를 입게 되었다. 한국화폐 정리를 요구하는 목소리는 이들 일본상인들에게서도 터져나오기 시작했다. 이러한 문제를 폭력적으로 해결한 것이 1904년

72) "今日 外國人銀行券之發用은 皆諸公之前導也오 其詬辱之及은 亦諸公之自招也니 彼以一片無價之紙로 不知幾千萬元을 無限制造ᄒᆞ야 我全國之內에 鑛山鉄道와 土地家屋과 金銀銅鐵과 米穀六畜 等의 各種 天産人造之物品을 吸取攫去ᄒᆞ고 只以無用之紙片으로 遺在我土則 未知諸公은 以全國財庫로 讓他外人ᄒᆞ고 只取休紙之片ᄒᆞ야 以爲富國强兵之術歟아" (『황성신문』 1903년 2월 17일, 논설 「警告政府」).

73) 「韓國白銅貨の由來及濫發の事情」, 『朝鮮協會會報』 1, 1902, 34쪽.

한국정부 재정고문으로 용빙된 메가타 다네타로(目賀田種太郎, 이하 '메가타')가 추진한 화폐정리사업이었다.

그는 1904년 11월 28일 전환국을 폐쇄하고 1905년 1월 31일 일본 제일은행이 한국 정부의 세입 세출 업무를 총괄하고 화폐 정리에 관한 모든 업무를 위임받도록 만들었다. 한국 정부는 제일은행으로부터 3백만 엔의 차관을 도입하여 다시 제일은행에 화폐 정리 자금으로 지급하였으며, 제일은행은 불법으로 발행하여 유통시키고 있던 제일은행권을 공사 거래에 무제한으로 통용시키는 조치를 취하였다. 이로써 일본의 일개 사립은행에 불과한 제일은행이 대한제국의 중앙은행 지위를 획득한 것이다.

한국 정부는 메가타의 지침에 따라 1월 18일 화폐정리사업을 위한 구체적 지침을 일련의 칙령들로 반포하였다. 그 요점은 ① 한국 정부가 1901년에 제정 공포하였으나 실시하지 못한 금본위 화폐조례를 1905년 6월 1일부터 실시할 것 ② 금본위 화폐조례에 규정된 화폐와 품위 · 중량 · 형체가 동일한 화폐, 다시 말해서 일본화폐를 지장없이 사용할 수 있다는 것 ③ 신구 화폐의 교환은 "구화폐 은본위 10냥(2元)=신화폐 금본위 1원(圜: 둥글 원으로 발음함)"의 비율로 하되, 구 백동화의 교환 및 환수는 7월 1일부터 시작하며 교환기간 종료 후에는 통용을 금지하고 이후 6개월간 조세금 납부에 사용할 수 있다는 것 등이었다. 제일은행은 이를 위해서 오사카에 있는 일본 조폐국에 향후 한국에 유통시킬 신화폐를 제조하는 업무를 맡겼다.[74]

한국 정부는 이러한 내용을 구체화하여 4월부터 6월 사이에 탁지부 고시 또는 훈령으로 각 지방에 전달하였다. 화폐 정리 방식은 ① 구 백동화 또는 엽전을 조세금으로 납부하는 환수 방식과 ② 구 화폐를 한

74) 이석륜, 앞의 책, 372~387쪽.

성 및 지방에 설치된 교환소에서 7월 1일부터 2:1의 비율로 신화폐와 교환하는 방식이었다. 그리고 구 백동화 및 엽전과 교환해주는 신화폐는 일본은행권 · 제일은행권 및 새로 오사카에서 제조하는 신백동화(5전) · 신은화(20전 및 50전)라고 하였다.

그러나 이 화폐들 중 제일은행권은 앞서도 보았듯이 일본은행권과는 교환할 수 있어도 금화와는 직접 교환할 수 없는 불환지폐였다. 제일은행은 화폐정리사업이 종료되는 1909년 11월까지 본위화인 금화는 한 푼도 발행하지 않았다. 단지 제일은행권만 압도적인 분량으로 찍어 발행하고 소액 상거래를 위한 보조화폐를 그에 걸맞는 비중으로 발행하였을 뿐이니, 이 점에서 제일은행권은 한국의 부를 "아무 쓸 데 없는 종이짝으로 수탈하는" 성격을 지닌 것이었다.

이렇게 해서 6월 1일부터 금본위 화폐조례가 실시되었다. 우선 백동화는 정부에서 남발한 것과 특주 · 묵주 · 사주 · 밀수입에 의한 위조 백동화가 대량으로 유통하고 있었는데 탁지부는 위의 훈령들을 발하면서도 위조 백동화의 교환에 관한 내용은 구체적으로 공표하지 않았다. 위조 백동화가 차지하는 비율은 평안도 90~95%, 충북 · 황해도 80~90%, 충남 70~80%, 경기도 40~50%, 한성 · 인천 20~30%로서 한국민은 거액의 위조화 교환 여부에 의구심을 품을 수밖에 없었다. 한국민은 자신이 소지한 백동화가 반액으로 평가 절하됨은 물론 자칫하면 위조 백동화로 간주되어 교환이 불가능할지 몰라 소유한 백동화로 토지 · 가옥 등 부동산이나 면포 등의 상품을 매입하거나 중국인 · 일본인에게 판매함으로써 예기치 않은 손해를 면하려고 하였다. 그 결과 백동화 유통량은 더욱 늘어나고 시세가 더욱 하락하였으나 일본인 · 중국인은 오히려 이 기회를 이용하여 백동화를 대량 매입하고 교환 방침이 공표되기를 기다렸다.

드디어 6월 24일자로 백동화 교환 방법이 고시되었다.[75] 7월 1일부터 백동화를 교환하는데 백동화 중 품위 · 중량 · 형체가 완전한 갑종(甲種)은 1매당 금본위 2전 5리로 교환해 주고, 이에 합당하지 않은 부정한 백동화 을종(乙種)은 1매당 1전의 비례로 매수하되, 형체나 품질이 조악하여 화폐로 인정하기 어려운 병종(丙種)은 교환 · 매수하지 않는다고 하였다. 그리고 교환소는 백동화 유통 지역 중 한성 · 평양 · 인천 · 군산 · 진남포 등 5개소에 설치하였다.

백동화는 한국 정부가 은본위 화폐인 5냥 은화의 보조화로서 2전 5푼의 법정 가치로 발행했던 것이므로, 금본위 화폐 조례를 실시하더라도 당초의 법정 가치대로 교환해 주어야 했다. 즉, 일본이 1897년 은본위에서 금본위로 화폐제도를 개혁할 때 은화 1원=금화 1원의 비율로 화폐 교환을 실시한 것처럼, 한국 정부도 은본위 1원=금본위 1원(圜)으로 교환해 주는 것이 마땅하였다.

백동화의 경우 법정 가치 2전 5푼은 은본위 1원(엽전 단위로는 5냥=50전) 은화의 20분의 1에 해당하므로 금본위로 개혁할 때는 금본위 1원(圜)(신화폐 단위로는 100전)의 20분의 1인 신화폐 단위 5전으로 교환해 주어야 하는 것이다. 그러나 메가타는 은본위 2원=금본위 1원(圜)의 비율로 교환한다고 규정하였다. 그렇게 되면 2전5푼 백동화 1매=신화폐 2전5리로 교환해 주는 셈이니 이는 무엇 때문인가?

이는 일본의 은화는 대량 주조되고 본위화로 유통되었기 때문에 금화와 1:1 비율로 교환해 주어도 무방한 반면, 한국의 경우 은화를 거의 발행한 적이 없고 보조화인 백동화만 발행하여 유통계에서는 백동화에 포함된 금속의 실질 가치대로 평가되고 있었기 때문이다. 즉, 본위화인 은화가 발행되지 않아 백동화와 엽전 등 보조화로 규정된 화폐가 본위화처럼 유통한 것이다. 이미 한국민들조차 일반 상거래에서 백동

75) 위의 책, 390~392쪽.

화와 엽전을 2:1의 비율로 교환하고 있는 상황에서 화폐 정리 사무를 주관하는 메가타로서는 백동화를 법정 가치대로 교환해 줄 경우 화폐 정리에 막대한 재정적 부담이 오리라고 판단한 것이다.

따라서 갑종의 교환 가격은 1904~5년경 백동화 시세가 10할로 법정 가치의 반액인 은본위 1전 2푼 정도로 하락되었던 것을 감안하면 정당한 교환이라고 할 수 있다.[76] 그러나 같은 시세로 유통하던 을종 백동화나 병종 백동화를 소지한 한국민들은 화폐 정리 과정에서 화폐 재산이 반 이하로 평가되거나 아예 교환을 할 수 없으므로 심각한 손해를 볼 수밖에 없었다.

한국인은 화폐정리사업 개시 이전에 백동화를 동산·부동산 구입에 투자하거나 일본인·중국인에게 헐값에 방매하여 백동화 교환을 청구하는 숫자가 적을 수밖에 없었다. 즉, 백동화 전체 교환액의 60%는 일본인, 30%는 중국인이었던 반면, 한국인의 교환액은 겨우 10%에 불과하였다.

게다가 신화폐와의 교환을 위하여 시중에 유통하던 백동화가 대부분 제일은행 창구로 들어갔기 때문에, 한국 상인은 자신이 발행했던 어음의 만기가 돌아오거나 신용 거래한 상품 대금을 지불해야 할 기일이 오더라도 이를 결제할 현금을 마련할 수 없었다. 현금 압박을 견디지 못한 사람들은 자신의 토지와 가옥을 처분해 줄 수밖에 없었다. 이러한 이유로 파산한 상인이 한성에서만도 수십 명에 달하였다.[77]

화폐 정리가 금융 공황으로 치닫게 되자 전통적으로 한성 상권을 장악하고 있던 종로 상인들은 1905년 7월 19일 경성상업회의소를 결성하

76) 백동화 시세 10할은 백동화가 법정 가치인 2전 5푼이 아니라 1전 2~3푼으로 유통됨을 의미한다.

77) 김재순, 「로일전쟁 직후 일본의 화폐금융정책과 조선 상인층의 대응」, 『한국사연구』 69, 1990, 154~155쪽.

고 화폐 금융 공황으로 인한 상업 침체와 상인 파산에 대한 책임이 정부에 있다고 주장하였다. 아울러 정부에 대해 상인 구제 자금으로 3백만 원을 무이자·무담보로 대출해 줄 것을 요구하면서 철시 투쟁을 전개하였으나 메가타의 반대에 부딪쳐 무산되었다.

종로 상인에게는 메가타가 원수와 같았다. 이들은 철시 투쟁을 계속하면서 메가타 해임 운동에 들어갔다. 일본인들도 메가타를 비판적으로 바라보기 시작하였다. 메가타는 이러한 사태에 직면하여 고종의 내탕금을 공황 수습 자금으로 사용하도록 하였다. 메가타는 내탕금 30만 엔 중 15만 엔은 한성공동창고회사를 설립하여 상품을 담보로 대출하게 하고 15만 엔은 자금 사정이 급한 한국인에게 대출해 주도록 하였다.

수백만 원의 부채를 지고 파산하는 상인들에게 이 정도의 자금 대출은 "언 발에 오줌 누기"였다. 파산자 수는 점차 늘어났다. 경성상업회의소는 11월 7일자로 다시 한국 정부에 「한국폐제 개혁에 관한 청원서」를 제출하여 화폐정리사업의 부당함을 조목 조목 비판하고 개선 방법을 제안하였다. 11월 13일에는 이와 유사한 내용의 청원서를 일본 내각총리 가쓰라 타로오(桂太郎)에게 제출하였다.

한국 상인의 불만이 폭발 직전까지 도달하자 메가타는 일본 정부에 요청하여 150만 엔의 차관을 도입하였다. 그는 앞서 한성에 설립했던 것과 같이 각 지방에 공동창고회사를 설립하고 한국 상인들이 상품 등을 담보로 제일은행권과 신화폐를 융자받을 수 있게 하였다. 또, 각 지방에 어음조합을 만들고 이에 가입한 조합원은 신화폐를 바탕으로 한 어음을 발행할 수 있도록 자금을 지원하였다. 1906년 3월 이후에는 전국 각도에 농공은행을 설치하고 이를 보완하는 기구로서 1907년 지방금융조합을 설립하여 화폐 정리 업무도 담당하게 하였다. 이와 아울러 황실의 사금고 역할을 해왔으나 공황으로 폐점한 대한천일은행에 자금을 대부하여 회생시켰다. 1903년 이래 제일은행 한국지점에 종속되어 있던 한성은행에도 자금을 보조해 줌으로써 최종적으로는 제일은행을 정점으로 한 식민지적 금융 체제를 수립하였다.

이처럼 화폐정리사업은 식민지적 금융 체제를 수립하는 한편 한국인 상층 자본가를 일본에 종속적인 위치로 편입시켰다. 한성공동창고회사 설립 과정에는 조진태, 조병택, 배동혁, 백완혁 등 종로의 유력한 상인들이 출자하였고, 한성 어음 조합에도 자금력이 든든한 한국 상인 40여 명이 조합원으로 출자하였다. 1906년 한성 농공은행 창립 시에는 이준상, 박의병, 홍충현, 고순재, 조진태, 조경준, 김두명 등 다수가 참여하였으며 지방의 금융기관 설립에도 역시 그 지방의 유력 상인들이 참여한 것이다. 이들은 모두 제일은행에 예속적인 지위를 갖고 제일은행권과 신화폐 등을 널리 유통시키면서 화폐 정리 업무를 진척시켰다.[78] 그리하여 한국인들은 일본 제일은행이 발행한 지폐와 그에 연관된 보조화를 법정 화폐(법화)로 통용하는 식민지적 화폐제도 내부로 들어가게 되었다.

1902년 백동화 인플레부터 시작하여 1903년의 제일은행권 발행, 1905년의 화폐정리사업 등 일련의 고통스런 사건을 통해서 한국인들은 화폐가 무엇인지, 본위화와 보조화, 법화가 무엇인지를 깨달을 수밖에 없었다. 게다가, 다음 사료가 보여주듯이, 그것이 일본의 한국 상권 침해로까지 치달았기 때문에 '화폐주권'이라는 개념도 함께 인식하는 계기가 되었던 것이다.

> 지금 우리 한국의 상업가들도 역시 재정 정리에 착착 힘을 기울여 제법 은행도 설립하였으니 우리 국민이 발기한 것 중에 천일은행 한성은행은 모두 유래가 오래 되었으나 올해에 다시 확장하고 또 농공은행 한일은행 등

78) 오두환, 앞의 글, 245~251쪽.

> 이 역시 차근차근 흥기하였으니 이는 우리 한국에 처음 있는 성대한 일이라. 만일 이들 일반 은행으로 하여금 재정을 잘 정리하게 하여 점차 확장하고 발달하게 하면 그것이 산업 밑천을 돕고 백성과 국가에 이익됨이 얼마나 크겠는가. 우리 나라 부강한 힘이 이에 기초하지 않음이 없을 것이니 어찌 찬송하고 칭찬하지 않겠는가. 그러나 유감이 아닐 수 없는 것은 중앙은행이 아직도 설립되지 못한 점이니 국가 재정의 대권을 스스로 주재하지 못하고 외국의 일개 은행에 오로지 맡기고 소위 본위화 명색이 전혀 없어서 외국 지폐가 전국에 유통하여 은연 중 본위화가 되었으니 이는 실로 분개하고 탄식할 일이다. 원컨대 은행 관계자 여러분은 시급히 노력 전진하여 그 화폐의 주권을 되찾아와서 외국인의 지점에 상실되지 않도록 하는 것이 전국의 행복이 아니겠는가.[79]

3) '은행' 개념의 도입과 확산

'화폐'라는 용어가 기존의 '전폐' '저폐' 등의 용어를 압도하면서 본위화, 보조화, 지폐와 함께 유통계에 도입되는 다른 한편에서는 '은행'이라는 개념도 도입되었다. 그 이전까지 한국에는 근대적 은행이 수행하는 역할, 즉 중앙은행의 발권, 일반 은행의 예금, 대출, 환 업무 등의 역할을 수행하는 기관이 별도로 존재하지는 않았다. 다만, 국가와 지방행정기관이 조세금과 연관된 외획 및 환곡을 이용한 금융 업무를 하고

79) "今我韓之商業諸家도 亦着着注力於財政之整理ᄒᆞ야 稍稍有銀行之設立ᄒᆞ니 彼外國之銀行은 固勿論ᄒᆞ고 惟我國民之所起者에 曰天一銀行曰漢城銀行은 固由來久矣나 至今年而復擴張之ᄒᆞ고 曰農工銀行曰韓一銀行等이 亦次第興起ᄒᆞ니 此ᄂᆞᆫ 我韓所刱有之盛事라 若使此一般銀行으로 苟能善理其財政ᄒᆞ야 逐漸擴張而發達焉則其資助產業ᄒᆞ며 裨益民國이 固何如哉아 我國富强之力이 亦未必不基礎於斯矣리니 豈不攢頌而稱賀哉아. 雖然이나 第不無遺憾者ᄂᆞᆫ 中央銀行之尙未設立也니 國家財政之大權을 不能自主而專委於外國之一銀行支店ᄒᆞ고 所謂本位貨之名色이 全無ᄒᆞ야 外國紙幣가 流通全國에 隱成本位ᄒᆞ니 此實可慨而可咄者라 惟願銀行諸君은 亟宜努力而前進ᄒᆞ야 索還其貨幣之主權而免失於外人之支店則豈非全國之幸福也哉아 吾輩ᄂᆞᆫ 又以是深祝而不已也ᄒᆞ노라"(『황성신문』 1906년 6월 22일, 「賀國內銀行之設立」).

있었고, 객주·여각과 대상인 등도 그들 상호간 또는 국가 기관과의 사이에서 어음 거래와 예금·대출·환 등의 업무를 발전시키고 있었다. 다만, 일반 민인들 사이에서 가장 발전한 금융 관련 행태는 장리(長利), 시변(市邊), 월수(月收)·일수(日收) 등의 사채, 민간에서 자치적으로 발달한 계(契), 오늘날 송금에 해당하는 환(換), 수표에 해당하는 어음(於音, 語音) 등이 있었다.

장리(長利)란 식량과 종자를 위해 쌀을 빌려주고 가을에 원래 액수와 이자를 회수하는 대차관계로서 고려 시대 이후 일상화되었다. 조선 시대에는 왕실 재정기관인 내수사와 중앙정부 대신들이 여러 지방에 농장을 설치하고 그 곳을 근거로 춘궁기에 주변 농민들에게 쌀을 꾸어주고 가을 수확기에 50% 이자와 더불어 회수하는 대차관계를 흔히 장리라 불렀다.[80)]

장리는 가난한 농민들의 불안정한 생계를 안정시키는 역할을 수행했기 때문에 많은 폐단과 그에 대한 도덕적 비난에도 불구하고 폐지되지 않았다. 예컨대, 1853~1934년간 경상도 예천군 박씨 양반가에 관한 연구에 의하면, 박씨 양반가와 거래를 한 인물은 모두 250명인데 대부분 촌락 내외에 거주한 박씨가의 작인이나 하인 그리고 친인척들이었다. 대부 규모는 일반적으로 10냥 미만의 소액으로, 이자율은 연 50%가 일반적인데 물가 상승률을 차감한 실질 이자율을 계산하면 20% 내외였다고 한다.[81)]

시변은 장시를 무대로 하여 한 장날에서 다음 장날까지 5일을 단위 대부 기간으로 한 단기 금융이다. 5일간의 단위 대부 기간을 파수(把

80) 이영훈 외, 『한국의 은행 100년사』, 산하, 2004, 58쪽.

81) 김재호, 「농촌사회의 신용과 계」, 안병직 등 편, 『맛질의 농민들 –한국근세촌락생활사』, 일조각, 2001.

收)라 하였다. 개항기 문헌을 바탕으로 한 연구에 의하면, 시변은 주로 200냥 미만의 중규모 대부로 이루어졌다. 400냥~1600냥에 달하는 대규모 대부는 월수 형식을 취하는 경우가 많았다. 시변 이자율은 1파수(5일간)에 통상 2%였다.[82)]

월수란 대부 기간을 1달 단위로 하여 달 수를 정하고 그 기간의 원리금을 달 수로 나누어 매달 동일한 금액을 갚아가는 방식의 금융방식이다. 예컨대 700냥을 10개월 월수로 빌린 경우, 그 채무자는 매달 원금 70냥과 3% 이자 21냥을 합한 91냥씩을 10개월에 걸쳐 분할 상환하는 것이다. 이자율은 대체로 월 3%였다.

일수란 월수와 같은 원리로 대부 기간을 날짜 수로 정한 다음 원리금을 매일 균등 분할하여 상환하는 방식이다. 예컨대 100원이란 돈을 이자율 20%에 120일 기한으로 빌렸다면, 원리금 120냥을 120일간 하루에 1냥씩 상환해 가는 것이다. 1890년대 초 서울을 무대로 한 일수 금융업은 보통 120~240일까지 30일 단위로 다양했는데, 특이한 점은 기한의 장단과 무관하에 이자율이 일률적으로 20%였다.[83)]

일반 민인들이 가장 많이 사용한 금융 방식은 17세기 후반부터 발달한 계였다. 계의 종류와 기능은 동계(洞契), 문계(門契), 학계(學契), 보계(洑契), 송계(松契), 상장계(喪葬契) 등 매우 다양하였다. 계는 공동의 목적과 기능을 수행하기 위해 공동의 재산과 기금을 마련하였는데, 기금의 확충을 위해 회원이나 주변 농민들에게 대부하고 이자를 수취하는 금융 활동을 하였다. 1600년대 후반 이후 전라도 한 마을의 친족집단 계를 대상으로 한 연구에 의하면, 연 이자율은 18세기에 걸쳐 5할

82) 서길수, 「개항후 대차관계 및 이자에 관한 연구(2) －민간식리의 형태와 이자를 중심으로－」, 『국제대학논문집』 15, 1987.

83) 이영훈 외, 앞의 책, 61~63쪽.

수준이었으나 19세기에 들어 4할대로 낮아졌고 이 높은 이자율 덕분에 계의 자산은 크게 늘어났다.

거리가 먼 지방간 거래에 무거운 동전을 운반해 가는 대신 등장한 지불수단이 환이었다. 환은 18세기 중엽 서울 등 주요 상업 중심지 간에 활발하게 사용되었다. 예컨대, 1769년 전라도 흥덕에 사거는 황석주란 양반이 서울에 올라와 용산의 선주 임춘하에게 돈을 맡기고 그를 환전주인으로 삼았다. 이후 황석주는 그 경로를 이용하여 흥덕-서울 사이의 송금 문제를 해결하였다.[84] 어느 개성상인의 환거래를 밝힌 연구에 의하면, 1786년 4월 22일 박공일이란 자가 서울에서 발행한 1500냥의 환을 들고 와서 현금 지불을 요구하였으며 이에 그 개성상인은 그에게 4월 29일 300냥, 5월 1일 100냥 이런 식으로 분할하여 6월 21일까지 모두 지급하였다. 서울서 발행된 환은 경환, 평양에서 발행된 것은 평양환이라 하였고, 그밖에 강경환, 전주환, 해주환, 연안환, 인천환 등이 있었는데 이들 지방은 18~19세기의 대시장과 포구로 유명한 중심 시장들이었다.

17세기 후반 대동법 시행에 따라 산간 지방의 결세가 동전으로 수취되기 시작하였다. 이 결세전을 서울로 운송 상납할 때 환거래를 이용하면 정부로서는 수송 비용을 줄일 수 있고, 지방관으로서는 동전 유통량의 고갈을 막을 수 있고, 환거래를 위임받은 상인으로서는 일정 기간 대규모 상업 자금을 융통할 수 있는 여러 이점이 발생하여 이 같은 환거래가 활발하게 활용되었다. 서울의 경강상인들은 지방에 내려가 조세금의 운송을 책임지고 그것을 상업자본으로 활용하였는데, 이를 외획 또는 방납이라고 하였다.

환과 더불어 사용된 주요 금융방식이 어음이었다. 환이 발행 장소와

84) 정수환, 「18세기 頤齋 황윤석의 화폐경제생활」, 『고문서연구』 20, 2002.

지불 장소가 서로 다른 것이라면, 어음은 발행과 지불이 동일인에 의해 이루어지는 차이가 있다. 어음은 오늘날 상업어음과 같이 상품을 매매할 때 구입자가 판매자에게 연지불의 수단으로 발행한 것이다. 어음을 받은 판매자는 만기가 되도록 기다릴 수 있고, 다른 거래의 지불수단으로 그 어음을 사용할 수도 있고, 또는 대금업자에게 찾아가 어음을 할인하여 현금으로 받을 수도 있었다.

어음은 보통 길이 6~7촌 폭 2~3촌의 종이에 금액, 지불기일, 발행인의 주소, 발행인의 기명과 날인의 4가지 요건을 적었다. 발행 시 중앙을 잘라서 오른쪽은 수취인에게 양도하고 왼쪽은 발행인이 가진 다음, 나중에 어음을 들고 현금을 찾으러 온 사람에게 현금을 지불하기 전에 좌우를 맞추어 진위를 확인하였다.

어음의 지불기한은 보통 5~10일이었으나 경우에 따라 최장 2개월까지도 가능하였다. 어음 발행은 신용 있는 사람만 가능하였으며, 신용이 없는 사람은 아무리 발행하려고 해도 이를 시장에서 인수하는 사람이 없었기 때문에 어음의 신용을 의심하는 사람은 거의 없었다. 이처럼 어음의 신용화폐로서의 안정성은 높았지만, 어음의 결제를 위해서는 소지인이 반드시 발행자를 직접 찾아가 어음을 내보일 필요가 있었던 점이 큰 한계였다.[85]

마지막으로, 18세기 이후 주요 포구나 큰 장터를 무대로 하여 행상과 선상들의 상품을 위탁매매하고 1~5%의 구문(수수료)을 수취한 중간 상인들이 있었다. 이들은 위탁 중개업을 주업으로 했지만 부업으로 거래 상인들에게 금융을 제공하기도 하였는데, 이를 객주대(客主貸)라고 하였다. 객주대는 위탁상품이 쉽게 팔리지 않을 경우 그 상품을 담보로 하여 상품을 맡긴 상인에게 금융을 제공하는 것이다. 이후 상품이 팔

85) 이영훈 외, 앞의 책, 66~70쪽.

리면 객주는 판매대금 총액에서 대부금의 원리와 구문을 제외한 액수를 위탁한 상인에게 지불하였다. 객주는 위탁 판매만 하지 않고 자신이 직접 상거래 당사자로 참여하여 중간 도매상인으로 역할하기도 했다. 이 때 취급 물종을 대량으로 안정적으로 확보하는 일이 중요한 과제로 제기되는데 이를 위해 객주는 상품 수집 자금을 영세한 상인들에게 먼저 대부하였다. 이 자금을 받은 상인들은 상품을 수집하여 그 객주에게 납입하는 것이다.[86)]

이처럼, 조선 전기 이래 오늘날의 예금, 대출, 환에 해당하는 금융 방식이 발달해 왔으나 하나의 기관이 이 모든 업무를 다 하는 서구의 은행 같은 기관은 개항 이전까지 설립되지 않았다. 이 점은 개항하기 이전의 청과 일본 역시 마찬가지였다.

중국에는 이전부터 은호(銀號), 전포(錢鋪), 전장(錢庄) 등으로 불리우는 금융기관이 있었다. '은행(銀行)'이라는 용어가 최초로 보이는 것은 북송 시대인 1057년이지만, 이 용어는 지금과 같은 업무를 취급하는 기관이 아니라 은제품을 취급하는 상점에 대한 호칭으로 사용되었다. 오늘날의 '은행' 용어는 아편전쟁 이후 홍콩이 국제무역항으로 발전해 가면서 1860년대 이전부터 영어 bank의 번역어로 사용되기 시작한 것이다.[87)]

일본에서도 개항 이전 서양의 bank와 유사한 업무를 하는 금융업자들이 있었다. 에도 시대의 료가에쇼(両替商)가 대표적인 것이었다. 료가에쇼는 오사카 · 에도 등 주요 도시에서 금이나 은의 매매, 예금, 대부, 환, 수표 발행 등의 업무를 행하였는데, 이들 대부분은 메이지유신

86) 위의 책, 71쪽.

87) 중국의 용어 '은행'이 중국과 일본에서 영어단어 bank의 번역어로 정착하는 과정에 대해서는 立脇和夫, 「BANKの訳語と国立銀行条例について」, 『経済学部研究年報』 1, 長崎大学経済学部, 1985 참조.

전후 폐점 도산하였다.[88] 1859년 개항 이후 서구 열강이 일본에 Central Bank of Western India, Oriental Bank Corporation, Hongkong & Shanghai Banking Company Ltd 등을 설립함에 따라 그 호칭에 있는 bank의 번역어로 양체옥(兩替屋), 위체소(爲替所), 은점(銀店), 은포(銀鋪), 금관(金館), 은행(銀行) 등 다양한 용어가 사용되었다. 이후 일본 정부가 1872년 미국의 국법은행제도를 모델로 하여 「국립은행조례」를 제정할 때 중국에서 먼저 번역어로 사용된 '은행'이라는 용어를 사용하였다. 이에 1870년대 후반까지 bank의 번역어는 '은행'으로 통일되고 일반 사회에 널리 사용되는 용어로 정착하였다.[89]

조선 정부는 개항 이후 1880년대부터 은행이라는 기관의 이점을 알고 있었다. 그리하여 1880년대 중엽부터 '은행'이라는 용어를 사용하였으며, 외채를 도입하여 중앙은행을 설립하고 화폐를 발행하고자 하는 시도를 여러 차례 했다. 그러나 종주국으로 행세하는 청국의 방해로 좌절을 겪어야 했다.[90] 1894년 개화파 정권 역시 중앙은행 설립 구상을 명백히 지니고 있었지만 재정자금의 궁핍으로 화폐발행 기능은 전환국에, 국고금 취급 기능은 미상회사·공동회사 등에 맡기는 임시조치를 취하고 있었다. 그러나 앞에서 보았듯이 1896년 아관파천 이후 미상회사·공동회사의 특권은 폐지되었고 화폐발행 기능만 전환국에 맡겨져 있는 상태로 되었다.

갑오개혁기에 실현되지 못한 금융기관 설립의 움직임은 1896년 이후 정부 관료들로부터 시작되어 1896년 6월 25일 대조선은행소(이하 '조선은행'으로 칭함)의 창립으로 귀결되었다. 조선은행의 설립은 이미 1895년

88) 『日本大百科全書』 「銀行」, https://kotobank.jp/word/%E9%8A%80%E8%A1%8C-54136(검색일: 2022년 3월 4일)

89) 立脇和夫, 앞의 글.

90) 오두환, 『한국근대화폐사』, 한국연구원, 1991, 131~134쪽.

후반 탁지부대신이었던 심상훈의 구상으로부터 시작되었다.[91] 심상훈은 프랑스 공사의 제의를 받고 국채 300만 원을 프랑스회사로부터 얻어서 전국 조세금 취급권을 갖는 은행을 설립하려 하였으나 그의 소개를 받은 조선 측 대표 안경수가 적극적으로 추진하지 않아 보류되었다.

은행 설립 논의는 1896년에 들어 다시 제기되었다. 6월 16일 탁지부대신 심상훈, 탁지부협판 이재정, 농상공부협판 이채연 등이 은행 설립 논의를 하였다.[92] 이들은 새로 설립하는 은행이 일본은행과 같이 정부 재정기관으로서 탁지부 국고금을 취급하는 특권을 획득하게 하려고 했다. 그러나 탁지부 재정고문 브라운이 이 은행이 충분한 신용을 쌓기 전까지는 국고금 취급을 허용하지 않겠다고 반대함으로써 반관반민의 사립은행을 설립하는 것으로 방침을 변경하였다.[93]

조선은행의 은행장은 안경수가 맡고[94] 장정과 조례는 김종한 · 안경수 · 이근배 · 윤규섭이 만들기로 했는데[95] 은행 설립을 청원하여 정관과 함께 탁지부의 인가를 받은 것은 다음해인 1897년 2월 10일이었다.[96] 그러나 예상과 달리 주식 모집은 순조롭지 못하였다. 창립광고문에 의하면 자본금은 20만 원으로 하고 4천 주(매주당 50원)의 주식을 모집하려고 했으나[97] 1898년 말까지 모집한 자본금은 6만 원에 그친 것으로 확인된다.[98]

---

91) 『日本外交文書』 제30권, 문서번호 601 「議政 金炳始ノ動靜報告ノ件」 (附記)朝鮮國ノ內政ニ關スル安駉壽ノ談話(一).

92) 『독립신문』 1896년 6월 18일, 잡보.

93) 「本年上半期間仁川港金融ノ景況」, 『日韓通商協會報告』 14, 明治 29년 10월, 57쪽.

94) 山口精, 『朝鮮産業誌』 下, 寶文館, 1910, 25쪽.

95) 『독립신문』 1896년 6월 18일, 잡보.

96) 山口精, 앞의 책, 25쪽.

97) 『독립신문』 1896년 6월 13일, 「대조선은행소 창립 광고문」. 은행 창립 광고의 일자를 6월 25일로 하면서도 광고는 그보다 12일이나 앞선 6월 13일에 게재하고 있다.

조선은행은 초기에 독립문 건립 기금 수취,[99] 독립협회 월보 판매[100] 등 초기 독립협회운동과 관련되어 운영되었다. 1897년 2월 한성은행과 함께 정부의 1896년도 잉여금 예치 교섭을 받고[101] 한성은행과 함께 탁지부 국고금 954,555원 26전 8리를 예치하고 있는 등[102] 좋은 조건에 놓여 있었다.

1897년 8월 21일에는 조세금 운송 및 국고금 출납 업무를 담당하기 위하여 은행 지소를 광주 · 진주 · 황주 · 평양 · 개성에 설치하겠다는 청원을 올려 탁지부의 인가를 받았으나 실제로 개설한 적은 없다. 1898년 2월 18일 국고금 38,657원 48전 8리를 100원당 월 6리의 이율(0.6%)로 예치했었으나 그 후 더 이상 발전을 보지 못했다.[103]

조선은행의 영업이 부진했던 이유는 독립협회운동의 성패와 연관지어 살펴보아야 할 것이다. 창립 발기인 대부분이 독립협회 창립 발기인이라 독립협회운동이 고조기에 달했던 1898년까지는 정부의 조세금 취급 인가를 받거나 국고금 예치 등의 특혜를 얻을 수 있었다. 그러나 1898년 후반 독립협회운동의 좌절 이후에는 영업상황을 보여주는 사실이 그다지 확인되지 않는다. 또한 조선은행장 안경수가 1898년 6월 한

98) 러시아대장성(정신문화연구원 역), 앞의 책, 519쪽. 조선은행의 자본금 규모에 대해서는 자료에 따라 크게 차이가 난다. 山口精, 앞의 책에서는 10만 원, 信夫淳平의 『韓半島』(1900年刊)에는 3만 원 내외로 기록하고 있으나 1898년 한국 탁지부재정고문으로 잠시 동안 임명되어 탁지부 재정 정리 작업을 했었던 알렉시에프의 보고가 더 정확할 것으로 판단되어 『한국지』 통계를 인용하는 것으로 하였다.

99) 『독립신문』 1896년 7월 4일, 논설. 독립문 건립 기금 모집과 조선은행과의 관계에 대해서는 주진오, 「19세기 후반 개화 개혁론의 구조와 전개」, 연세대 박사학위논문, 1995, 87~90쪽 참조.

100) 『독립신문』 1896년 12월 17일, 잡보.

101) 『日韓通商協會報告』 18, 明治 30년 2월, 70쪽.

102) 『독립신문』 1898년 3월 24일, 잡보.

103) 山口精, 앞의 책, 26쪽.

국을 방문한 일본제일은행 사장 시부자와 에이치(澁澤榮一)를 통하여 100만 원을 차입하여 태환지폐를 발행하려는 계획을 가지고 있었으나[104] 그가 8월에 망명함으로써 은행을 주도할 만한 인물이 없어진 것이다.

조선은행의 발기인이나 사장직에 전현직 탁지부관료가 참여하고 있는 예에서 보듯이 이 시기 은행의 성공 여부는 대체로 정부재정, 특히 조세금 취급 특권 획득 여부에 달려있었다고 볼 수 있다. 이 점을 확인해주는 것이 한성은행(현 신한은행의 전신)과 대한천일은행(현 우리은행의 전신)이다.

한성은행은 김종한 · 민영찬 · 조재명 · 한치조 · 이승업 · 김영모 · 이규정 · 김태진 · 권석영 등이 발기하여 「한성은행규칙」과 「은행지소규칙」을 제정하고, 1897년 2월 19일 은행창립 청원서와 함께 탁지부대신에게 제출하여 당일로 인가받았다.[105] 그러나 한성은행 설립 인가는 이미 1월 8일 내려졌고,[106] 1월 19일 다음과 같이 조세금 취급 특권을 부여받았던 것으로 보인다.

> 현재 전국 화폐가 운수가 극히 어려운 까닭으로 이에 한성은행을 창립하였으니 한성 외의 13도에 지점을 설치한 연후에 공화(公貨: '조세금'을 말함 – 인용자)를 송금하는 업무를 시작할 것이요 상품들도 이에 따라 유통할 것이다. 본 은행 회원 아무개에게 위탁하여 관찰부 하에 가서 곧 지점을 설치할 것이기에 훈령을 내리니 즉시 각 군에 지시하여 공사를 막론하고 화폐를 태환하고자 하면 은행 지점에 보내 장애 없이 운송 납부되도록 하되 은행 장정을 지참하여 가게 했으니 이에 준하여 조치하게 할 것.[107]

104) 澁澤青淵記念財團龍門社 편, 『澁澤榮一傳記資料』 제16권, 澁澤榮一傳記資料刊行会, 1957, 76쪽.

105) 조흥은행, 『朝興銀行八十年史』, 조흥은행, 1977, 28쪽.

106) 山口精, 앞의 책, 26쪽.

조세금 취급특권을 먼저 창립된 조선은행에는 부여하지 않고 한성은행에 부여한 까닭은 한성은행 발기인이 대체로 서울의 대상인 또는 대금업자들과 김종한·민영찬 등 세력가문의 고위관료들이었기 때문이다. 은행 자본금은 20만 원으로 하고 1주에 50원씩 총 4천 주를 모집한다는 계획이었지만, 조선은행과 마찬가지로 자본금 모집이 순조롭지 않아 실제 불입된 자본금은 45,000원이었다.[108]

앞의 탁지부 훈령과 위의 「한성은행규칙」을 보면 한성은행은 국가조세금을 취급하는 특권을 받아 업무를 확장하여 '공립' 나아가서 '국고' 은행으로 발전하려는 지향을 가졌던 것으로 추정된다. 그러나 1903년 '공립한성은행'으로 명칭을 개정하여 재출발할 때 은행장정 제3조에 "본은행규칙 제1장 제2조 중 '본은행 사립'의 '사(私)'는 '공(公)'으로 개정할 것'으로 한 점으로 볼 때 위의 규칙 제2조는 설립 직후 '사립'으로 개정되었음을 알 수 있다.

한성은행은 창립 직후 전술했듯이 조선은행과 함께 정부의 1896년도 잉여금 예치 교섭을 받고 조선은행과 함께 총 954,555원 26전 8리의 탁지부 국고금을 예치받았다. 1897년 2월 30일에는 연 6푼(0.6%)의 이율로 탁지부 보조금 65,000원을 대부받았다가 1899년 12월 31일 상환하였다.[109] 조선은행이 주식 배당금 지급이 없었던 데 반하여 1898년 1월과

---

107) "現今中外貨幣가 輸運極難故로 於是에 刱立漢城銀行則宜有外道支店然後에 公貨를 可以滙換이오 商貨도 隨亦流通홀지라 本銀行會員 (　)을 委往府下ᄒᆞ야 方設支店이기로 玆庸發訓ᄒᆞ니 須卽知委各郡ᄒᆞ야 無論公私貨幣하고 欲其免換이거든 送付銀行支店ᄒᆞ야 俾爲無碍運納이되 銀行規程을 賫往하니 准此施措케 ᄒᆞ미 可홈"(『公文編案』(규장각분류번호 奎18154) 67책, 「建陽二年一月十九日 訓令 慶尙南道觀察使 李恒儀 三号」)

108) 러시아대장성(정신문화연구원 역), 앞의 책, 520쪽. 불입자본금 액수는 조선은행과 마찬가지로 자료에 따라 차이가 난다. 山口精, 앞의 책, 26쪽에 의하면 1만 3천 원이고 信夫淳平, 앞의 책, 52쪽에 의하면 3만 원 내외라고 되어 있으나 조선은행 경우와 마찬가지로 알렉시에프가 보고한 액수가 더 믿을 만하다.

109) 山口精, 앞의 책, 26쪽.

1899년 2월 두 차례에 걸쳐 주식 배당금을 지급할 만큼 영업수익을 올렸다.[110)]

이러한 영업 수익은 앞의 사료와 다음 사료에서 보듯이 전라 · 경상 · 충청 · 황해도 등 4개 도에 은행원을 보내 조세금을 징수하는 특권을 부여받았기에 가능했던 것이다.

> 한성은행장 민영찬 청원서를 보니 중외의 화폐가 장애 없이 통용한 연후에 상로가 왕성하게 흥할 것이오 이에 따라 민심을 안정시킬 수 있겠으므로 일찍이 1년 전 은행을 창립하며 지방 각 부에 지소를 설립할 건으로 귀대신 허가를 받들어 우선 삼남 해서 4도에 본은행 회원 중 한 명씩 각 도에 가게 하여 관내 각군 공사 화폐를 사이에서 융통하게 하였더니[111)]

> 본군 병신년 결세전 중 7천 냥을 전주부 은행소에 수납하고 수취인 고상진의 수납표를 첨부하여 상송하니 표지를 고증하여 영수증을 내려보내 달라는 연유로 보고합니다. (처분) 영수증은 도착하였거니와 전주부에서 (결세전)을 서울까지 보내 납입하면 정부의 영수증을 마땅히 보낼 것임.[112)]

이에 의하면 탁지부에서 삼남과 해서지방의 각 도와 군에 외획 훈령을 내려 각 군의 조세금을 한성은행에서 파견한 은행회원 또는 현지의

110) 『독립신문』 1898년 1월 18일 ; 1899년 2월 8일, 광고.

111) "漢城銀行長 閔泳瓚請願書를 據ᄒᆞᆫ즉 內稱 凡中外貨幣가 無碍通用然後에 商路를 可以興旺이오 民心을 隨以底定이기로 曾於年前에 銀行을 創立ᄒᆞ며 地方各府에 支所를 另設ᄒᆞᆯ 事로 貴大臣 許可를 承有ᄒᆞ와 爲先 三南海西四道에 本銀行會員中 一員式委往各該道ᄒᆞ와 管內各郡公私貨幣를 間多滙換이옵더니"(『公文編案』 52책, 「光武二年六月 訓令 黃海道觀察使 金嘉鎭」).

112) "本郡 丙申條結稅錢中에 七千兩을 輸納于全州府銀行所ᄒᆞ옵고 受取人 高尙鎭의 捧票ᄅᆞᆯ 粘付上送票紙ᄅᆞᆯ 考証ᄒᆞ와 尺文下送緣由ᄅᆞᆯ 報告事 (題) 領受證은 到付이견과 待該府來納ᄒᆞ야 當出尺ᄒᆞᆯ 事"(『公文編案』 42책, 「光武 二年 五月三日 沃溝郡報告」). 이 자료에 나오는 高尙鎭은 한성은행 본점의 幹事員이었다(조흥은행, 『조흥은행구십년사』, 1987, 53쪽). 이로써 볼 때 지방관으로부터 조세금을 지급받은 은행원은 대체로 본점에서 내려간 간사원들이었을 것으로 추정된다.

지소원에게 지급하고 영수증을 받아서 탁지부로 올려보냈다. 탁지부에서는 은행원이나 지소원이 조세금을 국고에 완납함을 기다려 각 지방의 영수증에 의거하여 자문(尺文)을 발급함으로써 조세금 상납 완료를 확인해준다는 것이다.

조세금을 지방관으로부터 지급받은 은행원·지소원은 다음 자료와 같이 다른 상인 등 고객에게 대출해주었다가 다시 상환받아 원금은 정부에 상납하고 이자를 축적하는 방식으로 영업을 해나갔다.

> 현재 감옥서에 갇혀 있는 윤태긍의 청원서를 보니…(중략)…본인이 무술년간에 한성은행 지점 파원으로 탁지부 훈령을 받들고 해주부로 내려가 공사 화폐로 각군에서 획급하여 보낸 것은 일일이 본 은행에 보내어 이미 마감하였고 해주군에 한해서는 그 곳이 지점을 설립한 곳이므로 각년도 결세를 매해마다 납부하여 정부 자문(尺文)을 받아왔습니다. 지점을 설립한 이후로 (결세로—인용자) 대출을 하여 이자를 받아 경비에 보충하였습니다. 최근 상업계 인심이 예전 같지 않아 횡령하고 도주하는 사례가 적지 않아 이로 인하여 손해를 보는 경우가 적지 않아 해주군 각년도 결전 중 마감하지 못한 것이 40만 2736냥 7전입니다. 지금 납부할 것을 독촉당하오니 아직도 판납하지 못하여 진실로 황송하오며 본 지점에서 대출한 것 중 서울의 중서(中署) 하교(河橋) 사는 김영우에게 받을 것이 40만 냥입니다. 이 돈을 대출할 때 그의 전토 문권을 담보로 잡아 영수증을 받아 상환 기한을 음력 올해 4월까지 상환하도록 약속을 정했었는데…[113]

113) "現接監獄署在囚尹泰兢 請願書 內開…本人이 往在戊戌(1898년－인용자)에 漢城銀行支店派員으로 奉承部訓ᄒᆞ와 下往海州府ᄒᆞ와 公私貨幣之各郡劃送者ᄂᆞᆫ 這這換付本銀行ᄒᆞ야 已盡磨勘이ᄋᆞᆸ고 至於海州郡ᄒᆞ와ᄂᆞᆫ 爲設店之當地故로 各年結稅ᄅᆞᆯ 年年劃納考尺이온바 始自設店以後로 放債取殖ᄒᆞ야 以補經費이ᄋᆞᆸ더니 挽近商路人心이 不古ᄒᆞ야 多有乾沒逃躱之擧ᄒᆞ와 因此而其間見害가 數甚不少ᄒᆞ와 海州郡各年結錢已劃未勘者 四十萬二千七百三十六兩七戔而 今於督刷之下에 尙不辦納이 伏切悚惶이오며 本支店放債中 京中署河橋居 金永佑處 所捧條 爲四十萬兩이온대 此錢債給時 渠之田庄文券을 典執捧手標ᄒᆞ고 定限以陰曆本年四月還報爲約矣러니…"(『法部來去文』(奎 17884) 4책, 「光武七年八月二十八日 照會 法部」).

해주군 각 년도 결전만 해도 40만 냥이었으므로 여타 군의 결전까지 생각하면 황해도 전 지역에서 한성은행이 취급한 조세금 액수는 최소한 백만 냥(20만 원에 해당하는 금액)은 초과했을 것이다. 삼남지방의 조세금까지 합하면 당시 조세금의 상당 부분을 차지했을 것이라 짐작할 수 있다.

한성은행은 이렇게 해서 상당한 자본 축적을 해 갈 수 있었을 것이다. 그러나 한성은행의 조세금 취급 특권은 1899년에 들어서면 1월에 설립된 대한천일은행에 넘어가게 되는 것으로 판단된다. 그 근거는 첫째, 1899년 이후부터 한성은행의 조세금 징수 사례가 안 보인다는 점, 둘째, 후술하듯이 1899년 3월부터 대한천일은행이 전국 각 지역에서 조세금 징수를 행하고 있는 점 등이다. 그리하여 한성은행은 1899년 이후 영업 상황이 지지부진한 상태에 빠졌으나 간친회(懇親會)를 개최하고[114] 어음을 발행하는[115] 등 명맥은 유지하고 있었다.[116]

조선은행(한흥은행)과 한성은행(공립한성은행)이 정부 고위관리의 주도에 의해 설립된 반면, 대한천일은행은 고종의 측근 인물이었던 장호진의 회고에서 볼 수 있듯이 상인층의 발의에 의해 창립되었다.

> 김두승 · 김기영 · 백완혁 · 조진태 등이 은행을 설시할 필요가 있으니 나로 하여금 황제에게 상주하여 황실의 내하금을 받을 수 있도록 요청하였다.

114) "前日 退定하였던 懇親會를 來 日曜日 下午 8時에 水月樓에서 更設할 터이오니 僉位來臨하심을 伏望 / 광무4년 7월 15일 / 漢城銀行."(한국상업은행, 『大韓天一銀行公牒存案解說』(이하, 『大韓天一銀行公牒存案』으로 약칭), 1960, 158쪽).

115) "本人이 漢城銀行에 壬寅(1902년－인용자) 正月晦日推次 當五錢 三萬兩於音 後面에 三圖章踏한 於音 一片을 見失하였아오니 물론 內外國人하고 若有拾得이면 休紙施行함."(『황성신문』 1902년 4월 3일, 광고).

116) 山口精, 앞의 책, 26쪽에 의하면 1900년 1월에 파산한 것으로 되어 있으나 1905년 한성은행 측의 설명대로 재창립할 때까지 3~4년간 영업 정지 상태였다(『황성신문』 광무9년 11월 16일, 잡보)고 보는 것이 옳을 것이다.

> 이에 황제에게 상주하여 그 처분을 받았는데, 황제는 이종건을 불러들여 김두승이 믿을 만한지를 묻고 이어 말씀하시기를 "장호진은 짐이 믿고 부리는 신하요 김두승은 경이 보장했으니 마땅히 상주한 대로 실시하라"고 하였다. 이종건이 나를 데리고 김두승 등에게 찾아가니 모두들 기뻐 마지 않았다. 여러 차례 모여 논의한 후 마침내 천일은행을 창립하였으니 이는 한국측 은행의 효시였다. 김두승이 고금(股金: 주식대금-인용자)을 맡고 나를 주주로 추천하였다. 황실의 주식 자금(株金)을 내려보낼 때는 순빈(淳嬪) 엄씨가 엄주익(뒤에 중역이 됨)으로 하여금 거행하도록 하였다.[117]

여기서 알 수 있듯이 대한천일은행 설립을 발의한 것은 김두승·김기영·백완혁·조진태 등인데, 이들은 모두 서울의 대상인 또는 자본가들이었다.[118] 황제의 내락을 받은 이들은 1899년 1월 22일 탁지부에 은행 설립 청원을 하고 동월 30일 인허를 받았다. 그런데 설립 청원서에는 원래 발의했던 김두승·김기영 외에 당시 고위 관료였던 이근호[119]와 중간 관료급인 송문섭·정영두, 그리고 상인 출신으로 추정되

117) "金斗昇金基永白完爀趙鎭泰等 以銀行設施之必要 要余稟達期蒙皇室內下金 故余修陳上奏 果蒙處分 命召李鐘健 下詢金斗昇之信否 仍敎曰 張是朕之信使也 金則卿旣擔保 當依奏下施矣 李將臣出語于金 諸人之歡敬摰 至乃屢會經紀 竟成天一銀行 此是韓國側銀行之嚆矢也 金斗昇代辦股金 推余爲株主 及其皇室株金內下時 淳嬪使嚴柱益擧行(後爲重役)."(張浩鎭,『南渠自述』(『大韓天一銀行公牒存案』, 4쪽에서 재인용)). 여기서 보듯이 장호진은 고종이 믿고 있던 측근 인물 중의 한 명인데, 1897년 규장각주사로 궁내부 典膳司주사를 겸임한 이래 1899년에는 物品司주사를 겸임하는 등(안용식,『대한제국관료사연구』 Ⅰ, 연세대 사회과학연구소, 1994, 681쪽) 황실의 물품 조달을 담당하고 있었다.

118) 1905년 7월 경성상업회의소가 설립되었을 때 김기영은 의장, 조진태는 총무의원, 백완혁은 회계원으로 선출되었고(『황성신문』 1905년 7월 22일, 잡보), 다시 10월에 들어 조진태가 의장, 백완혁이 회계원으로 선출되었음(『황성신문』 1905년 10월 6일, 잡보)을 볼 때 이들이 서울 상업계에서 명망있는 상인이었음을 알 수 있다. 김두승은 앞서 조선은행 창립 발기인이었던 이근배와 함께 한성전기회사를 설립한 자본가였다.

119) 이근호는 1898년 11월 24일 경무사, 12월 22일 법부 협판 겸 고등재판소 판사, 1900년 1월 21일 농상공부협판에 임명되는 등 고위 관직을 지냈고(안용식,『대한제국관료사연구』 李根澔條), 1899년 5월 보부상단체인 상무사를 조직할 때 제3인자급인 都事務長을 맡았다(鄭喬,『大韓季年史』 下, 17쪽).

는 박경환 등이 청원인으로 서명하고 있다.[120] 여기서 특징적인 것은 대상인 또는 자본가가 발의한 위에 고종황제 측근의 고위관료와 군부·궁내부 등 대한제국기에 급속하게 팽창한 부서의 중간급 관리들이 청원인으로 참여한 점이다.

대한천일은행의 영업 종목은 ① 정부 발행의 은표(銀標) 및 환표(換票) 기타 상업표(商業標)의 할인 대부와 매입, ② 각종 물화의 매입 또는 화폐와 교환, ③ 금은 및 동산을 담보로 한 대부, ④ 공채증서 및 정부가 발행하는 각종 증서를 담보로 한 임시 대부와 당좌대월로 되어 있으나(제14조), 이 외에도 정부의 위임에 의한 태환권 발행(제17조), 탁지부대신의 인허하에 각 항구 및 각 부군 조세금의 운수까지 망라하고 있었다(제18조).[121]

이들 규정 중에서 주목되는 것은 궁내부와 정부가 자본금의 1/2 내지 1/3을 담당하여 최대 주주가 되고 태환권 발행과 조세금 취급 특권을 갖겠다는 조항들이다. 대한천일은행 역시 앞의 조선은행·한성은행과 마찬가지로 국고은행으로서의 역할을 전망하고 있음을 보여주는 것이다. 이는 앞의 창립인 명단에 의해서 볼 때 고종의 의향에 따라 얼마든지 현실화할 수 있는 것이었다. 실제로 천일은행은 고종과 정부관료들의 적극적인 지원하에 원하던 바를 성취해 나갔다.

천일은행은 당초 계획과 달리 1899년 말까지 자본금 모집을 13,800원밖에 하지 못했다. 창립 발기인은 34명이었지만 주식대금을 실제로 불입한 주주는 18명이었고, 총 112주 중에서 29주밖에 모집하지 못했다.[122]

120) 『大韓天一銀行公牒存案』, 1쪽. 宋文燮은 1898년 11월 군부경리국 제2과장을 맡고 있었고 鄭永斗는 1898년 12월 궁내부 物品司長, 1899년 2월에는 탁지부 전환국 기사에 임명되었다(안용식, 위의 책, 각 해당 人物條).

121) 『大韓天一銀行公牒存案』, 7~15쪽.

122) 위의 책, 21~22쪽.

그럼에도 불구하고 창립 직전인 1월 21일에 이미 황실로부터 전환국 소재 화폐 중 3만 원을 자본금으로 특별히 지급받고 2월 5일부터 은지금 · 면포 등 상품을 담보로 하여 최초의 대부 업무를 시작하였다.[123)]

이어서 2월 4일 한성부에 「가사전토전당규칙」을 제출하고 승인받아 8일부터 부동산담보 대부를 개시하였다.[124)] 정관 제15조에 부동산을 저당받고 대출하지 않는다고 하면서도 '상당한 가사 전토가 있는 것은' 예외로 한다는 단서 조항을 근거로 한 것이었다. 「가사전토전당규칙」에 의하면 3개월 기한으로 대출액 400원 이상은 월 4%, 4백 원 이하는 월 5%라는 높은 이자율로 대출하였음에도 불구하고 "가권(家券: 집문서)을 들고 대부를 청하는 사람이 몰려들어 일대 장터를 이룰" 정도였다.[125)]

그러나 부동산 저당 대출을 승인했던 천일은행 창립인이자 한성판윤이었던 이한영이 면관되고 민상호가 부임한 이후인 3월 1일 가사 전당 대출은 무방하되 전토 전당 대출은 외국인이 이로 인하여 후폐를 낳을 염려가 있으니 금지한다고 하여 무위로 끝나고 말았다.[126)] 게다가 가권을 전당잡고 대부하는 업무도 궁내부대신 이재순이 보신회사(普信會社)를 설립함으로써[127)] 중단하게 되었다. 그동안 전당잡았던 가권들도 모두 보신회사에 보내고 대출액을 상환할 때는 보신회사에서 가권을 찾아가게 하였다.[128)]

123) 한국상업은행, 『大韓天一銀行日史』(이하 『天一銀行日史』로 약칭), 1959, 12 · 17쪽. 황실의 자금은 무상으로 지급된 것이 아니라 대출해준 것으로 판단된다.

124) 『天一銀行公牒存案』, 15~16쪽.

125) 『天一銀行日史』, 19~20쪽.

126) 위의 책, 24쪽. 즉 외국인 금융업자들이 자기들도 대한천일은행과 마찬가지로 전토 담보 취급권을 달라는 청원을 해오게 되면 정부로서도 난처하다는 입장이었다.

127) 『독립신문』 광무3년 5월 17일, 잡보.

128) 『황성신문』 1899년 5월 20일 광고. 이러한 변화는 이재순의 보신회사 설립 청원과 이를 허가한 고종의 지시에 의한 것으로 보인다. 이 점은 1899년 9월 농상공부가 보신회사에 과세하려 하자 보신회사 측에서 본 회사는 내탕금 1만 원을 하사하여 설립한 부동산회사

천일은행은 주요한 영업 항목을 상실하게 되었으므로 새로운 영업 항목, 가장 수익이 많이 생기는 조세권 취급권을 획득하려는 움직임을 보이기 시작했다. 우선 각 지방에 지점을 설치하는 작업에 착수하여 동년 3월 17일과 22일 인천·부산·목포에 지점을 설치하는 건과 「지점규칙」 실시를 각각 승인받음으로써[129] 각 항구와 각 부(府)와 군의 조세금을 취급하는 특권을 획득하게 되어 은행 영업의 성공을 보장받았다. 3월 28일에는 개성에 지점을 설치하겠다는 청원서를 제출하고 아무 어려움 없이 4월 15일자로 탁지부대신의 인가를 받았다.[130]

지점이 가장 먼저 설치된 곳은 인천이었다. 인천 지점은 5월 10일 인천항 기포(圻浦)에 설치되고[131] 서상집이 감사원으로 운영 책임을 맡았다. 이어서 개성 북부에도 지점을 설립하였다.[132] 같은 해 9월 26일에는 전주지점과 군산분지소를 설립하려는 청원을 올려 승인받고 그에 소요되는 각종 비용 지출까지 했으나 실제로 설치되지는 않았다.[133]

이들 지점은 상당한 이익을 올림으로써 금융계 내에서 천일은행의 위치를 확고하게 해주었다.[134] 특히 인천지점 감사원 서상집은 단기간에 천일은행의 신용을 확립하여 다른 외국은행과 비교하여도 손색이 없을 정도로 만들었다 하여 은행장 민병석이 포상까지 할 정도였다.[135]

니 면세해달라고 한 점(『황성신문』 광무 3년 9월 26일)을 통해서도 확인된다. 그리하여 천일은행은 5월 17일에 고종으로부터 내하받은 돈 중 1만 원과 그동안 전당잡았던 가권 22장을 보신회사로 보냈다(『天一銀行日史』, 55~56쪽).

129) 『天一銀行公牒存案』, 23~24쪽 및 38~40쪽.

130) 위의 책, 54쪽. 이는 개성상인의 자본을 끌어들이려고 한 것일 수도 있고 내장원에서 개성의 삼포를 관장하기 시작한 일과 관련되었을 수도 있다.

131) 『황성신문』 1899년 5월 23일, 광고.

132) 『황성신문』 1899년 6월 18일, 광고.

133) 『天一銀行公牒存案』, 91~97쪽.

134) 위의 책, 25쪽.

135) 위의 책, 82쪽.

천일은행은 위 양 지점을 통한 영업 외에도 본점의 영업을 통해서도 상당한 수익을 올릴 수 있었다. 물론 지방관의 판단에 따라 조세금을 직접 운반할 수도 있었으므로 모든 조세금이 천일은행 지점이나 본점 또는 은행원을 통해 상납된 것은 아니었지만 1899년 한 해 동안 58만 3천 원(291만 5천 냥)의 조세금을 거두어 탁지부 명의로 입금하고 탁지부의 요청에 따라 지출하고 있다.[136] 이는 1899년 탁지부 실제 세입 중 당해년도 지세와 기왕년도 소속 수입의 합계액인 408만 원[137]의 14%에 해당하는 비중이었다.

천일은행의 주주수 · 자본금 · 예금액 · 대출액은 1902년 이후에 들어 획기적으로 급증하고 1903년 이후에는 대출액이 예금액의 2배 이상으로 늘어났다. 이것은 천일은행의 운영에 큰 변화가 발생한 것을 나타내는 것이다. 우선 탁지부가 재정 궁핍을 해결하기 위하여 조세금을 미납한 지방관들을 적극적으로 사법처리하기 시작하여 1901년 12월에는 조세금 체납액이 과다한 지방관은 법부로 넘겨 교수형까지 처한다는 극단적인 강경책을 세우기까지 한 점이다.[138] 이로 인하여 조세금 체납 지방관들은 가능한 한 모든 수단을 동원하여 현금을 마련하기 시작했는데 집문서를 전당포에 맡기고 돈을 빌리는 것도 그 중의 하나였다.

천일은행은 이러한 상황을 이용하여 1900년 7월에 전당포를 개설하

136) 大韓天一銀行 皇城本店, 『度支部稅金出納通帳』(奎 21858). 이 자료에는 1900년 2월까지 입금된 조세액 통계만 있어 1900년 2월 이후에는 천일은행이 각 지방 조세금 취급권을 부여받지 못했던 것으로 추정된다.

137) 이윤상, 「1894~1910년 재정제도와 운영의 변화」, 서울대 박사학위논문, 1996, 118~119쪽. 천일은행의 '탁지부세금출납통장'에는 1899년분의 지세뿐만 아니라 그 이전 연도 지세 미납분까지 포함되어 있으므로 천일은행의 취급액의 비중을 구하기 위하여 위 박사논문 통계 중 당해연도 지세 실수입액과 기왕년도 소속수입(대부분 지세와 호세인데, 호세의 비중은 미미함)을 합친 408만 원과 비교한 것이다.

138) 이윤상, 앞의 글, 127쪽.

고 전임사무원으로 주주 중의 한 명인 조진태를 선임하고[139] 외국인 전당포로 가권을 들고 가지 말고 천일은행으로 오라는 광고까지 신문에 게재하기 시작하였다.[140]

전술했듯이 가권을 전당잡고 대출해주는 업무는 천일은행 설립 직후 황실 인물인 이재순이 설립한 보신회사로 넘어갔는데 어떻게 다시 천일은행으로 넘어오게 되었는가? 이 역시 보신회사 설립과 마찬가지로 고종의 개입이 있었던 것으로서, 고종은 이 전당포 설립 자본금으로 4만 원을 지급했다고 한다.[141]

무엇보다 획기적인 변화는 1902년 3월 25일 당시 6세에 불과한 영친왕이 은행장으로 선임되고 이를 보좌하기 위하여 4월 7일 이용익이 은행부장으로 임명된 사건이다.[142] 천일은행의 정관에는 한성은행과 달리 은행장과 부장의 임면에 관한 사항이 규정되어 있지 않은데,[143] 이는 설립 당초부터 고종의 의도를 반영한 것이라고 볼 수 있을 것이다. 그리하여 영친왕이나 이용익을 임명할 때 은행원 간에 논의를 거치거

139) 『天一銀行公牒存案』, 167쪽.

140) 『황성신문』 1901년 12월 3일, 광고.

141) "近日 度支部에서 公錢督促이 嚴急ᄒᆞ기로 家券典質者가 城市에 奔走ᄒᆞᆷᄋᆡ 天一銀行에서도 資本을 得ᄒᆞ야 典券ᄒᆞᄂᆞᆫᄃᆡ 或云其資金은 四萬元이니 內下ᄒᆞ신 것이라더라."(『황성신문』 광무 5년 12월 6일). 천일은행의 영업은 창립 이후부터 고종과 밀접한 관련 하에 운영되어 왔다. 앞에서 지적했듯이 창립인 대부분이 1899년 이후 황제권을 강화하는 데 핵심적 인물들이거나 황제권 강화와 함께 팽창확대된 궁내부·군부의 관리였다. 또 1900년 1월 20일자로 천일은행 운영의 핵심적 역할을 해왔던 理事員 두 명 중 鄭永斗가 거세되고 崔錫肇가 은행 업무를 專管하는 변화가 나타나고 있는데(『天一銀行公牒存案』, 116~117쪽), 최석조는 이용익과 함께 전환국장을 교대로 맡아가면서 고종의 지시에 따라 백동화 주조 발행 업무를 담당한 인물이었다. 또 천일은행은 창립 직후부터 고종의 개인 금고격으로 사용된 경우도 많았다. 즉 당시 인천에 있던 전환국에서 고종에게 상납할 백동화를 가져와 천일은행에 입금해 두었다가 고종의 지시에 따라 궁궐로 이송해 가거나 특정인에게 지급하였다(『天一銀行日史』, 13·15·20·22·29쪽).

142) 『天一銀行公牒存案』, 201·203쪽.

143) 한성은행의 경우 은행장과 부장은 은행원 중 聲望이 있는 자로 선출한다고 규정되어 있다(한성은행 정관 제21조).

나 총회를 개최함도 없이 영친왕과 이용익을 임명한 것이다. 영친왕의 천일은행장 부임과 함께 천일은행의 주주수와 자본금은 급격히 증가하였다.[144]

이와 별도로 한국 정부는 1898년 후반부터 일본이나 프랑스 · 미국 · 러시아 · 벨기에 등 가능한 한 모든 방면으로부터 외국 차관을 도입하여 중앙은행을 설립하려고 하였으나 모두 중도 좌절하였다. 이러한 상황에서 일본제일은행은 한국 정부의 허가도 받지 않고 1902년 6월부터 한국 국내에서만 유통하는 것을 조건으로 제일은행권이라는 불환지폐를 발행하기 시작하였다. 한국 정부로서는 화폐주권을 침탈당한 것이다. 고종과 이용익은 1902년 9월부터 제일은행권에 대한 반대운동을 전개하는 한편 독자적인 지폐발행계획을 추진하였다. 우선 전환국으로 하여금 지폐 모형을 급히 조각하게 하고 내륙지방으로부터 개항장에 출하되는 사금 및 금괴를 매수하여 지폐 발행 준비금에 충당하려 하였다.[145]

고종은 중앙은행을 설립하는 데 필요한 준비도 제대로 갖추지 않은 상태에서 1903년 3월 24일 정부회의에서 여러 대신들의 반대를 무릅쓰고 「중앙은행조례」와 「태환금권조례」를 반포하였다.[146] 5월경에는 금화를 주조하기 위해 금괴 3만 개를 내장원으로 운반 적치하였다.[147] 12월

144) 『天一銀行公牒存案』, 217 · 239쪽.

145) 도면회, 앞의 글, 1989, 430쪽.

146) 「奏本 34號 中央銀行設立事」 · 「奏本 35號 兌換金劵發行事」(『奏本』 66책). 중앙은행조례 실시에 반대한 대신은 이근명 · 이도재 · 성기운 · 민종묵 등 4명, 찬성은 김규홍 · 김주현 · 김성근 · 심상훈 · 이재극 등 5명이었고, 태환금권조례 실시에 대해서는 이근명 · 김규홍 · 김주현 · 이도재 · 심상훈 · 이재극 · 성기운 등 7명이 반대하고 김성근 · 민종묵 등 2명이 찬성했을 뿐이다. 중앙은행 설립 자체에 반대하는 대신보다 태환금권 발행에 반대하는 대신이 압도적으로 많았던 이유는 금본위화를 전혀 주조 발행하지 않은 상태에서 이 조례가 실시될 경우 불환지폐가 대량 남발되어 백동화 남발보다 더 심각한 문제를 야기시킬 가능성이 컸기 때문이다.

경에 이르면 전환국에 약 120만 원의 금괴를 저장하고 50전 은화(半圜銀貨)도 150만 원 정도 주조하였으며[148] 1904년 4월에는 태환권 및 백동화 어음의 인쇄작업에 들어갔다.[149] 이렇게 많은 금·은 지금을 확보하고 본위화폐를 주조하는 데 필요한 자금은 역설적으로 전환국에서 대량 남발한 백동화로 충당하였다.[150]

1904년 11월 폐쇄되기 직전까지 전환국에서 주조 또는 저장한 각종 화폐와 금·은 지금의 액수를 총합하면 약 465만 9,792원의 거액이었다.[151] 내장원으로 옮겨지지 않은 화폐액을 합해서 추정하면 1903년 말경 한국정부는 화폐 발행액 면에서 1901년의 「금본위화폐조례」를 실시할 수 있는 준비를 상당한 정도까지 갖추었다고 할 수 있다.

이에 비하여 중앙은행 설립 준비는 「중앙은행조례」가 반포된 지 5개월이 지난 1903년 8월에 들어서야 중앙은행 사무소를 정하고 주식 모집을 시작하였다.[152] 8월 23일에 총재로 심상훈, 부총재로 이용익을 임명한 데 이어 9월 7일과 30일 두 차례에 걸쳐 20여 명의 인물을 중앙은행 창설사무위원으로 임명하였다.[153] 그런데 중앙은행에서 지폐를 발행하겠다는 고종의 구상에 대해 정부 내에서는 여전히 비판적인 의견

147) 『황성신문』 1903년 5월 12일, 잡보.

148) 『황성신문』 1903년 12월 16일, 잡보.

149) 『日本外交文書』 제36권 1책, 문서번호 636 「韓國典圜局鑄貨狀況報告ノ件」 (附記 二)典圜局處分ニ關スル件.

150) 일본거류민이 발행하는 『漢城新聞』 1903년 10월 24일자에 의하면 최근 백동화 폭락의 원인은 한국정부가 중앙은행의 창립과 지폐발행 준비금과 본점·지점의 자본금을 조달하기 위한 것으로서, 백동화를 남발하여 사금을 사들이고 금화를 주조하여 준비금으로 하려고 한다는 것이다(三上豊(이석륜 역), 「典圜局回顧錄」, 『韓國經濟史文獻資料』 1, 경희대학교 한국경제경영사연구소, 1970, 81쪽).

151) 이윤상, 앞의 글, 290~294쪽.

152) 『황성신문』 1903년 8월 11일, 잡보.

153) 『구한국관보』 1903년 9월 9일 ; 10월 2일.

이 많았다.[154] 아직 금화 준비가 충분히 이루어지지 않은 상태에서 지폐를 발행할 경우 백동화 남발보다 더한 폐단을 낳을 것이라는 이유였다. 그러나 고종의 의지는 확고하였고 이로 인하여 탁지부대신 김성근과 군부대신 윤웅렬이 상소를 올리고 사직할 정도였다.[155]

1904년 러일전쟁이 발발하고 8월의 제1차 한일협약으로 재정고문으로 부임한 일본인 메가타는 1904년 11월 전환국을 폐쇄시켰다. 1905년 1월에는 일본 제일은행 경성지점에 한국의 국고금 출납에 관한 모든 사무를 취급하는 중앙은행으로서의 지위를 갖게 만들었다.[156] 이로써 고종이 추진하던 본위금화와 태환권 발행, 중앙은행 설립 계획은 무산될 수밖에 없었다. 그러나 한국인들은 이 과정에서 본위화, 태환권 즉 지폐, 중앙은행의 기능과 역할에 대해 혹독한 수업을 받은 셈이었다.

3. 추상적 '시장' 개념 도입과 정착

1) 상설 점포의 증가와 추상적 '시장' 개념의 도입

오늘날 사용하는 '시장'이라는 개념은 상품경제가 발달하지 않은 시대에는 생산물의 물물교환이 행해지는 특정한 일시와 장소를 가리키는 개념이었다. 그러나 상품경제가 발달한 근대 자본주의 이후에는 추상적 개념이 되어 특정한 재화와 서비스의 수요와 공급이 상대하여 가격이 성립하는 장을 가리키게 되었다.[157]

154) 『황성신문』 1903년 9월 19일, 잡보.

155) 『황성신문』 1903년 10월 2일, 잡보.

156) 이윤상, 앞의 글, 215쪽.

폴라니의 연구에 의하면 중세가 종언을 고할 때까지 시장은 서유럽에서 중요한 역할을 맡은 적이 없고 시장 이외의 다른 제도적 유형—상호 인정에 의한 물물 교환, 정치적 지도 집단과 피지도 집단 사이의 공물 납부와 하사 등—이 지배적 위치를 차지하고 있었다. 즉 시장에서의 교환을 통해 이익과 이윤을 얻는다는 동기가 인간의 경제에서 중요한 역할을 맡았던 적은 단 한 번도 없었다. 시장경제란 근대 이후에 성립한 체제이고 이에 따라 '시장'이라는 개념에도 커다란 의미 변화가 일어났다. 오늘날 시장(경제)란 여러 시장이 모여서 스스로 조절할 수 있는 단일 체제를 형성한다는 것을 뜻한다. 이는 경제활동의 방향이 오로지 여러 시장에서의 다양한 가격을 통해 결정되며 그 외의 어떤 것도 경제 활동을 좌우할 수 없다는 말이기도 한다.[158]

오늘날과 같은 체제로서의 시장경제, 추상적 시공간을 내포하는 시장 개념은 근대 자본주의 발흥 이후 성립한 것으로서, 개화기 이전의 한국에서도 '시장'이라는 개념은 존재한 적이 없었다. 1894년 갑오개혁에 이르기까지 한국에서 '시장'이라고 하는 용어는 익숙한 것이 아니었다. '시장'보다는 '시전' '상전' '장시' '장터' 같은 말이 더 익숙한 용어였다. 1907년 9월 15일 한국 최초의 박람회가 한성에서 경성박람회라는 이름으로 열릴 때 황성신문의 필자는 다음과 같이 한국의 시장에 대해 설명하였다.

> 상공업계 역사를 개관해 보건대 예전부터 물품의 출장소는 육의전 및 망문상전(望門床廛), 삼남 및 강원도의 약령, 의주 및 동래에 개시, 각 지방에 장시 등뿐이오. 예전부터 물품의 제조 건은 모두 거칠고 변변치 못하여 족

157) 『ブリタニカ国際大百科事典』「市場」, https://kotobank.jp/word/%E5%B8%82%E5%A0%B4-31361 (검색일: 2023.1.10)

158) 칼 폴라니(홍기빈 역), 앞의 책, 181~200쪽.

> 히 논할 바 없고 그럼으로써 제조 및 출장은 싸게 사서 비싸게 팔며, 있는 것과 없는 것을 교환하는 개인의 사적 이익에 불과하거니와159)

즉, 물품을 사고 파는 곳은 서울의 육의전과 망문상전, 삼남과 동협의 약령시(대구 · 전주 · 원주—필자), 의주와 동래의 개시, 각 지방의 장시뿐이다. 그나마 거칠고 보잘 것 없는 물건들 밖에 없고 싸게 사서 비싸게 팔며 있는 것과 없는 것을 교환하는 개별적 경제에 불과하다고 하는 것이 총평이다.

또, 일본의 식민 통치기 한국의 시장 발달 수준을 평가한 식민 당국자들도 조선에서 상품경제가 발달함에도 불구하고 상설시장이 발달하지 못하고 장시와 같은 정기시장만 활성화되고 있는 이유를 다음과 같이 설명하였다. 즉, 도시와 경제의 미발달, 조선 시대의 가렴주구와 특권 상업, 조선인의 취약한 경제력, 화폐의 미발달, 산업의 미발달과 노동력 과잉, 상인의 자본력 박약, 장시의 다양한 사회 · 문화적 기능 등으로 인해 장시가 계속 번성하고 있다는 것이다.160) 문정창도 "현대적 상업조직이 발달하면서 당연히 자취를 감추어야 할 재래시장이 급증한 것은 세계에 유례가 없는, 시대를 역행하는 변태적 현상임이 분명하다"라고 기이한 현상이라고 평가하였다.161)

물론 자본주의가 조선보다 먼저 발달한 일본과 비교해 보면 그렇게 볼 수도 있었겠지만, 개항 이후 상품경제가 확대함에 따라서 장시는 20세기 초까지 상당히 발전해 갔으며, 그 가운데 상설 점포가 점진적으

159) "商工業界 歷史를 槪據ᄒᆞ건ᄃᆡ 由來 物품의 出張所ᄂᆞᆫ 皇城의 六矣及望門床廛, 三南及東峽에 藥令, 義州及東萊에 開市, 各地方에 場市等而已오 由來物品의 製造件은 擧皆 麤粗菲薄ᄒᆞ야 足히 論ᄒᆞᆯ바 無ᄒᆞ고 以上 製造及出張은 買賤賣貴ᄒᆞ며 貿有資無ᄒᆞᄂᆞᆫ 一個人의 私益에 不過ᄒᆞ거니와"(『황성신문』 1907년 9월 16일, 논설 「祝博覽會」).

160) 朝鮮總督府, 『朝鮮の市場經濟』, 1929, 453~455쪽.

161) 文定昌, 『朝鮮の市場』, 日本評論社, 1941.

로 발생하는 현상이 없었던 것은 아니다. 따라서, 넓은 의미에서의 '시장', 즉 수요와 공급의 힘이 상호작용하여 균형가격을 성립시키는 추상적인 '시장' 개념을 성립시킬 정도까지는 나아갔다고 할 수 있다.

한국의 장시 숫자는 19세기 초『임원경제지』에 의하면 975기였는데, 1909년에는 849기, 1910년 980기, 1911년 1084기로 집계된다. 즉, 19세기 초부터 1910년대 초까지 대략 7~80기가 증가했다고 할 수 있다.[162] 이 같은 변화는 물론 개항과 외국무역의 전개, 1899년 이래 철도 운송의 개시, 그리고 일본 · 청 등과의 무역을 통해 편중 성장한 개항(시)장의 압력 등을 고려하지 않을 수 없다.

우선, 함경도 지방의 경우 1910년을 전후하여 개항 이전에는 장시가 없던 군들에 우시를 포함하여 모두 25기의 장시가 발생한 것으로 확인된다. 삼남 지방에서는 전남에서 장시가 가장 두드러지게 증가했는데, 이것은 제주도의 덕분이었다.

한편, 무역이 발달한 개항장의 경우를 보자. 개항장의 한국인 거주지에서 개항 이전부터 장시가 있던 곳은 부산, 원산, 마산, 군산이었는데, 이들 지역에서는 상설 점포가 발달하여 이미 존재했던 장시도 크게 성장하지 못하였고, 인천과 성진은 애초부터 상설 점포가 장시의 기능을 대신하였다. 반면, 진남포의 한국인 거주지에서만은 개항 이후 장시가 발생하고 시장 밀도가 증가함에 따라 사실상 매일장으로의 전환이라는 변화과정이 나타나고 있었다.

경인선(1899) · 경부선(1905) · 경의선(1906) 등 철도 부설의 효과를 보자. 철도역 111개 중 인구 1만 명 이상 도시와 철도역이 소재한 개항장

162) 이하, 장시와 개항(시)장 상설점포의 발달에 대해서는 이헌창, 「개항기 시장구조와 그 변화에 관한 연구」, 서울대 박사학위논문, 1990, 212~269쪽에 의하여 서술하였다. 한편, 1910년 전후 장시의 통계 숫자 산출에 대한 새로운 논의는 조형근, 「통계지식과 경제적 상상」, 『사회와역사』 107, 2015 참조.

을 제외하면 96개 역이 남는데 이 중 10리 이내 지역에 장시를 가지는 역이 모두 70개였다. 이 70개 중 개항 이전부터 장시가 존재했던 곳 51곳을 제외하면 나머지 장시 19기가 대부분 철도 부설 후에 창설된 것으로 볼 수 있다. 이렇게 철도 부설 덕으로 장시가 개설된 대표적인 사례가 경기도 영등포와 평안북도 영미(嶺美)였다.

장시에 반하여 계절적으로 열리는 영시(令市)는 대구, 공주 진주, 전주 등에 존재했으나, 개항 이후 대체로 몰락하는 운명을 맞이하였다. 대구와 공주의 영시는 약재를 취급하는 특수 시장으로 성립하였으나 개항 초에 이미 일반 상품을 취급하는 대시장으로 발전해 있었다. 영시는 외국산 수입품을 활발히 취급하고 외국 상인을 끌어들이면서 성장했으나, 1900년경 최고 전성기를 기점으로 쇠퇴하기 시작하였다. 그 결과 1910년대 초에 남은 것은 대구의 약령시뿐이었다.

그렇다면 상설시장은 발전하지 못했는가? 상설시장은 매일장과 상설 점포로 나눌 수 있는데, 1914년 조선의 시장 조직은 크게 세 가지로 분류되었다. ① 지방의 성읍 및 촌락의 아무런 설비가 없는 일정한 장소에서 다수의 수요자·공급자가 모여서 거래하는 재래시장, ② 서울, 평양, 대구, 부산, 인천, 목포, 군산, 원산 및 진남포 등 도회지의 일본인을 중심으로 발달한 일반 상가 및 이들 일본인의 시가지에서의 공설 식료품 시장, ③ 이들 도회지에서 경매 방법에 의해 생선과 야채의 위탁 판매를 하는 일본인 경영의 수산시장 및 청과물 시장 등이다.[163] 이들이 각각 1914년 발포된 「시장규칙」에 의하여 1호시장, 2호시장, 3호시장으로 명명되었다. 1호시장 중 매일장과, 2호시장, 3호시장(이들도 모두 매일 개설된다)이 상설시장이다.

그런데, 개항 이후 정기시에서 매일장으로 발전한 것은 없었고, 위의

163) 文定昌, 앞의 책, 66~67쪽.

②번 공설 식료품 시장 같은 것이 개항 이전부터 이후까지 성장한 것은 확인할 수 있다. 우선, 18세기 서울에는 시전 외에도 종가(鐘街), 남대문 밖의 칠패(七牌), 동대문 안의 배고개(梨峴)이라는 3개의 대시가 성립하여 행상이 아침에는 이현과 칠패에, 한낮에는 종가에 모였다고 한다. 이후 개항기에 들면 서울의 조시, 특히 남대문 조시가 크게 성장하였다.

개항 전에 성립한 조시로서 ②번 공설 식료품 시장으로 발전한 것은 서울 외에는 극소수였던 것 같다. 식료품 시장은 일본인이 주로 이용하였기에 일본인이 다수 거주하는 개항장과 같은 도시에서 조시가 발생 발달하고 1914년부터 제2호 시장으로서 인가를 받게 되었다. 3호시장은 전적으로 일본인의 요구에 의한 산물이었다. 따라서 이것은 일본인이 다수 거주한 개항장 및 러일전쟁 이후 내륙의 대도시에서 발생하였다.

서울 이외에 개항 이전부터 상설 점포가 발전해 있었던 곳은 전주, 통영, 강경, 함흥, 개성, 평양 등이고 해주, 공주, 대구에서는 늦어도 개항기에 상설점포가 발달하였음이 확인된다. 그밖에 의주, 북청, 수원, 안성, 진주 등까지 합쳐서 모든 도회지에서는 상설점포가 발달하였음이 확인된다.

장시가 소재한 지역과 상설점포가 소재한 14개 재래 도시의 관계를 보면, 재래도시가 주변의 장시를 흡수하면서 시장권을 확대하는 현상은 극히 제한적으로 이루어지고 있었다. 개항장으로 출발한 인천, 부산, 진남포, 원산, 목포, 마산을 보더라도 인천을 제외하면 시장권이 확대된 경우가 거의 없었다. 즉, 정기시와 달리 개항장 및 재래도시의 경우 서울과 인천을 제외하면 개항 이후 시장권이 크게 확대되지 않았다.

이는 물론 농민의 압도적 다수를 차지하는 중농층과 빈농층의 소득과 구매력이 낮았기 때문이라고 할 수 있다. 1910년대의 단편적 자료에 따르면 농가는 자신의 연간생산물 중에서 2~3할을 상품화한 것으로 추정된다.[164] 또한, 개항(시)장 등 도시 시장이 한국인 시장과 외국인 시장으로 분리되어 있었던 데다가 개항장을 정점으로 한 수지상형(樹枝狀型) 시장구조로 인해 개항장의 발전이 재래 도시도 포함한 내륙시장 전체의 발전으로 확산되지 못한 때문이기도 하다.

외국 무역의 발전과 철도 부설로 인해 상품화폐경제가 급속히 성장 확대한 결과는 주로 정기시의 증가로 귀결되었다.[165] 그렇다면 이러한 변화는 관련 용어들에 어떠한 변화를 가져왔을까?

우선 개항 이전까지 조선왕조실록에서 '시장'과 '장시'의 빈출 숫자를 검색해 보면 '시장'은 총 32회, 국왕대 별로는 중종(2) 명종(1) 선조(1) 광해군중초본(1) 광해군정초본(1) 인조(2) 숙종(2) 영조(2) 고종(19) 순종(1)의 분포를 보인다. 이에 반해, '장시'는 총 99회, 국왕대 별로는 중종(7) 명종(4) 선조(9) 광해군중초본(4) 광해군정초본(3) 인조(4) 숙종(5) 경종(2) 영조(23) 정조(12) 순조(3) 헌종(1) 고종(22)의 분포를 보인다.

당연히 '장시'가 압도적으로 많이 사용되었음을 확인할 수 있다. 그리고 실록에서의 '시장'은 고종대 이후 외국과의 통상조약상 한성과 평양 등을 개시장으로 개방했기 때문에 '시장'이 많이 사용된 것이므로,

164) 이헌창, 「구한말 일제초 농가경영의 구조와 상품화폐경제」, 『대한제국기의 토지제도』 민음사, 1990, 245쪽. 1945년경에 이르러서야 농가 생산액의 최소한 5할 이상이 상품화된 것으로 추정된다(문정창, 위의 책, 127쪽).

165) 이러한 결론에 대해, 최근에 이의가 제기되었다. 즉, 기존의 연구가 바탕으로 한 통감부 또는 조선총독부의 통계자료는 ① 소규모 무인가 시장들을 집계에서 배제한 점, ② 재래의 정기시장 내부에서 성장한 상설 점포가 장날이 아닌 날에도 영업하면서 점차 시장의 중심이 되어간 점을 포함하지 않았기 때문에 정기시만 독자적으로 팽창하는 것처럼 통계가 만들어졌다는 것이다. 이처럼, 소규모 무인가 시장과 정기시에 포함된 상설점포의 거래액이 파악되지 않는 한 재래시장에 대한 올바른 파악에 한계가 있다고 한다(조형근, 앞의 글).

이러한 용례를 제외하면 10여 회에 불과하다. 따라서 개항기에 이르기까지 '장시'가 일반적으로 사용된 것을 알 수 있다.

〈표 4〉 1898~1910년 '시장' · '장시'의 신문기사 빈출 수

	1898	1899	1900	1901	1902	1903	1904
시장	2	23	22	16	34	56	40
장시	4	19	18	23	20	26	10
	1905	1906	1907	1908	1909	1910	합계
시장	61	115	80	53	94	175	771
장시	22	45	63	57	46	19	372

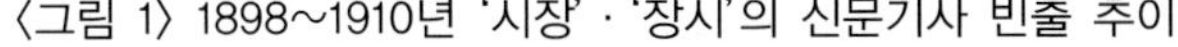
〈그림 1〉 1898~1910년 '시장' · '장시'의 신문기사 빈출 추이

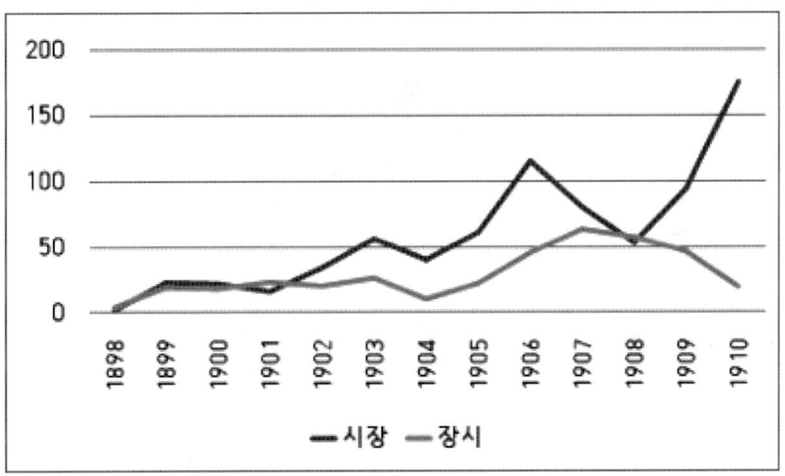

개항 이후에는 사정이 달라졌다. 신문 기사 검색이 가능한 1898년부터 1910년까지를 대상으로 '광고'를 제외하고 검색한 결과에 의하면 '장시'가 총 372회, '시장'은 총 771회로 2배 이상 사용되었음을 확인할 수 있다.[166] 이를 다시 연도별로 나누어 보면 위 〈표 4〉 및 〈그림 1〉과 같다.

'시장' 용례가 2배 이상 사용되었던 점과 아울러 주목해야 할 점은 '시장'과 '장시'의 의미가 달랐다는 점이다. 우선, '장시'는 1910년경까지도 개항 이전과 다를 바 없이 구체적인 거래 공간, 수요자와 공급자가 만나서 거래하는 공간의 의미로만 사용되었다.

즉, 각 지방 장시에서 지방관이나 아전의 장세 징수와 관련된 청원 및 갈등, 장시에서의 상거래 상황, 장시의 창설, 이설, 폐지를 바라는 민인과 이를 허가 또는 강행해야 하는 관부 사이에 왕래한 공문의 내용, 화적떼의 장시 침탈 사건, 일진회원의 연설과 활동, 국채보상운동이 장시 공간을 통해 전개되었다. 다시 말해서, 장시는 해당 지방의 정치 사회 경제의 중심 공간이라는 의미까지 내포하고 있었다. 이와 관련된 몇 가지 기사를 열거하기로 한다.

> ① 수원군 부상 두령 7인 등이 작폐가 대단하여, 첩지를 보이면서 돈을 토색하고 무리를 지어 패악질을 한다고 소문이 낭자하기에 관찰사 조종필 씨가 이 7인을 붙잡아 엄히 장형을 가하고 칼을 채워 가둔 후 그 죄명을 깃발에 크게 써서 장시에 순회해 보이니 저자 거리의 백성들이 통쾌하고 기뻐한다더라.[167]

> ② 풍덕군 상무사 좌지사 사원 김계화 등이 농상공부에 청원하기를 본군 한교(漢橋) 장시 세금 징수를 본 상무사 좌지사에 맡겨 상인들을 안돈케 하라 하였다고 한다.[168]

---

166) 물론 한 개의 기사에 각 용어들이 2번 이상 사용되었을 수도 있으나, 그 부분은 분석에서 제외하였다.

167) "水原郡 負商 頭領 七人等이 作獘多端ᄒᆞ야 勒帖討錢과 作黨行惡이라고 聽聞이 浪藉ᄒᆞ기로 觀察使趙鐘弼氏가 右七人을 捉致ᄒᆞ야 嚴杖枷囚ᄒᆞ고 其罪名을 旗上에 大書ᄒᆞ야 場市에 巡示ᄒᆞ니 一市民情이 快悅ᄒᆞ더라더라"(『황성신문』 1900년 2월 27일, 잡보 「嚴禁商獘」).

168) "豐德郡 商務左支社員 金桂華 等이 農部에 請願ᄒᆞ기를 本郡 漢橋場市 收稅를 付之本社ᄒᆞ야 以安商民케 ᄒᆞ라 ᄒᆞ얏더라"(『황성신문』 1900년 10월 30일, 잡보 「商社請願」).

> ③ 함경도에서 온 사람의 말을 들은즉 근래 영흥 덕원 등지에서 진보회 회민들은 모두 들판에서 땅파먹고 살던 농부나 소작민들인데 하루아침에 갑자기 장시 도회처로 수백 혹 삼사백 명씩 모여 일장 연설하여 말하기를 우리가 종래 굼뜨고 무식하여 어리석은 백성이라.[169)]

> ④ 영평군 양문리 장시를 본읍의 인민에게 빼앗겨 해당 시민(市民)의 생계가 끊어졌기 때문에 관찰부와 농상공부에 누차 호소하여 훈령이 도착했은즉 본 군수가 한 달에 열리는 6개 장을 3개 장씩 나누어 설치하여 양 장시의 상민이 모두 살아갈 수 있게 하였는데 본읍 백성들이 끝없는 욕심을 충족하고자 방금 서울에 올라가 이곳저곳으로 청탁하여 그 이득을 독점하려 한다고 양문리 장시 시민들이 대단히 분하고 우울해 한다더라.[170)]

①은 관찰사가 패악질하는 부상들을 처벌하고 그 죄명을 장터를 돌아가면서 공시하는 장면, ②는 장터의 장세 징수를 청부받으려는 상무사원들의 청원, ③은 진보회원들이 집회를 주로 장터에서 하는 상황, ④는 장시 개설을 독점하려는 영평읍민과 이에 저항하는 양문리 민인 사이의 갈등 등이다.

'시장'의 용례는 이와는 상당히 다르다. 1876년 외국에 문호를 개방한 이후 항구는 '개항장', 한성과 평양 등 내륙도시는 '개시장'이라 불렀다. 이후 이들 개방한 도시에 대해서는 '개시장'의 '개(開)'를 생략하고 그저

169) "咸鏡道로 從來ᄒᆞᆫ 人의 傳說을 聞ᄒᆞᆫ 則 近來 永興 德源 等地에셔 進步會民덜은 皆村野間에셔 耕鑿하난 農夫佃民덜인ᄃᆡ 一朝에 忽然 場市 都會處로 數百 或 三四百名式 聚集하야 一場演說하야 日 吾儕가 ?來蠢蠢無識ᄒᆞᆫ 愚氓이라"(『황성신문』 1904년 11월 16일, 잡보 「進步景況」).

170) "永平郡良文里場市를 本邑內人民에게 見奪ᄒᆞ야 該市民의 生計가 乏絕ᄒᆞᆷ으로 觀察府와 農商工部에 屢次呼訴ᄒᆞ야 訓令을到付ᄒᆞᆫ즉 本郡守가 一朔六場을 三場式分設ᄒᆞ야 兩市民이俱得生活케 ᄒᆞ얏ᄂᆞᆫᄃᆡ 該邑民덜이 溪壑의慾을 充코져ᄒᆞ야 方今上京ᄒᆞ야 左請右囑으로 其利를 獨專하랴ᄒᆞᆫ다고 良文里市民덜이 大段憤鬱ᄒᆞᆫ다더라"(『황성신문』 1909년 2월 2일, 잡보 「兩市爭利」).

‘시장(市場)’으로 부르는 것이 일반화되었다. 따라서 ‘시장’ 용어는 1904년 경까지는 거의 대부분 신문의 「외보(外報)」란에서 중국 · 일본 · 유럽 · 미국 등 다른 나라 대도시의 시장 상황에 대해 소개할 때 많이 나타났다. 국내 시장 문제를 언급하는 기사는 극소수였다. 그나마 언급이 나오는 기사는 대부분 1903~4년경 백동화와 일본 제일은행권으로 인해 물가가 올라가고 상황이 부진에 빠진다는 기사에서 나오는 정도이다.

1905년경에도 여전히 외국 시장에 관한 기사 및 국내 개시장, 그리고 백동화로 인한 시장 교란에 관한 기사에서 ‘시장’ 용어가 사용되는데, 이 해부터 특징적인 것은 ‘장시’로 표기될 부분이 ‘시장’으로 바뀌어 표기된다는 점이다.

> 삼남 등 지방에 공진회란 명색이 크게 일어난다는데 각 시장에 널리 퍼져서 누구든지 물론하고 차첩(差帖) 한 장에 다섯 냥씩 억지로 받아내어 인민에게 방해되고 도로에서 귀찮게 구는 행태가 적지 않다고 하니 과연 그런지.[171]

> 평남관찰사 이중하씨가 내부에 보고하되 본도 내 화적 무리가 크게 일어나 각자 창과 칼을 가지고 대낮에 시장에서 상품과 물화를 겁탈하며 마을마다 행패를 부려 사람들을 묶어서 구타하고 재물을 약탈하며 방화하고 살인한다는 소식이 매일 답지하여 곳곳의 군과 읍이 그렇지 않은 곳이 없다.[172]

이러한 용례는 1906년 이후로 가면서 점차 많아지고, 실제로는 ‘장시’

171) “三南等地方에 共進會란 名色이 盛起ᄒᆞᆫ다ᄂᆞᆫᄃᆡ 各市場에 遍滿ᄒᆞ야 無論某人ᄒᆞ고 差帖一張에 五兩式勒捧逢ᄒᆞ야 人民의 防害와 道路에 沮戲가 不少ᄒᆞ다ᄒᆞ니 果然인지”(『황성신문』 1905년 3월 15일, 잡보 「共進果否」).

172) “平南觀察使 李重夏氏가 內部에 報告하되 本道內 火賊黨이 大熾하야 各持槍刀하고 白晝市場에 刦奪商貨하며 恣行村里에 縛打抄掠하야 放火殺人之報가 間日踵至하야 山郡野邑이 無處不然”(『황성신문』 1905년 3월 20일, 잡보 「火賊蜂起」).

에 관한 내용이라도 신문 기사화할 때는 '시장'으로 개념화하는 경향으로 수렴되는 듯하다. 이러한 사례를 몇 개 더 나열해 본다.

> ① 온양군 온천리에 거주민 하학수 등이 농상공부에 청원하되…(중략)…장시를 다시 이 곳에 설치하려 한즉 거주민의 이익일 뿐 아니라 읍 전체가 모두 똑같이 원하는 연유인 고로 이에 청원하니[173)]
>
> ② 충주군수 김재은씨가 주민들의 청원을 인하여 해도 관찰부에 보고하기를, 경기 음죽군 장호원 장시를 충주군 장호원으로 이설하자 하였는데 충청북도는 각처 장시를 변경하여 옮겨 설치하는 일로 주민들의 말이 많다더라.[174)]
>
> ③ 홍주에서 온 사람의 전하는 말을 들은즉 해군 군수 유맹씨가 부임한 이후 의병 소요에 놀라고 겁먹은 향리와 민인들을 타일러 안도하게 하고 …(중략)… 장날마다 시장을 순행하여 비리를 억지로 행하는 폐단을 엄히 금지하니 경내가 편안해짐에 모두들 군수의 치적을 높이 칭송한다더라.[175)]
>
> ④ 작년에 철도 역부를 보낼 때 덕천군 역부가 백 명인데 대전(代錢)으로 민간에서 거두었더니 내방 사는 김성기가 민역전(民役錢) 3천여 냥을 횡령한 까닭에 누차 민소(民訴)가 일어났다. 해군 군수가 김성기를 잡아들이라 하였는데 김씨가 동민 3백여 명을 이끌고 관청에 돌입하여 군

173) "溫陽郡 溫泉里에 居民 河鶴壽 等이 農商工部에 請願ᄒᆞ되 …(중략)… 場市를 更設於此處則非徒 居民之利益이라 即一邑之所同願者 故로 玆以請願ᄒᆞ오니"(『황성신문』 1906년 4월 12일, 잡보「請設市場」).

174) "忠州郡守 金在殷氏가 民等에 請願을 因ᄒᆞ야 該道 觀察府에 報告ᄒᆞ기를 京畿 陰竹郡 長湖院場市를 忠州郡 長湖院으로 移設ᄒᆞᄌᆞ ᄒᆞ얏ᄂᆞᆫᄃᆡ 忠北 一道ᄂᆞᆫ 各處 場市를 變作移設ᄒᆞᄂᆞᆫ 事에 民言이 多端ᄒᆞ다더라"(『황성신문』 1906년 6월 28일, 잡보「市場移設」).

175) "洪州來人의 所傳을 據ᄒᆞᆫ 則該郡守 劉猛民가 赴任以後에 義擾驚怯之吏民을 曉諭安堵케ᄒᆞ고 …(중략)… 每市日이면 市場에 巡行ᄒᆞ야 非理抑行ᄒᆞᄂᆞᆫ 獘를 嚴行禁止ᄒᆞ니 一境이 賴安에 咸頌郡守之治績ᄒᆞᆫ다더라"(『황성신문』 1906년 10월 1일, 잡보「洪倅之治」).

> 수를 시장에 끌어내 의관을 찢어버린지라.[176]

①② 사료는 기사 내용에는 '장시'를 사용했으나 기사 제목은 '청설시장(請設市場)' '시장이설(市場移設)' 등으로 '시장'을 사용한 사례, ③④는 이전 같으면 '장시'라는 용어를 사용했을 법한 대목에 모두 '시장'을 사용한 사례들이다. '장시'가 점차 '시장'이라는 용어로 통일되어 가는 증거라고 볼 수 있다.

1906년 이후 '시장' 용례는 1908년을 제외하고 계속 증가하는 추세였다. 1907년에는 이전과 같이 평양·의주 등 개시장 관련과 외국 대도시 시장 관련 기사 외에 통감부 치하에서 새로 도입된 '시장세' 관련 기사가 늘어났다. 그리고 의병이나 적당이 '장시'에 들이닥친 사건들을 모두 '시장'에 들이닥친 것으로 표현하는 사례가 늘어났다. 이와 아울러, 추상적 '시장' 용례도 늘어나기 시작했다.

> ① 삼남 등지에 비적 무리가 창궐하므로 인민들이 보전하기 어려움은 이전 신문에 누차 게재 보도하였거니와 한산군 소식을 들은즉 음력 본월 24일에 해군의 어느 시장에 비도 수백 명이 총검을 지니고 모여 하루 종일 잔치를 벌였다더라.[177]

> ② 한국에 일본 통화 현재액을 조사한즉 금화는 은행권 준비금이 7만 1천 원, 시장 유동이 8천 8백 원이오 지폐는 은행 준비금이 246만 5천 원,

176) "昨年 鐵道役夫 發送時에 該郡(덕천군－인용자) 役夫가 百名인딕 代錢으로 民間에 收斂ᄒᆞ얏더니 닉坊居 金聖基가 民役錢 三千餘兩을 乾沒ᄒᆞᆫ 故로 屢次 民訴가 有ᄒᆞᆫ 則該郡守가 金聖基를 捉致ᄒᆞ라 ᄒᆞ얏더니 金氏가 洞民 三百餘名을 領率ᄒᆞ고 突入官庭ᄒᆞ야 郡守를 市場에 曳出ᄒᆞ야 衣冠을 裂破ᄒᆞᆫ지라"(『대한매일신보』 1906년 10월 24일, 잡보 「德川民擾後聞」).

177) "三南 等地에 匪徒가 猖獗ᄒᆞᆷ으로 人民이 支保키 難ᄒᆞᆷ은 前報에 累揭ᄒᆞ얏거니와 韓山來信을 得聞ᄒᆞᆫ 則 陰本月二十四日에 該郡 某市場에 匪徒 數百名이 各持銃釰ᄒᆞ고 會集ᄒᆞ야 終日토록 宴樂ᄒᆞ얏다더라"(『황성신문』 1907년 8월 8일, 잡보 「民何聊生」).

시장 유통이 61만 2천 6백 원이오.[178]

③ 경기도 강화군에서는 시장세로 인민 사이에 불평 소리가 많았다 하며 함경도 혜산진 및 고원 단천읍 시장에서도 시장세로 인민들의 반항이 제법 강했고 단천 피도면 남리 장터에서는 시장세 이후로 해 장터 정황이 일시에 적막하였다고 하며 평북 용천 양시 및 영변 시장에서는 강경한 반대가 있은 후 지금은 개시 중이라 하며 용암포에는 시장세 사건 이후 시장이 적막하여 모이는 사람이 매우 드물다 하며 안악 초정 시장에서는 2월 이래 5회 개시했는데 납세를 연달아 거부하였다 하며 곡산읍 장에서도 불평 소리가 일어났다더라.[179]

이처럼 '시장' 용어가 추상적 개념으로 사용되는 현상은 앞서 보았던 백동화와 제일은행권이 문제되던 1903년경부터 이미 나타나기 시작하였다.

① 지폐라는 것은 사회가 필요로 하는 일반 화폐를 편리하게 융통시키는 것을 위주로 하는 까닭에 지폐를 발행하는 자는 정부와 사인(私人)은 물론이고 반관반민의 회사라도 다만 그 발행액이 시장의 수요에 적합하게 하며 약속 이행을 어지럽게 하지 않아 항상 지폐와 정화 준비금 사이의 관계를 명료하게 할 필요가 있으며[180]

178) "韓國에 日本通貨現在額을 調査ᄒᆞᆫ즉 金貨ᄂᆞᆫ 銀行券準備가 七萬一千圜、市場流通이 八千八百圜이오 紙幣ᄂᆞᆫ 銀行準備가 二百四十六萬五千圜、市場流通이 六十一萬二千六百圜이오"(『황성신문』 1908년 5월 1일, 잡보 「日貨現額」).

179) "京畿道 江華郡에셔ᄂᆞᆫ 市場稅로 人民間에 不平의 聲이 多ᄒᆞ엿다ᄒᆞ며 咸鏡道 惠山鎭 及 高原 端川邑 市場에셔도 市場稅로 人民間 反抗이 頗强하엿고 端川 波道面 南里市에셔ᄂᆞᆫ 市場稅 以後로 該市 情況이 一時寂寞ᄒᆞ엿다 ᄒᆞ며 平北 龍川楊市 及 寧邊市場에셔ᄂᆞᆫ 强硬反對가 有ᄒᆞᆫ 後에 只今은 開市中이라 ᄒᆞ며 龍岩浦에ᄂᆞᆫ 市場稅 事件 以後로 市場이 寂寞ᄒᆞ야 來集者가 甚稀ᄒᆞ다 하며 安岳 椒井市場에셔ᄂᆞᆫ 二月以來 五回 開市에 納稅를 連拒ᄒᆞ엿다 하며 谷山邑 場에셔도 不平의 聲이 起ᄒᆞ엿다더라"(『대한매일신보』 1910년 4월 6일, 잡보 「市場一斑」)

180) "紙幣者난 社會需用之 一般貨幣를 使之便利融通으로 爲主故로 紙幣發行者난 勿論政府

> ② 만약 경제계의 변화로 인하여 시장이 혼란하고 공황이 일어날 경우에는 갑자기 금융이 핍박하여[181]

> ③ 현재 전국 내에서 유독 의주 지방의 금융 상황은 상당히 융통되어 영업계에 생기가 있는 조짐을 발현하니 이는 만주 시장에 무역이 교통되는 까닭이라. 만일 그 장래에 농산물 무역이 점점 발전하면 우리나라 경제계에 대하여 어찌 다대한 복리의 파급함이 없으리오. 대저 우리 대한 동포는 눈을 들어 모두 바라보라. 세계의 대시장이 문 앞에 있으니.[182]

①과 ②의 '시장'은 모두 구체적 공간이라기보다는 앞서 말한 "수요와 공급의 힘이 상호작용하여 균형가격을 성립시키는 추상적인 '시장' 개념을 말한다. ③은 만주라는 지역 전체를 하나의 추상적 단위 시장으로 보는 용어이다. 이러한 용어는 1900년 이전 「외보」란에서 자주 사용되어 한국인의 삶과 관련 없는 용어처럼 보였을 것이다. 그러나 1909년 시점에는 한국민의 구체적인 삶 속에 들어와 장래 한국인의 삶을 보전할 대안적 시장으로 소개되고 있다는 점에서 주목할 만한 용례라고 할 수 있겠다.

與私人과 及半官半民之會社하고 但 使其發行額으로 適合於市場之需要하며 不錯其約束之履行하야 常令紙幣와 與正貨準備를 必要明瞭其關係케 하며"(『황성신문』 1903년 5월 20일, 논설 「論兌換紙幣發行方法」).

181) "若或 經濟界의 變態를 因ᄒᆞ야 市場이 混亂ᄒᆞ고 恐慌이 起生ᄒᆞᆯ 境遇에ᄂᆞᆫ 猝然金融이 逼迫ᄒᆞ야"(『황성신문』 1905년 6월 13일, 논설 「第一銀行券條例改正件鮮明」(續)).

182) "目下 全國內에 在ᄒᆞ야 惟獨 義州地方의 金融狀況은 頗히 融通되야 營業界에 生機가 有ᄒᆞᆫ 兆朕을 發現ᄒᆞ니 此는 滿洲市場에 貿易이 交通되ᄂᆞᆫ 所以라 若其將來에 農産物의 貿易이 益益 發展ᄒᆞ면 我國 經濟界에 對ᄒᆞ야 엇지 多大ᄒᆞᆫ 福利의 波及ᄒᆞᆫ이 無ᄒᆞ리오 惟我 大韓同胞ᄂᆞᆫ 擧目一覽ᄒᆞ라 世界上 大市場이 門前에 自在ᄒᆞ니"(『황성신문』 1909년 4월 30일, 논설 「滿洲貿易將來論」).

2) 추상적 '시장' 개념의 정착

앞서 보았듯이, 1903년 전후가 되면 구체적 시공간을 차지하는 '시장'이 아니라, 수요와 공급의 힘이 상호 작용하여 균형가격을 성립시키는 추상적인 '시장' 개념이 언론 매체를 통해 정착되어 간다고 하였다. 이러한 변화에는 수요와 공급이 스스로 작동하기 위한 조건으로서의 '시장의 자유'를 국가가 보장해야 한다는, 즉 정부가 시장에 개입하지 않는다는 전제가 작동되어야 한다.

이에 관해서는 이미 유길준이 『서유견문』에서 영국 · 프랑스의 빈민 구제 제도와 그 기본 이념을 설명하면서 소개하고 있다. 그는 "문명개화의 정치는 6개의 요결에서 벗어나지 않는다."고 하면서 정부 운영 강령의 첫 번째로 '자유 임의'를 제시하였다. 이것은 신분 고하를 막론하고 행위의 자유를 누릴 수 있도록 해야 한다는 것이었다.[183] 나아가 그는 정부의 시장 개입에 대해 분명한 반대를 표명하고 정부의 시장 개입은 "역부(役夫)의 고전(雇錢)과 장인(匠人)의 공가(工價)를 작정하여 유민(遊民)의 업(業)을 구하고, 물가를 한정하며 빈민을 구조하고, 그 외 평민의 모든 개인적 일에 관계하여…(중략)…그 사이에 반드시 자횡(姿橫)하는 세력과 가혹한 법이 있어서 인민이 자주하는 정리(正理)를 방해하는 단서"가 된다고 주장하였다. 즉, 그는 시장의 자유를 전제로 경쟁을 통한 발전을 구상했고, 이를 빈민 구제 제도에 도입해야 한다는 입장을 갖고 있었다.

그는 영국의 빈민 구제소와 최저 생계비 보장, 프랑스의 국립 작업장 설치 등의 정책은 노동생산성을 하락시키고 임금 상승을 억제하는 등

183) 이하는 김윤희, 「1894~1919년 근대 빈민 구제 담론의 구조와 허구성」, 『한국사학보』 64, 2016, 228~231쪽 참조.

의 문제로 인하여 지주, 자본가, 노동자 등이 모두 비판을 받았다고 지적하였다. 그는 무조건적으로 빈민에게 시혜를 베풀 것이 아니라 시장의 자유를 보장하여 그들의 노동이 생산성을 유지하고 점차 높은 생산성을 구현시킬 수 있도록 해야 한다고 주장하면서 영국의 적금치소와 생계 곤란에 대비할 수 있는 상조계를 소개하였다.

적금치소는 1820년 조지 4세가 처음 설치했으나 초기에는 폐단이 많아서 1861년부터 우정국 내에 설치했다. 임금의 일부를 적립하면 시중은행보다 연리 2.5%를 가산해서 지급하는 방식으로 가산이자는 세금에서 지급되고, 개인의 적립액은 원금과 이자를 합해 2만 냥을 넘지 못하도록 했다. 적금치소는 소민(小民)의 산업을 보호하기 위한 것으로 저축을 통한 재산증식과 근로의욕을 고취시키는 정책으로 소개하였다.

상조계는 자산 많은 대상인들이 하는 것이기 때문에 정부의 간섭이 적고, 다수의 사람들이 회사를 세우고 돈을 내서 재물을 저축하는 것으로 계원 중 질병 또는 불행한 일을 당했을 때 구조하는 것으로 지금의 보험회사와 같은 제도라고 할 수 있다. 영국이 1793년에 처음 상조계를 설립한 이후 여러 가지 폐단이 적지 않았고, 그중 상조액의 과다 지출이 가장 문제가 되었기에 정부가 여기에 대한 법규를 정비하여 이러한 폐단이 사라졌다고 설명했다. 상조계는 저축을 통해 이후 발생할지 모르는 생계 곤란의 위험에 대비하기 위한 것으로 소개되었다. 적금치소와 상조계는 산업화 초기 영국에서 자본 집적의 통로로 기능함과 동시에 빈곤 방제의 효과도 거둘 수 있는 것으로 제시되었다.

이 같은 유길준의 빈민 구제론은 조선시대 국왕 등 지배층의 시혜를 강조하는 구제 담론과 비교해서 새로운 점을 지니고 있었다. 즉, 빈민을 '노동력 확보'라는 관점에서 바라보고 있었고, 개인의 생계 관리와 생산성 제고를 위한 유인 정책의 제도화를 통해 빈곤을 관리해야 한다고 주장한 것이다.

상조계와 유사한 형태는 조선 사회에도 존재했지만, 그것이 국가에 의해 제도화되고 관리되는 것은 아니었고, 생계 위기 관리프로그램의 작동은 시공간에 따라 차이가 있고 유동적인 것이었다. 또한 유교적 통치 이념에서 노동은 '효'의 윤리적 가치로 의미화되어 있었고, '부민(富民: 백성을 부유하게 만듦)'보다는 '보민(保民: 백성을 보호함)'이 주요한 통치 아젠다였기 때문에 빈민 구제 조치를 노동 생산성 제고의 효과에 구속시켜서 국가 관리프로그램으로 정착시킬 관념적 기제의 힘은 약했다고 할 수 있다.

이에 반해 유길준의 주장은 인민 기본권과 시장의 자유를 적극적으로 지지하고 인민을 '덜 통치'하고, 시장에 '덜 개입'하는 방식을 제도화할 것을 주장한 것이다. 그러면서도 유길준은 노동 생산성을 유지하고 제고하기 위해서 빈민을 관찰하고, 수용하고, 통제하는 정부의 개입은 정당한 것으로 간주하였다. 즉, 그가 소개한 빈민 구제소와 적금치소를 운영하기 위해서 정부는 빈민에 대해 치밀하게 조사하고, 구제 조치의 대상을 선별하고, 공권력을 집행하며, 감시를 상시적으로 작동시켜야 한다고 하였다.

이러한 유길준의 '시장의 자유' '정부의 시장 개입 축소' 등과 유사한 추상적 개념에 입각한 정책 주장은 1901~1902년간 흉년으로 곡물 가격이 급등하고 빈민이 급증하면서부터 등장하기 시작하였다. 1901년 가을 흉년으로 구황 대책이 요청될 때 충남 지역 지방관들의 일반적인 정책과 예산군수의 상반된 정책이 언론에서 소개되고 있다.

내포 지역은 충청남도 서북부 지역인 예산군 · 당진군 · 홍성군 · 서산시 · 태안군 · 보령시 · 신창현 지역을 이르는 지역이다. 이 지역 지방관들은 구황대책으로 군내에 방곡령을 공포하여 유통을 저지하고 부민들이 곡물을 매매하지 못하게 하고 시장가격을 동결시켜 급등하지 못하게 막았다. 이에 대해서 황성신문 기자는 "흉년이 극심한 군에 방곡을 하면 그렇지 않은 군의 곡물이 들어오지 못할 것이니 실책이다. 부민들이 비축한 전년도 곡물을 관속이 붙잡아 토색하고 그 수효를 줄이면 집류함만 못하니 그 또한 실책이다. 게다가 시가를 동결 또는 인하하면 곡물상인이 오지 않을 것이니 그 또한 실책이다"라고 비판하였다.

그에 반하여 예산군수만은 방곡을 하지 않고 유통시켰다. 곡물을 집류하지 않고 매매하게 하였으며 가격을 동결시키지도 않아 곡물 가격이 오히려 등귀하였다. 이웃 군의 백성들이 야간에 쌀을 지고 와서 판매하였고, 혹시 외상으로 매입하면 관에서 추후 지급하였다. 이에 예산군 곡물은 등귀하지 않고 백성들도 동요하지 않았다. 뿐만 아니라 경내 상인들과 협의하여 회사를 하나 만들어 자본금을 모아 추수 후 쌀을 매입했다가 곡가가 등귀할 때 시장에 방매하였다. 시가에 비례하여 1전씩 덜 덜 받고 이익금 중에서 1분 5리 비율로 그 자본의 이자를 갚아나가고 나머지가 있으면 이듬해 진휼 시 사용할 뜻으로 사규를 정하였다.

『황성신문』 기자는 이러한 예산군의 사례를 높이 평가하면서 전국의 재해 입은 지방관과 향리들은 물론 중앙 정부 대신들도 말과 글로만 걱정하고 구휼한다 하지 말고 좋은 정책을 실시하여 백성을 살려내라고 요구하고 있다.[184] 이러한 예산군수의 흉년 대책은 가격에 의해 수요와 공급이 움직이는 상황을 적절히 이용한 것이고, 이후 설립한 회사 역시 추상적 개념 '시장'의 법칙을 따른 것이라고 할 수 있다.

이러한 '시장'의 법칙을 둘러싸고 1903년 여름에는 『황성신문』과 『제국신문』 기자들 사이에 일종의 논쟁이 벌어졌다. 이를 통해 우리는 추상적 '시장' 개념이 어느 정도 지식인 사회에 정착하고 있는지를 파악할 수 있을 것이다.[185] 이 논쟁은 앞서 말한 1901~1902년 연이은 흉년

184) 『황성신문』 1901년 10월 2일, 논설 「禮山郡得救荒之策」.

으로 곡물의 부족, 곡가의 등귀로 빈민이 급격히 증가하자 그에 대한 대책 마련을 어떻게 할 것인지를 둘러싸고 벌어졌다. 『황성신문』은 조선시대 이래 실시해온 '권분(勸分)'이란 제도를 전국적으로 실시하여 기민을 구제해야 한다는 사설을 게재했고, 『제국신문』이 여기에 반론을 제기하면서 양 신문 사이에 논쟁이 촉발되었다. 이와 관련하여 『황성신문』은 5개, 『제국신문』은 3개의 사설을 게재했다.[186)]

『황성신문』은 권분을 전국적으로 실시해야 하는 이유로 "국조 이래 구황을 위한 비축을 극진하게 갖추어서 군자(軍資), 상진(常賑), 교제(交濟), 제민(濟民), 별검(別檢), 사비(私備), 회록(會錄), 군작(軍作), 보환(補還), 휴번(休番), 승번(僧番), 장용(壯勇) 등의 이름으로 곡물이 전국 각지에 분포되어 있었는데…(중략)…지금은 공허하게 모두 사라지고, 창고는 모두 무너지고, 얼마 남지 않은 환곡 중 여러 군에 흩어져 있는 것은 종이 상의 빈 장부에 불과하다"라고 하여 구황책 수립의 필요성을 지적하고 권분 만한 제도가 없다고 이를 실시할 것을 주장했다.

권분이란 '백성에게 곡식을 나눠줄 것을 권한다(勸民分粟)'의 줄임말로서, 명나라의 구준(丘濬)부터 시작하여 주자가 군수로 부임했을 때 실시하였으며 조선 왕조에서는 숙종대부터 시작하여 영조대, 순조대에도 실시한 제도라고 하였다. 이는 수령을 임명하여 급히 지방으로 부임하게 한 후 경내의 부호에게 권유하여 그 능력에 따라 진휼하게 하고 군수는 그 실적을 조사하여 정부에 보고하면 정부에서 포상을 실시

185) 이하 논쟁 경과에 대해서는 김윤희, 앞의 글, 232~236쪽을 바탕으로 하여 서술하되, 수정 보완한 부분은 별도로 언급하였다.

186) 『황성신문』 1903년 6월 20일, 논설 「救荒策」; 7월 2일, 논설 「辨帝國新聞誤解救荒策之說」; 7월 3일, 논설 「再陳勸分說答帝國記者」; 7월 4일, 논설 「又辨帝國新聞之辨論」; 7월 6일, 논설 「又辨帝國新聞之辨」; 『뎨국신문』 1903년 7월 1일, 논설 「황성신문의 구황책을 변명홈」; 7월 3일, 논설 「황성신문 구황책을 재변홈」; 7월 4일, 논설 「황성보의 구황책을 세번째 변론홈」.

한 제도이다. 최근 부자들이 관직 승진과 명예관직 얻기 위해 분주한 상황이니 이를 이용하여 의연하게 하고 그들에게 관직을 수여하면 정부와 부자 모두에게 바람직한 일이니 진휼 정책으로 전국적 실시를 할 만하다고 주장한 것이다.[187]

이는 갑오개혁 이후 진휼청과 환곡 제도가 폐지된 상황을 전제로 한 것이었다. 갑오개혁 이래 위에 열거한 여러 가지 행정기관의 곡물 비축을 축소시킨 조치는 곡물의 유통량을 증대시키고 자유로운 곡물유통을 방해할 수 있는 여지를 제거하는 효과가 있었다. 또한 일본 측에서 곡물 유통을 방해하는 제도로 지목했던 방곡령 · 육의전 · 공인의 폐지와 조세의 금납화는 자유로운 상품 매매를 증진시키는 조치들이었다. 갑오개혁 직후 인천항 곡물 수출의 증대로 서울의 곡물 수급에 차질이 빚어지고 있었지만, 개화파 정부는 시장의 자유를 보장하고 미상회사를 설립하고 조세를 자본으로 하여 곡물을 확보하겠다는 입장이었다.[188]

그런데, 이 같이 시장의 자유로운 거래를 지지하고 승인했던 법적 조치로 인해 생계 위기가 확대될 가능성이 높아졌고, 그 영향에 직접적으로 노출된 서울은 곡물 가격과 주택 가격의 상승으로 상시 부조와 시설 보호라는 근대적 형태의 빈민 구제 조치가 실시되지 않을 수 없었다. 1896년 서울 치도사업을 계기로 한성부 빈민에 대한 대대적 조사가 실시되고, 한성부 경무청이 한성 5서에 대한 걸인들을 조사하고, 토막촌을 건설하여 노숙자를 수용하는 한편, 조사를 통해 선정된 걸인에게 매달 5냥을 지급하고, 무료 종두를 실시했다. 구제 제도의 재원은 내부,

187) 『황성신문』 1903년 6월 20일, 논설 「救荒策」.

188) 1890년 이후 인천항 곡물수출이 서울의 곡물 수급에 미친 영향에 대해서는 하원호, 『근대경제사연구』, 신서원, 1997, 246~248쪽 참조.

관리는 한성부, 실행은 경무청이 담당했다. 상시 부조와 시설 보호는 시장의 자유를 방해하지 않은 구제 조치였다.[189] 지방의 경우에는 환곡 제도가 폐지되었지만, 재해 발생 시 사환미를 징수하도록 하여 종래의 비상시적 구제 조치 방식은 그대로 유지되었다.

이러한 상황 속에서 『황성신문』은 흉년 구제의 부담을 민간으로 이전하는 '권분'을 주장했고, 이는 아름다운 전통으로 정부와 부민 모두에게 득이 되는 정책이라고 주장한 것이다.

『제국신문』은 권분에 반대하는 이유로 지방관의 자의적 운영으로 부민의 재산만 침해받고 구제의 효과는 없다는 것과 권분에 응한 자에 대한 관작 수여 또는 그들 조상에 대한 추증이 부민을 유인하는 보상책이 될 수 없다고 하여 권분의 효과에 의문을 제기했다.[190]

『제국신문』의 반대에는 혜민원을 통해 실시된 비효율적 진휼에 대한 경험이 존재했다. 1901년 전국적 흉년에 대한 대책으로 대한제국 정부는 그해 10월 혜민원을 설치했고, 12월 전국적인 구제 실시를 위해 혜민원의 재정을 총괄하는 총혜민사와 지방의 진휼과 그 재원 마련을 담당하는 분혜민사를 설치했다.[191] 이들 혜민사의 운영 방식이 바로 권분이었다. 즉 규정에 의하면, "각도 관찰사와 군수 중에 방략을 내어 흉년 기근을 진휼하며 환과고독(鰥寡孤獨)을 구제함이 확실하고 실효가 있으면 군수는 관찰사가 본 혜민원에 보고하고 본원에서는 해당 관찰사와 군수를 포상 장려할 것임" "경향을 막론하고 의연금을 내거나

189) 김윤희, 「사회적 생산성 제고와 근대 통치성(1896년~1899년) – 서울 '도시 개조 사업'의 재검토」, 『아세아연구』 155, 2014, 228~229쪽.

190) 『뎨국신문』 1903년 7월 1일, 논설 「황성신문의 구황책을 변명홈」.

191) 길현종, 「대한제국기 공공복지의 내용과 성격에 관한 연구: 공공복지 전담기관인 혜민원을 중심으로」, 서울대 사회복지학과 석사학위논문, 2005, 40~67쪽; 남슬기, 「대한제국기 혜민원의 설치와 운영」, 이화여대 사학과 석사학위논문, 2012, 10~40쪽.

물력을 낸 자를 본 혜민원에서 그 성과를 감안하여 포상할 것임"이라는 방식이었다.[192]

문제는 지방의 진휼 재원을 마련하기 위해 사환미의 50%를 돈으로 납부하도록 하는 한편, 권분이란 명목으로 재원을 부민에게 강제적으로 할당하여 불만이 제기되었다. 『제국신문』에서는 "어떤 고을 군수들은 진휼전이라고 하여 각 면의 부자들에게 몇천 냥 몇백 냥씩 바치라 하여 만일 바치지 않으면 잡아다가 곤장을 때린 뒤 옥에 가두고 받아낸다. 그런데 기껏 진휼이라고 하는 것을 보면 백동화 한두 푼에 지나지 않아서 읍내에서 먼 곳 백성은 관가에서 진휼한다는 말을 듣고 주린 사람이 엎어지고 넘어지면서 들어간즉 급기야 주는 것은 그날 왕복 비용도 되지 못하는지라."고 평가했다. 또한, 벼슬이 극히 귀했던 예전 같으면 권분이 잘 시행되겠지만, 오늘날에는 관직 사는 것도 돈이 얼마 들지 않기 때문에 부민들이 굳이 수백 석 수천 냥을 들여 권분에 응할 리가 없다고 비판하였다.[193]

『황성신문』은 정부의 관리 강화, 운영규칙의 정비 등으로 지방관의 자의적 운영을 막을 수 있다고 하면서 혜민원 활동을 간접적으로 지지하는 주장을 펼쳤고, 『제국신문』은 빈민 조사, 재원 분배 등을 엄밀하게 진행할 지방관을 임명하는 것이 우선이라고 비판했다. 지방관이 주도하는 권분은 조선 후기 이래 부민의 반발에 직면해 있었고, 부담을 상쇄할 유인책의 효과가 퇴색되면서 부민이 권분을 회피하고, 소민에게 강제로 전가되는 경향이 나타났다.[194] 따라서 권분이 강제적인 준

192) 『구한국관보』 1901년 11월 9일, 주본 「혜민원규칙」.

193) 『뎨국신문』 1903년 7월 1일, 논설 「황성신문의 구황책을 변명함」.

194) 권분에 대한 부민의 반발에 대해서는 박진철, 「19세기 조선 재지사족의 위상 변화와 권익 수호 방식」, 『한국민족문화』 49, 2013, 229~269쪽 참조. 권분의 준조세적 성격으로의 변화 과정에 대해서는 이세영, 「조선후기의 권분과 부민의 실태」, 『역사문화연구』 34,

조세적 성격이 되지 않게 하려면 그 유인책의 효과를 진단할 필요가 있었다.

『황성신문』은 권분에 응한 자에게 관직을 주거나 또는 그가 원하면 부친·조부·형제·자손에게 상을 주도록 하며 조상을 추증해주기를 원하면 권분한 성적에 따라 실시하되 관직은 주사·참서관에 그치지 않고 궁내부 관직부터 지방 수령까지 실직을 주도록 하면 된다 하였다. 또한, 부호가 빈민을 구제하면 세 가지 이익이 있다고 하였다.

첫째, 기아에 지친 백성들이 무리지어 도적이 되거나 부자집에 애들을 안고 난입하여 밥을 구걸하는 폐단을 방지할 뿐 아니라 이들을 구제해 주면 감복하여 화적떼들이 쳐들어오더라도 이들이 무리지어 방어해 줄 수 있다. 둘째, 빈민에게 농사지을 종자를 주고 경작하게 하여 그들로 하여금 부민의 전토를 폐하지 않고 농사를 제 때 짓게 하면 빈민 구제도 되고 부민의 추수도 감소하지 않을 것이다. 셋째, 돈이나 곡식을 빈민에게 빌려주고 생활 밑천으로 삼고 농작하게 한 후 가을에 현물로 상환하게 하면 부자는 곡식에 결손이 없고 빈자는 살아나 농사지을 수 있게 된다. 지방관이 탐학하고 부민이 우매하여 모두 시행치 않더라도 1~2개 군에서 한두 명만 이를 시행하면 굶주린 백성이 적잖게 살아날 수 있다고 하며 최선을 다해야 할 것이라고 주장하였다.[195)]

이에 『제국신문』은 중앙의 대소 관리와 지방의 관찰사 군수 등 모든 관원들이 있지만 이들은 거의가 돈을 바치고 관직을 얻은 자들로서 백성들 보기를 어육과 같이 보아 부자의 세간에 곡식이 있으면 쌓인 대로 빼앗기만 하는 자들이다. 이들이 권분을 제대로 시행할 수 있겠는지 믿을 수 없다고 하였다. 또, 여러 해 흉년으로 진휼할 곡식도 없고

2009, 157~263쪽 참조.

195) 『황성신문』 1903년 7월 3일, 논설 「再陳勸分說答帝國記者」.

그나마 있는 것은 모두 외국으로 수출되어 곡식을 시중에 풀 수도 없을 것이다. 그러니 벼슬을 준다고 아무리 부자에게 권한들 진휼할 곡식이 있을 리 없다. 설사 조금 남아 있다고 해도 위협하든지 속박하던지 압제하지 않고는 돈과 곡식을 시장에 내게 할 수 없다고 오히려 폭력을 동원한 전곡 동원만 가능하다고 주장하였다. 그리고 권분은 주자, 이익, 정약용, 박지원이 살았던 시대에나 가능한 일이라고 역시 냉소적인 태도를 보였다.[196]

이제 논쟁은 평행선을 달리게 되었다. 『황성신문』에서는 『제국신문』 기자가 옛날과 현재가 다른 것만 알 뿐, 옛날이나 지금이나 똑같을 수 있음은 모른다고 하면서 예전에 실행된 권분이 지금 적합하면 실시할 수도 있는 것이라고 강변하였다.[197] 『제국신문』은 여전히 정부가 나서서 권분을 강요하는 것은 불가하다는 입장에서 물러나지 않았다.

> 동서양 각국 치고 구휼하는 데 벼슬 준다고 백성더러 진휼하라는 나라가 있다는 말을 듣지 못하였고 다만 정부에서 신의를 행하여 백성을 속이지 않고 백성이 지탱하여 산업이 넉넉하도록 하다가 만일 흉년든 지방이 있으면 국고의 재물을 내어 진휼도 하려니와 백성이 전국 동포의 기황을 가엾게 여겨 정부에서 말하지 않아도 각기 의조금을 다투어가며 걷어 보내어 흉년지방 백성을 구휼하는 것은 사람마다 듣고 보는 바이니 그 사람들이 어찌 벼슬에 팔려서 의조하기를 즐겨 따라 했으리오.[198]

앞서 본 유길준의 주장과 같이 빈민 구제는 정부가 국고금을 내서 진휼하는 것이 우선이고, 부민이 자발적으로 의연금을 모으는 것이 그 다음이다. 하물며, 그들이 벼슬을 바라서 하는 것도 아니라는 것이다.

196) 『뎨국신문』 1903년 7월 3일, 논설 「황성신문 구황책을 재변홈」.

197) 『황성신문』 1903년 7월 4일, 논설 「又辨帝國新聞之辨論」.

198) 『뎨국신문』 1903년 7월 4일, 논설 「황성보의 구황책을 세번째 변론홈」.

산 사람에게 벼슬을 파는 것도 수치인데 죽은 사람 벼슬을 주고 진휼한다는 것은 세계적으로 수치이다. 권분 시행 시 부정한 수령과 관찰사를 처벌한다고 하나 정부의 행정이 하루 이상 지속된 적이 없으니 그러한 처벌령이 1년 이상 갈 리가 없다고 비웃었다.

그럼에도 불구하고 황성신문 기자는 권분을 실행해야 한다는 입장을 굽히지 않고 위의 『제국신문』 기자 입장은 한국에서는 너무 먼 미래에나 실현 가능한 정책이라고 비판한다. 즉, 정부가 진휼금을 내고 부민이 자발적으로 의연금을 내도록 하는 정책은 부강하고 개명한 나라에서나 가능한 일이며, 이를 우리 한국에 요구하는 것은 연목구어(緣木求魚) 격이다. 지금 백성은 모두 물불 가리지 못하는 지경에 빠져 있는데 여기에 부강개명한 나라에서 시행하는 새로운 법을 시행하여 백성들 지탱하고 안정시키려 하면 그 효과는 10~20년 이후에나 구할 수 있을 것이다, 신법이 비록 편리하다고 하지만 우리에게는 맞지 않고 구급책이 아니라고 하였다.[199)]

다소 긴 논쟁이었지만, 『제국신문』의 논조는 대한제국 정부의 관리들이 매관매직으로 그 자리에 간 사람들이라 권분을 실시한다고 해도 결코 올바로 시행할 리도 없거니와, 이미 외국과의 곡물 무역이 왕성하게 진행되는 현실에서 권분과 같은 정부의 시장 개입 정책은 바람직한 결과를 성취할 수 없다는 것이다. 물론, 『황성신문』의 주장 중 빈민에게 농사 종자를 나누어 주고 부민의 농토를 경작하게 하는 효과, 빈민에게 돈이나 곡식을 빌려주고 생활 밑천으로 삼고 농작하게 한 후 가을에 현물로 상환하게 하면 부자와 빈자 모두에게 이로운 효과가 있다는 주장에 대해서는 『제국신문』도 반박하지 못한 것으로 보인다. 즉, 권분에도 나름 '시장'의 법칙이 작용할 수 있었으나 무시된 것이다.

199) 『황성신문』 1903년 7월 6일, 논설 「又辨帝國新聞之辨」.

이상, 갑오개혁 이후 빈민 구제 조치의 취약성을 보완하기 위해 대한제국 정부와 『황성신문』이 실시를 요청한 '권분'은 재산권 행사의 자유를 침해한다는 비판에 직면했고, 자유로운 거래가 허용된 시장으로 인해 그 효과가 의심받았다. 곡물 확보의 다급함으로 인해 1901년 7월에 실시한 방곡령은 통상조약과 거래 두절에 대한 반발로 지속할 수 없었으며,[200] 재산권 행사를 침해했던 '권분'으로는 빈민 구제 재원을 마련할 수 없었다. 권분을 주장하면서 혜민원의 활동을 간접적으로 지지했던 『황성신문』도 1903년 하반기에는 혜민원이 구휼활동을 하지 않는다고 비판했다.[201] 활동을 멈춘 혜민원은 1904년 1월 쓸모없는 기관으로 지목되어 폐지되었다.[202] 국가가 직접 관리하여 지방관의 자의적 운영을 차단하면 효과가 있을 것이란 기대감으로 소환된 '권분'은 시장의 자유에 직면해서 그 유효성을 심각하게 의심받으며 설 자리를 잃었다.

한편, 내장원에서는 곡물 무역과 시장 거래에 편승하여 1901~1903년간 진휼을 명분으로 베트남으로부터 안남미를 수입해 왔다. 내장원은 운반비를 포함하여 수입 안남미의 가격을 책정하고 내장원 산하 궁장토의 도조 곡물을 시가로 판매하였다. 이로써 위탁 판매상의 손해를 강제하지도 않았고 내장원의 재정을 잠식하지도 않았다. 안남미라는 저질 곡물에 대한 반감은 있었지만, 긍정적 반응이 나타나기도 했다.[203] 이처럼 곡물 수급을 통해 특정 지역의 곡가가 비정상적으로 상승하는 것을 억제한 조치는 생계 위기의 빈민을 구제하기보다는 소민(小民)이 빈민으로 전락하는 것을 방지하는 데 기여하는 것이었다. 이것은 『서유견문』에서 소개된 '방민'사업의 효과와 동일했고, 시장에 '덜

200) 『高宗實錄』, 1901년 10월 29일, 外部大臣朴齊純奏.

201) 『황성신문』 1903년 8월 6일, 잡보 「救恤仝人」.

202) 『高宗實錄』, 1904년 1월 11일, 議政府議政李根命奏.

203) 박성준, 「대한제국기 진휼정책과 내장원의 곡물공급」, 『역사학보』 218, 2013, 271~307쪽.

개입'하는 방식이었다.

이러한 시장의 법칙을 사용하는 방식은 미곡 거래에 직접 참여하는 상인의 발언을 담은 다음 기사를 볼 때 점차 널리 인정되어 갔다고 보인다.

> 대개 물가의 저앙은 시세의 귀천이 있어서 인력이 그 사이에서 작용할 수 없는 것이니 어찌 호령으로 제한할 수 있겠는가. 현재 우리 황제폐하가 내탕미로 수만 석을 수입하여 곡가가 오르지 못하게 하려 하셨으니 옛 성인의 물가 조절하는 뜻이라.…(중략)… 그런데 경찰 관리가 중간에서 작간하여 곡물 품종이 섞이게 하고 값을 제정하며 또 1승으로 제한하여 출하한 곡식을 깊이 감추어 저자거리에 오르지 못하게 하여 금과 돈을 갖고 있어도 밥을 못 짓는 우려가 생겼으니 이 무슨 까닭인가. 대개 부상대고들이 시가(市價)가 원가에 못 미친다고 하여 곡식을 숨겨두었으니 어찌 웬만큼의 관곡으로 수십만 인구에게 고루 분배될 수 있겠는가. 1승으로 제한한 뜻이 좋지 않은 것은 아니로되 어찌 사람의 양식이 1승으로 족한 자가 있으며 1말로 부족한 자가 있어 1승의 양식으로써 1말의 양식을 제한할 수 있겠는가. 차라리 그 규제를 풀어서 관곡 이외는 모두 시가에 따라 자유 매매하여 강변에 적치된 곡식이 계속 수입되게 하여 각 상점에 널리 배포되면 곡물이 흔해져 시가도 역시 자연히 저락할 것이다. …(중략)… 그러므로 시가가 필히 저락할 이치가 있으면 백성들에게 자유로 맡기면 편의롭게 될까 하노니. 방금 미곡상의 말이 이와 같은 고로 이에 여기 기재하노라.[204]

204) "蓋物價之低昂은 自有時勢之貴賤하야 不容人力於其間이니 豈可以号令而限制之哉아 現今 我皇上이 特軫窮蔀之情하샤 輸入內帑米 幾萬石하야 使之分佈各廛하야 俾穀價不昂而民得仰活케 하시니 亦古聖人散利平糴之盛意也라 都下臣民이 孰不歡欣鼓舞也哉아 乃者警察之吏난 從中而作奸하야 使穀品混雜하고 又有制定價値하며 又有制限一升하야 遂使閉糶深藏에 穀不上市하야 有懷金抱錢而懸鼎絶炊之患하니 其故何哉오 蓋富商大賈之停蓄牟利者ㅣ 以市値之不敷原價로 擧多閉糶藏穀하니 如干 官穀이 惡得以均分於幾十萬人口歟아 且限以一升이 意非不善也로되 奈人之爲粮이 有一升而足者하며 有一斗而不足者하니 惡得以一升之粮으로 限制一斗之粮者哉아 此皆行之不便者也니 無已則 寧放其禁限하야 官穀以外난 一切 從時價自由放賣하야 使沿江積峙之穀으로 陸續 輸入하야 廣佈各廛則 穀賤而市價도 亦必自然低落矣온 況又際此雨澤洽望之餘하야 人心이 稍爲鎭定하고 年事도 亦有秋望하니 穀物之峙積者ㅣ 必日出市場矣라 豈有深藏而待價之理歟아 故로 日

이를 보면, 내탕미로 수입한 안남미로 시가가 떨어질 줄 알았는데, 경찰관이 시중 가격을 동결 제한한 탓에 부상대고들이 상점에 판매용 미곡을 내놓지 않아 돈이 있어도 일반 백성들이 쌀을 살 수 없는 황당한 상황을 보면서 미곡상이 제기한 구상이다. 즉 (수입 미곡으로) 시가가 반드시 저락할 것 같아 백성들의 자유에 맡기면 강변에 쌓이기만 하고 시장에 나오지 않는 곡물들이 저절로 시장에 출하되고 곡물이 흔해져 이에 따라 시가도 저락하게 된다는, 수요 공급에 의해 결정되는 '시장경제'의 법칙을 말하고 있는 것이다.

이처럼 추상적 '시장'의 개념이 언론인들과 상인들에 의해 확산되어 가는 다른 한편에서는, 무역에 의한 시장의 확대가 가져오는 긍정적 효과에 주목하면서 의주와 용암포 등의 추가 개방과 새로운 시장 만주로의 진출을 독려하는 담론도 등장하였다.

> 의주는 서쪽 지경의 끝이라. 압록강을 넘어 바다로 들어가는 입구요 육지로는 요양 심양과 접하고 바다로는 황해로 통하여 …(중략)…시장을 개방하면 훗날 상업 번창을 예상할 수 있을 것이다. 시장 개방의 이해관계를 논하건대 첫째 무역 흥왕과 상공 발달로 이익이 심대함은 물론이고 다음은 용암포만을 개시하여 화물이 핍주하면 연강 7개 군 넓고 황폐한 땅에 민호가 나날이 번성하고 경작이 나날이 넓어져 서북의 황폐한 땅이 흥성한 상황을 맞을 것이오 또 그 인민이 매일 각국인과 접하여 각국의 문명을 수입하면 고루한 습성을 점차 씻어내고 지식이 발달할 것이며 또 용암포만이 서경으로 가는 길로 연결되어 용암포만을 개시하면 서경 시장이 번성할 것이오 기타 관세 우편 전신 등 제반 수입이 몇 배가 됨은 물론이고 현재 국경 방어가 허술하여 외인의 침투와 오랑캐 비적의 횡포가 점점 심해져 무한한 걱정이 되었으니 만일 시장을 개방하여 각국인들이 조차하고 왕래하

市價가 必有低落之理則 任民自由면 恐合便宜也 ᄅ가 하노니 本記者ㅣ 適聞米商之言이 如是 故로 聊記于此하노라"(『황성신문』 1903년 7월 22일, 논설 「米商之言」).

면 자연히 설비가 생겨 다른 한 나라가 권리를 독점하고 국경을 위압할 수 없을 것이니 개시 한 가지로 우리 국경을 공고히 방어하는 정책이라.[205]

『황성신문』 기자의 입장에서 볼 때 의주와 용암포의 추가 개방은 ① 무역 흥왕과 상공업 발달, ② 압록강 연변 7개 군의 넓은 황폐지에 민호의 번창과 농사의 흥성, ③ 각국 문명 수입과 지식 발달, ④ 관세 우편 전신 등 새로운 수입원, ⑤ 각국인 왕래에 의한 일국의 권리 독점 방어 등 이득이 여러 가지라는 것이다. 1880년 전후 외세 침략을 걱정하던 단계가 아니라 오히려 외세의 다수 수용으로 국가 독립을 유지할 수 있을 것이라는 전망까지 제시한 것이다.

만주가 새로 개방한 대시장이 됨으로써 각국 무역이 급증할 것은 당연한 형세이다.…(중략)…우리나라 상업으로 말하면 타국 부상과 같이 화륜선으로 해외 각 시장에 가서 무역을 경쟁할 능력이 없고 또 인조 물품이 족히 해외에 수출되어 이익을 수취할 자료가 결핍한지라. 만주의 경우는 문전 지척이라. 물품 무역 편리가 있고 인조 물품은 없어도 농산물로 대두와 보리 발매가 가장 왕성하니 하늘이 내린 활로와 이권이 아닌가. …(중략)… 최근 서도에서 온 사람의 확실한 보도에 의하면 목하 전국 내에서 유독 의주 지방의 금융상황은 상당히 잘 돌아서 영업계에 생기가 있는 조짐을 발현하니 이는 만주 시장에 무역이 교통되는 까닭이라. …(중략)… 일반동포

205) "義州난 西界之門限也라 跨鴨綠河入海之口하야 陸接遼瀋하고 水通黃海하야…(중략)…如開放市場則 他日 商業之繁昌을 可卜矣라 試論其開市利害之關係컨ᄃᆡ 第一은 使貿易興旺하며 商工發達하야 利益甚大난 已無贅論이오 其次난 若開市龍灣하야 貨物이 輻輳則 沿江七郡曠沃荒廢之地에 民戶日繁하고 耕墾日闢하야 西陲天荒之土가 可占興盛之望矣오 且其人民이 逐日密接於各國之人하야 輸入各國之文明則 庶幾漸洗錮陋之習而有智識發達之效矣며 且龍灣이 綰轂西京之路하야 開市龍灣則 西京之市場이 亦致繁盛矣오 其他 關稅 郵電 等諸般輸入之倍蓰난 姑無論하고 現今 關防이 虛踈하야 外人之侵覘과 胡匪之暴橫이 日深一日하야 誠爲無窮之患則 若開放市場하야 使各國之人으로 租借來住則 自然有設備之方하야 他一國이 必不能獨占權利에 威壓國境矣리니 是난 開市一欵이 又鞏固我封彊之術也라"(『황성신문』 1903년 7월 14일, 논설 「又論開市關係」).

> 는 대두와 보리 농작에 더욱 전력하여 만주 시장에 대이익을 취하여 경제 문제에 장래를 발전할 것을 최대한 권면하노라.[206]

위에서 보듯이, 만주 시장으로의 진출도 서구 열강에 비해 경쟁력이 부족한 한국에게 좋은 기회를 줄 것이라고 했다. 이처럼, 일본에 의한 병합이 가까워지는 가운데 한국인 중에는 새로운 시장 개방 및 진출을 통해 국가 독립까지 전망하려는 정책을 구상하는 이들이 생기고 있었던 것이다.

206) "惟是滿洲가 新開放흔 大市場이 됨으로 各國 貿易이 日趍於是눈 勢所必至라 …(중략)… 我國人의 商業으로 言ᄒ면 他國富商과 如히 火輪大舶으로 海外各市場에 前往ᄒ야 貿易을 競爭홀 能力이 無ᄒ고 又人造物品이 足히 海外에 輸出되야 利益을 收取홀 資料가 缺乏흔지라 至若滿洲ᄒ야눈 門前咫尺이라 物品貿易의 便利가 自有ᄒ고 人造物品은 無홀지라도 農産物로 大豆와 牟麥의 發售가 最殷ᄒ니 此엇지 天賜하신 生路와 利權이 아니리오. …(중략)…近日 西來人의 確報를 據흔 則 目下 全國內에 在ᄒ야 惟獨義州地方의 金融狀況은 頗히 融通되야 營業界에 生機가 有흔 兆朕을 發現ᄒ니 此는 滿洲市場에 貿易이 交通되눈 所以라 …(중략)… 一般 同胞눈 大豆와 牟麥의 農作을 愈益專力ᄒ야 滿洲市場에 大利益을 占得ᄒ야 經濟問題에 將來를 發展ᄒ기로 十分 勸勉ᄒ노라"(『황성신문』 1909년 4월 30일, 논설「滿洲貿易將來論」).

제3장

제3장

근대적 '노동' 개념의 도입과 분화

오늘날 우리가 사용하는 '노동(勞動)'은 영어의 labor, work의 번역어로서 일본으로부터 도입된 개념이다. 물론 그 이전 한국 사회에도 '노동'이라는 개념이 없었던 것은 아니었다. '노동'은 14세기 중엽 고려말 학자 이제현의 『익재난고(益齋亂藁)』에 최초 등장한 이래 『고려사』에 1회, 『고려사절요』에 1회, 『조선왕조실록』에는 354회 등장하였다.[1)] 그러나 그 의미는 오늘날과 달리 아래의 ①②③과 같이 "일을 시키다, (국왕이) 수고롭게 일하다" 등의 의미였다.

① 暴徵作役 勞動人夫 雖上慮爲然 乃群情不服
(백성들을 강제로 징발하여 인부에게 일을 시키니 비록 임금이 옳다고 생각해도 뭇 사람들은 그에 심복하지 않았습니다.)[2)]

1) 김경일, 『노동』 소화, 2014, 201~202쪽.

2) 『高麗史』 卷93, 「列傳」 崔承老條.

② 今乃撤毁無逸殿以下數十餘楹 斥大其基 以興工役 勞動畿內之民 轉輸材木 此非使民之時也
(지금 무일전(無逸殿) 이하 수십여 채를 헐어버리고, 그 터를 더 넓히고자 공사를 일으키고 경기(京畿)의 백성들을 노동시켜 재목을 운반하는데, 이는 백성을 부릴 때가 아닙니다.)[3)]

③ 風勁霜冷之時 經宿勞動 大違節宣
(강한 바람이 불고 서리가 차갑게 내리는 때에 밤을 새며 수고롭게 거둥하시는 것은 철에 따라 몸을 조섭해야 하는 도리에 어긋나는 일입니다.)[4)]

특히, 『조선왕조실록』에서의 '노동'은 거의 대부분 국왕이 '행차하거나 수고롭게 몸을 움직이는 행위' 등에 한정하여 사용되고 있음을 알 수 있다. 그러나 오늘날 '노동'은 노동자 · 농민 등 피지배층이 '몸을 움직여 일을 함' 또는 '생활에 필요한 물자를 얻기 위하여 육체적 노력이나 정신적 노력을 들이는 행위'를 지칭하는 개념으로 사용되고 있다.[5)]

그렇다면 조선시대의 '노동'이 오늘날과 같은 의미로 사용된 것은 언제부터였는가? 그리고 그 이전에는 오늘날과 같은 의미로 어떤 용어들이 사용되고 있었는가? 이 같은 문제를 살펴보기 전에 다른 나라에서 '노동'에 해당하는 개념들이 어떤 의미 변환을 겪어 왔는지를 검토해 볼 필요가 있다.

고대 그리스에서 노예노동을 의미하는 ponos는 '수고'란 의미를, 시민이었던 장인의 노동을 지시했던 ergon은 '업적'이나 '성과'란 의미를 갖고 있었다. 영어의 labour는 노예들이 짐을 지고 뒤뚱거리는 모습을 본 로마인의 표현인 라틴어 laborare에서 유래했으며, 프랑스어의 travailler

3) 『태종실록』, 태종 1년 7월 23일.
4) 『고종실록』, 고종 27년 8월 8일.
5) 국립국어원, 『표준국어대사전』 「노동」 항목.

는 노동을 제대로 하지 않는 노예를 고문하거나 벌을 줄 때 사용했던 tripalium(멍에)에서 유래했다. ergon과 같은 의미의 라틴어 opera는 프랑스어 ouvrer의 어원이고, '만들다'란 의미의 라틴어 facere는 fabrikation의 어원이다.

노동이란 의미로 혼용되는 라틴어의 laborare와 facere, 프랑스어의 travailler와 ouvrer, 독일의 arbeiten과 werken는 전자가 노예 노동에 기원을 둔 어휘에서 유래한 것인 반면, 후자는 물건을 제조하는 장인 노동을 지시하는 어휘에서 유래한 것이었다. 영어의 labour와 work 또한 혼용되어 사용되지만, 영국인들은 전자를 수동적이고 고통스런 노동으로, 후자를 자발적이고 창의적인 노동으로 구별하기도 한다.[6] 이처럼 '노동'을 지시하는 두 개의 어휘는 고대 이후 자주 혼용되었고, '노동'은 고통스럽고 천시되는 부정적인 의미와 동시에 공동체 또는 개인의 삶에서 가치 있는 행위라는 이중적 의미로 인식되어왔다.[7]

이후 프로테스탄티즘에서 노동을 '신의 선물' 또는 '신의 사명'으로 보는 관념이 확산되고, 18세기 아담 스미스가 상품을 생산하는 노동에 주목하여 '국가적 부의 원천'으로 그 가치를 부여하면서 노동의 긍정적 의미가 새롭게 발견되기 시작했다. 그리고 헤겔은 노예의 노동이 변증법적 과정을 통해 해방될 수 있다고 사유함으로서 노동을 '개인의 해방, 자아의 실현'이란 가치로 의미화할 수 있는 길을 열었다.

그러나 '신의 소명', '발전의 원천', '자아의 실현'이란 근대 노동관의 노동과 차별적인 노동 현실 사이의 괴리는 18세기 이후 전혀 좁혀지지 않았다. 마르크스는 생산노동(잉여가치를 발생시키는 노동)과 비생산

6) 콘라트 파울 리스만 편저, 만프레트 퓔사크(윤도현 역), 『노동』, 이론과 실천, 2014, 12쪽.

7) 베르너 콘체(이진모 역), 『코젤렉의 개념사 사전 10 －노동과 노동자』, 푸른역사, 2014. 12~13쪽.

노동을 구분하고, '노동력'을 개념화함으로써 생산노동에 종사하는 '노동자'를 수탈 받는 계급의 혁명 주체로 발견했다. 그러나 마르크스 역시 노동이 시장의 교환가치에 의해 재규정된다는 점에 주목하지 않음으로써 생산성을 중시하는 근대 노동관을 벗어나지 못했다.[8)]

서유럽에서 오늘날의 '노동'과 같은 의미로 사용된 용어들이 차별화된 가운데 labour라는 개념이 19세기 후반 중국 · 일본으로 수입되면서 이를 어떻게 번역할 것인가의 문제가 발생하였다. 중국에서는 이를 로(勞) · 근력(勤力) · 노력(勞力) · 작공(作工) · 당공(當工) · 주공작(做工作) · 공력(功力) · 역역(力役) 등으로 번역하였다.[9)]

일본에서도 한국과 마찬가지로 '노동(勞動)'이라는 한자어가 있었고 그 의미 역시 '신체를 움직이다, 일하다, 시끄럽게 하다, 동요시키다' 등으로 유사하게 사용되고 있었다. 그러나 labour의 번역어는 최종적으로 '힘들게 일하다'라는 의미의 '노동(勞働)'이라는 일본식 한자어로 정착되었다.[10)] 그러나 labour의 번역어가 처음부터 '노동(勞働)'으로 정착한 것은 아니었다. 즉, 사사(仕事) · 업(業) · 로(勞) · 역작(力作) · 공작(工作) · 골절(骨折り) · 동(働き) · 노동(勞働) · 근로(勤勞) · 노고(勞苦) 등의 번역어가 경쟁하고 있었다.[11)]

이들 대부분의 번역어는 이전의 '노동(勞動)'보다 '힘을 들여서 고생한다'는 의미가 강하게 내포되어 있었다. 1890년대 초에 이르기까지 일본에서는 '노력(勞力)'이 '노동(勞働)'과 대등한 빈도로 사용되고 있었던

8) 김윤희, 「근대 노동 개념의 위계성 -『서유견문』에서 『노동야학독본』까지-」, 『사림』 52, 2015, 176~177쪽.

9) 山室信一, 『思想課題としてのアジア』, 岩波書店, 2001, 480~481쪽의 labour 항목과 각주 참조.

10) 김경일, 앞의 책, 193쪽.

11) 위와 같음.

듯하다. 이러한 현상을 1890년 『정치학경제학법률학 강습전서』 12편에 수록된 아리가 나가후미(有賀長文)의 『경제원론(經濟原論)』에서 볼 수 있다. 이 책 제4장은 제목 '자유노력과 노예노력'에서 보듯이 labour의 번역어로 '노력(勞力)'을 사용하면서도 그 외의 서술에서 '노동력(勞働力)'·'노동(勞働)'·'노동시간(勞働時間)' 등을 사용하고 있다.[12)]

이후 일본에서는 1890년대 후반이 되면 단순히 일하는 '노동(勞動)'이 아니고 '뼈가 부서질 만큼 수고롭게 일한다'는 의미의 '노동(勞働)'이 폭넓게 자리 잡아 갔으니, 이는 공장과 노동이 갖는 어둡고 부정적인 이미지와 관계가 있었다. 즉, 일본에서 labour의 번역어로 '노동(勞働)'이 정착된 것은 유럽 근대에서 널리 받아들여지고 있던 육체노동에 대한 차가운 시선이 그대로 이식된 것을 의미하는 것이었다.[13)]

이러한 일본의 번역어 '노동(勞働)'이 개화기 한국에 그대로 수용된 것은 아니었다. 한국, 즉 신분제가 폐지된 갑오개혁 이전의 조선왕조 사회에서도 일본과 마찬가지로 '수고롭게 일하다'는 의미의 '노동(勞動)'이 이미 사용되고 있었고, 그밖에 '일하다'는 의미의 여러 용어들이 존재하고 있었다. 이들 용어들과의 경합 과정을 거쳐 1910년 일본의 한국 병합 이후가 되어서야 일본의 번역어 '노동'이 한국 사회에 정착하는 것을 확인할 수 있다.

---

12) 政治學經濟學法律學 講習全書 중 有賀長文, 『經濟原論』 東京: 博文館, 1890, 182~193쪽.

13) 김경일, 앞의 책, 194~196쪽.

1. 신분제 폐지 이전의 노동 개념

1) 신분에 따른 역(役) 체계

영어 labor의 번역어로서 '노동'이란 개념은 "사람이 생활에 필요한 물자를 얻기 위하여 육체적 노력이나 정신적 노력을 들이는 행위"라고 정의된다.[14] 조선시대에는 '이러한 labor에 해당하는 용어로 '힘쓰다' '일하다' '애쓰다' 등의 동사적 표현과 '애' '일' 등의 명사적 표현을 사용하였다.[15]

그러나 유사 이래 노동은 지배－피지배 계급 관계 속에 존재하였기 때문에 독립된 개인의 자연과의 교감 행위로서 노동 개념이 아니라 지배계급을 위해 수행하는 노동이 문제가 되었다. 이러한 관점에서 볼 때 '노동'에 가장 근접한 개념으로 '역(役)' 또는 '역역(力役)'을 생각할 수 있다.

전통 사회의 국가가 인민에 대하여 노동력을 직접적으로 수취하는 역은 군역을 비롯하여 여러 가지 역종이 있었다. 자연경제를 바탕으로 성립되어 있던 조선사회에서는 국가에서 필요로 하는 노동력을 전국의 인정(人丁)을 대상으로 하여 직접 징발하거나 호(戶)를 통하는 방법을 통하여 충당하고 있었다. 즉 조선왕조에서는 16세부터 60세에 이르는 모든 인정(남자)을 국역 부과의 대상으로 삼고 있었다. 이들이 져야 하는 국역에는 크게 세 가지가 있었다. 요역(徭役)·직역(職役)·군역(軍役)이 그것이었다.

14) 국립국어원,『표준국어대사전』「노동」(http://stdweb2.korean.go.kr/search/List_dic.jsp 검색일: 2017.3.1)

15) Horace Grant Underwood, *A Concise Dictionary of the Korean Language in Two Parts Korean-English and English-Korean*, Kelly & Walsh, 1890.

요역은 신분의 높고 낮음에 관계없이 모든 인정에게 부과되는 부역이었는 데 비하여 직역과 군역은 양(良) 신분 내에서 신분에 따라 구별되는 특정한 군호(軍戶) · 향호(鄕戶) · 역호(驛戶) 등 유직인(有職人)에게 부과되는 신역이었다. 양반도 양(良) 신분에 속하므로 그들의 직역에 해당하는 관직을 가지지 않는 이상 군역을 지게 되어 있었다. 그러므로 직역과 군역은 조선사회의 사회 신분과 밀접한 관계를 가지고 있었다.

직역과 군역은 같은 신역이었기 때문에 직역이 있는 사람은 군역을 지지 않았다. 관직에 임용된 양반이나 관직에 들어가기 위하여 수학하고 있는 관학생에게는 군역이 면제되었다. 반면에 양반이라 하더라도 관직을 가지고 있지 않거나 관학생이 아닌 이상 일반 양인과 마찬가지로 군역에 편제되어 있었다.

그러나 양반이 지는 군역의 내용과 질이 일반 양인들이 지는 그것과 반드시 같은 것은 아니었다. 이들은 군역과 관직 활동을 동시에 해결할 수 있는 각종 특수군에 들어갈 수 있는 특전을 가지고 있었기 때문이다.[16]

양반이 군역과 사환을 동시에 해결할 수 있는 특전을 가진 데 반해, 양인은 군역만 부담해야 했다. 양인이 일차적으로 군역 부담자로 간주된 것은 국가에 대한 제1의적 의무가 국가의 수호이기 때문이며 양인이 국가에 대한 의무를 수행한다는 것은 그들이 보유하는 공민권—보다 구체적으로는 사환권—의 대가라는 형식을 띠고 있었다.[17] 양인이 각 군현에서 군역 자원으로 차출되는 과정은 중앙의 지침과는 달리 우선적으로 힘없고 가난한 농민을 뽑아 그 액수를 채우기 마련이었다.

16) 이성무, 「양반」, 국사편찬위원회 편, 『한국사』 제25권, 국사편찬위원회, 1994, 83~4쪽.
17) 유승원, 「양인」, 국사편찬위원회 편, 위의 책, 167쪽.

또 중앙에서는 각 군현의 번성한 정도에 따라 군액을 책정하였다. 하지만 애당초 군현의 실정을 정확히 파악하기 어려우므로 군액 할당의 형평성을 보장할 수 없다는 문제가 있었다. 국가는 장기간의 군역 담당으로 인한 소농민의 파산을 막기 위해서 봉족제(奉足制)를 실시하였으나 그럼에도 불구하고 군역은 입역 기간으로 인한 농사 기회의 손실로 인하여 농민에게 대단히 큰 부담이었다.[18]

천(賤) 신분인 노비는 공노비와 사노비로 나뉘어져 있었다. 공노비 수는 성종 15년(1484) 추쇄도감의 보고에 의하면 추쇄된 노비만 각사의 경외노비(京外奴婢) 211,984명, 각 고을의 역노비 90,581명으로 모두 35만여 명에 이르고 있었다. 전체 인구가 얼마인지 정확히는 알 수 없으나, 세조 12년(1466) 대사헌 양성지가 이 당시의 전체 인구가 무려 100만 호라 한 바 있다. 이것을 이 당시의 1호당 인구 3~4명으로 계산하여 환산하면, 국가에서 파악한 인구는 대략 340만 명 정도였을 것으로 추정된다. 이렇게 본다면 조선 초기의 공노비 수는 국가에서 파악하고 있는 전체 인구의 1할 정도에 이르고 있다 할 것이다.[19]

조선 초기에 사노비를 포함한 전체 노비의 인구가 얼마나 되었는지 정확히 알 수는 없다. 성종 15년(1484)에 추쇄하지 못한 공노비가 10여만 명이나 되고, 공·사 천인 중 도망하여 숨어 사는 자가 무려 100만 명에 이르고 있었으니, 이로 미루어 보아 공노비와 사노비를 합한 인구가 이 당시의 추정 전체 인구 340만 명의 1/3 정도에 육박했을 것으로 보인다.[20]

공노비는 그들이 소속된 국가기관에 그들의 노동력을 직접 제공하

18) 위의 글, 175~6쪽.

19) 전형택, 「천인」, 국사편찬위원회 편, 앞의 책, 208쪽.

20) 위의 글, 213쪽.

거나 신공을 납부하였다. 공노비의 노동력 동원은 선상입역제(選上立役制)로 운영되었다. 물론 공노비 모두가 선상 입역의 의무만을 지고 있는 것은 아니었다. 이들은 선상 입역하는 기간을 제외하고는 신공의 납부로 그들의 의무를 대신했다. 그러나 이들은 번차가 정해져 있어 언제라도 자기 차례가 되면 선상 입역하여야 했기 때문에 기본적으로 국가 기관에 대하여 노동력의 제공자로 존재하였다.

그런데 시간이 흐름에 따라 노비들이 선상으로 뽑히게 되면 자기 대신 다른 노동력을 고용하여 역을 서게 하고 선상을 면하는 대립(代立)의 현상도 광범위하게 나타났다. 대립은 조선 초기 군역에서도 널리 행해지고 있었다. 노비들 중에도 외방에서 농업에 종사하고 있는 자들 사이에 선상을 피하는 방법으로 대립을 하는 자들이 있었다. 선상대립 현상이 나타난 것은 기본적으로는 선상제의 모순 때문이었으나, 직접적으로는 선상 자체가 고역인 데다가 연고가 없는 서울 생활의 어려움과 선상으로 초래되는 생활기반의 파괴를 우려한 노비들이 선상을 기피한 데서 기인하였다.

더 나아가 부유한 공노비는 서울에 살고 있는 입역노비의 봉족이 되거나, 각사에 입역하는 것보다 부담이 가벼운 한역(閑役)이나 헐역(歇役), 예컨대 궐내차비 · 장인 · 악공 등에 투속하여 선상을 모피함으로써 공노비제도의 모순이 더욱 심화되었다. 이에 따라 가난한 자들만이 선상되었는데, 이들은 고역을 맡아 밤낮으로 관아에서 사역하느라 자신의 생업을 돌볼 여가가 없어 스스로 살아갈 길이 없는 지경에 이르렀다.[21]

조선사회의 신역은 이처럼 사람의 신분에 따라 종류가 달랐으나, 이와 별도로 호(戶)를 기준으로 부과하는 요역이 있었다. 요역은 잡역(雜

21) 위의 글, 221쪽.

役) · 잡요(雜徭) · 소경요역(所耕徭役) · 호역(戶役) · 역역(力役) · 부역(賦役) 등 여러 가지 명칭으로 표현되었다. 위로는 양반으로부터 아래로 천인에 이르기까지 호를 구성하고 있는 모든 민인에게 신분과 직역을 불문하고 부과하도록 되어 있었다. 요역을 위한 인정(人丁) 산출 기준에는 호 내의 인정 수에 따라 출정(出丁) 수를 결정하는 계정법(計丁法)과 호가 보유하는 경지 면적의 다과에 따라 출정 수를 결정하는 계전법(計田法), 그리고 인정의 다소와 소경전의 다과를 참작하여 출정의 수를 결정하는 계정 · 계전 절충법이 있었다.

요역에서 인정의 배정은 각 도의 관찰사가 그 역에 소요되는 인정의 수를 정하여 도 내의 군현에 배정하였다. 군현의 수령은 각각 자기 군현에 배정된 인정의 수를 다시 경지 면적의 많고 적음에 따라 군현 내의 각 호에 배정하였다. 각 군현에서 인정을 사역시키는 순서는 역소(役所) 부근 각 관부터 차례로 징발하였는데, 한 고을 내에 거주하는 역민을 징용하는 구체적 순서는 규정되어 있지 않았다. 그러므로 수령이나 향리는 세력 있는 자를 빠지게 하고 세력 없는 잔호(殘戶)만 사역시키는 폐단이 심하였다.[22)]

1468년 세조는 군사제도 개혁의 일환으로 보법을 시행하였으나 그가 사망한 이후 보법의 원리는 점차 폐기되었다. 이후 보법의 당초 취지와 달리 토지와 노비를 다량으로 보유한 양반 관료를 위시한 지배세력의 군역 부담이 한결 가벼워진 반면, 양인 신분의 하층 농가의 군역 부담이 더욱 무거워졌다. 군역을 감당할 수 없는 하층 농가는 양반관료와 지방세력의 호에 노비와 고공으로 떨어지거나, 투탁인으로 은닉되거나, 여정(餘丁)으로 용인되었다.

16세기에 이르러선 위와 같이 양반관료와 지방 세력의 호에 포섭된

22) 이상 이재룡, 「역」, 국사편찬위원회 편, 『한국사』 제24권, 국사편찬위원회, 1993, 476~480쪽.

상당수의 예속인을 총칭하여 협호(夾戶)라 하였다. 이렇게 상당수의 인구가 양반 관료와 지방 세력의 협호로 떨어지는 가운데 보병 등 하급 군역을 지는 양인 농민의 사회적 지위는 점점 열악해져 갔다.

군역의 부담이 점점 과도해지는 가운데 군역제는 고립제(雇立制)와 포납제(布納制)로 바뀌어갔다. 번차를 맞은 지방의 정군들은 상경하지 않고 서울의 무직인을 고용하여 대신 번을 서게 하면서(고립제), 그에게 상당 양의 포(布)를 지불하였던 것이다. 그 포는 정군과 보인이 분담하였다. 이러한 일이 관행화하면서 여러 가지 부작용이 발생하자 아예 군현의 수령이 관내의 군정들로부터 포를 수취하여(포납제) 중앙 관청에 상납하고 중앙 관청에서 군인을 고립하게 되었다. 이렇게 생겨난 하층농민의 군역 부담으로서의 포납을 가리켜 양인의 역, 곧 양역이라 하였다. 양역은 점차 하층농민의 열악한 신분을 상징하게 되었다.[23]

2) 조선후기 모립제 등장과 노동 관련 용어

조선 전기, 즉 15~16세기에는 위에서 언급한 신분에 따른 역 체계, 즉 신역 체계에 의하여 산릉(山陵), 건축(營建), 축성(築城), 제언 공사 등 국가의 각종 토목 공사에 역부를 동원할 수 있었다. 그러나 이때는 요역 의무자인 연군(烟軍)만 동원된 것은 아니었고, 승려와 군인 또한 동원되었다. 농번기 · 한해 · 기근 등이 발생하여 농업 종사자인 양인 농민을 징발하기 어려울 경우 승려나 군인을 사역시키는 현상이 광범위하게 진행되었다.[24]

그러나 역군을 분정하는 과정에서 아전들의 농간이 개입될 수 있었

---

23) 이영훈, 『한국경제사』 I, 일조각, 2016, 355~358쪽.

24) 윤용출, 「17 · 8세기 역부 모립제의 성립과 전개」, 『한국사론』 8, 1984, 95쪽.

고 원거리의 각 지방에서 역군들을 동원하여 집결시켜야 하는 어려움이 있었다. 게다가 이들 부역에 동원된 연군(烟軍)들은 필요한 식량을 자기 스스로 부담해야 했기에 경제적 부담도 컸다. 또 주어진 기간 내에 공사를 마쳐야 했기에 야간 작업이나 악천후 속에서도 작업을 강요당하여 인명 손실도 많이 발생하였다. 이같이 혹사 노동에 시달린 부역군들은 부역 기간 동안 비협조적인 태도를 취하든지, 역소에서 집단으로 도망을 쳤다. 또는 부역을 피하기 위하여 군문(軍門) · 아문(衙門)에 투속하거나 부호가에 협호로 투탁하거나 승려가 되기도 했다. 그중 형편이 나은 자는 다른 사람의 품을 사서 대신 부역시킬 수 있었는데, 부역을 대신 시키는 대립(代立) 현상은 이때부터 차츰 일반적인 현상으로 나타나고 있었다.

임진왜란 직후 각종 수습책을 마련하는 과정에서 이전과 같은 부역 동원 체제는 더 이상 유지하기 어려워졌다. 선조대부터 광해군에 이르기까지 전란으로 파괴된 각 궁궐의 중건과 창건이 연속적으로 진행되어 많은 경비와 노동력이 소요되었다. 그런데 부역 부담자인 각 지방의 연군을 역소까지 징발하기 어려웠던 점, 지금까지 토목공사에 많이 동원되던 군인도 국방상 필요에 따라 본연의 임무인 군무에 치중해야 했던 사정 등으로 인해 정부는 기존의 역부 동원 방식을 개선해야 했다.

이를 위해 선조 39년(1606) 궁궐과 종묘 영건을 위해 각도의 전 2결당 면포 1필씩 징수하거나, 광해군 시기 궁궐 공사에는 전 8결당 면포 1필씩 징수하여, 토목공사에 동원된 인부들에게 지급하는 방식을 도입하였다. 또는 부역 징발당한 연군들로부터 1인당 면포 8~10필씩 받아 그들 대신 공사에 동원될 모군(募軍)들의 고가로 지급하는 방식을 도입하기도 하였다. 이러한 과정을 거쳐 17세기 이후에는 연군(烟軍)이나 기타 부역군(赴役軍)을 징발하는 대신 면포를 국가나 관아에서 징수하여 토목공사에 동원된 모군들의 고가로 지급하는 방식인 모립제(募立

制)가 일반화되었다.[25)]

이처럼 17세기 이후 부역 노동 체제가 쇠퇴하면서 한성과 지방 관아 중심의 토목 · 건설 공사에 한성에서 이루어지는 토목 · 건축 공사에 고가를 받고 일하는 사람들이 모이기 시작했다. 한성에서는 한성 내에 거주하는 사노비로서 일반 양인과 동등한 생활을 영위하는 외거노비, 한성의 상인 겸 수공업자, 농민층 분화에 따라 농촌에서 올라온 양인, 비번인 군인 등이 참여하였고, 농촌에서는 농번기에도 자기 농사를 지으러 바쁠 일 없는 임용노동층과 소작을 하기도 하지만 그것으로 생계를 유지하기 어려운 빈농들이 참여하였다. 당시 사료에서는 '임용으로 업을 삼는 무리(賃傭爲業之類)', '일없이 노는 무뢰배(遊手無賴之輩)', '무뢰한 도둑 무리(無賴偷竊之輩)', '서울의 한가롭게 노는 자(京中閑遊之人)' 등으로 표현하였는데, 보통명사로는 '모군' '역부', '역군' 등으로 불렀다.[26)]

그러면 조선시대에는 이같이 국가와 지방관아의 토목 · 건축 공사에 임노동하는 층들과 그들의 노동을 어떤 용어로 불렀으며, 그들에 대한 인식은 어떠했던가.

오늘날의 임노동을 '경제적 강제에 의한 노동'이라고 한다면, 조선시대의 부역노동은 경제외적 강제에 의한 노동이라고 할 수 있을 것이다. 그리고 17세기 이후 나타난 모립제는 오늘날과 같은 '경제적 강제에 의한 노동'의 초기 형태라고도 볼 수 있을 것이다. 조선시대에 노동을 지칭하는 용어를 보자면 공역(工役), 요역(徭役), 부역(賦役), 신역(身役), 양역(良役), 천역(賤役), 응역(應役), 용역(傭役), 역역(力役), 노역(勞役) 등을 찾을 수 있다.

25) 위의 글, 128~154쪽.

26) 윤용출, 「17 · 18세기의 募立制와 募軍」, 『釜山史學』 8, 1984, 154~157쪽.

이 중에서 '공역(工役)'은 오늘날과 같은 '노동'의 의미보다는 토목, 건축 등의 큰 작업, 즉 오늘날의 '공사'의 의미에 가깝다.

> 대개 기와를 굽는데 세 가지 어려운 것이 있습니다. 땔나무를 준비하는 것이 첫째요, (기와 재료를) 공급하는 비용이 둘째요, 공역에 들어가는 돈이 셋째입니다.[27]

> 사간(司諫) 권종록(權鍾祿)이 올린 상소의 대략에 "며칠 전 전 장령(掌令) 최익현의 상소가 무엇 때문에 이르렀습니까? 그가 말한 것이 모두 네 가지입니다. 공역이 거의 완성되어 가고 있고 화폐 유통 상황(錢政)도 이제 바로잡히기 시작하였는데, 새삼스레 장황하게 늘어놓은 그 말이 한 시가 급한 듯이 숨가쁜 듯하지만, 이는 한바탕 웃음거리가 되기에도 부족합니다.[28]

『조선왕조실록에서』의 '공역' 빈출 회수는 486회를 보이고 있다. 태조(12) 태종(12) 세종(40) 문종(9) 단종(17) 세조(6) 예종(4) 성종(30) 연산군일기(14) 중종(10) 인종(1) 명종(6) 선조(24) 선조수정(4) 광해군중초본(48) 광해군정초본(41) 인조(20) 효종(5) 현종(11) 현종개수(13) 숙종(23) 숙종보궐정오(1) 영조(16) 정조(41) 순조(13) 헌종(3) 고종(57) 순종(2) 순종부록(3)의 빈도를 보이고 있다. 고종대 이전만 보자면, 임진왜란 이후 궁궐 보수와 수축 공사가 많았던 광해군대가 가장 많은 48회를 보이고, 이어서 정조대 41회, 세종대 40회, 성종대 30회의 순서로 많다.[29]

---

27) "夫燔瓦之功 其難有三 燒木之辦一也 供給之費二也 工役之錢三也"(『세종실록』 26권, 세종 6년 12월 7일).

28) "司諫權鍾祿疏略 日者 前掌令崔益鉉之疏 何爲而至也 其所爲言 凡四條矣 工役幾至告竣 錢政今旣歸正 始乃張皇其言 有若呼吸較急然 已是不滿一笑"(『고종실록』 5권, 고종 5년 10월 14일).

29) 이하 조선왕조실록의 용어 검색은 http://sillok.history.go.kr/main/main.do 에서 원문으로 검색한 결과를 사용하였다.

다음으로 '요역'과 '부역'이라는 용어가 있다. 이 두 용어는 본질적인 차이가 없이 거의 같은 의미로 사용되고 있었으나[30] 뉘앙스상으로 '부역'은 노동을 부과한다는 의미가 강하고 '요역'은 노동을 직접 한다는 의미가 강한 듯하다. 그러나 양자의 의미가 같고 동일하게 사용된 점은 다음 몇 가지 사료만 비교 검토해보아도 확실하다.

> 호조에 명하여 경기 백성의 폐막을 갖추어 아뢰게 하였다. 임금이 말하다가 여러 고을의 부역(賦役)에 미치니, "내가 항상 백성의 간고한 것을 불쌍히 여기어 매양 요역(徭役)을 감하고, 또 봄 · 여름에는 내사복시(內司僕寺)의 말 3~40 필만 남기고 가을과 겨울에는 1~2백 필만을 남기어, 경기 백성이 수납하는 폐단을 없앴다."라고 하였다.[31]

> 함길도 감사와 도절제사에게 전지하기를, "이지란(李芝蘭) · 은아리(殷阿里) · 김고시첩목아(金高時帖木兒) 등이 귀화한 이래 관하의 백성들이 각기 그 주인만 섬기고 국가의 부역에는 응종하지 아니하였다. 그 뒤에 국가에서 분할하여 호적에 편입시켜 요역과 조세가 본국 사람과 다름이 없었다. 그러나 역시 오래지 아니하여 위에 말한 인민들이 부역하지 아니할 때에도 역사(役使)하는 백성들이 부족하지 아니하였으니, 하물며 지금은 야인의 여러 종류를 불러 안돈시킬 때이다. 마땅히 이들을 보호하여 구휼하고 조세와 요역을 적당하게 감해 귀순할 길을 열어 주는 것이 경 등의 마음에는 어떠한가. 함께 의논해서 보고하라. 다만 이들은 원래 게으른 백성이기 때문에 국가에서 염려하여 평민으로 구분해서 부역에 응하게 하였는데, 지금 만약 견감(蠲減)하여 주면 더욱 게을러져서, 뒷날 부리기 어려울 폐단이 있지 않을까 염려된다.[32]

---

30) 이재룡, 앞의 글, 477쪽.

31) "命戶曹具畿民之弊以聞 上語及諸郡賦役日 予常憫百姓艱苦 每減徭役 又於春夏 止留廐馬三四十匹 秋冬止留一二百匹 以除畿民輸納之弊"(『태종실록』 34권, 태종 17년 10월 16일).

32) "傳旨咸吉道監司都節制使日 李芝蘭殷阿里金高時帖木兒等 自投化以來 管下居民 各仰其主 不供國家賦役 其後國家分割 以爲編戶 徭役租稅 無異本國之民 然亦未久 上項人民未供賦役之時 役使之民 不爲不足 矧今野人諸種招安之時 宜護恤此輩 量減租稅徭役 以開投化

> 백성은 나라의 근본이니 근본이 견실해야 나라가 편안한 것이다. 근년에 일이 많아 백성에게 부역을 지우지 않을 수 없었으나, 부역이 많고 무거워 백성들이 살아갈 수 없게 되었다. 게다가 목화까지 말라 죽어 묵은 솜으로 옷감을 짜 요역에 응하다가 전 가족이 잇따라 도망하는 일까지 있다고 한다.[33]

'요역'과 '부역' 사용 회수는 조선왕조실록 전체를 통해 각각 560회, 482회로 비슷한 규모로 나온다. '요역' 용어는 태조(4) 태종(17) 세종(67) 문종(6) 단종(3) 세조(20) 예종(5) 성종(51) 연산군일기(10) 중종(34) 인종(1) 명종(19) 선조(95) 선조수정(5) 광해군중초본(23) 광해군정초본(17) 인조(40) 효종(13) 현종(3) 현종개수(13) 숙종(8) 경종(1) 영조(20) 정조(29) 순조(15) 헌종(8) 철종(4) 고종(29)의 빈도 수를 보인다. 선조대, 세종대, 성종대, 인조대, 중종대 순서로 많다.

'부역' 용어는 태조(4) 정종(1) 태종(20) 세종(59) 문종(3) 단종(4) 세조(10) 예종(2) 성종(43) 연산군일기(13) 중종(35) 명종(23) 선조(46) 선조수정(3) 광해군중초본(14) 광해군정초본(10) 인조(56) 효종(26) 현종(12) 현종개수(26) 숙종(27) 경종(1) 영조(12) 정조(17) 순조(4) 헌종(1) 철종(3) 고종(7)의 빈도를 보여, 세종대, 인조대, 선조대, 성종대, 중종대의 순서로 많다. '요역'과 '부역' 양자의 빈출 횟수를 합치면 1042회로 앞의 '공역'보다 훨씬 많다. 그만큼 국가적으로 많은 논의가 집중된 주제임을 알 수 있다.

다음으로 '신역(身役)', '양역(良役)', '천역(賤役)', '응역(應役)' 등의 용어는 앞서 서술한 국가의 국역 체계상의 개념이라고 할 수 있다. '신역'

之路 於卿等之心以爲何如 同議啓達 但此輩 元是懶惰之民 故國家致慮 割爲平民 以供賦役 今若蠲減 則尤爲懶惰 恐有後日難使之弊"(『세종실록』 78권, 세종 19년 8월 7일).

33) "民惟邦本 本固邦寧 比年多事 不得不責賦於民 賦役煩重 民不聊生 加以木花枯損 至有織故絮 以應徭役 擧家逃亡者"(『인조실록』 28권, 인조 11년 7월 13일).

은 '양역'과 '천역'을 총칭하는 용어이고, '응역'이란 이러한 신역 또는 국역에 동원되어 노동력을 제공하는 행위를 말하는 용어가 된다.

'신역'은 전체 빈출 횟수는 458회, 국왕별로는 태종(2) 세종(11) 문종(1) 단종(1) 세조(6) 성종(20) 연산군일기(5) 중종(26) 명종(8) 선조(15) 선조수정(1) 광해군중초본(7) 광해군정초본(3) 인조(15) 효종(9) 현종(44) 현종개수(76) 숙종(107) 숙종보궐정오(1) 경종(2) 영조(31) 정조(46) 순조(13) 헌종(1) 고종(7)의 횟수를 보인다. 숙종대, 현종대, 정조대, 영조대 순으로 빈도수가 많은데, 이는 숙종 초기부터 급격하게 논의가 확대된 대동법과 균역법으로 인한 것으로 보인다.

'신역'이란 말 그대로 국가에서 귀속시킨 각자의 신분에 따라 부담해야 할 역이라는 의미인데, 그 의미를 좀더 정확히 하기 위하여 다음 몇 가지 자료를 보자.

> 사헌부 대사헌 이숙치(李叔畤) 등이 시국의 폐단을 조목으로 들어서 올리기를, …(중략)… 여섯 째, 호패를 차게 하는 것은 간사한 일을 크게 막기 위한 것이며, 항산이 없는 자는 떠돌아 다닐 수 없게 하고, 신역이 있는 자는 피하려 하지 못하게 하면, 호적이 이로써 밝아지고 군액이 이로써 채워져, 이름을 숨기고 거짓 벼슬을 하는 간사한 무리들이 제 마음대로 하지 못하니, 실로 나라를 다스리는 데 급히 해야 할 일입니다.[34]

> 각 고을에 명하여, 군병과 노비의 신역으로 포를 징수하는 종류에 대해, 신해년 이전에 거둘 것 중에서 못 거둔 것은 다소를 물론하고 모두 견감하며, 갑인조로서 재해를 입은 고을에서 2필이나 3필을 바쳐야 하는 자는 모두 1필을 감하고[35]

34) "司憲府大司憲李叔時等 條列時弊以進 …(중략)… 其六日號牌防奸之大閑也 無恒産者 不得流移 有身役者 不能謀避 版籍由是而明 軍額以是而充 冒名詐職奸僞之徒 不能以肆 誠治國之急務也"(『세종실록』 72권, 세종 18년 6월 18일).

35) "命各邑軍兵 奴婢有身役徵布之類 辛亥以上未收者 勿論多少 竝蠲之 甲寅條被災邑應納二

> 8월에 영남과 호남에서 물에 떠내려 갔거나 잠긴 집이 수천 호에 이르니, 관리를 보내 위로하고 인도하며 그 호구에 대해 환곡과 신역을 감해 주도록 하였다.[36]

이들 자료에서 유의할 점은 세 번째 자료인 고종 27년(1890) 8월 기사 이후에는 '신역'이라는 용어가 실록 상에는 등장하지 않는다는 점이다. 1894년 신분제 폐지 이후 법제상에서 신역이 폐지되어 모든 국역 부담이 결세와 호세로 통폐합되었기 때문이다.

'양역(良役)'은 양인의 신역으로서, 전체 339회의 빈도로 나온다. 국왕별로는 태종(1) 성종(1) 연산군일기(3) 중종(5) 선조(2) 선조수정(1) 인조(3) 효종(3) 현종(6) 현종개수(17) 숙종(62) 숙종보궐정오(1) 경종(21) 영조(187) 정조(20) 순조(3) 철종(1) 고종(2)의 횟수를 보인다. 물론 이 숫자는 '신량역천(身良役賤)'과 같이 가운데 '량역(良役)'이란 두 글자가 의미가 다르게 사용된 경우는 제외한 숫자이다. 그럼에도 불구하고 양역 변통 논의가 시작된 숙종대와 그 결과로서 균역법이 실시된 영조대가 각각 62회, 187회 등 압도적으로 높다.

'천역(賤役)'은 천인의 신역으로서, 전체 110회 사용되었다. 국왕별로는 태조(1) 정종(1) 태종(5) 세종(19) 문종(1) 단종(2) 세조(2) 예종(1) 성종(15) 연산군일기(4) 중종(12) 명종(4) 선조(7) 선조수정(1) 광해군중초본(1) 광해군정초본(1) 인조(6) 효종(3) 현종개수(1) 숙종(11) 영조(5) 정조(5) 순조(1) 고종(1)의 횟수를 보이는데, 세종대와 성종대, 선조대와 숙종대를 제외하면 그다지 높은 빈도수를 보이지 않으며, 그나마 최고 빈도 수도 세종대의 19회 정도에 그치고 있어, 천역에 대한 논의가 그

疋三疋者 并減一疋"(『숙종실록』 1권, 숙종 즉위년 10월 12일).

36) "八月嶺南湖南水漂渰至數千戶 遣使慰諭 蠲其戶還身役"(『고종실록』 27권, 고종 27년 8월 30일).

다지 많지 않았음을 알 수 있다.

'응역(應役)'은 "시정 백성들이 각자 생업을 갖고 상점 별로 나누어 역에 응하는 것은 곧 바뀔 수 없는 규정인데"[37]라고 하듯이 국역 또는 공역(토목·건축 공사)에 응하는 행위로 규정할 수 있다. 전체 200회 등장하며, 국왕별로는 성종(1) 연산군일기(1) 중종(1) 명종(1) 선조(14) 선조수정(2) 광해군중초본(22) 광해군정초본(17) 인조(18) 효종(6) 현종(16) 현종개수(21) 숙종(17) 경종(1) 경종수정(1) 영조(12) 정조(27) 순조(2) 헌종(1) 고종(19)의 횟수이다.[38] 정조대, 현종대, 광해군대를 제외하면 특별히 주목할 만한 논의가 없음을 짐작할 수 있다. 그리고 '응역' 용어는 1894년 신분제 폐지 이후에는 한두 개 용례가 더 발견될 뿐이고, 그나마 사용된 용례도 릉(陵)과 원(園)을 지키는 재관(齋官) 등 한정된 역에 응한다는 용례였다.[39]

이외에도 역역(力役), 노역(勞役), 용역(傭役) 등의 용어가 있었다. '역역'은 힘을 많이 들여야 할 수 있는 부역 또는 요역이란 용어로서, 부역 또는 요역을 행하는 데 육체의 수고로움이 현저한 경우를 말한다. '노역' 역시 동일한 의미를 내포하고 있었다. 그런데 용례로는 '역역'이 총 184회, '노역'은 총 62회로 '역역'의 빈도수가 더 높았다.

국왕대 별로 보면, '역역'은 태조(1) 태종(10) 세종(30) 문종(7) 단종(4) 세조(9) 예종(1) 성종(35) 연산군일기(1) 중종(18) 명종(4) 선조(11) 선조수정(2) 광해군중초본(5) 광해군정초본(4) 인조(2) 효종(1) 현종(3) 현종

37) "司憲府啓日 市井之民 各有所業 分廛應役 乃是不易之規"(『광해군일기[중초본]』, 광해 2년 9월 24일).

38) "穩城等 築城及月課軍器造作 一應 役民事", "節度使衙眷虞候評事 支供 及 一應 役使" 등 應과 役이 분리 해석되어야 할 용례는 제외하였다.

39) "掌禮院卿金宗漢奏 各陵園位土 尙多有未遑劃定者 齋屬末由奠接 漸致渙散 守護之節 每患不勤 各齋官請劃之報 式日斯至 參互事勢 苟求遠圖 莫如劃付田畓 使之着根應役"(『고종실록』, 고종 34년 3월 11일).

개수(3) 숙종(10) 숙종보궐정오(1) 영조(2) 정조(7) 순조(6) 고종(7) 등으로, 성종대, 세종대에 압도적으로 높은 비중으로 사용되었다.

'노역'은 국왕대 별로는 태종(5) 세종(7) 문종(4) 세조(1) 예종(1) 성종(12) 연산군일기(2) 중종(5) 명종(2) 선조(2) 광해군중초본(1) 광해군정초본(1) 효종(1) 현종(1) 현종개수(2) 숙종(1) 영조(2) 정조(11) 고종(1)의 순서를 보이는데, 역시 성종대와 세종대 빈도수가 높은 편으로 나타났다.

위 세종대와 성종대의 역역, 노역 용례는 거의 대부분 백성들의 부역이 매우 무겁다는 논의, 이를 경감하게 할 방도를 모색하라는 논의들이다. 다시 말해서, 역역과 노역은 부역 또는 요역을 백성의 입장에서 바라본 용어라고 할 수 있겠다.

'품팔이', '임금노동'과 유사한 의미를 갖는 '용역(傭役)'은 의외로 용례가 적었다.[40] 전체 10회 밖에 나타나지 않는데, 그나마 중종(3) 선조(3) 광해군중초본(1) 광해군정초본(2) 경종(1)으로 조선 중기에만 나타났다. 앞서 논의한 모립제나 부역 대립제 등을 생각하면 용례가 다수 나타나야 하는데 거의 보이지 않았다.

이처럼 조선시대 노동 관련 용어는 국가의 신역 체계와 결부되어 만들어져 있었다. 이러한 구조는 각종 역을 행하는 주체, 즉 오늘날의 '노동자'에 해당하는 용어들에도 반영되었다. 조선시대에 노동자에 해당하는 용어로 '역군', '역부', '인부', '모군(募軍)'을 들 수 있는데, 이 중에서 조선왕조실록에 가장 많이 등장하는 것은 '역군'으로서 전체 193회 등장하였다. 국왕대 별로는 태종(1) 세종(2) 문종(1) 세조(2) 예종(1) 성종(17) 연산군일기(11) 중종(7) 인종(2) 명종(3) 선조(27) 광해군중초본

40) "河陽良女同德 年三十七喪夫 傭役織紡 朝夕供母 菜果 節物 得輒饋奉 死後 凡有新物 必薦之"(『중종실록』, 중종 12년 10월 6일).

(26) 광해군정초본(20) 인조(15) 효종(4) 현종(8) 현종개수(11) 숙종(16) 경종(1) 영조(10) 정조(7) 순조(1) 고종(0) 등으로 나타났다.[41] 순위는 선조대, 광해군대, 성종대, 중종대, 연산군대 순이다. '역군'이란 말 그대로 공사에 동원되는 인간 집단을 말한다.

'역군'은 처음에는 공사에 동원된 실제 군인을 의미하였으나 점차 군인이 아니라도 공사에 동원되는 양인 집단을 의미하는 것으로 바뀌어 갔다. 예컨대 '역군으로 온 자 중 사망자 11인(赴役軍物故者十一人)' '산릉 역군으로 온 군인 중 사망자(山陵赴役軍人物故者)' '유역군인(有役軍人)' '조역군(助役軍)' 등의 용례에서 점차 '역군'으로 단축되면서 실제 군인이든 일반 양인이든 공사에 동원된 자들을 모두 '역군'으로 단일화되었던 것으로 추정된다.

다음으로 많이 사용된 용어가 '역부'로서 총 116회 등장한다. 국왕대별로는 태조(5) 태종(1) 세종(4) 문종(1) 단종(7) 세조(9) 예종(6) 성종(6) 중종(6) 인종(1) 명종(3) 선조(6) 광해군중초본(6) 광해군정초본(4) 인조(7) 효종(5) 현종(4) 현종개수(5) 숙종(10) 영조(11) 정조(6) 고종(3) 등으로 나타났다. 순위로 보자면, 영조대, 숙종대, 세조대, 인조대로 내려가지만, 빈도 수가 대체로 10회 이하라서 큰 의미를 발견하기 어렵다.

또 다른 용어로 '인부'가 있는데, 이 용어는 역부와 의미상 거의 동일하며 실록에 빈출하는 숫자도 총 94회로 역부와 큰 차이가 나지 않는다. 국왕대 별로 보면, 태종(4) 세종(5) 문종(2) 세조(3) 예종(1) 성종(7) 연산군일기(1) 중종(2) 명종(2) 선조(31) 광해군중초본(4) 광해군정초본(4) 인조(1) 효종(1) 현종(1) 현종개수(4) 숙종(3) 영조(1) 정조(5) 순조(1)

41) 東北面採訪別監朴允忠 鍊進金一斤二兩 役軍八百凡三十餘日(『태종실록』, 태종 12년 3월 20일) ; 京畿役卒 二十日徵聚 不爲太迫 且役軍卒 則有罪者不可無罰 避役者亦不可無贖(『예종실록』, 예종 즉위년 9월 12일)과 같이 役이 사역 동사로 사용된 경우는 검색 결과에서 제외하였다.

고종(11) 등으로 나타난다.[42] 국왕별로는 선조대, 고종대, 성종대 순인데, 특히 선조대에 가장 많은 31회나 등장하는 것은 앞서 분석한 '역군'의 빈출 수와 같은 수준이라 흥미롭다.

마지막으로 앞서 서술한 '모군'이라는 용어가 있다. 이는 부역 노동의 쇠퇴를 반영하여 고가(雇價)를 주고 모집한 양인층, 사노비, 토지를 못가진 빈농 등이 주요 구성 인자를 이루었다. 빈출 수는 총 79회로 앞의 용어들보다는 적은 편이지만, 선조(3) 광해군중초본(9) 광해군정초본(9) 인조(4) 효종(3) 현종(1) 현종개수(4) 숙종(14) 영조(21) 정조(6) 고종(4) 등 주로 선조대 이후에 나타나기 시작했으며, 광해군대, 숙종대, 영조대를 거치면서 빈도 수가 증가하고 있다.[43]

이상에서 보았듯이, 조선후기에 이르기까지 사용된 노동 관련 용어들은 주로 국가의 역(役) 체계와 연관하여 만들어지고 사용되어 왔다. '요역'과 '부역'은 국가의 노동력 동원 방식을 총칭하여 이르는 말이고, '신역', '양역', '천역', '응역' 등은 신분적으로 동원되는 양상을 보여주는 말이다. '역역', '노역', '용역' 등의 용어도 있는데 앞의 두 용어는 노동이 매우 힘들고 수고로운 일임을 보여주는 표현이며, '용역'은 품팔이 노동을 의미하지만 조선 후기에 그리 많이 사용되지 않았다. 노동하는 행위자를 이르는 말로는 '역군', '역부', '인부', '모군' 등이 있는데, 앞의 세 경우는 국역 체계를 반영하여 조선 전기부터 후기까지 일반적으로 사용되어 온 반면, 뒤의 '모군'만은 조선후기 이후 많이 사용된 용어라고 할 수 있겠다.

---

42) '人夫'로 검색되더라도 '震完山人 夫介' '戶首人 夫妻 內外 四祖' 등은 제외하였다.

43) 召募軍兵, 召募軍卒 등 군사를 모집한다는 의미의 募軍은 검색 결과에서 제외하였다.

2. '노동(勞働)' 개념의 도입과 분화

1) 갑오개혁 이후 노동 관련 개념의 변화

갑오개혁기 개화파 정부는 신분제 폐지를 천명하고 이를 신규 법령 제정에 반영함으로써 양반, 중인, 상민, 천민의 차별을 법제상으로 폐지하였다.[44] 양역, 천역, 신역 등과 같은 개념도 법제상으로 존속할 수 없게 되었으며, 이를 바탕으로 수취하던 각종 부세 항목들도 결세와 호세로 통합되어 버렸다. 그렇다고 해서 이전의 노동 관련 용어들이 일거에 사라지고 일본에서 번역 수입된 '노동'이나 '노동자'란 말이 대신 사용되지는 않았다. 조선 후기까지 사용되던 용어들은 1900년대 후반까지 여전히 사용되고 있었다.

우선 후술하다시피, '노동' '노동자'란 단어는 1890년대 후반 이후 많이 사용되었으나, 국내에서 임금이나 고가를 받고 일하는 '하층 계급'에 적용된 것이 아니었다. 주로 영국, 프랑스, 미국 등 유럽 열강의 노동자나 노동단체, 일본 노동자의 한국 이민, 한국인의 멕시코로의 노동 이민, 러시아 혁명에서의 노동자 등 외보 기사에만 나타나고 있었다.

서양 사정을 전하고 있었던 유길준의 『서유견문』에도 '노동'이란 단어는 등장하지 않았다. 당연한 일이지만, 1880년대 후반부터 집필하여 1895년에 출간된 이 책에는 노동과 관련된 용어로 '노심(勞心)', '노력(勞力)', '역역(力役)' 등 갑오개혁 이전에 사용하던 용어들이 사용되고 있었다. 이는 아직 '노동'이란 단어가 일본에서도 labor, work 등 영어의 번역어로 정착하지 않았던 사정과 연관된다. 즉, 앞서 언급했듯이 일본에서는 labour의 번역어로서 1880년대 초까지 역작(力作), 근로(勤勞)

44) 도면회, 『한국 근대형사재판제도사』, 푸른역사, 2014, 138~146쪽 및 153~155쪽.

등이 사용되다가 1886년에 최초로 '노동'(勞動: '일하다'의 의미)이라는 용어가 사용되었다. 1890년에 들어서 '노력(勞力)'이라는 용어로 번역되면서도 '노동(勞働)'(힘들게 일하다)이라는 용어로도 번역되었으며, 이 후자의 '노동(勞働)'이 1890년대 전반 이후 점차 일본 사회에 번역어로 정착되었다.[45]

그렇다면 갑오개혁 이후에는 강제동원되어 일하는 행위, 또는 임금이나 고전(雇錢)을 받고 일하는 행위와 관련된 용어는 어떤 변화를 겪었을까? 앞서 살펴보았던 '요역'과 '부역' 등 국가의 강제력에 의해 동원된 노동 관련 용어는 갑오개혁 이후 현저히 사용 빈도가 줄어들었다. 『황성신문』과 『대한매일신보』에서 광고를 제외하고 1898년 9월부터 1910년 8월까지 검색한 결과에 의하면, '요역'은 총 7회 사용되었으며, 연도별로는 1899년(1) 1902년(3) 1903년(2) 1906년(1)의 분포를 보인다.[46] '부역'도 마찬가지여서 총 8회, 연도별로는 1899년(2) 1901년(1) 1906년(1) 1908년(2) 1910년(2)의 분포를 보일 뿐이다.

그렇다면 어떤 용어가 사용되었을까? 일단 '노역(勞役)'을 들 수 있다. 이는 총 41회 등장하며 연도별로는 1899년(2) 1900년(10) 1901년(5) 1903년(2) 1904년(3) 1905년(1) 1906년(6) 1907년(3) 1908년(6) 1909년(3)의 분포를 보이고 있다. 조선시대 용법 그대로 "수고로운 일"이라는 의미이지만 이 시기에는 오늘날의 '노동' 용어와 동일한 의미로 사용되었다. 예를 들어 다음과 같은 경우들이다.

우리나라 도로를 건축함이 그 이름만 있고 실질은 없어서 장마가 끝나면

45) 김경일, 앞의 책, 189~197쪽.

46) 본고 작업을 위해 사용한 『황성신문』은 1898년 9월 5일부터 1910년 9월 14일까지, 『대한매일신보』는 국한문 혼용판이 발간된 1905년 8월 11일 이후 1910년 8월 28일까지의 발간분이다.

> 각군 수령들이 사안별로 각면 각촌에 도로를 개수하라고 발령한 후에는 민인들은 개수하든지 말든지 상관이 없으니 지식이 미개한 민인들이 당장 노역을 심히 괴로워하고 이후 편리를 생각지 않고 왠만한 풀뿌리나 제거하지 노면 개수는 생각도 하지 않으니[47]

> 미국 샌프란시스코 항구에 도항한 일본 이민이 대단히 증가하여 784명에 달함이 동 지방에서 일본 노역자를 배척함이 매우 치열하여[48]

그러나 이 같은 '노역(勞役)'보다는 '노력(勞力)'을 사용한 경우가 일반적이었다. 물론 '노력'은 조선왕조실록에도 총 22회 등장하지만 갑오개혁 이전까지의 '노력'은 모두 유교 경전 『맹자』 이래 사용된 것과 같은 의미이다. 즉, "대저 마음을 쓰는 사람은 다른 사람을 다스리고, 힘을 쓰는 사람은 다른 사람에게서 다스림을 받는 것인데, 다른 사람에게서 다스림을 받는 자는 사람을 먹여 살리고 사람을 다스리는 사람은 다스림을 받는 사람이 먹여줍니다(大抵勞心者治人 勞力者治於人 治於人者食人 治人者食於人)"[49]와 같이 "마음과 정신을 쓴다"는 의미의 '노심(勞心)'에 대응하는 용어로 "힘을 쓰다, 육체적 힘을 쓰다"는 '노력(勞力)' 등의 의미이다.

그런데 1898년 9월부터 1910년 8월까지 『황성신문』과 『대한매일신보』에서는 '노력(勞力)'이란 용어가 245회나 나온다. 연도별 빈도를 보면 1889년(7), 1900년(11), 1901년(4), 1902년(14), 1903년(8), 1904년(9), 1905년

47) "我國의 道路를 修築홈이 其名은 有ᄒᆞ고 其實은 無ᄒᆞ야 潦水가 盡ᄒᆞ면 各郡守令들이 案例로 各面各村에 治道ᄒᆞ라 發令ᄒᆞᆫ 後에ᄂᆞᆫ 民은 修治ᄒᆞ던지 不治ᄒᆞ던지 相關이 更無ᄒᆞ니 智識이 未開ᄒᆞᆫ 民人들이 當場勞役을 甚苦ᄒᆞ고 以後便利를 不思ᄒᆞ야 如干 草根이나 除去ᄒᆞ얏지 路面修築은 念外에 歸ᄒᆞ니"(『황성신문』 1899년 7월 4일, 논설 「道路란 者ᄂᆞᆫ 萬人來往의 公이오 百物轉輸의 要라」).

48) "美國桑港에 渡航ᄒᆞᆫ 日本移民이 非常히 增加ᄒᆞ야 七百八十四名에 至홈의 同地方에셔 日本勞役者를 排斥홈이 甚熱ᄒᆞ야"(『황성신문』 1900년 5월 18일, 外報 「美國排斥日本人」).

49) 『성종실록』, 성종 15년 5월 15일. 이 문구는 『孟子』 「滕文公上」에 나온다.

(12), 1906년(33), 1907년(46), 1908년(31), 1909년(20), 1910년(9)로 검출된다. 이들 용례도 거의 대부분 위와 같이 '힘을 쓰다'는 의미이다.

그러나 1905년 중반 이후로 가면 '노력(勞力)'이 노동의 의미를 담는, 즉 번역어 '노동(勞働)'과 같은 의미를 보이기 시작하고 있음을 확인할 수 있다. 이러한 변화는 일본에서 labour의 번역어로 '노력'이 채용된 것과 같은 것이라고 할 수 있겠다.

> ① 노동하는 일로 생애를 삼아 아침저녁 휴가 없이 골몰하여 땀이 등에 배어나오는 자도 또한 천리(天理) 인사(人事)에 온당한 직무라. 대저 사람의 사무가 노심자(勞心者)와 노력자(勞力者)가 있으니 만일 그 마음만 움직여 지시를 발하는 자만 있으면 어찌 인사를 갖추며 국체(國體)를 이루겠는가. 저 부강한 일등 국가를 보라. 매일 공역(工役)하는 장에 바쁘게 움직이는 자가 셀 수 없이 많으니 인민된 자가 어찌 노력(勞力)의 직무를 옳게 여기지 않으리오.[50]

> ② 제1조 다음의 채권(債權)을 원인으로 하여 일어난 소송은 1년을 경과한 때는 이를 수리하지 아니홈
> 1. 노력자(勞力者) 및 예인(藝人)의 임금 및 그 공급한 물건의 대가[51]

①번 자료는 1905년 10월경의 논설인데, 이 글의 서두에서 인류의 직업으로 정치가, 법률가, 지식인, 농부, 상인, 장인, 군인, 의사, 방적공장 경영자, 기술자 등을 열거하고 이외에 '노동하는 일로 생계를 삼아 휴가가 없이 땀이 배어나오도록 일하는 사람', 즉 노동자도 당당한 직업

50) "至於勞動之役으로 生涯을 ᄉᆞᆷ아 朝夕에 休暇가업시 汨沒ᄒᆞ야 汗出첨背ᄒᆞᄂᆞᆫ 者도ᄯᅩᄒᆞᆫ 天理人事에 穩當ᄒᆞᆫ 職務라 大抵人之事務가 勞心者와 勞力者가 有ᄒᆞ니 萬一運其心思ᄒᆞ야 發蹤指示ᄒᆞᄂᆞᆫ 者만 有ᄒᆞ면 엇지 人事을 備ᄒᆞ며 國體를 成ᄒᆞ리오 彼富强ᄒᆞᆫ 一等國을 試觀ᄒᆞ라. 每日工役之場에 營營逐逐ᄒᆞᄂᆞᆫ 者不可勝筭이니 人民된 者가 엇지 勞力의 職務를 不肯ᄒᆞ리오"(『대한매일신보』 1905년 10월 8일, 논설「戒遊食者」).

51) 1908년 7월 23일 법률 제20호「민사소송기한규칙」『한말근대법령자료집』 제7권, 95쪽.

이라고 소개하는 글이다. 이 시기에는 이미 '노동자'라는 개념이 신문 기사에 다수 사용되었던 시기임에도 '노동자'라는 말을 쓰지 않고 '노력자', '공역자(工役者)'라는 구래의 용어를 사용하고 있는 점에 주목할 필요가 있다. ②번 자료는 1908년에 공포된 「민사소송기한규칙」에서 1년 지난 채권으로 인한 소송은 수리하지 않겠다고 하는 내용인데, 그 대상 중에 오늘날 '노동자'에 해당하는 '노력자'가 포함되어 있다.

> ① 공역은 풀밭과 화전과 삼림과 돌밭 및 모든 황무지를 개간하는 고통스러운 일이며 고가(雇價)는 노력 11시간 혹은 10시간에 겨우 멕시코은화 30센트이며 미국 고기는 구해도 얻을 수 없으며[52]

> ② 사람의 생명은 활동에 있으니 사람이 만일 이 세상에서 노력을 천히 여기고 혐오하는 자는 이 세상에 생존할 수 없으니 이런 사람은 죽는 것이 좋을 것이다.…(중략)…저 열국 국민은 시간과 노력을 경제적으로 이용하여 부강의 보무를 더욱 극진히 과시하건만.[53]

> ③ 우리나라의 부원(富源)을 논할진대 국내에 광산 · 식림 · 진황지 등의 남은 이권처들이 매우 많으니 이전 시기에는 이들 허다한 이권처를 자유로 개발 채굴하거나 식림 개간을 허가하지 않는 까닭에 인민이 그 자본을 투입하고 노력(勞力)을 써서 이들 산업의 경영을 원치 않았기 때문에 국내 부원을 개척하지 못하여 이익을 포기하고 스스로 빈약함을 보였으나[54]

---

52) "工役은 草田과 火田과 叢林과 石田及一切 荒蕪之地開墾ᄒᆞᆫ는 苦役이며 雇價는 勞力 十一時의 或 十時에 僅得墨銀 三十仙이며 米肉은 求之不得이오"(『황성신문』 1907년 6월 8일, 「寄書: 墨西哥에 留在ᄒᆞᆫ 同胞의 慘狀」).

53) "人의 生命은 活動에 在ᄒᆞ니 人이만일 此世에셔 勞力을 卑賤厭惡ᄒᆞᄂᆞᆫ 者ᄂᆞᆫ 此世에셔 生存ᄒᆞᆷ을 不許ᄒᆞ니 如此ᄒᆞᆫ 人은 死ᄒᆞᆷ이 可ᄒᆞᆯ지라 …(중략)… 彼列國國民은 時間과 勞力을 經濟的으로 利用ᄒᆞ야 富强의 步武를 益盡ᄒᆞ거날"(『대한매일신보』 1907년 10월 3일, 논설 「習慣改良論 續」

54) "我國의 富源을 試論ᄒᆞᆯ진ᄃᆡ 國內에 鑛山 植林 陳荒地 等의 遺利가 甚多ᄒᆞ니 已往時代에ᄂᆞᆫ 此等許多의 遺利를 自由로 開採 或 種植起墾ᄒᆞᆷ을 不許ᄒᆞᄂᆞᆫ 故로 人民이 其資本을 投ᄒᆞ며

> ④ 경제의 중요한 분야는 생산과 분배라. 그 사이에 우열을 나눌 수는 없지만 상공업으로 논할진대 공업이라고 함은 일정한 노력(勞力)과 여러 가지 원료를 필요하는 까닭으로[55]

> ⑤ 어떤 공업을 막론하고 상당한 자금과 상당한 노력(勞力)을 요하여 자금만 있고 노력이 없어도 안 되고 노력만 있고 자금이 없어도 좋지 않으니 노력과 자금은 가히 연쇄하여 함께 사용해야 할 것이오 분리하여 따로따로 갈 수 없는 것이라.[56]

위의 용례는 모두 labour에 해당하는 번역어로 사용되었음이 확실한 사례들이다. ①은 노동자들의 임금을 시급으로 준다는 내용이고 ②는 노동 천시하는 풍조를 경계하고 서유럽 열강들이 시간과 노동을 경제적으로 이용하고 있음을 모범으로 삼아야 한다는 계몽 내용이다. 그리고 ③④⑤의 용례는 항상 자본 또는 자금과 더불어 사용되고 있어 생산을 하는 과정에서 꼭 필요한 2대 요소로서의 자본과 노동을 상정하게 만드는 용례이다.

특히, 이처럼 labour를 '노력'으로 번역한 용례는 일본에 유학하고 돌아온 경제학자 유승겸의 글이나 저서에서 분명하게 확인할 수 있다.

> (기선, 기차, 전신, 전화기, 제조업에 사용하는 제반 기계, 일상생활에 사용하는 각종 기구집물이—인용자) 모두 개인의 노력으로부터 나와서 우리 행복을 향유하게 하는 것이니, 이로써 보면 어찌 노력은 부의 근본이 아니

勞力을 費ᄒᆞ야 此等產業의 經營을 不願ᄒᆞᆷ으로써 國內 富源을 開拓지 못ᄒᆞ야 利益을 抛棄ᄒᆞ고 貧弱을 自取ᄒᆞᆷ이어니와"(『황성신문』 1907년 12월 8일, 논설 「生活上 產業의 注意」).

55) "經濟의 重要ᄒᆞᆫ 者ᄂᆞᆫ 生產과 分配라 其間에 優劣을 分ᄒᆞ기는 不能하나 商工으로써 論ᄒᆞᆯ진ᄃᆡ 工이라 ᄒᆞᆷ은 一定의 勞力과 多種의 原料를 要ᄒᆞᄂᆞᆫ 故로"(『대한매일신보』 1910년 5월 28일, 논설 「重商主義를 唱道ᄒᆞᆷ」(續)).

56) "何事業을 勿論ᄒᆞ고 相當ᄒᆞᆫ 資金과 相當ᄒᆞᆫ 勞力을 要ᄒᆞ야 資金만 有ᄒᆞ고 勞力이 無ᄒᆞ야도 可치 안이ᄒᆞ고 勞力만 有ᄒᆞ고 資金이 無ᄒᆞ야도 可치 안이ᄒᆞ니 勞力과 資金은 可히 連鎖竝用ᄒᆞᆯ 者오 分離獨行치 못ᄒᆞᆯ 者라"(『每日新報』 1915년 5월 25일, 논설 「勞力과 資金」(1)).

> 며 또 어찌 인류의 생명이라 하지 않으리오. 노력에는 정신상 노력과 신체상 노력의 구별이 있으니 …(중략)… 이를 완전히 활용한 연후에야 능히 자신의 생명을 보전하며 자가의 독립을 유지하며 사회의 경제를 발달하며 국가의 광영을 발휘하여 문명 부강 독립 등 명예적 칭호를 얻을 수 있다. …(중략)… 개인의 노력은 사회경제의 근본이라 이를 뿐 아니라 국가의 근본이라 할 수 있다.[57]

그러나 이상의 '노역(勞役)' '노력(勞力)'보다 빈도수가 더 높았던 용어는 '근로(勤勞)'이다. 두 신문을 망라하여 총 287회 등장하는데 연도별로는 1898년(4) 1899년(9) 1900년(20) 1901년(6) 1902년(6) 1903년(9) 1904년(8) 1905년(35) 1906년(75) 1907년(32) 1908년(22) 1909년(35) 1910년(26)의 분포를 보인다.

이 시기에 사용된 근로 역시 다음 자료들에서 보는 바와 같이 전통적인 용법으로 '부지런히 애썼다'는 의미와 오늘날의 '노동'과 동일한 의미가 혼용되었다. 뒷 시기로 갈수록 번역어 '노동'의 의미에 가까운 경향이 나타나기 시작하고 있었다.

> ① 외국어학교장 김각현씨가 일·법·아·한 4개 학교 교사에게 편지하였는데…(중략)…이번 달부터 각 항목 비용을 본 교장이 직접 사용처를 배정하여 귀 교사의 근로(勤勞)를 줄이고 본국 교관에게 사용할 때마다 청구하면 마땅히 지급하여[58]

> ② 궁내부특진관 윤용선이 금번 장례시 총호의 임무를 그만두게 해달라고 간청하였는데 (황제가—인용자) 비답을 내리기를 "차자를 살펴보니 잘

57) 俞承兼, 「個人의 勞力은 社會經濟의 根本」, 『法學協會雜誌』 1, 법학협회임시사무소, 1908, 40~41쪽.

58) "外國語學校長 金珏鉉氏가 日法俄漢四學校教師에게 편지ᄒᆞ엿ᄂᆞᆫᄃᆡ…(중략)…自本月爲始ᄒᆞ야 各項費用을 本校長이 擔着排用ᄒᆞ야 以省貴教師勤勞ᄒᆞ고 使本國教官으로 隨用請求ᄒᆞ면"(『황성신문』 1899년 1월 10일, 잡보 「校長致函」).

알겠다. 경이 이번 장례에 간절히 노력하였다. 경의 근로 또한 이미 크다"라고 하였다.[59]

③ 각 지사 사원이 본사의 의무를 분담하여 직접 신문을 전달하느라 비바람을 피하지 않았으니 사람들이 이를 듣고 감동의 눈물을 몰래 흘리게 하였다. 이것이 각 지사의 근로로 인하여 차마 (지사를) 폐지하지 못할 두 번째 이유라.[60]

④ 내부에서 일전에 일반 관리들에게 연말 상여금을 지급하는데 주임관·판임관을 물론하고 그 근로한 바에 따라 일일이 지급하였다더라.[61]

위의 용례 중 ①은 외국어학교 교사들이 예산 비용을 타기 위하여 번거롭게 애쓸 필요가 없게 했다는 내용, ②는 관보에서 고급 관료를 포상하면서 그동안의 노고를 치하한다는 의미, ③④는 일반 사회에서 다른 사람이나 기관이 일을 열심히 해주었다고 할 때 등등의 용어임을 알 수 있다. 즉, 조선 시대 이래 관행화된 용례에서 거의 벗어나지 않았음을 알 수 있다.

1906년 이후에는 오늘날의 '노동'과 동일한 의미로 사용되는 용례들이 등장하기 시작하지만, 그다지 많은 빈도를 보이지는 않으며 주로 법령과 노동 관련 소식을 전하는 기사에서 찾아볼 수 있을 뿐이다.

① 11. 수예: 편직(編織), 자수(刺繡), 통상 의복류의 바느질법과 재단법을 익숙하게 하며 아울러 절약 이용과 근로의 습관을 돕는 것이 중요함이라.

59) "宮內府特進官 尹容善 乞解摠護之任箚 批旨省箚具悉 卿懇今番終事之地 卿之勤勞 亦旣多矣"(『황성신문』 1904년 3월 8일, 官報「宮廷錄事」).

60) "各支社社員分擔本社之義務親手分傳不避風雨令人聞知感淚暗零爲支社之勤勞而不忍廢者二也"(『대한매일신보』 1908년 1월 16일, 社告)

61) 『대한매일신보』 1908년 1월 1일, 잡보「隨勞施賞」.

13. 수공: 간이한 물품을 제작하는 능력을 갖게 하여 사고를 정확하게 하고 근로를 좋아하는 습관을 기르는 것이 중요함이라.[62]

② 연전에 하와이의 역사를 들은즉…(중략)…원래 본토 인종이 천만 명 이상으로 한 국가를 이루었는데 그 인민의 습성이 나태하여 일해서 먹고 사는 것을 싫어하고 놀고 먹는 것을 좋아하여 하루 근로하고 수십 일을 쉬고 1인이 경작하고 수십 인이 모여 먹는 나쁜 풍습과 악습을 이룬 고로[63]

③ 우리 한국의 재산가들은 배부름과 따뜻한 자리만 탐하여 인색 과욕에 물들어 공덕심과 자선심이 전혀 없을뿐더러 그들이 욕망하는 바는 전날 엽관하던 습관으로 택호를 얻는 데 그칠 뿐이니 어찌 민국을 위하여 근로를 꺼리지 않는 마음이 있으며[64]

이처럼, '근로'가 전통시대부터 사용되어 온 '노력(勞力)'보다 빈도수가 높게 나타나지만, 오늘날의 번역어 '노동'과 같은 의미로는 '노력'이 훨씬 많이 사용되었음을 확인할 수 있다. 이처럼 '노력'은 1905년 중반 이후 번역어 '노동'과 같은 의미로 사용되기 시작하였으며, 종국에는 '노동'으로 통일되어 가게 된다.

---

62) "十一 手藝 編織刺繡通常衣服類의 縫法과 裁法等을 習熟케ᄒᆞ며 兼ᄒᆞ야 節約利用과 勤勞의 習慣을 賛홈으로 要旨를 홈이라 / 十三 手工 簡易ᄒᆞᆫ 物品을 製作ᄒᆞᄂᆞᆫ 能力을 得케ᄒᆞ야 思量을 精確키ᄒᆞ고 勤勞를 好ᄒᆞᄂᆞᆫ 慣習을 養홈으로 要旨를 홈이라"(『황성신문』 1906년 10월 12일, 학부령 제23호 「보통학교령시행규칙」).

63) "年前에 布哇島의 歷史를 據ᄒᆞᆫ則 …(중략)… 原來 本土 人種이 千萬 以上으로 一國家를 成立ᄒᆞ얏더니 其 人民의 習性이 怠惰ᄒᆞ야 食力을 不肯ᄒᆞ고 遊食을 是好ᄒᆞ야 一日 勤勞에 數十日을 休暇ᄒᆞ고 一人 耕作에 數十人이 聚食ᄒᆞᄂᆞᆫ 獘風惡習을 成ᄒᆞᆫ 故로"(『황성신문』 1908년 5월 19일, 논설 「其民이 怠惰ᄒᆞ면 其種이 滅亡」).

64) "我韓所謂財產家ᄂᆞᆫ 多是狃於飽暖ᄒᆞ고 痼於鄙吝ᄒᆞ야 公德心과 慈善心이 絕無ᄒᆞᆯ샏더러 其所慾者ᄂᆞᆫ 前日獵官의 習으로 宅號를 得ᄒᆞᄂᆞᆫᄃᆡ 止ᄒᆞᆯ샏이니엇지 民國을 爲ᄒᆞ야 勤勞를 不憚ᄒᆞᄂᆞᆫ 實心이 有ᄒᆞ며"(『황성신문』 1908년 10월 1일, 논설 「告當局諸公」).

2) '노동(勞働)' 개념의 도입

앞서 서술했듯이 전통어 '노동(勞動)'이란 개념은 고려 시대부터 사용되어 왔다. 다만, 『조선왕조실록』의 354건의 기사에 등장하는 전통어 '노동'은 『고려사』의 용례와 달리 거의 대부분 임금이 '수고롭게 거둥하다'는 의미로 사용되었다.[65] 그러나 1894년 이후 일본에서 labour의 번역어 '노동(勞働)'이 유입되면서 전통어 '노동'과 혼용되기 시작하였다. 이 양상을 자세히 분석해 보기로 한다.

1894년 이후 발행된 『독립신문(1896~1899)』에는 '로동' 2회, 『황성신문(1898~1910)』은 '노동(勞動)' 387회, '노동(勞働)' 880회가 사용되었다. 『대한매일신보(1905~1910)』에는 '노동(勞動)' 268회, '노동(勞働)' 571회가 사용되었다.[66] 각 연도별 빈도수로 보면 다음 〈표 1〉 〈표 2〉와 같다. 이들 용례 중에서 '수고롭게 거둥한다'는 전통어 '노동'의 의미로 사용된 용례는 46건뿐이고 나머지 모두가 번역어 '노동'의 의미로 사용되었다. 다시 말해서 한국에서는 번역어 '노동'이 일본으로부터 수입되면서 전통어 '노동'과 같은 의미로 혼용되고 사회적으로 널리 사용되기 시작한 어휘였음을 알려준다.

〈표 1〉 1898~1904년 『황성신문』의 '勞動' · '勞働' 빈출 수

	1898년	1899년	1900년	1901년	1902년	1903년	1904년
勞動(A)	31	12	2	1	1	1	1
勞働(B)		3	2	31	48	73	45

65) https://sillok.history.go.kr/search/searchResultList.do (검색일: 2022.10.18). 단, 1906년 6월 29일 공포한 「이민보호법」에서의 용례만 번역어 '노동'의 의미로 사용되었다.

66) 동일한 기사가 반복되는 〈광고〉란과 〈기타〉 〈시〉 코너를 제외하고 〈논설〉 〈소설〉 〈기사〉 〈만평〉 〈독자란〉을 검색 대상으로 하였다.

〈표 2〉 1905~1910년 『황성신문』 『대한매일신보』의 '勞動' · '勞働' 빈출 수

	1905년	1906년	1907년	1908년	1909년	1910년	합계
황성勞動(A)	6	19	18	160	106	29	387
황성勞働(B)	28	101	102	152	172	123	880
대한勞動(C)	12	76	113	55	9	3	268
대한勞働(D)		8	52	203	181	127	571

다만, '노동(勞動)'과 '노동(勞働)' 중에서는 처음에는 '노동(勞動)'이 사용되다가 시간이 지날수록 '노동(勞働)'이 더 일반적으로 사용되었다. 이러한 추세는 위의 〈표 1〉 〈표 2〉를 차트로 그린 아래 〈그림 1〉과 〈그림 2〉에서도 확연히 알 수 있다.

〈그림 1〉 『황성신문』에서의 '勞動' · '勞働' 빈출 추이

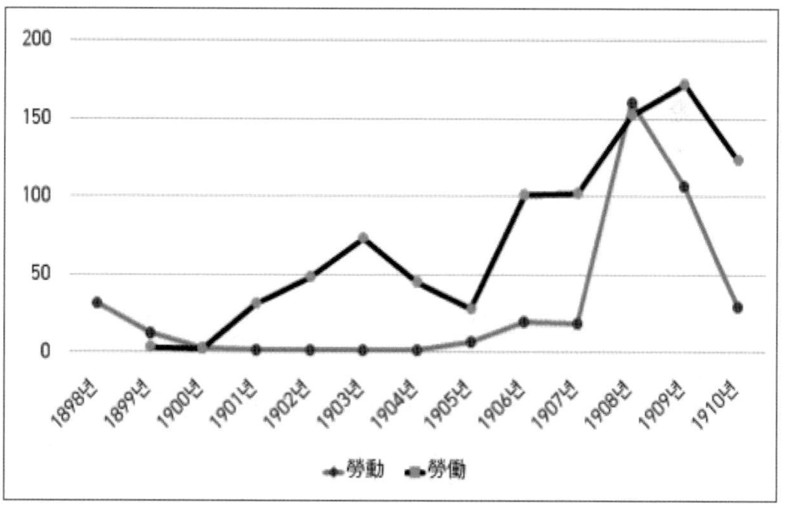

〈그림 2〉『대한매일신보』에서의 '勞動'·'勞働' 빈출추이

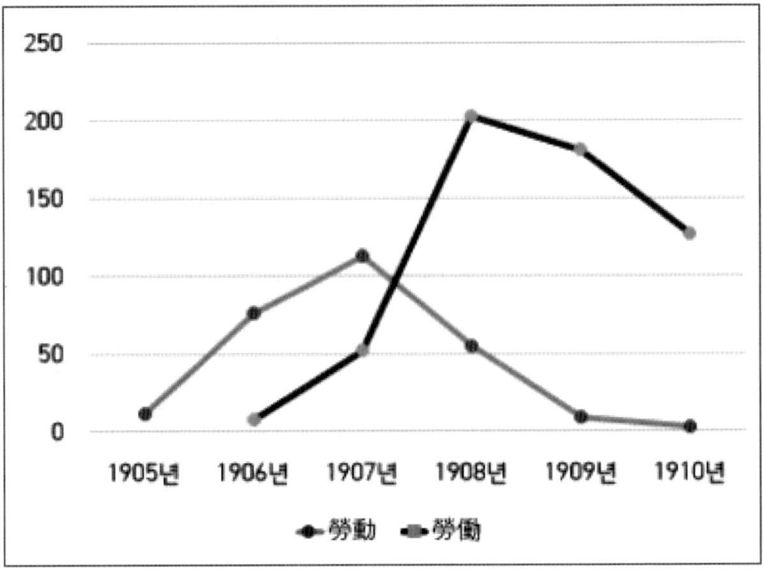

〈그림 1〉에서 보다시피 『황성신문』에서는 전통어 '노동(勞動)'이 1907년까지 20회 이하의 빈도로 사용되다가 1908년에 160회까지 급등했다가 곧바로 급감하기 시작하여 1910년까지 30회 정도로 감소하였다. 이에 반해 번역어 '노동(勞働)' 사용은 1901년부터 증가하기 시작하여 1904~5년 러일전쟁 기간에 잠시 감소했다가 다시 급증, 1909년에 170여 회로 정점을 찍고 감소하였다. 물론, 1910년은 8월까지만 검색했으므로 검색 대상 기간을 12월까지 연장하였다면 1910년에도 1909년과 같은 빈도를 보였을 것으로 추정할 수 있다.

이러한 추세는 『대한매일신보』의 빈도수 추이를 그린 〈그림 2〉에서도 유사하게 나타난다. 전통어 '노동' 빈도수가 1905년부터 증가하여 1907년에 113회로 정점을 찍고는 계속 감소하기 시작하여 1910년에는 겨우 3회에 그치고 있다. 이에 반해 번역어 '노동'은 1906년부터 사용

빈도가 높아지기 시작하여 1908년 200여 회로 정점을 찍고 서서히 감소하여 1910년 8월까지 130여 회 정도를 보이고 있다.

이러한 추세로 볼 때 결국 전통어 '노동'은 처음에는 번역어 '노동'과 혼용되지만 시일이 지날수록 번역어 '노동'의 사용 빈도가 높아지고 이에 따라 전통어 '노동'이 번역어 '노동'으로 수렴되어 갔다고 할 수 있겠다. 다시 말해서 1900년대 이후가 되면 '노동(勞動)'은 '노동(勞働)'과 동일한 의미로 사용되었다는 것이다.

이와 아울러 주목할 만한 현상은 번역어 '노동' 용어가 도입된 과정이 근대적 정치 개념으로 사용되었던 '개화', '자강', '문명' 등과 달랐다는 점이다. 이들 근대적 정치 개념은 『한성순보』, 『한성주보』, 『서유견문』 등 초기 개화 지식인의 저술에서 등장한 이후 대중적 신문인 『황성신문』 『대한매일신보』의 '논설', '기서', '투고' 등에 등장하였다. 이에 반해, '노동'은 '노동자'란 어휘가 '기사' '잡보'에 등장하고 난 이후 한참 뒤에서야 '논설'에 등장한다. 이점은 '노동자'라는 개념을 먼저 수용하고 난 후에 '노동'이라는 추상적 개념이 뒤따랐음을 의미한다.[67)]

이러한 현상을 『황성신문』과 『대한매일신보』에 '노동' 용어가 포함된 구절 중 '노동자'라는 용어가 포함된 비율을 추출해서 확인할 수 있다. 위의 〈표 1〉과 〈표 2〉의 『황성신문』에서 1901년부터 1907년까지 '노동' 용어가 포함된 구절 중 '노동자'가 사용된 경우의 비율을 추출해 보면 〈표 3〉의 (a+b)/(A+B) 비율이 된다. 최소 41.7%(1906년)부터 최대 78.3%(1905년)로 매년 50% 전후임을 알 수 있다. 그리고 1908년부터는 그 비율이 19.6%부터 28.9%로 크게 감소하여 '노동자'보다 '노동' 개념 자체가 더 많이 사용되고 있다.

이에 반해 〈표 2〉의 『대한매일신보』에서 1905년부터 1910년까지 '노동'

67) 김윤희, 앞의 글, 180쪽.

용어가 포함된 구절 중 '노동자'가 사용된 비율은 〈표 3〉의 (c+d)/(C+D) 비율이 된다. 그 수치는 1907년 53.9%를 최고점으로 하여 매년 30% 내외로 『황성신문』의 비율보다 다소 낮게 나타나고 있다.

〈표 3〉 1905~1910년간 『황성신문』 『대한매일신보』에서 '노동자' 빈출 비중

	1905년	1906년	1907년	1908년	1909년	1910년	합계
황성勞動者(a)	0	7	9	26	15	3	63
a/A(%)	0.0	36.8	50.0	16.3	14.2	10.3	16.3
황성勞働者(b)	17	43	53	35	54	41	386
b/B()	60.7	42.6	52.0	23.0	31.4	33.3	43.9
(a+b)/(A+B)(%)	50.0	41.7	51.7	19.6	24.8	28.9	35.4
대한매일勞動者(c)	4	23	64	15	3	1	110
c/C(%)	33.3	30.3	56.6	27.3	33.3	33.3	41.0
대한매일勞働者(d)		3	25	49	53	30	160
d/D(%)		37.5	48.1	24.1	29.3	23.6	28.0
(c+d)/(C+D)(%)	33.3	31.0	53.9	24.8	29.5	23.8	32.2

그렇다면 초창기 번역어 '노동'이 도입될 때의 용례와 의미는 어떠하였는가? 우선 '노동'은 갑오개혁기인 1895년 조선정부 학부 편집국에서 발행한 『국민소학독본』에 등장한다. "우리 집은…(중략)…본래 우연히 생기는 것이 아니라 경영하며 건축하여 우리가 거주하게 되기까지 허다한 노동(勞動)을 요하며 허다한 비용을 요하나니 "[68]의 표현에서 생존을 위해 '수고롭게 움직임'이란 의미에서 크게 벗어나 있지 않다. 그리고 이 책에서는 '노동'보다는 '부지런히 일하다'의 '근로'가 개인의 행복, 나라의 부강과 연결되는 가치로 언급되고 있었다.[69] 노동 그 이상

68) 학부편집국, 『국민소학독본』, 1895, 5쪽.

69) 김현주, 「'노동(자)', 그 해석과 배치의 역사 －1890년대에서 1920년대까지」, 『상허학보』 22, 2008, 46~47쪽.

의 것인 '근로'가 국가적 가치와 연결되고 있었다고 할 수 있다.

『독립신문』에는 '부지런히 일하다', 『황성신문』에는 '근로'라는 어휘가 게으름과 나태함의 대립 어휘로 사용되며 구성원들에게 근면한 노동의 국가적 가치를 설명하고 있었다.[70] 1898년에서 1904년까지 『황성신문』에 '노동'이 등장하는 논설은 19건이고 '근로'는 24건이다. '노동'은 주로 이주 노동, 일본 이민법 개정 등과 관련한 논평 중 '노동자'란 어휘가 등장한 것이 대부분인데 반해 '근로'는 국가의 독립과 자강을 위해 노동에 종사하는 사람도 분발해야 한다는 계몽적 담론 속에서 등장한다.

『독립신문』보다 먼저 출판된 『서유견문』에서 '근로'는 3회 등장하지만, '노동'이라는 용어는 등장하지 않는다. "예의염치와 재예공교(才藝工巧)를 알지 못해서 세상 사람의 풍속을 어지럽히고, 빈곤의 고해에 빠지는데, 근로의 진리도 알지 못하여 그 역역(力役)하는 상황은 심히 괴롭다"고 하여[71] 근로는 윤리적 태도, 지식, 기술을 토대로 하는 노동이란 의미가 내포되어 있었다.

『서유견문』에 등장하는 노동과 관련한 어휘는 '노심(勞心)', '노력(勞力)' '역역(力役)' 의 3가지로 사회적 역할이 구분되어 있었다. "노심자(勞心者)의 노(勞)는 농업 · 목축의 본(本)이오 노력자(勞力者)의 근고(勤苦)는 그 말(末)이라"[72]고 하여 노심과 노력이 본말의 관계라는 유교적 표현이 등장했다. '노력'에 대해서는 "배운 자는 노심(勞心)하며 살아가고, 배우지 못한 자는 노력(勞力)하는 사람이 된즉 농업 · 공업 · 상업은 우리가 논하지 않아도 생계를 구하는 과정임을 이해하려니

70) 성숙경, 「대한제국기 '게으른 조선인' 담론과 근대적 노동자 만들기」, 『韓國史學報』 31, 2008, 177~199쪽.

71) 유길준, 「人民의 教育」, 『西遊見聞』, 101쪽.

72) 유길준, 「衣服飮食及宮室의制度」, 『西遊見聞』, 423쪽.

와'[73]라고 하여 생산과 유통에 종사하는 노동을 의미했다.

반면 '노력'과 달리 품을 팔아 생계를 유지한다는 의미로 '역역(力役)'이 등장한다. "신체가 건장해서 타인의 도움을 받을 필요가 없는 사람도 역역을 고통스럽게 여겨 구빈원에 들어오기 때문에" 또는 "지식이 부족하여 생계를 잇는 방책이 역역에 불과하니 평생을 여기(구빈원)에서 마감하고"[74]라고 하여 영국 빈민 구제제도에서 대한 설명 중에 등장한다. 이때 '역역'은 생계유지를 위해 어쩔 수 없이 하는 단순한 육체적 노동을 의미했다. 역역은 국부의 증대 또는 사회의 생산성 제고에 기여하지 못하는 것이었기 때문에 영국의 적금치소(積金寘所)와 같이 일정금액을 빌려주고 그들에게 노동의욕을 고취시켜 생산적 일에 종사할 수 있도록 해야 하다고 보았다.[75]

이처럼, 1890년대 중반까지는 번역어 '노동'이 도입되지 않았고, 전통시대부터 이어져온 '노동' '노력' '노심' '근로' '역역' 등이 혼용되고 있었다. 번역어 '노동'은 앞서 '노동' 용어 빈도수 분석에서 보았듯이, 『황성신문』 등의 신문류를 통해 '노동자' 용어가 먼저 도입되면서부터 사용되기 시작하였다. '노동자' 용어가 '노동'보다 더 높은 빈도로 사용된 이유는 크게 보면 두 가지, 이주 노동자들의 소식과 서유럽 노동자들의 노동운동에 관한 보도로 인한 것이었다.

첫째, 『황성신문』에서 '노동자'라는 용어가 최초로 등장한 것은 1899년 미국이 일본인의 하와이 이주를 제한하려고 한다는 기사였다.[76] 한국인이 하와이로 노동 이민을 시작한 것은 1902년부터였지만, 그보다 먼저 하와이에 진출한 일본인 이주 노동자에 대한 미국 정부의 조치가

73) 유길준, 「生涯求하는 方道」, 『西遊見聞』, 285쪽.

74) 유길준, 「政府의 職分」, 『西遊見聞』, 163 · 177쪽.

75) 위의 책, 162~170쪽.

76) 『황성신문』 1899년 7월 1일, 잡보 「布哇의 日本住民制限」.

한국인들에게도 영향을 끼치는 것이었다. 이로 인하여 『황성신문』에서는 미국에 이주한 일본, 중국의 이주노동자 상황을 지속적으로 보도했으며, 1902년부터는 한국인의 미국 이주 노동에 대해서도 보도하기 시작하였다.

또한 만주 철도 부설에 필요한 목재 확보를 위한 벌목 공사가 러시아 연해주에서 활발하게 진행되었고, 1900년부터 한국인들이 본격적으로 이주하기 시작했다. 한국인 이주 노동자의 증가 현상은 해외 노동시장의 변동에 대해 관심을 갖게 했고, 해외 노동시장에서 한국인 노동자의 위상에 대한 관심을 촉발시켰다.

"청국인은 종종 비밀회를 세워 러시아인의 지방 정치와 법률을 어지럽히지만, 한국인은 이런 일이 없기 때문에"[77] 러시아인이 한국인 노동자를 회유하기 쉽다고 하거나, "청국인은 근면 온량한 자도 노동(勞働)하여 재산을 모으면 귀국하여 러시아 땅의 이익이 청국에 흡수한 바 되고, 한국인은 본국(한국—인용자) 지방관의 학정을 감내하지 못하여 귀국하는 자가 적고 또 일반적으로 순종하여 제어하기 쉽다."[78]라는 표현에서 드러나듯, 러시아 연해주의 노동시장에서 한국인 노동자의 경쟁력이 높다는 식의 보도를 하고 있었다.

노동자에 대한 관심이 더 높아지게 된 계기는 1902년 일본의 이민법 개정이었다. 1902년 일본에서는 해외 이민의 범주에서 중국과 조선을 삭제함으로써 여권이 없어도 한국으로 갈 수 있게 한 법안이 통과되었고, 이로 인해 일본인 노동자의 유입이 급격히 증대되었다. 이에 『황성신문』은 일본의 이민법 개정의 문제점을 지적하는 한편, 일본인 한국 이민을 후원하는 일본인들의 단체인 조선협회를 강력하게 비판하는

77) 『황성신문』 1900년 4월 16일, 잡보 「韓國의 俄勢」.

78) 『황성신문』 1901년 10월 14일, 잡보 「俄地의 韓民移住」.

논설들을 게재하였다. 아울러 동 신문의 비판에 대해 일본인 이민을 변호하는 재한국 일본인 신문 『조선신보』와 논쟁을 벌였다.[79)]

둘째, 서유럽에서 확산되고 있었던 노동자 파업에 대한 기사와 함께 '위험한 노동자'의 이미지가 보도되기 시작하였다. 해외 노동자 파업에 대한 기사는 1901년 『황성신문』에 처음 등장하였다. "세계 각국에서 자본가와 노동자 간에 뜻이 소통되지 않아서 동맹파업의 소리를 듣게 되어 참으로 우려스러운 것인데"는 문장으로 시작한 이 기사는 미국의 자본가와 노동자 사이의 의사를 소통하는 제도를 소개하였다. 상의원은 자본가를 대표하고 하의원은 노동단체 대표자로 조직하며, 이를 통해 양자의 이익 문제를 협의하여 선박업, 광산업, 철도업이 안전하게 경영되고 있다는 것이었다.[80)] 노동자의 파업과 경제발전의 관계에 대한 인식은 "(독일) 노동사회(勞働社會)가 불온한 상황으로 곳곳에서 동맹 파업자가 일어났는데" 이로 인해 독일의 무역이 부진해졌다는 기사에도 발견된다.[81)] 이처럼 『황성신문』을 통해 유통되었던 해외 노동자의 동맹파업에 관한 기사들은 노동자의 파업이 경제발전에 걸림돌이라는 부정적 내용이었다.

여기에 1902년부터 보도되기 시작한 러시아 노동자파업은 체제 혼란과 파괴의 이미지를 갖는 것이었다.[82)] 모스크바 부근에서 노동자 폭동

79) 이민법 개정에 대한 비판과 이를 변호하는 『조선신보』의 논설에 대한 비판은 『황성신문』 1901년 10월 14일 논설 「再卞日本人自由渡韓」, 동년 11월 23일 논설 「論日本政府移民法改正」, 동년 12월 28일 논설 「卞漢城朝鮮兩報所論」, 1902년 1월 29일 논설 「辨朝鮮新報辨妄之謬(續二)」, 동년 1월 30일 논설 「辨朝鮮新報辨妄之謬(續三)」, 동년 1월 31일 논설 「辨朝鮮新報辨妄之謬(續四)」. 조선협회에 대한 비판 논설은 『황성신문』 1902년 3월 28일 논설 「論日本人朝鮮協會主義」. 이러한 논쟁은 1903년에도 반복되었다. 이에 대해서는 『황성신문』 1903년 1월 12일 논설 「論外國人移殖事件」, 동년 4월 10일 논설 「辨朝鮮新報外人恐怖時代之說」).

80) 『황성신문』 1901년 5월 25일, 잡보 「資本家와 勞動者의 聯絡法」.

81) 『황성신문』 1901년 9월 27일, 잡보 「德國貿易의 不振」.

이 일어나서 군대와 충돌하여 불안감이 사회적으로 확산되고, 농민 단체와 부호가의 집이 약탈당했다는 소식을 전하는 기사는 '노동자'에 대한 부정적 이미지를 유포시키고 있었다. 특히 1904년 러시아 혁명 분위기에 대한 보도 기사가 증가하면서 '흉도', '암살', '폭동', '방화' 등이 러시아 노동자집단의 행위로 보도되고 있었다.[83]

이 같이 해외에서 유입되고 있었던 위험한 '노동자'상은 한국 내에서 발생하는 파업노동자의 이미지와도 겹쳐질 수 있었다. 1898년 2월과 9월 목포항 연안에서 임금 지불 방법 개선 및 임금 인상을 요구하며 동맹파업이 일어났다. 이어서 1900년 3월, 1901년 1월과 12월, 1902년 12월, 1903년 1~2월과 12월 등 여러 차례에 걸쳐 동맹파업이 일어났다. 이와 아울러 1901년 2월 경인철도회사 종업원들이 임금 인상을 요구하여 파업을 단행하였으며, 1909년 7월에는 경성전기회사 노동자들이 집단적으로 노동조건 개선을 위해 투쟁하였다.[84]

이처럼 '노동자' 개념이 해외 이주 노동자 또는 일본인 노동자의 한국 이민, '자본가'와의 대립 개념으로 보도되는 가운데, '노동'이라는 개념의 의미도 조금씩 보도되기 시작하였다. '노동' 개념을 전면에 내세운 최초의 신문 기사는 1903년 5월 대한철도의 각 회사 총회소에서 노동자 단체를 결성하기 위하여 내부에 성명한 취지서에 나온다. 즉, "세상에 가장 불쌍한 것이 홀아비요. 지극히 빈천한 자가 노동(勞働)이니 홀아비 중에 노동자가 가장 많기에 노동자를 단체로 결합하여 보호하려 함이라. …(중략)… 서울과 각 지방, 각 개시장과 항구, 각 철도에 자유노동과 사용노동하는 자를 보호하려고 한다. …(중략)… 노동자의

82) 『황성신문』, 1902년 5월 3일, 잡보 「俄國勞働者의 大暴動」; 동년 동월 20일, 잡보 「俄國革命黨의 氣焰」.

83) 김윤희, 앞의 글, 189~190쪽.

84) 국사편찬위원회 편, 『한민족독립운동사』 9, 국사편찬위원회, 1991, 116쪽.

생명재산에 손해가 생길 경우에는 극력 보호하려 한다. 노동자가 무식함으로 인하여 지나치게 무례한 학대를 금지함이라."[85]라고 하여 노동이 가장 가난하고 천한 일이라 보호 대상이라고 쓰고 있는 것이다.

거의 같은 시기에 이상직(李相稷)이라는 지식인이 '노동' 개념을 간접적으로 설명하고 있다. 즉,

> 이들 천연물 위에 노동을 더하여 물품을 제조하고 항해술에 숙련하여 무역상 이익을 확장하여 외국과 경쟁하고 기계 기구 등을 창조하여 공동의 편리를 증가시켜 생산적 물품이 나날이 풍족해지면 정부는 단지 윤허만 할 뿐이라.
>
> …(중략)…
>
> 우리 한국의 일을 맡은 자는 …(중략)… 분발심을 발휘하여 전국 인민으로 하여금 교육을 잘 받고 고유의 자본과 원료에 노동을 가하면 경제는 자연히 발달하고 자본이 풍족해질 것이요. 자본이 풍족하면 국력이 크게 떨쳐 천하를 아래로 내려다 볼 것이다.[86]

이 기서가 올라오기 이전까지 언론 매체에서 전하는 '노동'은 가난한 자들이 하는 일, 고역, 힘든 일, 돈이 안 되는 일, 폭력을 유발하는 일 등의 의미만 담고 있었다. 그러나 위의 기사에서 보듯이 '노동'은 이제 천연물, 또는 자본과 원료에 가해지면 물품 제조, 기계 기구 창조, 생산적 물품 풍족화로 경제 발달과 자본 풍족, 국력 신장을 가져오는 행위로 평가가 높아졌음을 알 수 있다. '노동' 개념의 의미가 새롭게 규정되기 시작한 것이다.

85) 『황성신문』 1903년 5월 25일, 잡보 「勞働團體」.

86) 『황성신문』 1903년 6월 4일~6월 5일, 寄書 「我國經濟上有感」.

3) 노동자의 급증과 '노동' 개념의 확산

1903년 이후 '노동' 개념에 대한 인식이 변화하기 시작하고 1905년 11월 을사조약에 의해 일본이 한국을 보호국화한 이후 한국사회에는 노동자, 그리고 '노동'을 바라보는 관점이 바뀔 수밖에 없는 많은 변화가 발생하였다. 가장 중요한 변화는 통감부가 한국의 '시정을 개선'한다고 하면서 대규모의 사업을 벌인 점이다. 즉, 통감부는 1906년 6월경 1907~1916년 10개년에 걸친 '시정개선'사업과 그에 필요한 세원 개발 계획을 수립하였다. 이에 따르면 간선 도로의 확장, 경편 철도의 포설, 운하 개설, 수력 전기의 창설, 치수 사업, 위생 설비 등 다수의 사회간접자본 시설 확충이 우선사업으로 포함되어 있다. 통감부는 '시정개선'이라는 명목 아래 1906년의 관세수입을 담보로 일본흥업은행에서 유치한 차관을 바탕으로 도로 건설에 착수하였다. 이를 위해 1906년 4월 한국 정부로 하여금 내부에 치도국(治道局)을, 각도에는 치도 공사소를 설치하였다. 1907년에는 내부 회계국을 폐지하고 토목국과 위생국을 두어 토목국은 이전의 내부 소관 치도국 및 이전의 탁지부 소관 수도국의 사무를 함께 관장하도록 하였다.[87)]

이 같은 대규모 토목 · 건설 공사에 따라 대규모의 노동력을 안정적으로 공급하는 것이 필요하게 되었다. 이를 해결하기 위해서 통감부는 친일적인 퇴직 관료나 해산된 한국군대 장교들을 내세워 '노동회'라는 노무 공급 기구를 만들고 이를 통해 노동자의 모집, 관리를 하는 간접적 노동 통제 방식을 사용하게 되었다. 이처럼 노동회는 일차적으로는 일제의 대규모 토목공사에 소요되는 인력을 동원하고 관리하는 기능

87) 이하는 윤진호, 「대한제국기 '노동회'의 성격과 활동에 관한 연구 －한국 노동운동의 기원과 관련하여－」, 『경제발전연구』 18-1, 2012, 148~155쪽에 의함.

을 하였다. 그리고 이처럼 노동회 조직을 부추긴 배경에는 나아가서, "각 군의 유리걸식하여 재산이 없는 사람으로 이 회에 입회하게 하면 소위 폭도와 도둑의 걱정은 자연 잦아들고..."라고 하듯이, 1907년 이후 치열화하는 의병 투쟁 등 반일 투쟁을 차단하고자 하는 정치적 의도도 숨어 있었다.

이처럼 통감부의 시정개선 사업을 위한 노무 관리 기구로 여러 개의 노동회가 조직되는데, 이보다 앞서 더 많은 규모로 설립된 것은 노동야학이었다. 을사조약 체결 이후 나라를 잃을지도 모른다는 위기의식을 느낀 자강론자들은 사립학교 설립운동과 더불어 야학운동을 전개하였다. 전국의 지방유지, 교사, 관리, 청년 등은 단독 또는 공동으로 야학을 설립하거나 교사, 후원자가 되었다. 이는 곧 전국 각 지방으로 퍼져 수많은 야학이 설립되기에 이르렀다. 이 시기에 설립된 야학 가운데 상당수는 노동자 및 그 자제들을 주 대상으로 하는 노동야학이었다. 노동야학은 한성부 등 관청을 비롯하여, 학교, 학회, 사회단체, 개인유지, 교육자, 그리고 노동단체 등에 의해 세워졌다. 당시 전국에 세워진 야학 약 560여 곳 가운데 노동야학이라고 명시적으로 이름 부친 곳만 해도 120여 곳에 달할 정도로 노동야학의 설립이 성행하였다.[88)]

그런 가운데 1908년 3월 22일 노동야학회가 설립되었다. 이때 선출된 임원은 총재 윤시병, 부총재 이봉래, 회장 최영년, 부회장 서정주, 총무 한영규, 평의장 강영균, 고문 유길준 · 장박 · 조희연 등이었다. 이들은 노동야학회 설립취지문에서 "오직 바라기는 우리 노동제군이 급히 진보하고 또 진보하여 낮에는 나가서 노동하고 밤에는 학교에 들어가며"라고 함으로써 노동야학회가 단순한 야학교가 아니라 노동과 교육을 병행하는 조직이라는 것을 명확히 하였다.

88) 김형목, 『대한제국기 야학운동』, 경인문화사, 2005, 143쪽.

노동야학회의 이후의 행보를 보면 노동야학은 명목뿐이요 사실상 노동 공급 조직으로서의 성격을 강하게 띠고 있음을 알 수 있다. 노동야학회 발족 직후, 서울에 거류하는 목공, 토공, 석공, 기와장과 도배장, 지게꾼, 역부 등 1만여 명이 노동야학회에 입회하였다. 그런데, 짧은 기간 내에 대규모의 노동자가 입회한 점, 그 대부분이 건설, 토목 분야의 노동자들인 점을 볼 때 이들이 "밤에 학교에 들어가는 것"보다는 "낮에 일하러 나가는 것"에 더 관심을 가진 사람들임이 명백하다.

노동야학회가 설립된 지 얼마 되지 않은 1908년 9월 초 학부에서 반포한 법령에 따라 학회는 영리사업을 할 수 없게 되었다. 이로 인하여 노동야학회는 노동회로 통합되었다. 노동회는 한성의 동, 서, 남, 북, 중 등 5서(署)에 지회를 두고 있었고 이를 통해서 하천 준설 사업에 필요한 노동자를 동원하였고,[89] 전국 13도에 지회를 설립하였다.

신문기사에서 확인할 수 있는 노동회 혹은 노동야학회의 지회는 수원, 경기, 영등포, 평북 의주, 용천, 삼화 등이 있다. 이들 지회는 대부분 지역 노동회가 먼저 설립된 뒤 노동회 본부에 지회 승인을 청원하여 허락받는 형태를 취하였기 때문에 행정구역별로 계획적인 지회 설립이 이루어졌다고는 볼 수 없다. 그밖에 마산포, 은진·강경, 양지·죽산, 양천, 청진, 평양, 군산, 원산 등에서 지방노동회가 속속 조직되었다.

노동회의 세력이 이처럼 성장하자 노동자들이 직종별로 노동회에 집단 가입하기도 했다. 이는 노동회라는 힘 있는 단체의 세력을 빌어 자기 직종의 이해관계를 증진시키기 위한 것이었다. 그 대표적인 것이 급수상이었다. 한성 내외에서 급수로 생업을 영위하는 노동자 2천여 명은 1908년 6월 초 노동회에 입회하겠다고 청원하므로 노동회에서는

89) 『황성신문』 1908년 7월 18일, 잡보 「濬川役夫組織」.

급수상들의 입회를 허락하는 한편, 한성 5서를 나누어 맡도록 하였다. 또 1908년 12월 중순에는 노동회 회원 가운데 칠공(漆工) 수십 명이 사무소를 남부 전교(錢橋)에 설치하기도 하였다.

이 같은 노동회의 실제 회원 수는 얼마나 되었을까? 통감부의 조사에 의하면 1909년 12월말 현재 노동회의 총 회원수는 57,000명에 달하는 것으로 나타났다. 이는 각종 사회단체 가운데 일진회(80만 명), 천도교 중앙총부(80만 명), 한성부민회(20만 명) 다음으로 많은 숫자일 뿐만 아니라 노동회 창립 총회 당시의 1만여 명에 비해서도 훨씬 많은 것이었다. 이것만 보더라도 노동회가 대한제국기에 상당한 세력을 형성한 노동단체였다는 것을 알 수 있다.[90)]

이들 노동회에 속한 회원들은 어떤 노동을 하고 있었는가? 첫째, 한성 내 개천의 준설 공사였다. 조선왕조 말기에 이르면 준천이 제대로 이루어지지 않아 토사가 퇴적되어 통수 단면이 좁아지면서 우기에는 개천이 범람하여 홍수가 나는 등 하수 상태가 극히 불량했다. 예컨대 청계천의 경우 토사가 매몰되어 버렸기 때문에, 비가 오면 빗물과 분뇨가 도로와 주택으로 범람하여 교통과 위생상 한심하기가 이를 데 없었다고 한다. 이로 인하여 고종대에 이르러서는 한성 내 준천 작업이 항상적으로 이루어질 필요가 있었다.

둘째는, 근대적인 도로 건설, 즉 치도 사업이었다. 통감부로서 볼 때 치도공사는 단순한 경제적 차원을 넘어서서 정치적, 군사적 의미까지 가지는 중요한 과제였다. 통감부는 치도사업을 주도할 관청으로 내부에 치도국을 설치하고 일본인 기사 4명과 기수 8명을 일본으로부터 초청하여 치도국에 고빙한 후 한성과 지방도시를 잇는 간선도로를 부설했을 뿐만 아니라 한성부 내의 도로도 정비하였다.

90) 윤진호, 앞의 글, 161~163쪽.

셋째는, 청소와 분뇨 및 쓰레기 수거 사업이다. 통감부는 한국인들의 비위생적인 생활 습속을 심각한 상태로 진단하고 시급한 개선이 필요하다고 보았다. 특히 러일전쟁 이후 많은 일본인들이 인천, 부산, 목포, 한성 등 개항장과 대도시로 몰려들게 됨에 따라 쓰레기와 분뇨 처리 등 위생문제가 더욱 심각해졌다. 통감부에서는 한성위생사를 설립하여 일본거류민단의 오물처리를 맡도록 하고 경성거류지 대청소를 실시하는 등 위생사업에 신경을 썼으나 이는 일본인 거류지에 한정된 조치였다. 이후 1907년 한국에 콜레라가 만연하고 그해 10월 일본 황태자가 한성을 방문함에 따라 통감부는 일본 거류지뿐 아니라 한성부 전체에 대해 위생사업을 실시해야 할 필요성을 느끼게 되었다. 이에 통감부는 '한성위생회'라는 조직을 만들어 본격적으로 청결사업을 벌이기 시작하였다.[91)]

통감부가 주도하는 대규모 도시 사업이 진행됨에 따라 다수의 노동자가 필요하게 되었으며, 통감부와 한국 정부는 물론 한국인들도 노동자의 존재에 눈을 뜰 수밖에 없었고, 이에 따라 '노동자'와 '노동' 개념에 대한 긍정적 인식도 이전과 다르게 확산되기 시작하였다.

최초의 사례는 1905년 10월의 『대한매일신보』 논설이다. 이 글에서는 아직 '노동'이라는 말을 쓰지 않고 '공역' '근로' 등의 개념을 사용하고 있다. 즉, "일개인의 <u>근로</u>로써 전 집안이 배불리 먹는지라. 나라에는 <u>공역(工役)</u>하는 자가 많아야 자연히 부국이 될 것이니"[92)]라 하여 이전까지 천한 일로 여겨져 왔던 '공역'에 대해 긍정적 의미를 부여하고 있다.

외국인이 보기에 한국인이 번영하기 어렵고 나태하여 도와줄 수 없

91) 박윤재, 「한말 · 일제초 한성위생회의 활동과 식민 지배」, 『서울학연구』 22, 2004, 69쪽.
92) 『대한매일신보』 1905년 10월 8일, 논설 「戒遊食者」.

는 백성이라고 하는 데 대하여 "오히려 일본인 노동자가 오만하고 아첨하고 망녕하지만 한국 노동인은 고용주에게 예를 잃지 않으므로 그들이 제대로 대우받는 것이 당연하다"라고 반박하는 논설[93] 속에서 한국인 노동자에 대한 평가를 볼 수 있다.

또한 1907년 국채보상운동 과정에서 부녀·아동·비천인·거지, 부두의 하역노동자, 초동과 나뭇꾼 등 하류사회층이 성금을 더 많이 내는 반면, 상류 사회는 이를 보고 듣고도 부끄러워하지 않는 현실을 개탄하였다. "전국 수십만 노동지부(勞動之夫)와 수십만 나뭇꾼들이 모두 일치하면 국세를 떨치고 민권을 심을 만하다"라고 노동자를 비롯한 하층민의 역할을 추켜 세웠다.[94]

여기에 1908년 초 서북지방과 기호지방 노동자들이 각각 서북학회와 기호학회가 설립한 야학에 입학했다는 소식도 보도되었다. 『대한매일신보』에서는 이에 대해 "현재 노동가 여러분들의 이 같은 공부 분발을 보건대 장래 한국 노동당 중에서 대영웅, 대인물, 대학자가 나타나 현재 20세기 캐나다 노동당 내각과 같이 될지도 모른다"[95]라고 격찬을 하면서 노동자에 대한 인식은 더욱 호전되어 갔다.

급기야는 이들 노동야학에 나오는 나뭇꾼, 물장수 등의 노동자들이 전날의 누습에 빠져 벼슬이나 얻고자 하거나 골패·화투·잡기·가무·연회에 빠진 사대부들보다 훨씬 낫다고 하면서 과거 상류층인 사대부를 하류층인 노동자 아래에 처한 존재라고 평가절하하였다.[96]

사대부와 노동자의 대비에서 더 나아가 사족들의 노동에 대한 혐오와 천시로 인하여 사족들이 노동자로 일하지 못하는 현실을 지적하였

93) 『대한매일신보』 1906년 5월 31일, 논설 「韓國」.
94) 『대한매일신보』 1907년 9월 29일, 논설 「韓國之進化程度」.
95) 『대한매일신보』 1908년 2월 16일, 논설 「韓國勞働界의 新紀元」.
96) 『황성신문』 1908년 3월 5일, 논설 「勞動者下에 士大夫」.

다. 사족 자제들이 이로 인하여 생계를 유지하기 힘들게 되면 향교에 가서 토색질하거나 암행어사·파원을 빙자하여 백성의 피를 빠는 자, 일본인에게서 빚을 얻고는 친족에게 갚게 하는 자, 조세금을 횡령한 자, 형제의 전토를 몰래 매도하는 자 등 '국민의 적'이 되는 현실을 나열하고 있다. 이 모두가 노동을 천시한 결과이므로 서양의 학자가 '노동신성'을 주장한 연고를 이해하고 "마음으로 노동(勞働)하던지 힘으로 노동하던지 어떤 노동이라도 종사하여 국민의 적이 되지 말라"라고 경고하는 데까지 나아갔다.[97]

1908년 중반 이후가 되면 남자와 같은 인구를 지닌 여자와 남자 중 대다수를 차지하는 노동자들을 교육하기 위하여 곳곳에 여학교와 노동학교가 일어나고 있으나 이들이 사용할 만한 국문 교과서가 없는 현실을 개탄하면서 하루 빨리 순국문 교과서가 다수 출간되어야 한다고 주장하는 논설이 등장하였다.[98]

'노동자'에 대한 긍정적이고도 호의적인 평가가 축적되는 한편으로는, '노동' 개념에 대한 의미 규정이 새롭게 이루어졌다. 갑오개혁 이전까지 '노역(勞役)' '고역(苦役)' '노력(勞力)' 등이 모두 '힘들고 천한 일'이라는 의미를 담고 있었으나, '노동(勞動)'과 번역어 '노동(勞働)'이 혼용되는 가운데 주로 '노동(勞働)'에 대한 의미 부여가 많아졌다.

우선 다음과 같이 노동은 오늘, 올해, 이번 세상이 아니라 내일, 내년, 억만 세대 뒤까지의 밝은 나날을 위해 필요한 행위라는 규정이 나타났다.

97) 『대한매일신보』 1909년 1월 20일, 논설 「分利ᄒᆞᄂᆞᆫ人은 國民의 賊(續)」.

98) 『대한매일신보』 1908년 12월 29일, 논설 「女子及勞働社會의 知識普及ᄒᆞᆯ 道」; 동년 동월 30일, 논설 「女子及勞働社會의 知識普及ᄒᆞᆯ 道(續)」.

> 우리가 현재 노동(勞働)함은 미래를 위함이라 미래의 밝은 아침을 위하여 오늘 노동함이오 미래의 밝은 해를 위하여 금년에 노동함이오 한 세상의 사람은 미래의 억만세를 위하여 노동함이거늘[99]

이어서 화폐정리사업 이후 금융 공황으로 인하여 채무가 늘어나는 사람이 많아지고 결국은 좋지 않은 줄 알면서도 부동산을 전당잡히는 비참한 지경까지 도달하고 있다고 개탄한 후 이러한 비참함을 구할 수 있는 것은 노동과 절약 · 검소 밖에 없다고 주장하고 있다. 정신적 노동이든 육체적 노동이든 모두 노동이므로 이를 통해 먹고 살 수 있다고 주장한다.

> 이런 까닭에 오늘 전토를 전당 잡히고 내일에 또 집을 전당잡히는 것밖에 다른 계책이 없는지라. 그러니 부지런히 노동(勞働)하여 혹은 정신으로 노동(勞働)하며 혹은 육체로 노동(勞働)하여 그 힘을 각식하여야 하고[100]

1909년 전후에 들어서 노동의 의미를 긍정적이고 발전적으로 평가하는 논설이 등장하는 가운데 러시아의 문호 톨스토이가 노동으로 먹고 사는 삶의 모범으로 소개되었다. 『황성신문』에서는 유럽에서 톨스토이가 예수 이후 제일 가는 위인으로 노동역작(勞動力作—노동으로 힘써 일함)의 모범을 보여주었다고 하여 그의 일생을 소개하였다. 톨스토이는 농민들이 근력이 미칠 때까지 노동하는 것에서 시사를 받은 후

99) "吾人이 現在에 勞働홈은 未來를 爲홈이라 未來의 明朝를 爲ᄒᆞ야 今日에 勞働홈이오 未來의 明年을 爲ᄒᆞ야 今年에 勞働홈이오 壹世의 人은 未來의 億萬世를 爲ᄒᆞ야 勞働홈이어늘"(『대한매일신보』 1908년 6월 13일, 논설 「間接의 利害와 未來의 禍福」).

100) "此故로 今日에 田을 典執ᄒᆞ고 明日에 家를 典執ᄒᆞᄂᆞᆫ 外에 他計가 無ᄒᆞᆫ지라 然則勸勉히 勞働ᄒᆞ야 或은 精神으로 勞働ᄒᆞ며 或은 肉體로 勞働ᄒᆞ야 其力을 각食ᄒᆞ여야 可ᄒᆞ고"(『대한매일신보』 1909년 5월 26일, 논설 「經濟界의 小方法」).

육식을 끊고 채소를 먹으며 흡연을 끊고 거친 옷을 익고 자기 손으로 농사짓고 직접 노동하는 삶을 살았다고 설명하였다.[101] 이어서 노동은 "민권의 직분, 생활의 자본, 개인의 선량함, 국가의 최대 기초, 문명 진화의 기관"이라고 하여 노동자를 스승으로 따르라고까지 내세웠다.

> 노동역작은 하늘이 내린 민권의 고유한 직분이오 인류 생활의 무량한 자본이오 개인 심덕의 순전한 선량함이오 국가사회의 최대 기초이고 문명 진화의 절실한 기관이라. …(중략)… 항산(恒産)이란 것은 …(중략)… 자신에게서 구해야 할 것인데 자신에게서 구하면 노동역작 외에는 다른 방법이 또 없는지라. 이는 톨스토이 선생이 노동의 실행과 노동의 주의로써 세계 중생에게 복음을 널리 뿌린 바로다.…(중략)…노동역작이 곧 자유생활의 기초요 문명진보의 기관이니 오늘부터 동포 여러분은 노동자를 중시하고 노동자를 스승으로 따를지어다.[102]

4) 노동 개념의 분화와 국가 중심의 노동관

1908년 중반까지 한국 사회에서 '노동자' '노동'의 중요성은 확실하게 인정을 받았고, 1905년 이전과 달리 노동자와 노동에 대한 긍정 일변도의 평가가 높아져 갔다.

그러나 1908년 후반 이후가 되면 '노동' 개념을 바라보는 관점에 분화가 일어나고 있었음을 볼 수 있다. 1908년 5월에 발간된 박승희·주정균의 공저 『최신 경제학』을 보면 재화의 생산 과정에서 노동의 역할, 그리고 노동에 대한 개념 정의와 필요성 등이 정리되어 있다.

이에 의하면, 재화의 생산은 네 가지 종류로 나뉘어진다. 첫째, 천연

101) 『황성신문』 1909년 6월 25일, 논설 「勞動力作의身範」.

102) 『황성신문』 1909년 6월 27일, 논설 「勞動力作의身範(續)」.

적 물체를 점유하는 채광, 수렵, 어렵 등이다. 둘째, 재화를 생산할 목적으로써 자연력을 사용하는 농업, 목축업, 삼림업 등이다. 셋째, 위 2종의 생산으로 인하여 획득한 원료를 변형하거나 또는 결합하여 재화를 제작하는 각종 공업, 넷째, 위 3종의 생산 사업으로 인해 얻은 재화를 소비자에게 접근하게 하는 상업 및 운송업이다. 생산의 종류는 위와 같이 4종으로 구분되지만 어떠한 생산이라도 사람의 노동과 자연의 조력을 빌리지 않으면 안 되며, 여기에 또 반드시 자본이 필요하다고 하였다. 즉, 생산은 자연, 노동 및 자본의 3종 요소가 갖추어져야 진보 발달할 수 있다는 것이다.[103]

그리고 노동이란 일정한 목적을 달하는 수단으로 신체 및 마음과 의지의 힘을 발동 응용하는 행위 동작의 일종이며, 그 목적하는 바는 동작 자신이 아니고 동작으로부터 나오는 결과에 있다, 노동이 인류에 필요한 까닭은 첫째, 사람의 신체 및 마음과 의지를 키우고 그 건강을 유지하게 하며, 둘째, 생산에 필요 불가결한 것으로 노동을 가하지 않으면 생산사업은 털끝만큼도 진척되지 않기 때문이라고 하였다.[104]

매우 무미 건조한 교과서적 개념 정의이지만, 이러한 개념 설명으로부터 노동이 생산과정의 필수 요소이며 노동 자체가 세계 인류에게 매우 중요한 인간 행위로 평가하는 관점을 읽을 수 있겠다.

이와 비슷한 시기인 1908년 6월 남궁억이 노동자와 부녀자들을 위한 노동야학 교재로 발간한 『교육월보』[105]에서는 '노동자', '노동'의 중요성과 가치에 대한 높은 평가를 볼 수 있다.

---

103) 박승희 · 주정균, 『최신 경제학』, 보문사, 1908, 22~24쪽.

104) 위의 책, 31~32쪽.

105) 이훈상, 「구한말 노동야학의 성행과 유길준의 『노동야학독본』」, 『두계이병도박사구순기념한국사학논총』, 지식산업사, 1987, 751~752쪽.

> 로동이란 것은 마음이나 신체를 수고롭게 하는 것을 이름이어늘 …(중략)… 무릇 로동이란 것은 구루마를 끌던지 지게를 지던지 호미 괭이를 들고 땅 파는 것만 로동이 아니라 그 중에 마음으로 로동하는 자도 있고 신체로 로동하는 자도 잇나니 마음으로 로동하는 자는 정부 관인이 되던지 학교 교사가 되던지 각사 회사 사무원이 되던지 모두 로동이니 그 애쓰고 힘드는 분수는 신체 로동하는 자보다 백배는 더하지만 그 애쓰고 힘들이는 근본이 자기 한 몸의 사사이익만 위함이 아니오 나라를 위하여 로동하는 고로 사람이 다 대접하거니와 우리 내지에서 신체로 로동하는 막벌이군은 무삼 일을 하던지 사회에 공익을 위함이 아니오 자기 한 몸의 사사이익만 위하는 고로 사람마다 대접지 아니하는 바로다. …(중략)… 만일 자본가가 공전을 적게 주던지 무리한 능욕이 있으면 그 로동사회에서 여러 노동자가 동맹파공하는 일이 있느니 동맹파공이란 것은 그 수다한 로동자가 일제히 맹서하고 그 회사 고용을 자퇴하는 것이니 그러면 여러 천만 명 로동자를 쓰던 회사에서는 큰 손해가 있는 고로 부득이하여 그 로동사회의 규칙을 준행하지 않을 수 없는지라. [106]

위의 자료를 보면 노동이란, 마음이나 신체를 수고롭게 하는 행위로서, 정신적 노동과 육체적 노동 모두 '노동'이라는 점은 동일하다고 규정하였다. 다만, 관원, 교사, 사무원은 나라를 위한 정신적 노동이라 대접받는 반면, 막벌이군은 자기 한 몸의 이익만 위한 육체적 노동이라 대접받지 못한다고 정신적 노동의 사회적 역할을 더 높이 평가하였다. 그러면서도 다수 노동자가 임금이나 인격 무시 등의 일을 겪으면 동맹파업하는 일이 정당한 행위라고 변호하고 있는 점이 이채롭다. 즉, 남궁억의 『교육월보』는 모든 노동의 평등, 노동자 동맹 파업의 정당성을 인정하고 있는 점이 주목된다.

106) 『공립신보』 1908년 9월 23일, 「로동샤회에권고함」. 『교육월보』는 현재 소장되어 있는 곳을 찾을 수 없어서 미국 하와이에서 발행된 『공립신보』에 『교육월보』의 논설 등본이 실린 것을 인용하였다.

1909년으로 넘어가면 노동이 갖는 신성한 철학적 의의와 노동만이 가치를 만들어 낼 수 있다는 격조 높은 평가가 보인다.

> 노동은 곧 일면으로 경제적 활동이 일어나는 근본이요 흥업의 동기가 되는 동시에 다른 일면으로는 인격을 양성하는 수단이요 만물의 영장이 되는 원인인 까닭에 조금도 혐오할 대상이 아니다. 오히려 실로 신성함이라. 그런즉 노동을 끊지 않는 소민(小民)은 나태하고 편안히 노는 귀족 이상 되는 귀족이니 평민도 노동할 것이오 귀족은 한층 더 노동할 것이로다. …(중략)…성현이라 함은 대노동자(大勞動者)의 명칭이니라. 그러므로 노동의 최종 목적은 무엇인가. 인격의 목적을 달성함이라. 외부에서 관찰하면 재산이 되어 드러나고 내부적으로 관찰하면 인격이 되어 나타나니 곧 재산은 노동이 없으면 취득하지 못하고 인격은 노동이 없으면 양성되지 못하느니라.[107]

이 글은 노동은 원래 재산 소유 욕구가 발동하여 부를 생산하는 것을 목적으로 하여 시작된 행위이지만 인류가 인류로 존재하게 된 의의이며 인격을 만드는 원류라고 하였다. 그래서 노동하는 자가 상등 귀족이고 안일하게 노는 자들은 천민이 된다고 하였으며, 노동이 없으면 재산도 취득하지 못하고 인격도 양성되지 못한다고 하여 노동의 가치를 대단히 높게 평가하고 있다.

이러한 논리 선상에서 한국이 빈곤하고 궁박하게 된 원인도 사람들

107) "勞働은 卽 一面으로 經濟的 活動의 因起ᄒᆞᄂᆞᆫ 根本이오 興業에 動機되ᄂᆞᆫ 同時에 他一面으로ᄂᆞᆫ 人格을 養成ᄒᆞᆫ 所以요 萬物의 靈長ᄒᆞᄂᆞᆫ 原因인 故로 分毫도 厭惡ᄒᆞᆯ 者이 아니라 反히 實로 神聖이라. 然則 勞働不絕ᄒᆞᄂᆞᆫ 一小民은 怠惰遊佚ᄒᆞ는 貴族브다 以上되ᄂᆞᆫ 貴族이니 平民도 勞働ᄒᆞᆯ 것이오 貴族은 更一層 勞働ᄒᆞᆯ 것이로다. …(중략)… 然則 聖賢이라 ᄒᆞᆷ은 大勞働者의 名稱이니라. 故로 勞働의 最終 目的은 何오 人格의 目的을 達ᄒᆞᆷ이라. 外部的으로 觀察ᄒᆞ면 財產이 되여 發表ᄒᆞ고 內部的으로 觀察ᄒᆞ면 人格이 되야 現出ᄒᆞᄂᆞ니 卽 財產은 勞働이 無ᄒᆞ면 取得치 못ᄒᆞ고 人格은 勞働이 無ᄒᆞ면 養成되지 못ᄒᆞᄂᆞᆫ지라"(「勞働의 意義」, 『서북학회월보』 11호, 1909년 4월 1일).

이 노동을 천시했기 때문이라고 주장하였다.

> 세계상의 부원(富源)이 노동으로부터 말미암지 않음이 없다.…(중략)…부자가 비록 자본이 있을지라도 빈자의 노동이 없으면 부자 스스로 부유해질 수 없고 또한 그 부를 오래도록 보존하지 못하니…(중략)…목하 우리 한국의 빈궁 절박한 정황이 극도에 달한 것은 …(중략)… 일반 사회가 안일하고 나태한 습성으로 놀고 먹기만 꾀하는 자가 다수에 달하고 노동력작(勞動力作)을 천시한 결과라.…(중략)…대저 노동이란 것은 인민의 순량질박한 도덕성을 양성하여 부도덕 불법한 악행을 소멸시키는 원인이라.…(중략)…국력을 배양하고 세상의 도의를 말게 정화함에 뜻있는 인사는 자신이 솔선하여 동포의 노동력을 증가시킬지어다.[108]

세상의 부가 노동을 통하면 나올 수 없으며 부자가 자본이 있을지라도 가난한 자의 노동이 없으면 부자가 될 수도 없고 그 부를 오랫동안 유지할 수도 없다. 한국이 궁박한 정황으로 떨어진 것도 노동을 천시한 결과이니, 자신의 노동이 곧 생활의 밑천이고, 국민의 노동이 곧 부국의 요소이다. 게다가 노동이란 것은 인민의 도덕성을 길러 부도 불법한 악행까지 없애는 바탕이 된다고 극찬하고 있다.

어찌 보면, '노동 만능론' '노동에 의한 사회 정화론'이라고 할 만한 논리가 일본에 의한 한국의 식민지화 위기에 즈음하여 개진되었던 것이다. 과거의 양반유생이나 부유한 부자들이 아니라 노동만이 한국을 위기로부터 구제해 줄 수 있을 것이라는 주장인 셈이다.

108) "世界上富源이 無不由勞動來者라. …(중략)… 富者가 비록 資本이 有ᄒᆞᆯ지라도 貧者의 勞動이 無ᄒᆞ면 富者無自而富오 亦無以長保其富라 ᄒᆞ니 …(중략)…目下 我韓의 貧瘁窮迫ᄒᆞᆫ 情況이 極度에 達ᄒᆞᆫ 것은 …(중략)… 一般 社會가 安逸媮惰의 習性으로 遊衣遊食을 計圖ᄒᆞᄂᆞᆫ 者가 多數에 居ᄒᆞ고 勞動力作을 賤視ᄒᆞᆫ 結果라 …(중략)…且夫勞動者는 人民의 淳良質素ᄒᆞᆫ 道德性을 養成ᄒᆞ야 不道不法의 惡行을 消滅ᄒᆞᄂᆞᆫ 原因이라. …(중략)…國力을 培養ᄒᆞ고 世道을 澄淸ᄒᆞᆷ에 有志ᄒᆞᆫ 人士ᄂᆞᆫ 其亦以身先之ᄒᆞ야 同胞의 勞動力을 增加ᄒᆞᆯ지어다"(『황성신문』 1909년 11월 4일, 논설 「勞動이 卽生活의 資本」).

이에 반해서, 1908년 7월 위의 『교육월보』와 비슷한 시기 노동야학의 교재로 유길준이 발간한 『노동야학독본』은 노동의 평등이 아니라 직업의 평등을 먼저 이야기하고 노동은 육체적 노동으로만 한정하여 사용하고 있는 점이 대조적이다. 즉, 그는 본서의 〈제6과 직업〉에서 "사람의 직업은 곧 사람의 생애이니…(중략)…직업은 거룩하니 사람의 마음 헤아림으로는 귀천이 있다 하나 사람의 힘에 맡겨진 것으로 하기에 차이가 없는 것이라. 그러한 까닭에 총리대신이나 등짐꾼이나 사람의 직업은 마찬가지"라 하여 직업이 모두 평등하다고 전제한다.[109] 그러나 곧 이어서, 직업의 종류가 천만 가지로 많지만 실상은 크게 두 가지로 분류된다고 하였으니 "하나는 마음을 수고하는 자이니 곧 마음 심기로 일하는 사람과, 둘은 힘을 수고하는 자이니 곧 근력으로 일하는 사람"으로 대별하였다.[110]

이어서, 그는 "앉아서 일하는 사람은 마음으로 일을 한다"고 하면서 "서서 하는 일은 힘으로 하는 노릇이라 마음으로 하는 일을 따라간다"고 하여 정신적 직업이 육체적 직업을 지시하는 위치에 있다고 하였다. 즉, "세상에 앉은 사람이 적고 선 사람이 많아야 그 나라가 부강하고 그 사회가 문명하지요. 선 사람은 앉은 사람이 없어도 그대로 살지만 앉은 사람은 선 사람이 없으면 잠시도 못 견디지요."[111]라고 하여 '서서 하는 일'을 부와 문명의 토대로, '앉아서 하는 일'을 '노동'이 효율적인 것이 되도록 하는 것으로 설명한다. 다만, "마음으로 하는 일과 힘으로 하는 일이 날아가는 새의 두 날개 있음과 같으니 한 가지라도 빠지면 세상이 되지 못할 것이라" 하여 위의 두 가지 일이 상호의존적이라고

109) 유길준, 『勞動夜學讀本』, 京城日報社, 1908, 7쪽.

110) 위의 책, 8쪽.

111) 위의 책, 42~43쪽.

단서를 달았다.[112)]

그러나 그가 말하는 '노동'은 『교육월보』나 『황성신문』에서 보는 바와는 전혀 다르게 육체적 노동만 지시하는 어휘임을 분명히 하고 있다. 이를 원문을 통해 보도록 하자. 〈제16과 역역(力役)〉에서는 '역역'을 '힘역사'로 쓰고 다음과 같이 설명하였다.

> 힘역사는 힘을 수고하는 일이니 이것을 가로되 노동이라고 한다. 대개 마음 수고는 정신의 노동인즉 근력을 쓰지 않거니와 힘수고는 정신의 노동이 적고 오로지 근력에 의지하여 형상에 들어나는 고로 수고롭게 움직인다 함이니라. 그러한즉 힘역사는 수고로운 일이라.[113)]

마음 수고를 '정신의 노동'이라고 표현하고 있지만, 그보다 앞서 첫 문장에서 "힘역사를 가로되 노동이라고 한다"라고 표현했으므로, '정신의 노동'이라는 표현은 서술의 편의상 집어넣은 것에 불과함을 알 수 있다. 왜냐하면 그 뒤에 이어지는 내용을 보면 '노동'이 '육체적 노동'을 지시하는 어휘였다는 점이 분명하게 확인되기 때문이다.

'박인 일'은 농사 · 공장(工匠) · 부상(負商) 등의 노동으로 정업(定業)이라 부르고, '뜬 일'은 '시간벌이 하는 노동'과 '날삭 파는 노동' 등으로 잡업(雜業)으로 부른다고 하였다.[114)]

이어서 유길준은 정업의 종류로 농사 노동에는 밭가는 일(농부), 누에치는 일, 짐승 기르는 일, 나무 심는 일, 물고기 기르는 일, 공장노동에는 목수, 미장공, 도공(陶工), 야장(冶匠), 석수(石手), 직공(織工), 부상

112) 위의 책, 42쪽.

113) "힘역사는 力을 勞하는 事이니 이갈오대 勞動이라 대개 心勞는 精神의 로동인즉 肋力(사료 그대로임—인용자)을 쓰지 아니ᄒᆞ거니와 힘수고는 정신의 노동이 小고 專혀 근력에 의지하여 형상에 들어나는 고로 수고로히 動인다 ᄒᆞᆷ이니라"(위의 책, 25쪽).

114) 위의 책, 25~26쪽.

노동에는 보부상, 그리고 특별한 노동으로는 사공, 사냥꾼, 어부, 백정을 열거하였다. 잡업은 "일이 일정하지 못한 것"으로서 '시간벌이'란 이사짐, 가마꾼 등이고 '날삭팔이'는 공사장 가는 모꾼이나 농사 품팔이로 하루 일당을 받는 노동이다. "시간벌이는 아침에 저녁을 헤아리지 못하고, 일화(일삯)팔이는 오늘에 내일을 생각하지 못하니…(중략)…일하고 안하고는 나에게 있다고 하나 쓰고 안 쓰고는 남에게 있으니 어찌 괴롭지 아니한가."라고 하여 잡업에 종사하는 사람들의 비참함을 이야기했다.[115]

그러나 잡업은 분명히 보이지 않는 것—'지각과 한정'이 없는 것이다. 잡업은 '일정한 일이 없이 닥치면 하는 벌이'이고, 생산 활동에 보조적으로 동원되는 노동이다. 따라서 정업과 잡업에 투여되는 노동의 관계는 생산과정에서 이미 위계적이다. 생산의 전 과정을 포괄하는 노동과 생산과정에 보조적으로 동원되는 노동은 사용가치가 다르며 동시에 시장에서 인정되는 가치도 다르다. 그래서 잡업에 종사하는 노동자의 삶은 정업에 종사하는 노동자보다 더 비참하다. 스스로 고단한 삶을 벗어나기 위해서는 근면하고 교육받아서 정업의 지위에 올라야 하고, 그 비참함을 대물림하지 않기 위해 자식을 교육시켜서 정업에 종사할 수 있도록 해야 한다는 것이다. 또한 정업의 지위에 오르지 못하더라도 비참함을 면하기 위해서는 절약과 저축을 해야 한다고 이야기하고 있다.[116]

이처럼 유길준의 『노동야학독본』은 직업의 평등을 이야기하면서도 '앉아서 일하는 직업'과 '서서 일하는 직업'의 상하관계를 강조하였다. 노동이 신성함을 선언하면서도 '정업'과 '잡업'의 주종 관계를 설정하였

115) 위의 책, 26~29쪽.

116) 위의 책, 46~50쪽.

다. 그뿐만 아니라, 노동자는 국내외 자본가에 복종하고, 자신의 천한 지위를 인식하고 국법을 존중하는 자세를 가져야 한다고 권고한다.

> 사람이 비록 가난하여 노동하는 일을 하더라도 그 마음을 정직하게 가지고 분수에 상등하는 삯(賃)을 구하면 즐겨 부리는 자가 자연히 많을 것이니 그러면 나의 벌이가 잘 되느니라.[117]

> 노동하는 사람이 혹 타국 사람에게 고용이 되거나 사환(使喚)이 되거나 또는 잠시간 품팔이를 하더라도 정성으로 힘을 쓰고 조금이라도 속이지 말며 부지런히 움직여서 헛된 삯을 받지 말지어다. 우리 이천만 동포 중에 1인이라도 더러운 이름을 들으면 이는 이천만이 같이 당하는 셈인즉 우리 대한국의 죄인 되기를 면하지 못할지니라.[118]

> 대개 노동하는 역역(力役)은 빈천한 자의 일이오 인간 천하에 천가지 만가지 무궁무진한 일은 다 노동하는 사람이 아니면 되지 못하나니 …(중략)…노동하는 동포들은 어찌하여 아랫사람이 되었는고. 재주 없고 천량 없어 사느라고 되었으니 이미 아랫사람이 되었거든 아랫사람 되는 도리를 지킬지어다. 그렇지 아니하면 나라의 법이 허락지 아니하여 질서를 문란하는 죄인이 되느니라. 질서를 지켜 상하가 화합한 연후에야 국권 회복이 될지니라.[119]

유길준의 『노동야학독본』은 자유와 평등 등 개인의 기본권을 인정하면서도 노동자는 빈천한 자이고 아랫 사람이므로 윗 사람에 대한 도리를 잘 지키고 국법을 준수하여 질서를 지켜야 한다고 하였다.[120] 그리고 질서를 잘 지키는 것이 국권 회복의 길이라고까지 논리를 비약시

117) 위의 책, 30쪽.

118) 위의 책, 88~89쪽.

119) 위의 책, 80~81쪽.

120) 강재순, 「한말 유길준의 실업활동과 노동관」, 『역사와 경계』 50, 2004, 22~23쪽.

키고 있다. 결국 국가주의적 윤리에 노동자와 노동을 종속시켰던 것이 유길준의 '노동자' '노동' 개념이라고 할 수 있다.

1910년 일본 식민 통치 시기가 되면 국가주의적 노동론이 자본 우위의 노동론으로 전환하였다. 조선총독부 기관지 『매일신보』는 1915년 5월 25일부터 6월 3일까지 노동력과 자본의 관계에 대해 장문의 논설을 연재하였는데, 처음에는 노동과 자본이 대등하게 중요하다고 글을 시작하였으나 결국에는 자본가의 자금 투자가 더 중요하다는 논리로 글을 맺었다.

> 우리 조선인이 도탄에서 빠져나올 길은 그저 노력(勞力)과 자금의 합력 병행함에 있다는 것이오 노력과 자금의 합력 병행을 도모함은 그 책임이 자산가에 있다 하노니 이는 위에 서술한 바와 같이 우리 조선인이 이 세상에 필요한 것은 천연적으로 갖춘 신체 수족에 고유한 노력에 불과하니 이 노력을 받아쓰는 것은 자금이 있은 후에야 될 것이오 이 자금을 내는 것은 자산가가 아니면 불가능하니 그러므로 우리 조선인을 도탄 중에서 구출하고 구출치 않는 그 모든 책임이 자산가에 있다 하는 바로다. …(중략)…자산가여 우리 조선민족을 모두 자산가의 손으로 멸망시키는 지경에 빠지게 하고자 않으려면 …(중략)… 각 방면으로 사업을 일으키는 데 자금을 투입하여 노력과 자금을 합력 병행하여 수입의 팽창과 정화(正貨)의 유출을 막고 부력의 증진과 복리의 향유를 도모할지어다.[121]

121) "何事業을 勿論ᄒᆞ고 相當ᄒᆞᆫ 資金과 相當ᄒᆞᆫ 勞力을 要ᄒᆞ야 자金만 有ᄒᆞ고 勞力이 無ᄒᆞ야도 可치 안이ᄒᆞ고 勞力만 有ᄒᆞ고 資金이 無ᄒᆞ야도 可치 안이ᄒᆞ니 勞力과 資金은 可히 連鎖竝用ᄒᆞᆯ 者오 分離獨行치 못ᄒᆞᆯ 者라. …(중략)… 商工業의 發展은 其責이 人民에 在ᄒᆞ고 其責이 人民에 在ᄒᆞᆫ 동시에 人民中에도 資産을 擁有ᄒᆞᆫ 資本家가 其責을 擔ᄒᆞᆷ이 可ᄒᆞ니 …(중략)… 我 朝鮮人이 塗炭에셔 出ᄒᆞᆯ 途ᄂᆞᆫ 但히 勞力과 資金의 合力竝行ᄒᆞᆷ에 在ᄒᆞ다 ᄒᆞᄂᆞᆫᄇᆡ오 勞力과 資金의 合力竝行을 圖ᄒᆞᆷ은 其策이 資産家에 在ᄒᆞ다 ᄒᆞ노니 此ᄂᆞᆫ 上述과 如히 我 朝鮮人의 此世에 需用ᄒᆞᆯ 것은 天然的으로 具備ᄒᆞᆫ 身體手足에 固有ᄒᆞᆫ 勞力ᄲᅮᆫ에 不過ᄒᆞ니 此 勞力을 需用ᄒᆞᆷ에ᄂᆞᆫ 資金이 有ᄒᆞᆫ 後에야 可ᄒᆞᆯ지오 此資金을 出ᄒᆞᆯ 것은 資産家가 안이면 能치 못ᄒᆞᆯ지니 故로 我朝鮮人을 塗炭中에셔 救出ᄒᆞ고 救出치 안이ᄒᆞᄂᆞᆫ 其全責任이 資産家에 在ᄒᆞ다 ᄒᆞᄂᆞᆫ바로다. …(중략)…資産家여 我 朝鮮民族을 擧ᄒᆞ야 資産家의 手로 殄滅ᄒᆞᄂᆞᆫ 境에 陷케ᄒᆞ고져 ᄒᆞ지 안이ᄒᆞᆯ진ᄃᆡ 金錢을 深埋堅鎖치 勿ᄒᆞ고 各方面으

위 글에서 '노력'은 앞서 말했듯이 '힘써 일한다'는 뜻이 아니라 '노동력'을 말하며, '자금'은 곧 자본을 말한다. 필자는 처음에는 경제 발전에는 자본과 노동이 똑같이 중요하다고 전제했으나, 자산을 소유한 자본가가 없으면 아무리 육체 노동력을 가지고 있더라도 소용 없다고 하여 자본 우위론을 폈다. 특히 마지막 문장에서 자산을 많이 가진 자본가들이 투자를 해야 수입의 급증과 이로 인한 부(正貨)의 유출을 막을 수 있다는 논리가 제기되었다. 이는 일본의 식민지 상태에서도 조선을 하나의 경제 단위로 설정하고 조선 민족만의 복리를 향유하자고 주장하는 일종의 '민족경제론'으로, 본서 제1장에서 '국민경제', '민족경제' 개념을 주장하던 논리와 거의 다를 바 없다는 점에 주목하여야 할 것이다.

로 事業을 興起홈에 資金을 投ᄒᆞ야 勞力과 資金을 合力竝行ᄒᆞ야 輸入의 膨脹과 正貨의 流出을 防ᄒᆞ고 富力의 增進과 福利의 享有홈을 是圖홀지어다"(『每日新報』 1915년 5월 25일, 논설 「勞力과 資金」(1)).

결론

본서는 오늘날 우리가 일상적으로 접하고 있는 경제적 질서관념인 경제, 소유, 무역, 시장, 화폐, 은행, 노동 등의 개념이 한국 사회에 언제 도입되고 어떠한 의미 변용을 거쳐 정착해 갔는지를 밝히고자 했다. 이들은 모두 한자어이기에 전통 시대부터 사용한 것으로 생각할 수 있지만, 전통 시대의 의미와도 다르고 전통 시대에는 존재하지 않았던 개념도 있었다. 이들 개념은 중국, 일본이 문호 개방 이후 서유럽 열강과의 접촉 교류 관계에서 수용하여 번역한 한자어들로, 주로 일본을 통해 수용된 것이었다.

일본에서 번역된 한자어를 자국 한자어로 번역했던 중국과 달리, 한국은 일본의 직접적인 영향 하에서 일역 한자어를 도입했기 때문에 재번역 과정을 거치지 않았다. 그렇지만, 이들 경제적 질서 관념을 받아들이는 시기와 사회경제적 상황이 달랐기 때문에 한국의 경제관념에는 일본과 다른 의미망이 형성되었다. 그 결과 이들 경제관념은 일본과 같으면서도 조금씩 다른 의미를 내포하기도 했다. 그리고 이렇게 의미가 변용된 개념들은 한국 사회의 새로운 변화 및 적응 과정을 촉진시켜 나갔으니, 이하에서는 이러한 상황을 각 개념별로 정리해 보았다.

개항으로 세계 자본주의 체제에 편입된 이후 한국 정부는 청과 일본의 뒤를 이어 근대화 정책을 추진하였다. 이 과정에서 전통적인 경제관념, 즉 '경세제민'이라는 관념에 입각하여 상업을 억압하고 정부에 예속시켜 왔던 정책이 수정되어 갔다. 전통어 '경제'는 1903년 이후 사용빈도가 낮아지고 economy의 번역어 '경제'가 사용되는 빈도가 높아졌다. 같은 시기에 economy의 번역어로 중국 · 일본과 유사하게 '생재(生財)'와 '이재(理財)'가 사용되었으나, 이들 역시 1903년 이후에는 번역어 '경제'로 대체되어 갔다. 1903년 이후 전통적인 용어 '경제' '생재' '이재'의 사용 빈도가 낮아지고 그 자리를 번역어 '경제'가 차지한 원인은 백동화 남발로 인한 물가 폭등과 일본 제일은행의 불법적인 은행권 발행 때문이었다. 이들 문제를 둘러싸고 『황성신문』과 재조 일본인 사회의 신문 『조선신보』 사이에 논쟁이 전개되면서 같은 용어를 사용해야 했던 것이다.

이 시기부터 번역어 '경제'는 '절약'이라는 의미까지 담기 시작했으며, 1903~1905년 시기에 '재물 또는 화폐가 사용되고 유통되는 제반 현상'을 의미하는 개념으로 정착하였다. 1906년 말에 이르기까지 '경제사회' '경제기관' '경제정황' '경제정책' 등 '경제'가 포함된 복합어들이 빈번하게 등장하고 '경제'가 일종의 살아 있는 '주체'로 상상되는 단계까지 나아갔다.

1907년 이후에는 화폐공황을 극복하는 과정에서 '국가경제' '국민경제' '농민경제' '지방경제' 등 경제 운영 주체와 관련된 개념들이 언론 매체에 빈번히 등장하였다. 1910년에 이르면 정부가 국가 운영 능력을 상실하였기에 '국가경제' 개념 대신 '국민경제' 개념을 사용하자는 주장이 나오고, 한걸음 더 나아가 '민족경제'라는 용어를 써야 한다는 주장이 나타났다. 이와 더불어 농업 중심 경제정책론이 소멸하고 상공업 발전론, 공업 장려론, 경제사상으로서의 근검 저축장려론이 나타났다. 결국, 1907년경부터 '경제' 개념은 '삶을 유지하는 수단'으로부터 '국가와 국민을 유지 발전시키는 수단'으로 의미가 확대된 것이다.

이 시기 경제관념의 도입에서 주목해야 할 현상은 '토지에 대해 전면적 · 일반적으로 지배할 수 있는 권리'를 의미하는 '토지소유권' 개념이 일본으로부터 도입되었다는 점이다. 일본도 한국과 마찬가지로 자본주의 경제체제에 편입되기 전까지는 '소유권'이란 개념이 사용된 적이 없었다. 이는 메이지유신 이후 일본이 열강과의 불평등조약 개정을 위해 독일 · 프랑스의 민법을 수입 번역하여 정착시킨 용어였다. 이것이 1900년 이후 한국에 수입되어 사용되었다.

그 이전까지 한국에는 '권리'라는 개념도, '소유'에 해당하는 용어도 없었다. '기물(己物)' '사유(私有)' '점(占)' '경식(耕食)' '집지(執持)' '차지(次知)' 등의 용어가 '소유하는' 또는 '점유하는'이라는 동사적 의미로 사용되었다. '소유권'이란 개념은 1899년에 처음 『황성신문』에 등장한 이래 '소유지권' '소유지이권' 등으로 소개되었다. 개념으로서의 '소유권'은 1906년 11월 통감부의 간섭 하에서 한국 정부가 일본인의 토지 소유까지 공인하는 「토지가옥증명규칙」을 공포하면서 등장하였다.

이때부터 신문 논설에서도 '소유지권' '소유지권리' 등의 표현 대신 '소유권'이 일상적으로 사용되기 시작하였다. 1908년부터는 궁장토 · 역둔토 정리 과정에서 '제실유' '국유' '공유' '민유' 등 새로운 용어가 도입되었다. 최종적으로 1912년의 토지조사사업과 1917년의 임야조사사업에 의해 '소유권' 개념은 토지 및 임야에 대한 절대적 지배를 의미하는 관념으로 정착하였다. 조선 후기 이래 농민이나 중답주에게 인정되었던 경작권이나 도지권 등은 물권으로 인정되지 못했다. 이로써 일본인과 한국인 모두 토지를 안정적으로 소유하고 상품으로 거래할 수 있는 제도가 완성되면서 식민지 지주제의 형성이 촉진되었다.

개항과 대외 무역의 발전으로 인해 상업·무역 관련 개념에도 변화가 발생했다. 조선시대에는 '무역'이 '통상'보다 더 많이 사용되었으며, '무역'은 오늘날의 '물물교환'에 가까운 반면, '통상'은 오늘날의 '국제무역'과 유사한 의미로 사용되고 있었다. '물건을 바꾼다'는 의미의 '무역' 개념은 1905년에 이르기까지 일반적 용법으로 사용되었으나, 1908년경에는 '외국'과 결합하여 '외국무역'으로 사용되었다.

이후 '무역' 하면 자연스럽게 '외국무역'을 의미하는 것으로 개념의 내포가 심화되었다. 「외국무역론」이란 제목 하에 무역의 개념 정의부터 무역정책의 두 갈래로서 자유무역과 보호무역 두 가지에 대해서도 설명하여 '무역'='대외무역'으로 넘어가는 과도기적 현상을 보여준다. 주목할 점은, 1909년부터 무역 개념을 사용한 신문 논설의 대부분이 어려운 경제 상황을 국내가 아니라 만주 무역, 특히 만주와의 대두 무역에서 구해야 한다는 주장으로 일관하고 있다는 점이다.

'통상'이라는 개념도 의미가 변용하였다. 정조대 이전까지는 '통상'이 대체로 "상업을 통하게 하다" "상인들을 서로 통하게 하다"는 의미였다. 그러나 고종대 빈출하는 '통상'은 거의 모두 대외 교역, 오늘날의 '무역'과 유사한 의미로 사용되었다. 또한, 1894년 이후 신문 논설에서 '통상'은 곧 1876년 이래 일본 등 외국에 대한 문호 개방을 의미하는 것으로 전제하고 있다는 점이다. 즉, '통상' 개념을 한국 사회의 극적 변화를 가져오는 중요한 계기로 설정하고, 이를 국민에게 계몽하려 하였다.

자본주의 경제 체제는 은본위, 금본위 등 본위제 화폐제도를 핵심적 원리로 강조하는 경제 체제이다. 그리고 본위화 화폐 제도의 등장은 외국무역의 활성화와 함께 나타나기 마련이다. 개항 이전 한국 사회에서는 자급자족 영역이 압도적이고 면포와 쌀이 화폐적 기능을 수행하였으며, '화폐'라는 용어도 '저화'의 '화'와 '전폐'의 '폐'를 합성한 의미로 사용했을 뿐이다. 당연히 '지폐'라는 용어도 사용되지 않았다.

한국인들은 청일전쟁 진행 중인 1894년 하반기에 본위화로서의 일본 은화, 그 대리물로서의 일본은행태환권을 처음 접하였다 이들 일본 화폐의 유통을 원활화하기 위해 공포한 「신식화폐발행장정」를 통해 은화를 본위화로, 백동화와 상평통보(엽전)을 보조화로 삼는 근대적 화폐제도가 실시되었다. 1898년의 『독립신문』에서 '본위화'를 '원화'로 표현하고 보조화는 그대로 '보조화'로 표현하고 있음을 볼 때 일반인들 사이에도 본위화와 보조화의 관계에 대한 지식 또는 '악화가 양화를 구축하는' 그레샴의 법칙이 알려지기 시작한 것으로 보인다.

그러나 대한제국 정부는 본위화인 은화를 발행하지 않고 보조화인 백동화만 발행하였다. 백동화 가치가 폭락하여 물가가 등귀하는 현상이 발생함에 따라 유통계에 혼란이 발생하였다. 그 와중에 일본제일은행이 불법적으로 은행권을 발행하면서부터 한국인들은 '지폐'의 개념에 대해서도 익숙해져 갔다. 1902년 백동화 인플레이션부터 시작하여 1903년의 제일은행권 발행, 1905년의 화폐정리사업 등 일련의 고통스런 사건을 통해서 한국인들은 화폐가 무엇인지, 본위화와 보조화, 법화가 무엇인지를 깨달아 갔다.

개항 이전에 타인의 금전을 맡아 두거나 타인에게 금전을 빌어주는 역할은 조선후기 객주나 여각의 소관사항이었을 뿐, '은행'이라는 개념은 존재하지 않았다. 일반 민인들 간에는 장리(長利), 시변(市邊), 월수(月收)·일수(日收) 등의 사채, 자치적으로 발달한 계(契), 오늘날 송금에 해당하는 환(換), 수표에 해당하는 어음(於音, 語音) 등이 금융 수단으로 사용되었다.

이 점은 개항하기 이전의 중국과 일본 역시 마찬가지였다. 중국에서

'은행(銀行)'이라는 용어가 최초로 보이는 것은 북송 시대인 1057년이지만, 오늘날의 '은행' 개념은 아편전쟁 이후 홍콩이 국제무역항으로 발전해가면서 영어 bank의 번역어로 사용되기 시작하였다. 개항 이후 일본에서는 영국에서 온 bank의 번역어로 양체옥(兩替屋), 위체소(爲替所), 은점(銀店), 은포(銀鋪), 금관(金館), 은행(銀行) 등 다양한 용어로 번역했다가 1872년 「국립은행조례」를 제정할 때 '은행'이라는 용어를 사용하였다.

한국에서는 '은행' 개념을 수용하는 데 '화폐'와 마찬가지로 큰 장애가 없었다. 한국정부는 이미 1880년대 중엽부터 '은행'이라는 용어를 사용하였다. 외채를 도입하여 중앙은행을 설립하고 화폐를 발행하고자 하는 시도를 여러 차례 할 만큼 은행의 기능에 대해서도 소상히 파악하고 있었다. 1897년부터 대조선은행소, 한성은행, 대한천일은행 등이 설립되었지만 이들은 대부분 정부 조세금 취급 특권을 획득함으로써 영업에 성공하였고, 대한천일은행은 설립 초기부터 고종과 밀접한 관련 하에 운영되었다. 정작 필요한 본위화 주조 및 통화량 통제, 은행권 발행 등의 업무는 1903년에 가서야 중앙은행 설립 계획으로 나타났으나 러일전쟁 이후 일본인 재정고문 메가타의 통제 하에 들어가면서 설립이 무산되었다.

한편, 1894년 갑오개혁에 이르기까지 '시장'이라는 개념은 존재하지 않고 '장시' '장터' 등 정기시의 명칭이 더 익숙한 용어였다. '장시'는 1910년경까지도 개항 이전과 다를 바 없이 구체적인 거래 공간, 수요자와 공급자가 만나서 거래하는 공간의 의미로만 사용되었다. '시장'이란 개념은 외국인 상거래를 허용한 내륙시장인 '개시장'의 축약어로 사용되기 시작하였다. 1905년경부터는 '장시'가 '시장'이라는 용어로 통합되고 '시장' 개념 사용 빈도가 높아졌으며, "수요와 공급의 힘이 상호작용하여 균형가격을 성립시키는" 추상적인 '시장' 개념이 등장하였다.

이 같은 추상적 '시장' 개념은 '시장'이라는 개념을 사용하지는 않았지만, 내용적으로는 1901～1902년간 흉년으로 곡물 가격이 급등하면서부터 등장하기 시작하였다. 대표적인 사례가 구황 대책을 둘러싼 충남 지방관들의 정책 또는 『황성신문』과 『제국신문』 사이의 논쟁이라고 할 수 있다. 다른 한편에서는 무역에 의한 시장 확대가 가져오는 긍정적 효과에 주목하면서 의주와 용암포 등의 추가 개방과 새로운 '대시장' 만주로의 진출을 독려하는 담론도 등장하고 있었다.

자본과 더불어 자본주의 경제체제의 핵심 요소인 '노동(勞動)'이라는 용어는 고려 시대 이래 사용되었던 용어였지만, 1900년경부터 일본에서 영어 labour의 번역어 '노동(勞働)'이 도입되면서 의미 변용하기 시작하였다. 조선 후기까지 번역어 '노동'에 해당하는 용어로는 공역(工役), 요역(徭役), 부역(賦役), 신역(身役), 양역(良役), 천역(賤役), 응역(應役), 용역(傭役), 역역(力役), 노역(勞役) 등을 찾을 수 있는데, 거의 대부분 국가에 대한 역 체계 속에 편제되어 있는 용어들이었다. 그리고 오늘날의 '노동자'에 해당하는 용어들로 '역군', '역부', '인부', '모군(募軍)' 등이 있었다.

1894년 갑오개혁으로 신분제가 폐지됨에 따라 국가에 대한 역을 중심으로 만들어진 '요역' '부역' 등 용어는 현저히 사용 빈도가 줄어들었다. 그 대신 '노역(勞役)' '노력(勞力)' '근로(勤勞)' 등이 오늘날의 '노동'과 유사한 용어로 사용되기 시작하였다. 그리고 번역어 '노동(勞働)' 개념이 들어오고 전통시대부터 사용해 왔던 '노동(勞動)'과 습합하기 시작했다. 전통시대의 '노동'은 주로 '임금이 수고롭게 움직임'을 의미하는 용어였다. 이 용어가 번역어 '노동'과 함께 사용되다가 점차 빈도가 감소되고 1907년 이후에는 번역어 '노동'이 더 많이 사용되는 상황으로 귀결되었다.

1905년 이후 통감부의 '시정개선' 사업으로 인해 노동자가 급증함에 따라 노동자 조직 또는 노동야학이 전국 곳곳에 설립되기 시작하였다. 1907년 국채보상운동이 전개되고 부녀자들과 노동자층에서 성금을 더 많이 내면서 '노동' 및 '노동자'의 의미가 급변하였다. 사대부와 대비하여 노동자가 훨씬 우월한 존재라는 평가가 이루어지고 1909년경에는 노동이 '민권의 직분, 생활의 자본, 개인의 선량함'을 넘어 '국가의 최대 기초, 문명 진화의 기관'으로까지 평가되었다. 그러나 다른 한편에서는 유길준과 같이 노동자의 기본권을 인정하면서도 노동자는 빈천한 자이고 아랫 사람이므로 윗 사람에 대한 도리를 잘 지키고 국법을 준수하여 질서를 지켜야 한다는 식의 국가주의적 노동 개념도 제시되었다. 이후 국가주의적 노동 개념은 1910년 일본의 식민 통치 하에서 자본 우위의 노동 개념으로 전환하여 갔다.

이상과 같이 경제적 질서관념을 구성하는 개념을 7개 선택하여 이들이 개화기에 도입된 이래 어떻게 의미가 변화되었는가를 추적해 보았다. 이들 개념은 1910년 시기로 의미가 정착한 것은 아니었다. 일본의 식민 통치기에 들어서면 경제, 노동, 무역, 시장 등은 의미 변화의 진폭이 크게 나타나지만, 소유권, 은행, 화폐 등은 거의 변화하지 않은 듯하다. 이들 개념은 개화기에 도입되고 한국의 사회경제적 상황에 조응하여 의미가 변용되면서도, 역으로 한국인들로 하여금 새로운 사회경제 구조를 상상하게 하고 그 실현을 위해 매진하게 하는 기능을 수행하기도 하였다.

참고문헌

1. 사료

『高麗史』『高宗實錄』『光海君日記』『備邊司謄錄』『成宗實錄』『世宗實錄』
『肅宗實錄』『純祖實錄』『睿宗實錄』『仁祖實錄』『正祖實錄』『中宗實錄』
『太宗實錄』

『共立新報』『舊韓國官報』『大韓每日申報』『독립신문』『매일신문』
『每日申報』『帝國新聞』『漢城新報』『漢城週報』『皇城新聞』

『公文編案』『農商工部去來文』『農商工部去牒存案』『農商工部來文』
『東萊港報牒』『法部來去文』『議定存案』『議奏』『奏本』『昌原港報牒』
『韓末近代法令資料集』

『畿湖興學會月報』『大東學會月報』『大韓學會月報』『大韓興學報』

『法學協會雜誌』『西北學會月報』『西友』『太極學報』

大韓天一銀行皇城本店, 『大韓天一銀行公牒存案解說』
大韓天一銀行皇城本店, 『度支部稅金出納通帳』
『茶山詩文集』『湛軒書外集』『大學章句大全』『山林經濟』『星湖僿說』
『大韓季年史』『梅泉野錄』

러시아 대장성(정신문화연구원 역), 『한국지 －본문편－』, 정신문화연구원, 1984.
朴承熹 · 朱定均, 『最新 經濟學』, 普門社, 1908.
三上豊(이석륜 역), 「典圜局回顧錄」, 『韓國經濟史文獻資料)』 1, 경희대학교 한국경제경영사연구소, 1970.
兪吉濬, 『西遊見聞』, 交詢社, 1895.
兪吉濬, 『勞動夜學讀本』, 京城日報社, 1908.
學部 編輯局, 『國民小學讀本』, 1895.

Horace Grant Underwood, *A Concise Dictionary of the Korean Language in Two Parts Korean-English and English-Korean*, Kelly & Walsh L'd., 1890.

『澁澤榮一傳記資料』『日本外交文書』『日韓通商協會報告』『朝鮮總督府施政年報』
『朝鮮協會會報』『通商彙編』『平壤報牒』『韓國ニ於ケル第一銀行』

イ、カ、ブルンチュリ(加藤弘之 譯), 『國法汎論』, 日本 文部省, 1872.
飜譯局 譯述, 『佛蘭西法律書』 上, 大坂: 岡島眞七, 1878.
山口精, 『朝鮮産業誌』 下, 寶文館, 1910.
朝鮮總督府臨 時土地調査局, 『朝鮮土地調査事業報告書』, 1918.
佐藤喜代松 編, 『国民法典』, 東京: 佐藤出版所, 1897.
京城府 編, 『京城府史』 第2卷, 1934.
『明治文化全集』第13卷 法律篇, 日本評論社, 1957.

2. 저서

국사편찬위원회 편, 『한민족독립운동사』 9, 국사편찬위원회, 1991.

국사편찬위원회 편, 『화폐와 경제 활동의 이중주』, 두산동아, 2006.

김경일, 『노동』, 도서출판 소화, 2014.

김경태, 『한국근대경제사연구 –개항기의 미곡무역 · 방곡 · 상권 문제』, 창작과 비평사, 1994.

김형목, 『대한제국기 야학운동』, 경인문화사, 2005.

나인호, 『개념사란 무엇인가』, 역사비평사, 2010.

도면회, 『한국 근대형사재판제도사』, 푸른역사, 2014.

마루야마 마사오 · 가토 슈이치(임성모 역), 『번역과 일본의 근대』, 이산, 1996.

梶村秀樹 외(편집부 역), 『한국근대경제사연구』, 사계절, 1983.

박병호, 『한국법제사고』, 법문사, 1978.

森山茂德(김세민 역), 『근대한일관계사연구』, 현음사, 1994.

신용하, 『독립협회연구 –독립신문 · 독립협회 · 만민공동회의 사상과 운동』, 일조각, 1976.

연갑수, 『대원군집권기 부국강병정책 연구』, 서울대학교 출판부, 2001.

안병직 등 편, 『맛질의 농민들 –한국근세촌락생활사』, 일조각, 2001.

오두환, 『한국근대화폐사연구』, 한국연구원, 1991.

유영익, 『갑오경장연구』, 일조각, 1990.

이병태, 『법률용어사전』, 법문북스, 2011.

이석륜, 『신고 한국화폐금융사연구』, 박영사, 1984.

이승일, 『조선총독부 법제 정책 –일제의 식민지통치와 조선민사령–』, 역사비평사, 2008.

이우연, 『한국의 산림 소유제도와 정책의 역사, 1600-1987』, 일조각, 2010.

李英美(김혜정 역), 『한국사법제도와 우메 겐지로』, 일조각, 2011.

이영훈, 『한국경제사』 I · II, 일조각, 2016.

이영훈 외, 『한국의 은행 100년사』, 산하, 2004.

이헌창, 『경제 · 경제학』, 소화, 2015.

전우용, 『한국 회사의 탄생』, 서울대학교 출판문화원, 2011.

조흥은행, 『조흥은행팔십년사』, 1977.

진관타오 · 류칭펑(양일모 외 역), 『관념사란 무엇인가』 1 · 2, 푸른역사, 2010.

찰스 테일러(이상길 역), 『근대의 사회적 상상』, 이음, 2010.

村上勝彦(정문종 역), 『식민지』, 한울출판사, 1984.

칼 폴라니(홍기빈 역), 『거대한 전환』, 도서출판 길, 2009.

콘라트 파울 리스만 편저, 민프레트 퓔사크 지음(윤도현 역), 『노동』, 이론과 실천, 2014.

콘체 베르너(이진모 역), 『코젤렉의 개념사 사전, 노동과 노동자』, 푸른역사, 2014.

황호덕 · 이상현 편, 『한국어의 근대와 이중어사전 2－언더우드, 한영자전(1890)』, 박문사, 2012

황호덕 · 이상현 편, 『한국어의 근대와 이중어사전 3－스콧, 영한자전(1891)』, 박문사, 2012.

하원호, 『근대경제사연구』, 신서원, 1997.

한국상업은행, 『大韓天一銀行日史』, 1959.

한우근, 『한국 개항기의 상업 연구』, 일조각, 1970.

高嶋雅明, 『朝鮮における植民地金融史の研究』, 大原新生社, 1978.

文定昌, 『朝鮮の市場』, 日本評論社, 1941.

富田愛二郎, 『日本社會事業の發展』, 東京: 巖松堂書店, 1942.

山室信一, 『思想課題としてのアジア』, 岩波書店, 2001.

朝鮮總督府, 『朝鮮の市場經濟』, 1929.

3. 연구논문

강만길, 「시장과 상인」, 『한국사시민강좌』 9, 일조각, 1991.

강재순, 「한말 유길준의 실업활동과 노동관」, 『역사와 경제』 50, 2004.

고동환, 「18 · 19세기 서울 경강지역의 상업발달에 관한 연구」, 서울대학교 국사학과 박사학위논문, 1993.

길현종, 「대한제국기 공공복지의 내용과 성격에 관한 연구: 공공복지 전담기관인 혜민원을 중심으로」, 서울대학교 사회복지학과 석사학위논문, 2005.

김도형, 「대한제국의 개혁사업과 농민층동향」, 『한국사연구』 41, 1984.

김순덕, 「1897~1905년 관세정책과 관세의 운용」, 『한국사론』 15, 1986.

김영호, 「한말 서양기술의 수용 -근대서양의 도전에 대한 주체적 대응의 일면」, 『아세아연구』 11-3, 1968.

김용섭, 「광무연간의 양전 · 지계사업」, 『증보판 한국근대농업사연구(하)』, 일조각, 1984.

김윤희, 「근대 국가구성원으로서의 인민 개념 형성(1876~1894) －民=赤子와 『西遊見聞』의 인민－」, 『역사문제연구』 21, 2009.

김윤희, 「사회적 생산성 제고와 근대 통치성(1896년~1899년) －서울'도시개조사업'의 재검토」, 『아세아연구』 155, 2014.

김윤희, 「근대 노동개념의 위계성 －『서유견문』에서 『노동야학독본』까지」, 『사림』 52, 2015.

김윤희, 「1894~1919년 근대 빈민 구제 담론의 구조와 허구성」, 『한국사학보』 64, 2016.

김재순, 「로일전쟁 직후 일본의 화폐금융정책과 조선 상인층의 대응」, 『한국사연구』 69, 1990.

김정기, 「자본주의 열강의 이권침탈 연구」, 『역사비평』 11, 1990.

김종진, 「개화기 이후 독본 교과서에 나타난 노동담론의 변모 양상」, 『한국어문학연구』 42, 2004.

김지연, 「대한제국 관보에 수용된 일본어 어휘에 관한 연구」, 고려대학교 일어일문과 박사학위논문, 2009.

김현숙, 「한말 고문관 J. McLeavy Brown에 대한 연구」, 『한국사연구』 66, 1989.

김현주, 「'노동(자)', 그 해석과 배치의 역사-1890년대에서 1920년대까지」, 『상허학보』 22, 2008.

나애자, 「대한제국의 권력구조와 광무개혁」, 『한국사』 11, 한길사, 1994.

나애자, 「한국근대 해운업발전에 관한 연구(1876~1904)」, 이화여자대학교 사학과 박사학위논문, 1994.

남슬기, 「대한제국기 혜민원의 설치와 운영」, 이화여자대학교 사학과 석사학위논문, 2012.

도면회, 「갑오개혁 이후 화폐제도의 문란과 그 영향」, 『한국사론』 21, 1989.

도면회, 「화폐유통구조의 변화와 일본금융기관의 침투」, 한국역사연구회, 『1894년농민전쟁연구』 제1권, 역사비평사, 1991.

박병호, 「조선시대 토지소유의 법적 성격」, 『민사법학』 1, 1978.

박병호, 「『경국대전』의 편찬과 계승」, 『한국사』 22, 국사편찬위원회, 1995.

박성준, 「대한제국기 진휼정책과 내장원의 곡물공급」, 『역사학보』 218, 2013.

박윤재, 「한말 · 일제초 한성위생회의 활동과 식민 지배」, 『서울학연구』 22, 2004.

박이택, 「서울의 숙련 및 미숙련노동자의 임금, 1600-1909」, 『수량경제사로 다시 본 조선후기』, 서울대학교출판부, 2004.

박진철, 「19세기 조선 재지사족의 위상변화와 권익 수호 방식」, 『한국민족문화』 49, 2013.

박주원, 「1900년대 초반 단행본과 교과서 텍스트에 나타난 사회담론의 특성」, 『근대계몽기 지식인의 발견과 사유 지평의 확대』, 소명출판, 2006.

배수찬, 「『노동야학독본』의 시대적 성격에 대한 연구－지식 체계와 교재의 구성 방식을 중심으로-」, 『국어교육』 119, 2006.

서길수, 「개항후 대차관계 및 이자에 관한 연구(2) －민간식리의 형태와 이자를 중심으로－」, 『국제대학논문집』 15, 1987.

서영희, 「1894～1904년의 정치체제 변동과 궁내부」, 『한국사론』 23, 서울대학교 국사학과, 1990.

성숙경, 「대한제국기 '게으른 조선인'담론과 근대적 노동자 만들기」, 『韓國史學報』 31, 2008.

오두환, 「한국개항기의 화폐제도 및 유통에 관한 연구」, 서울대 경제학과 박사학위논문, 1984.

오두환, 「식민지시대 초기의 조선의 통화와 금융」, 『경상논집』 21-2, 1998.

왕현종, 「갑오개혁기 개혁관료의 상업육성론과 경제정책」, 『한국학보』 27-4, 2001.

원유한, 「'전환국'고」, 『역사학보』 제37집, 1968.

유승원, 「양인」, 국사편찬위원회 편, 『한국사』 제25권, 국사편찬위원회, 1994.

윤용출, 「17 · 8세기 역부 모립제의 성립과 전개」, 『한국사론』 8, 1984.

윤용출, 「17 · 18세기의 모립제와 모군」, 『부산사학』 8, 1984.

윤진호, 「대한제국기 '노동회'의 성격과 활동에 관한 연구 – 한국 노동운동의 기원과 관련하여 – 」, 『경제발전연구』 18-1, 2012.

이민원, 「아관파천 전후의 한로관계:1895～1898」, 한국정신문화연구원 한국학대학원 박사학위논문, 1994.

이병천, 「개항기 외국상인의 침입과 한국상인의 대응」, 서울대학교 경제학과 박사학위논문, 1985.

이상국, 「고려시대 토지소유관계 재론」, 『역사와 현실』 62, 2006.

이성무, 「양반」, 국사편찬위원회 편, 『한국사』 제25권, 국사편찬위원회, 1994.

이세영, 「조선후기의 권분과 부민의 실태」, 『역사문화연구』 34, 2009.

이영학, 「대한제국 전기 토지조사사업의 의의」, 한국역사연구회 토지대장연구반, 『대한제국의 토지조사사업』, 민음사, 1995.

이영호, 「한말~일제초 근대적 토지소유권의 확정과 국유 · 민유의 분기」, 『역사와 현실』 77, 2010.

이영훈, 「대한제국기 황실재정의 기초와 성격」, 『경제사학』 51, 2011.

이윤상, 「열강의 이권침탈과 경제의 예속화과정」, 『한국사』 11, 한길사, 1994.

이윤상, 「1894-1910년 재정 제도와 운영의 변화」, 서울대학교 국사학과 박사학위논문, 1996.

이윤상, 「대한제국기 황제 주도의 재정운영」, 『역사와 현실』 26, 1997.

이재룡, 「역」 국사편찬위원회 편, 『한국사』 제24권, 1994.

이헌창, 「개항기 시장구조와 그 변화에 관한 연구」, 서울대학교 경제학과 박사학위논문, 1990.

이헌창, 「구한말 일제초 농가경영의 구조와 상품화폐경제」, 김홍식 외, 『대한제국기의 토지제도』 민음사, 1990.

이헌창, 「Political Economy와 Economics의 개념과 번역」, 『개념과 소통』 1-2, 2008.

이훈상, 「구한말 노동야학의 성행과 유길준의 『노동야학독본』」, 『두계 이병도 박사 구순기념 한국사학논총』, 지식산업사, 1994.

전봉덕, 「박영효와 그의 상소연구 서설」, 『동양학』 8, 1978.

전형택, 「천인」, 국사편찬위원회 편, 『한국사』 제25권, 국사편찬위원회, 1994.

정수환, 「18세기 頤齋 黃胤錫의 화폐경제생활」, 『고문서연구』 20, 2002.

정숭교, 「1904~1910년 자강운동의 국민교육론」, 『한국사론』 33, 1995.

조윤정, 「노동자 교육을 둘러싼 지식의 절합과 계몽의 정치성－유길준의 『노동야학독본』 고찰－」, 『인문논총』 66, 2013.

조형근, 「통계지식과 경제적 상상」, 『사회와 역사』 107, 2015.

최원규, 「대한제국 전기 양전과 관계 발급 사업」, 『대한제국의 토지조사사업』, 민음사, 1995.

최원규, 「대한제국과 일제의 토지권법 제정과 그 지향」, 『동방학지』 94, 1996.

최원규, 「한말 일제초기 일제의 토지권 인식과 그 정리방향」, 『한국 근현대의 민족문제와 신국가건설』, 지식산업사, 1997.

최원규, 「창원군 토지조사사업에서 소유권 분쟁의 유형과 성격」, 『한국학연구』 24, 2011.

최원규, 「한말 일제초기 공토 정책과 국유민유 분쟁」, 『한국민족문화』 45, 2012.

최원규, 「일제초기 조선부동산 등기제도의 시행과 그 성격」, 『한국민족문화』 56, 2015.

최호영, 「야나기 무네요시의 생명사상과 1920년대 초기 한국시의 공동체문제」, 『일본비평』 11, 2014.

하원호, 「곡물의 대일수출과 농민층의 저항」, 한국역사연구회, 『1894년농민전쟁연구』 1, 역사비평사, 1991.

하원호, 「개항후 제국주의의 침탈과 경제구조의 변동(1876～1894)」, 『수촌박영석교수화갑기념한국사학논총(하)』, 탐구당, 1992.

姜德相, 「李氏朝鮮開港直後に於ける朝日貿易の展開」, 『歷史學硏究』 265, 1962.

吉野誠, 「朝鮮開國後の穀物輸出について」, 『朝鮮史硏究會論文集』 12, 朝鮮史硏究會, 1975.

小林英夫, 「日本の金本位制移行と朝鮮」, 旗田巍先生古稀記念會, 『朝鮮歷史論集』 下, 龍溪書舍, 1979.

立脇和夫, 「BANKの訳語と国立銀行条例について」, 『経済学部研究年報』 1, 長崎大学経済学部, 1985.

青木功一, 「朴泳孝の民本主義新民論民族革命論」(一), 『朝鮮学報』 80, 1976.

찾아보기

【ㄷ】

【ㅈ】

【기타】

도 면 회

▪

▪

1960년 부산에서 태어났다. 서울대학교 국사학과에서 학사, 석사, 박사 학위를 받았으며 서울대 규장각 특별연구원을 거쳐 2002년 이래 대전대학교 혜화리버럴아츠칼리지 역사문화전공 교수로 재직 중이다. 대한제국기 화폐제도 연구로 석사 학위를 받고 형사재판제도 연구로 박사학위를 받았다. 한국이 일본의 식민지가 된 원인, 한국의 근대 문화 변용 등에 관심을 갖고 있다. 최근에는 한국의 근대 역사학 성립부터 1960년대 역사학까지 연구하여 다수의 논문을 발표하였다. 단독 저서로 『한국 근대 형사재판제도사』(푸른역사), 번역서로 『한국의 식민지 근대성』(역서, 삼인), 공저로 『한국근대사 1』(푸른역사), 『역사학의 세기』(휴머니스트), 『국사의 신화를 넘어서』(휴머니스트) 등이 있다.